無我夢走

日本初の自動車レースに飛び込んで

Riki Okubo
大久保力

三栄書房

発足のご案内

GOLD STAR DRIVERS CLUB

1963年5月3、4日に日本初の自動車レースが竣工一年目の鈴鹿サーキットで開催されました。それから50年後の2013年6月、ゴールドスター・ドライバーズ・クラブ（GSDC）が発足致しました。ここに当会の概要を記し、多くのご理解ご協力をお願い申し上げます。

人類社会に自動車が登場してから約130年が経過した今日、従来の石油燃料による内燃機関に代わる新たな動力と、新世紀の基準に則した自動車交通体系への転換が始まっています。これまでの間、自動車は数々の競争による試練と改良に支えられてきました。その背景は今後も変わらないでしょう。とりわけ日本では、先の太平洋戦争敗戦で厳しく制限された自動車製造が再開された頃には、欧米に半世紀以上もの遅れをとっていました。そんな日本が、自動車先進国の技術並びにマイカー社会に追いつくには、まだ数十年はかかるだろうと言われた矢先のことです。電撃的に開催された『第1回日本グランプリ自動車レース大会』が日本の自動車界に及ぼした衝撃の大きさはいうまでもありません。これを境に、自動車レースは日本の自動車製造、やがては今日の世界的自動車生産国を形づくる上で不可分の存在となってきました。

その自動車レースは、今やF1レースへの興味、ファンおよびレースイベント数、施設と運営、マシン開発、参加体制、チーム組織などの面で、日本も世界水準に勝るとも劣らないレベルに成長を遂げました。スポーツや芸術、芸能など、多くの熟成した文化活動は実に幅広い年代層の人々による歴史と伝統に支えられていることを感じる時、日本のレース業界もまた、その黎明期から今日までモータースポーツを支えてきた人達の数は膨大であり、彼らの経験、見識、そして情熱がもっと社会に活かされるようになりたいと願う次第です。そのためには、あらゆるカテゴリーにおいて、チーム、スポンサー、ドライバー、メカニック、ヘルパー、オフィシャル等々、自動車競技に携わった実に多くの人員によって蓄積された多彩な知識、経験を広く活かせる体制を作ることが社会の関心を高めるために必要であります。しかしながら、その幅広いジャンルで活躍した多数のOBや関係者が一堂に会す組織作りは簡単には進みません。

こういった実情から、本年で10回目となるモータースポーツ・ジャパン・フェスティバル（会場：東京お台場）開催の他、普及活動を行っているNPO法人日本モータースポーツ推進機構よりの提案を基に「先ずは、日本の自動車レース草創から黎明期の歴史的功績を持つドライバーの集まりを確立させ、そこから社会普及を広げよう」ということになり、本会が発足した次第です。ここに本会の趣旨をご理解賜り、活動へのご支援をお願い申し上げます。

GSDC会員一同

日スポーツ　5版

モーターエクスプレス

名ドライバーOB会発足

ゴールド・スター・ドライバーズ・クラブ・オブ・ジャパン

日本のレース界で活躍した往年の名ドライバーのOB会「ゴールド・スター・ドライバーズ・クラブ・オブ・ジャパン」の発足パーティーが4日、東京都内のホテルで開かれた。プロ野球の「名球会」を模して設立された同クラブの第1期メンバーはサーキットレースを中心に活躍したドライバーで構成され、役員を含めて48人が名を連ねた。今後は歴史の生き証人として、モータースポーツの普及、発展を目的にした講演会などの活動を行っていく予定だ。

…50年

「スポーツジャパン」を東京・台場で開催しているが、往年のドライバーを通じてその活動を広めるため、OB会事務…しての活動もすることに…。

…の設立目的は、輝か…績を残した会員をたた…とに加えて、MSの歴史…世に伝え、MSの発展…献を実現すること。…などを通じ…橋渡

御大神妙面持ち

○…サーキットでは「御大」と呼ばれる星野一義氏も、OB会ではまだまだ若造。「このような会をつくっていただいて感謝しています。レースをしていた時も、高橋（国光）さんや黒澤（元治）さんが先駆者で、僕はやりやすかった」と神妙な面持ちで、大先輩の前では背筋をピンと張っていた。が、「名球会でゴルフをしたとか聞くと、うらやましかったな。こういう声が上がった。名称を『名輪会』にしようと思ったら、競輪界に存在していたので、この名前になった」と裏話を披露。当初100人余りの候補者を選定したが、70人ほどに連絡が付き、今回の48人が第1期として発足式を迎えた。会員資格は、73年以前のワークスドライバーおよび海外経験者、国内トップフォーミュラ歴代王者の現役引退者。今後はラリー、2輪にも輪を広げていきたいという。

第1回FIAコミッション　井原慶子が女性代表で出席

国際自動車連盟（FIA）のドライバーズコミッションに女性代表として選ばれた井原慶子が、先週の5月28日にパリで行われた第1回会議に出席した。

エマーソン・フィッティパルディ代表、セバスチャン・ローブ副代表をはじめ、ナイジェル・マンセル、マーカス・グロンホルムらレース界のレジェンドたちと対等に渡り合…論をしてきたという…大したもの。

その議論の内容…深いもので、J・ト…FIA会長もご満…IA本部の議会で…0年以上のFIAの…のなかで初めてドラ…ーの声を届ける機会…た」と高らかに閉会…したという。

※井原自身がコミ…ョンの模様をリポー…てくれた。F1EX…ESSに掲載（無料…

FIAのドライバーズコミッションのメンバー…ら）Y・ミューラー（WTCC）、D・ロッシ（カ…E・ピロ（ルマン24）、K・ハンセン（ラリークロス）、M…・デビロタ（元F1テストドライバー）、E・フィッティパルディ（元F1）、J・トッドFIA会長、S・ロー…（WRC）、A・フェルナンデス（インディカー）、井原慶子、M・グロンホルム（元WRC）、N・マンセル（元F1）、K・チャンドック（元F1）（FIA提供）

『東京中日スポーツ』2013年（平成25年）6月5日（水曜日）

大きく紙面を割いてGSDC発足パーティの様子と、その注目度の高さを伝えるとともに、モータースポーツを通じて社会貢献をするという同会の掲げる理念や意義を報じた。

◆ゴールド・スター・ドライバーズ・クラブ・オブ・ジャパン会員一覧◆

役職	名前（年齢）	主な経歴
名誉会長	難波靖治（83）	58年豪州ラリーでクラス優勝。09年までＪＡＦ常任理事。
会長	多賀弘明（79）	63年第１回日本ＧＰ優勝。元トヨタモータースポーツクラブ会長。
副会長	大久保　力（73）	マカオＧＰに65－73年まで連続出場し、71年に総合２位。
理事	砂子義一（80）	61、63年ＷＧＰスポット参戦。66年第３回日本ＧＰ優勝。
理事	高橋国光（73）	61年ＷＧＰ250ccで日本人初優勝。65年以降は四輪で活躍。
理事	長谷見昌弘（67）	65年日産と契約、レース参戦開始。80年国内レース史上初の４冠。
理事	鮒子田　寛（67）	72年富士ＧＣレース初代王者。73、75、81年ルマン24時間。
理事	高橋晴邦（66）	69年トヨタワークスから日本ＧＰ出場。74、75年ルマン24時間。

会員（五十音順、敬称略）

漆原徳光	黒澤元治	高木虎之介	中谷明彦
大岩湛矣	桑島正美	高橋利昭	服部尚貴
大坪善男	眞田睦明	武智勇三	藤田直廣
岡田秀樹	篠原孝道	舘　信秀	星野一義
岡本安弘	菅原義正	津々見友彦	細谷四方洋
影山正彦	杉崎直司	寺田陽次郎	松本恵二
片山右京	鈴木亜久里	蔵森康師	見崎清志
北野　元	鈴木恵一	都平健二	柳田春人
北原豪彦	鈴木利男	長坂尚樹	吉田隆郎
久保田洋史	関谷正徳	中嶋　悟	米村太刀夫

……員だ。

初代会長に就任した多賀弘明氏は、第1回日本GPでクラス優勝した重鎮。「先ほど結成式が行われましたが、一番年長なので会長になりました。第1回日本GP当時は本当に何もない時代。そこから50年。40人ほどの会員で、当時の情熱をモータースポーツ（MS）の振興、発展に費やしたい」とあいさつ。高速道路のない時代、片道14時間もかけて東京から毎週鈴鹿に通った情熱を、今後はレース発展に費やす決意を披露した。

OB会の母体は「日本モータースポーツ推進機構」で、MSを通してクルマの魅力を伝えることを目的に08年設立のNPO法人だ。今年で8回目となるイベント「モーター……

事……よう……い。……期は）今だったのだと思います。日本のモータースポーツ文化もようやくできてきましたし」と満足そうだった。

サーキットレースのドライバーを中心にした第1期生は、役員を含めて48人。この日の発足パーティーには31人が参加し、関係者を含めて150人もの人々が、日本のレース界が文化伝承という新たな一歩を踏み出したことを喜んでいた。（田村尚之）

記念撮影に臨んだ往年の名ドライバーたち。モータースポーツを文化として伝えたいと意気込んでいる＝東京都港区の東京プリンスホテルで（斉藤直己撮影）

……い話をしたいよ。最近じゃ、良い医者や病院はどこだ、血圧は大丈夫かーという話が多くなったからね」と本音もチラリ。

まだ現役だけど 菅原義正氏

○…ダカールラリーで31回連続出場のギネス記録を更新中の菅原義正氏もOB会に名を連ねた。「連絡があった時、まだ現役なんだけど…と言ったんだけど、良いみたいだった」と相変わらずの高笑いだ。レース創成期にプライベーターの雄としてワークス勢とトップ争いをした功績が評価されたようだが、「本当に何十年ぶりの人ばっかりで、誰だか分からない。鮒子田（寛）なんて髪の毛ないし…」とにやり。30～40年前にサーキットでしのぎを削った旧友との再会を楽しんでいた。

先客いた名輪会

○…発起人の一人の大久保力副会長は「5～6年前にそろそろOB会を……

★ジャカレパグア解体　かつてF1ブラジルGPを開催した「ネルソン・ピケ・サーキット」が解体された。リオデジャネイロ郊外のジャカレパグアに1977年に建設された同サーキットは78年に初開催のあと、81～89年の計10回F1ブラジルGPを開催したほか、F1のシーズン前テストでも頻繁に使われていたが、リオで16年に行われる五輪で使用するオリンピックパーク建設のため、このほど取り壊された。（L・バスコンセロス）

ルマン24……

★日産本社でPV　日産自動車は4日、横浜市西区の本社ギャラリーで仏ルマン24時間耐久レース（22～23日決勝）のパブリックビューイングを開催すると発表した。例年同様に同レースを放映する「J SPORTS」とのコラボレーション……

異例!!……

三菱自動車が日産自動……開発した新型軽自動車が発売直前に、ブレーキランプ……る恐れがあるとしてリコール……収・無償修理）される……た。約20分の短時間の……不具合であるため、顧客……に影響はないとしている……のタイミングでのリコール……ージダウンが懸念される……リコールは三菱自の……ン」と日産の「DAYZ……ズ）」で、販売店の試乗……前の在庫車などが対象。……水島製作所（岡山県倉敷……産しているが、5月25日……産分には既に対策を講じ……ないという。

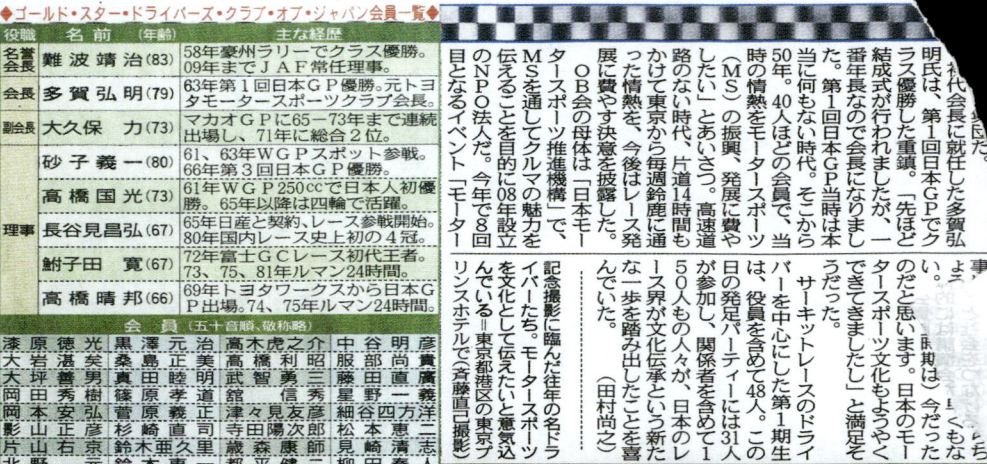

■GSDC第一期会員資格

①日本国籍を有するレーシングドライバーであること
②現役ドライバーではないこと
③次のいずれかの条件を満たしていること

- ・1973年以前の主要ワークスドライバー及び海外レース参戦者
- ・国内トップフォーミュラ歴代チャンピオン
- ・富士グランチャンピオンシリーズ歴代チャンピオン
- ・全日本耐久選手権／JSPCチャンピオン（グループAツーリング選手権を除く）
- ・その他、日本のトップカテゴリーで活躍した外国国籍ドライバーなど特別推薦者

■第一期会員名簿

漆原徳光　大岩湛矣　大森祥吾　岡田秀樹　岡本安弘　影山正彦
片山右京　北野　元　北原豪彦　久木留博之　久保田洋史　黒澤元治
桑島正美　眞田睦明　篠原孝道　菅原義正　杉崎直司　鈴木亜久里
鈴木恵一　鈴木利男　関谷正徳　高木虎之助　高橋利明　武智有三
舘　信秀　田村三夫　津々見友彦　寺田陽次郎　都平健二　長坂尚樹
中嶋　悟　中谷明彦　野田英樹　服部尚貴　藤田直廣　星野一義
細谷四方洋　見崎清志　柳田春人　吉田隆郎　米村太刀夫　和田孝夫
黒須隆一　清水正智　小平　勝　佐々木秀六

〈役員会〉
多賀弘明（会長）　大久保力（副会長）　砂子義一（役員）　高橋国光（役員）
長谷見昌弘（役員）　鮒子田寛（役員）　高橋晴邦（役員）

〈物故会員〉
難波靖治　大坪善男　歳森康師　松本恵二　武智俊憲

（以上，2016年7月現在）

GOLD STAR DRIVERS Club of Japan

ゴールドスター・ドライバーズ・クラブ事務局
〒105-0011 東京都港区芝公園3-5-22 機械振興会館別館
NPO法人 日本モータースポーツ推進機構
TEL.03-5733-4303　FAX.03-5733-4304
URL：www.motorsport-japan.com

それは、車づくりの新たなスタートラインだった

プロローグ

ワインディングでタイヤをギェーッギェーッ鳴らし走り回り、世界ＧＰライダーの高橋国光と軟派ドライブしながら「四輪レースって、こんなもんかーっ」「バッカ！　もっと片輪浮かせながら走るんだぜー」。

１９６０年代初頭、オートバイレーサーの僕たちでさえ、この程度のたわいない会話を交わしていたほどだから、レースに対する世間一般の感覚は無理解無関心以前の鎖国状態。まるで未知のものだった。そういった時代に、僕は日本で初めての自動車レースを経験したドライバーのひとりとして、レースが日本の自動車工業やモータリゼーションに及ぼした影響、それを語るにはあまりにも話題が多すぎるのだが。唯一、間違いなき事実は、突如始まった自動車レースが日本のモータリゼーションの扉をこじ開け、世界有数の自動車生産国に押し上げ、ジャパン・アズ・ナンバーワンへの一翼を担ったことだ。

敗戦日本が再起の一年生になったとき、僕も国民学校一年生。日本が大人への成長を遂げるのと並行して育った偶然は、社会と己の成長が重なったようで面白い。そして、絶対に直せない過去を知らずして価値ある未来を創ることはできないことも知った。

本書は日本の復興が本格的になり出した時期に登場した自動車レースに飛び込んだ僕が、時代の流れと、その渦中のレースを通じて感じたままをまとめたものだ。それには、極力〝今の自分〟を取り去り、フィクションも演出もなく、その当時を忠実に描かねばならないと思った。

その昔、駒落としのような活動写真の映像は、セピアカラーの中に当時の撮影者がいかに忠実に実像をとらえようとしたかが伺える。僕も彼らと同じように実相に迫るにはどうすれば良いか考えた。それには〝今だったら〟とか〝当時では〟のような、過去を振り返る『今』を取り去って昔の僕を呼び出し、その年齢の時点、場面で、抱いた感情や経験、気づいたこと、考えたことをむき出しに語るしかない。それによって、レース草創期のドライバーの内面やスピード世界の成り立ちが直接に現在にも通じるのではないか。赤裸な事実を記すことによって、現在の同世代の人達との共通点もあるのではないかと思うのだが、そうあれば嬉しい限りだ。

今なら当たり前の『モータースポーツ』の呼称も、当時では自動車レース、カーレース、モーターレーシングであり、今のワークスドライバーはメーカー／ファクトリードライバーが普通の呼び方だ。一般社会用語にしても、ごく当たり前に使った言葉が現在では、差別・蔑視語に変わっているが、本書では時代性を鑑みた表現手法とさせていただいた箇所もあることをご理解願いたい。

そのような気持ちで綴ったストーリーは、粉飾むんむんの寓意的な自叙伝ではない。繰り返しの放映で傷付いた映像か、褪せたフォトアルバムか。セピア色の光景は日本に誕生したスピード運転のプロフェッショナル、日本初の自動車レーサーの紛れもないドキュメンタリーである。

無我夢走

日本初の自動車レースに飛び込んで

目次

第1章　未知の世界に賭けてみよう

日本は四輪自動車の製造を厳しく規制されていた。１９４５年（昭和20）の太平洋戦争終戦後、連合国軍に占領された当時のことだ。一方で日常輸送に重宝な二輪車への規制は緩やかで、旧中島飛行機（後の富士重工業）のラビット（１９４６年８月）、旧三菱重工業（後の中日本重工業、三菱自動車）のシルバーピジョン（１９４７年２月）などのスクーターが登場する。それらは軍用飛行機の車輪や電信用発電機などの小型エンジンを利用して造られたものだ。機械いじりが器用な日本人は、頑丈な自転車にエンジンを取り付けた原動機付自転車という安価な乗り物も造りだし、次第に本格的なオートバイの時代になっていく。やがて二輪車に代わり、マツダ、ダイハツ、くろがね等のオート三輪車が輸送の主役となっていくのである。オートバイは次第に日常品輸送から乗用目的の乗り物へと変わり、年間50万台を超える生産力に成長する。だが欧米車に比べ日本の技術力劣等を認識していた二輪メーカーは、技術向上を目的の大規模な〝競争〟を仕掛けるのである。群馬県北軽井沢の無舗装道路19・２㎞をコースにして始まった１９５５年（昭和30）の浅間火山レース（通称）は、後にホンダ、ヤマハ、スズキの世界グランプリレース挑戦につながり、オートバイとレースは不可分な関係までになった。

それに対し日本の四輪自動車は、１９５２年（昭和27）のサンフランシスコ講和条約以降、ようやく外国メーカーとの技術提携も始まり、乗用車生産が稼働し始めたばかりであった。

トヨタ、日産のみならず中小のメーカーでもすでに大衆への自動車普及に取り組んでいて、その代表的なものは鈴木自動車工業（現スズキ）のスズライト、住

之江製作所のフライングフェザー（共に1955年）、富士重工業のスバル360（1958年）などの軽自動車である。これら軽自動車の登場や国民車構想の話題、国産初の乗用車トヨペット・クラウンDXの発売などから、どうにかクルマへの興味関心の一端が大衆へも芽吹きだす時代になった。

それでも鈴鹿サーキット開場の1962年（昭和37）の時点で、日本の乗用車保有台数は70万台程度でしかない。まして自動車競技のニュースを探しても、1957年（昭和32）に日本車で初めて第5回豪州一周ラリーに近藤幸次郎、神之村邦夫がドライバーのトヨペット・クラウンが出場。翌年は日産自動車が片山豊監督、難波靖治、奥山一明、大家義胤、三縄米吉がドライバーのダットサン210型二台が出場。国内では日本一周読売ラリーや1959年（昭和34）から始まった日本アルペンラリーなど、押し並べて〝ラリー競技〟くらいしかない。その他、僅かな例では各地に点在する駐留米軍基地内でのジムカーナやスポーツカーファンが興じるヒルクライム競技などのものだ。そもそも自動車を、仕事以外の競技や遊びごとに使う感覚などあり得るわけがないのである。

欧米でも第二次世界大戦で自動車競技は中断され、欧州を中心にF1レースとして再開したのは1950年（昭和25）だから、日本で自動車レースの知識や興味を持つものは、よほどのマニアかエンスージャストしかいない。ようやく世帯数50％に普及した白黒TVが外国の自動車レースを放映するわけもない。モーターファン誌やモータマガジン誌、極めて稀に外国の自動車雑誌の記事を知ったマニアから聞き及ぶ程度だ。

唐突に始まった自動車レース

1962年（昭和37）11月3、4日。鈴鹿サーキットのオープニングレース『全日本ロードレース選手権大会』。ここから、日本にも完全舗装路のコースを走る本格的なスピードレースが始まった。

このレースにスズキチームから出場した僕は、またも惨敗した。それまでトーハツ（東京発動機）のオートバイで何度もレースに出ていながら、僕は負け組ライダーの一人なのだ。一方、レースのないときは酒井文人氏が主宰するモーターサイクル出版社で、月刊『モーターサイクリスト』誌の新型車テストリポートや編集が僕の仕事だ。60年安保闘争で授業もろくにない学生生活の傍らオートバイ雑誌の記者を勧め、卒業後も僕は二輪レースのライダーであり出版社の社員でもある。

鈴鹿のロードレースが終って一ヶ月少々経った頃、「鈴鹿はどうも四輪のレースを考えているらしい」との話が出たが「ふーん四輪かー」。興味もない。欧州のカーレース話は、編集部に米国のパンナム航空に勤務する傍ら寄稿していた京ちゃん（山口京一氏）が度々来て、熱く語っていたが〝本場はすごいんだろーなー〟程度の関心しかなかった。それから二週間ほど経った年末、日本自動車スポーツ協会（JASA）から、翌年5月に鈴鹿で日本初の自動車レースを開催する発表があった。最初は外国のマシンと外人レーサーのデモンストレーション的なものだろうと想像していた僕は、取材のつもりで主催者事務所に電話した。話を聞くうちに、日本人中心のレースだということが分かったが、スポーツカーを持

っている人でなければ出られないと思うのは当然だ。

ドイツのキャビンスクーター・メッサーシュミット（200cc単気筒エンジンの三輪車）で通勤していた僕は、この車で出られるのかを聞いてみた。僕自身からして、そんな程度の認識だ。そうすると「三輪はダメだが、四輪なら軽自動車でも小型乗用車でも走れるレースにする計画だ」という。主催者の準備も、まだそういった段階だ。レース開催が、ようやく一部のファンや業界の耳目を集めるようになったのは正月も過ぎ、まだ寒中の時期だった。業界紙や専門誌に『スピードの覇者になろう！　第1回日本グランプリ自動車レース大会の申し込みを開始しました』の広告を見るようになった。

やはりホントにやるんだ…。これは日本人中心のレースで、四輪なら普通の乗用車でも参加可能なのだという内容が明らかになるにつれ、僕の脳裏に〝それならパブリカでもいいんだ、あの車で一番安いのは40万円だから…月賦で買えば、月にいくら払えば…もしかしたらオレにも…〟たわいない空想も〝二輪とは違うんだ、お前には縁のないことさ〟と自分自身をあざけるように尻込みもする。

その尻込みがあきらめに変わる頃、1963年正月末のことだ。酒井社長と全日本モーターサイクルクラブ連盟（MCMAJ）西山秀一事務局長に呼ばれた。「リキちゃん、四輪レースに出る気ある？」「えっ四輪って…話は聞いていますが、あの鈴鹿のですか？」。唐突な問いかけにとまどった。

その四輪レースに出ても良いと思う二輪ライダーがいたら紹介して欲しい、そんな話が自動車メーカーからきているという。そういえば二年ほど前、どんなレースに出ても負けてばかりいる僕は何とか良いオートバイに乗れるよう酒井さんの自宅に相談に行った時だ。彼は僕の悩みを聞き「リキちゃん、今

から他のチームといっても、ライダーの所属がはっきり決まってきた時代だからねー。それより、日本もやがては四輪レースをやるようになるだろう。そのときに備えて、欧州のレーシングスクールに行くのも一つの方法だよ」。欧州の二輪レースも四輪レースも視察していた酒井さんとしては当然の話だが、僕は訳の分からない気持ちで酒井宅を後にしたのを思い出した。

「前に、お前さんがウチに相談に来た時から、キミは二輪より四輪に向いていると思っていたので、一番先にキミを推薦したいんだが、どうかね」「はいっ、やります、やらせて下さい」。どこのメーカーだかチームかも知らずに答える僕に、富士重工業とプリンス自動車のどちらかを選べという。選ぶといっても、僕にはまったく見当もつかない。「どちらでも結構です、社長と西山さんにお任せします」。

スバルは楽勝だ!?

僕は日本初の自動車レースに富士重工業の専属ドライバーとして雇われ、第1回日本グランプリ自動車レースに出場することになった。

それまで何年も二輪レースに出ていながら、いつも不運なリタイヤやケガばかりの僕にとって、新たなスピードの世界へ入るチャンスが巡ってきた。よしっ、これに懸けてみよう。

戦争中は『隼』や〝呑龍〟の愛称で知られる『一〇〇式重爆撃機』など、軍用飛行機製造で有名な中島飛行機は、敗戦で無用の長物となった飛行機部品の残骸を応用したスクーター、ラビットの製造から富士重工業として自動車産業に転換し、１９５８年（昭和33）には本格的国民車スバル３６０を製作、

第1回日本グランプリ開催告知

鈴鹿サーキットでいよいよ始まる自動車レースの開催を告げる当時の広告。しかしこの頃の日本社会では、ほとんど誰もレースやサーキットについての知識はなかった。レース主催は「日本自動車スポーツ協会」。レースに初めて出場するドライバーへの「サーキットの走り方」も並行して行なわれた。

鈴鹿サーキットオープンと第1回日本グランプリ

(写真上)オープン当初の鈴鹿サーキット。現在も基本構成は変わらない。

(写真左)日本初のグランプリレースのプログラム内には、鈴鹿サーキットの利用料金が掲載されていた。上級者は30分1200円、超過料金10分400円。昭和38年は国鉄初乗りが10円、大学初任給が1万8930円だった。

やがてくるマイカー時代への先鞭をつけていた。すでにベーシックなマイカーとして不動の地位を築きつつあったスバル360を擁する富士重としては、そのポテンシャルから初経験の自動車レースでも、絶対的自信をもっての参加である。

日本初の第1回日本グランプリ自動車レースは、当時の国産車のエンジン排気量を大まかに分類した9クラスの国内レースと外国から招待した国際レースがメインイベントだった。軽自動車のみの400cc以下クラスでは、誰が乗ってもスバル360が勝つのは当然と踏んだのか、レース経験皆無の社内テストドライバーが出場する。

僕はとなれば、トヨタ・パブリカ、三菱コルトなど小型自動車の700ccクラスへの挑戦を命じられる。スバルは360ccの他に、最高速度や軽自動車枠に規制されない普通自動車規格の450ccモデルも市販しており、この車輌で排気量が約270ccも大きい車輌に一泡吹かせようというのだ。これは、会社が計画中の次期小型自動車への参入に自社の技術を誇示する作戦でもあって、その役目は僕と社内ドライバーの小関典幸が担うのだ。この時点では、400クラスでスバルが優勝するのは当たり前の余裕から考えた上級クラスへのチャレンジだ。

楽勝と目された400ccクラス。だが、ことは思惑どおりには運ばなかった。レースが近づいても一向に姿を見せないスズキ勢。不気味に思いながらも、どちらにしろ大したことはないだろう、とタカを括っていたスバル勢は、レース決勝の三日前にコース入りしたスズライト・フロンテに仰天する。

ＦＦ駆動が売り物のスズライトが2サイクルエンジン特有のかん高い排気音を響かせ、角張ったボデ

ィを軽快に走らせる。二輪時代からの名手、望月修を筆頭に藤田晴久、川島勇の社内ドライバーが公式練習を始めるや一周のラップタイムがスバルより5秒以上も速い。慌てふためくのはスバル陣営だ。

僕には分かっていた。四輪メーカーは何かというとスズキを侮りがちだったが、前年の1962年(昭和37)マン島TTレース50ccクラスでは、伊藤光夫が日本人初の優勝に輝くなど、すでに世界GPで2サイクルエンジンの高度なチューニング力を誇る姿がそこにあった。さらに当時の僕は、二輪レースではスズキ国内チームのライダーでもあったから、余計にスズキの怖さを知っている。しかし、富士重工の技術者に数々の提案をしても、所詮は外様ドライバーの素人論と一蹴され、スズキ脅威論は通じなかったのだ。案の定、1分近い大差をつけられ1、2位はスズキ。スバルは惨敗した。

愕然とするスバル陣営の暗い一日が終わり、二日目のレース。僕らが出るC-Ⅱクラス(401~700cc)9周、決勝の朝を迎える。僕も小関も、昨日の自社の惨敗をしっかり受け止めていた。そして、昨日の不名誉を取り戻そうにも、とても勝ち目のないレースに臨む心境は複雑だった。最初は、格差の大きい排気量車にどのくらい食いつけるかが楽しみだ、なんて割り切っていた気持ちが揺らぐ。小排気量の無理がたたってリタイヤしたり、勝負をあきらめた走りでは正に恥の上塗りだ…などの考えが頭の中でグルグル回りながらスタートを待つ。

このクラスに出るメーカーの意気込みにも特別なものがある。輸入車の制限で国内自動車産業保護育成をいつまでも続けるわけにはいかない自由化の外圧に対し、通産省が提案する国民車構想の開発競争

が始まったばかりだ。その代表的車種がトヨタ・パブリカであり、三菱500。そして、北米欧輸出用に軽の360cc・18馬力／4700rpmを423cc・23馬力／4500rpmにスケールアップしたスバル450である。通産省が提案する国民車とは、市販価格が25万円程度というもので、それは無理なものの、三菱500が40・9万円、スバル450は42・5万円。パブリカは軽自動車デラックス仕様と同程度の38・9万円で、値段も性能も国民車クラスの頂点に立とうとの意気込みに溢れている。それを誇示するように8台のパブリカがスタートラインの前方を占める。その後方に三菱500が4台、スバル450の3台が続き、いよいよスタート3分前ボードの掲示だ。

出場ドライバーは誰も同じだろう。僕にとっても初めての自動車レースで、スタートまでの3分という時間がこんなにも複雑な心理状態になるとはまったく予想もしていなかった！

スタートラインに並ぶドライバーの誰よりも僕はレース経験は多い。僕も二輪の場合は、まずエンジンのピストンを下死点に下げ、ギヤをローかセカンドに入れクラッチレバーを握り、二輪車を前後に押したり引いたりしながらスタートに飛び出すリズムで身体が動いている。そして、エンジンがかかるかどうか、この先なにが起こるかわからない不安を断ち切るように、スタート旗が振られるや、渾身の力で二輪車を押し出し、2歩3歩…。勢いがついたところでクラッチレバーを離し、下死点にあったピストンを勢いよく押し上げ、上手くいけば一発、悪くてもクランク軸が2、3回転して、エンジンがババッツーンとかかったオートバイに飛び乗るのである。二輪レースのスタート前の心境は、フライングしないように、スタートライン30cm位くらい後方で、二つの車輪を前後に動かす身体の力が心理的不安をか

第1回日本グランプリ　1963年5月4日　鈴鹿サーキット

日本ではほとんど見られなかった最新ヨーロッパのスポーツカー、GTカーによる「国際スポーツカーレース」が開催された。ル・マン式スタートや、初めて見る斬新なスタイルやスピードに、日本の自動車メーカーの技術者やレースファンは強い衝撃を受けた。なかでも２座席スポーツカーのロータス23は、日本のメーカーによるプロトタイプスポーツカー開発・製作を促進した。

国際スポーツカーレースの招待選手たち。左よりアーサー・ペイトマン（トライアンフTR-4)、マイケル・ナイト（ロータス23)、ジョゼ・ロジンスキー（アストン・マーティンDB4)、ピーター・ウォア（ロータス23)、フランシス・フランシス（ジャガーDタイプ)、フシュケ・フォン・ハンシュタイン（ポルシェ・カレラ)。その他6名を加え、全12名でレースを開催。

なり薄めてくれるのだ。それに対し四輪のスタートは、エンジンを始動させて走り出せば良いのだから、敢えてスタートの練習といっても方法はない。

まだレースカーとは呼べないレベルの車輛がスタートラインに並び、エンジンを暖めるウオーミングアップ停止のサインが出る。スタート3分前の合図でメカニックが車から離れる。その後は、シートベルトに縛り付けられたドライバーが、エンジン音の止んだ車内にひとり取り残されるのである。それは不気味な静寂であって、僕は初めてその異様な心理状態に気づくのだ。ただ、じっと静寂に包まれ、エンジンスイッチONの合図で、セルモーターを回せばエンジンがかかる…、だがエンジンが確実に始動する保証なんてない。二輪レースにはなかったそんな不安な気持ちは、同じレースといっても初体験だった。スタート2分前のボードが出され、エンジンをかける。かかった‼　この安堵感も初めての快感だ。そして、オフィシャルが無表情に高く掲げるボードが1分前、30秒前と変わる。その秒刻みの時間の流れに比例するように、それまでの不安がいつしかジワジワと高まる闘争心に変わっていく。

無統一の車輛改造規定

1963年（昭和38）5月4日。僕の自動車レース初陣がスタートした。当然のことながらエンジン排気量に40％も差があるパブリカ勢が、いち早く第1カーブからS字カーブへと突入する。彼ら同士の先陣争いの混乱に乗じ11番手からスタートした僕は、一気に7位にジャンプアップする。しめたっ、予想通りだ。これでパブリカ群の一角に入り込める。

僕の推測はこうだ。エンジンの大きさをグチったって始まらない。車重４０５kgのスバルを基に市販車性能で比較すれば、1馬力当たり重量はパブリカ21kg、三菱23kgに対し、スバルの18kgは絶対の強みだ。パブリカ、三菱のＯＨＶ４サイクル、スバルの2サイクルの違いはあれ、いずれも2気筒エンジンだ。さらにパブリカの変速機は４段、三菱に至っては3段に対し、スバルも3段だが、それにハイ・ロウの副変速機が付いた前進6段である。これらの利点を活かせば、４２３cc、23馬力４５００ｒｐｍを、やっと30馬力にしかチューンできなかった非力でも充分に伍していける筈なのだ。

問題なのは、日本初の四輪レースに際し、車輌規則といっても、これが実に曖昧なのである。参加車輌はクラブマンや好き者に貸しているだけだと知らぬ半兵衛のメーカーも、その裏では何かと支援に忙しい。車輌規則はメーカー技術者による技術委員会なる集まりによってルール作りが進んではいたが、それは決勝への本格的なトレーニングが始まった二ヶ月前のこと。大方の車輌は、それぞれ勝手な解釈の改造が進んでしまっているから車輌規則が決まったって、その仕様に戻せるはずがない。

分かりやすい例を挙げれば、２０００ccクラスに１８００ccで出る場合、排気量を１９９９ccまで広げても良いとか、車輪のサイズが同じなら太いサイズでも可とか、同形式のキャブレターなら吸入口径の大きいものでもいいだろう、など自分勝手な解釈の改造ばかりだ。しかし、どの車輌にも共通なのは、全速力で走る、曲がる、には市販状態の柔らかいサスペンションを硬く、そして、車体を低くして走行安定を良くする基本的な改造だ。ところが、乗り心地ガチガチな硬いスプリングやバネに変えれば、縮んだバネが元に戻る力は強大で、それを制御するダンパーもない。限界を超えたコーナーリングでは車

体の横滑りから、あるいはバネの反発力で車体が跳ね返されて横転する事故も多発する。

僕のチーム同僚なんかも、車輌が宙に浮いた途端、ボディが捻れたのかプラスチック製のルーフが外れ、ドライバーもそこから空に飛んだ。他のチームでも、やはり宙に飛び上がってドッカーンと落ちたので車外に脱出しようとしたら地面がない！　モノレール電車なみにガードレールの上に止まっていた。そんな奇妙な話にはこと欠かない。

結局、僕の場合でも、改造すればするほどに新たなトラブルの改善に追われながらレースに突入してしまった状態だ。二輪と四輪では大きさが違うからコース上に占める面積が異なるのは当然だ。これが二輪なら先頭集団のゴチャゴチャに混じっても前や横への隙間があって、追い越せる力があれば意外と早くに自分のラインが掴める。ところがコース幅いっぱいに並んだ四輪になると、前方がばらけるまでどう仕掛けたらよいのか見当もつかない。必然的に何分の一秒かは分からないが、スロットルを緩める場合もあれば、自分に不利なラインに変えねばならないこともある。それでも車の性能が他より多少でも強いか互角ならば良いが、排気量ハンデが一番大きい僕らには、少しでもスロットルを緩めたら元のスピードに回復するのは大ごとで一気に引き離されてしまう。また、実際にレースで戦ってみれば、初めてエンジンや車体の特性が随所に現れる。走行中にスロットルペダルを細かく操作しようにもエンジン回転がドライバーの意志通りについてこない。また、カーブの途中で走行ラインを微妙に変更しようとする時、瞬時のハンドル操作に前輪が同調しないのだ。

テストやトレーニングでは、どのくらい速いラップタイムが出るか、カーブではどうか、常に全開で

走ることばかり要求されているから、スロットルペダルを小刻みに操作した時にエンジン回転がどう変わるか、走行ラインを微妙に変えた時、車の挙動がどう変わるか、などのデータなどは掴んでいない、というよりそんな時間はないのである。市販車のハンドルは軽く操作できるようグルグル回さなければ舵が切れない構造だ。そのステアリング構造で、カーブを高速で曲がっていくには両腕が完全に交差するハンドル捌きは当たり前、20R（半径20m）のヘアピンだと自動車教習所なら絶対減点される送りハンドルでなければ曲がれない。さらに高速になるほどハンドルが軽くなるから、ハンドル切り過ぎの横転やコースアウトが続出するのである。その始末悪い性能をドライバーの技量で補うのは不可能だ、と車輌のせいにすれば楽だが、僕も含めてドライバーの技量も未熟なのは否めない。なにぶんにも全ドライバーが本格的なサーキット走行に入ったのは、レース二ヶ月前辺りからなのだ。

教える人もいない、誰もが新入生

1907年（明治40）に、英国のブルックランズ・サーキットのオープニング記念レースで、2位に入った日本の財閥の子息・大倉喜七郎氏や、大正年間に英国の大学に留学中の白洲次郎氏がレースに没頭したという先達の例はあっても、戦後、日本人で本格的コースの四輪レースを経験した者など誰もいない。まして、まともにレーシングテクニックを指導できる者などいない。結局、数少ないスポーツカーを乗り回していた趣味人が誰よりも先にサーキットを走ってみた感想が、新生ドライバーに植え付けられるありさまだ。そして、教わった通りに走れば一丁前のレーサーであって、そこには自分なりの研

究や工夫などない。やはり車輌の改造と同じくすべて余裕がないのである。

そういったドライバーが、それっ！　とばかりにコースを走り回るのだから怖いコワイ。少なくとも二輪レースでサーキット走行の経験者からすれば、そのような俄《にわか》ドライバーとは一緒に走りたくない気持ちになるのは当然だ。確かに、二輪レース経験の参加者、望月修、井口のぼる、立原義次、鈴木義一、生沢徹などは、他とは違う力量を見せている。僕の場合、サーキット走行では先輩を自負しても、それなりの経験が発揮できたかどうか甚だ怪しい。

「二輪ライダーはカーブで身体を倒す習性が、四輪のシートに座っていても出てしまう。自然と上体が傾いた姿勢の運転では、斜めの視線になるので正しい走行ラインは掴めない、出来る限り、頭の位置は水平に保たねばならない」とスズキの望月修さんが貴重なアドバイスをしてくれるのだ。僕は二輪レースではスズキチーム所属だから先輩でもある望月さんが、とうとう四輪ではライバルになってしまった。だがそういった温情の指導とともに、前年の鈴鹿サーキット・オープニングレース（二輪の全日本ロードレース選手権大会）に出場して、サーキットやレースの何たるかの修練を積んでいる若き自負心が頭をもたげるのは仕方ない。他車より4、5馬力劣ったって、持てる限りのテクニックでカバーできる筈だ、の自負が前面に出てしまう。それは米軍のB‐29に竹槍を突き出す戦争中の大和魂に似たアナクロニズムな自己暗示でしかない。世間では何かにつけ、やればできるとはいうけれど、物理的な力量の差はどうにもならないものだ。第一に基本的な走行、自分のラインを狙っても車はその通りに進まないのである。直線の真ん中を全開で走っているつもりでも、いつのまにかコース端に寄っている。空気抵抗

がどうだこうだより、なるべく多くの人が乗れ、ボディの頑丈さの方が重要視される車体構造だから、車体を低く、サスペンションのスプリングを硬くすれば走行安定が保てるだろうくらいのレベルでしかないのだ。

性能差がほどほどなら、ムリしてでも前車の後ろに食らいつき、ゆさぶって相手の神経をいらつかせる手もある。あるいは後車を近づけさせない手段として、わざと下手くそを装い、あいつが事故ったら俺も巻き込まれる、と不安を与え、牽制する偽装行為も脳裏を走る。だが、このレースではドライバーのテクニックや精神的威圧、ずるさでカバーするには限界がありすぎるのだ。一体全体どうすれば良いのか、四輪とはこんなにもレベルが違うのか、こんなにも始末悪いものなのかを痛感する。

このような状態で、人も車も未熟な、けなげにも見える激走が続く。だが、これが日本初の自動車レースの姿なのである。

レース経験が通用しない。バレバレの不法改造

幸いにパブリカ先頭集団の7番手に食らいついた僕は、もう2台くらい前に出られる自信を持ってヘアピンカーブから70Rのスプーンカーブへ突入するが、そのスプーンを立ち上がってのストレートで全く予期せぬ目に合う。急に視界を邪魔する霧のようなものがフロントウインドウにくっつきだした。完璧な晴天だから雨ではない。直感的にオイルだっ、しめたっ、誰かエンジン壊したな。だが、白煙も上がらない。そうか、これはブリーザーパイプからではないか？　二輪でも、前車のエンジンのブリーザ

ーパイプが吐き出すオイル飛沫でゴーグルが汚れることがあるからだ。でも、一体どの車が？　2サイクルエンジンのスバルはオイルとガソリンの混合燃料だからブリーザーはない。三菱とパブリカは共に4サイクルで空冷エンジンだ。市販車より高回転、高馬力にチューンアップするなら、大量なオイルで潤滑しなければエンジンは焼き付いてしまう。特にパブリカは市販エンジンの4300rpmが推定7000rpmに達するまでにチューンされているようだから、多分、改造規定以上のオイルタンクを備え、オイルをガンガン供給する油冷ともいえる対策を施しているのではないかと疑う。

そうだとすれば、スタートからだいぶ時間が経っているのに、今までその兆候がなかったのは何故だ。疑問は瞬時に解けた。この地点までは、スロットルペダルを踏んだり離したりの連続カーブだった。それが直線に入って、一気にスロットル全開ならエンジンは狂ったように回り出し、スピードも上がり、オイル飛沫も空中に飛散する。そうだとすれば、このまま食らいついたらウインドウは益々汚れ、視界不良のまま、あと何秒かで150R高速左カーブに入ってしまう。このカーブは全開で通過しなければならない場所で、数時間前のB-3クラスではオースチンヒーレー3000がコース崖下に飛び出し、ガードドライバーは瀕死の重傷を負う大事故が起きたばかりだ。仮に、ここで僕の小型車が飛び出し、ガードレールに激突でもしたら、まずグシャグシャだろう。二輪レースで何回か空中に投げ出された体験はあるが、四輪の車内で自分が凹んだボディに押しつぶされる姿を想像するだけでも身震いがする。幸いにというか、残念ながら前車に離されたため最悪の視界から逃れることができ、最終カーブ右250Rを駆け下りホームストレッチへ。7位のまま2周目に入る。先頭のパブリカ集団は首位争い激しく、左右

前後に車列が入り乱れる。

先頭集団から離された僕はつくづくパワーの差を見せつけられながら、こうなったら三菱には負けられない、と別な意地に変わってくる。幸い、三菱500で一番速いD・ソーヤは10mほど後方にいる。これをもっと引き離せば良い。2周目の連続S字に入る。1周目でパブリカにはついて行けそうもないと分かったが、自信をもったのは、このままラップを重ねていけば40%も排気量が大きいパブリカに、良くも食らいついたとの評価は得られる。さらに先頭集団のエンジントラブルや同士討ち、彼らがミスってくれれば5、6位入賞が望める。もうこうなれば、人を呪わば穴二つなんて言ってはいられない。

車は今のところ快調だ。非力をカバーしてくれる6段変速機も心強い。この6段ギヤはスバル360の3速それぞれのギヤをハイ・ローに変える副変速機（サブミッション）を後付したものだ。これは外国車には古くから用いられる手法で、1段ギヤでサブミッションのレバーがローの位置にある場合、仮にその最大速度が20km／hとすれば、レバーをハイに切り替えると24km／hに速度が約20%上がるというもの。即ち、1段ギヤのロー位置だとギアレシオは1・0、ハイにすると0・8と、ギヤ比が小さくなるので、同じ速度でハイギアを使えばエンジン回転は低目になってエンジンへの負荷が少なくなる。当然、バックギヤも2段だ！　大きなコストをかけて新設計の多段ギヤボックスを造るより安価で既存構造を活かせる利点がある。

問題なのは、そのギヤレバーの操作だ。車のギヤチェンジレバーの右側に、短いハイ・ローの切り替えレバーがあって、走り出しは1段ギヤ&ローレバーで最大速度に上げ、次に、ハイレバーで増速し、

次に、2段ギヤに入れると同時にレバーをローに戻し、限界速度でレバーをまたハイにと、一つのギヤを二つに使い分けるのだが。非力なエンジンパワーを有効に引き出すには重宝でも、常に2本のレバーを操作するのはかなりのテクニックを要する。街中ならゆっくりのチェンジで良いのだが、クラッチペダルを踏み、足を離す間に2本のレバーを操作するのは、何分の1秒単位の変速を強いられるレースではかなりの熟練を要し、左手が痙攣することもしばしばだ。

2周目に入り、追い迫るD・ソーヤの三菱500を何とか振り切りながらヘアピンを曲がり、150Rから70Rへのスプーンカーブに達すれば、そのままストレートに入り7位をキープできる筈だ。そう確信しながらヘアピンを過ぎ、ゆるい登り坂にかかるや、急速にエンジンパワーが弱まり始めた。2サイクルの弱点、エンジンのオーバーヒートによるパワーダウンが始まったのだ。よろけだした僕の横を、ゆっくり、ネバネバとソーヤが横に並び出した。もう少し我慢すれば、スプーンカーブ入り口への下り坂になるから、それまでスロットル全開でいけば抜かれることはない。だが、このまま全開が続けばエンジンが焼き付くかもしれない。この際、追い抜かれてもエンジンを労って次のストレートで抜き返せるか、どちらかが得策なのか…精神の葛藤が、判断を妨げるままスプーンに突入する。その何分の一秒かの迷いを衝かれたように、カーブ出口ではソーヤに先行され、そして、直線でのスピードはまったく上がらない。

一つ下の5段ギヤで引っ張れば速度は上がるかもしれないが、息も絶え絶えな馬にムチ打つような走

り方をすればエンジンブローは目に見えている。ついに後ろにいたパブリカの歌原にも先行され9位に。もうこうなれば、サブミッションのハイ・ローを駆使し、エンジン回転を落とし、オーバーヒートによるピストンの焼き付きを警戒するのが関の山だ。

結局は1位・深谷文郎（パブリカ）に2分25秒遅れの総合9位、クラス1位で僕の自動車レース初陣は終わった。辛うじてリタイヤを逃れたのは、6段ギヤが効果を発揮し、「最小排気量で良くやったねー」の評価は嬉しいが、僕としては決して満足な結果ではない。

かくして、日本初の自動車レースの歴史がスタートを切ったのだ。それはどのクラスでも、とてもレースとはいえない

第1回日本グランプリ
C-2クラス／9周

（写真上）C-2クラススタートシーン。3列目までをトヨタ・パブリカが占める。大久保は予選11位、決勝9位。上位は1～7位をパブリカが占めた。
（写真左）スバル450はC-2クラスに3台が出場。パブリカ（700cc）との排気量差はいかんともしがたく、㉚大久保、㉛小関典幸はすぐにランデブー走行となり、大久保（9位）、小関（10位）の順でフィニッシュ。

レベルだ。しかし、国道ならぬ酷道、道路舗装率50%、道路ではなくて道路予定地だらけの日本。いかに柔らかな乗り心地で、ハンドルは軽く、頻繁なギヤチェンジもなく、多少の上り坂でもトップギヤで大丈夫というのが良い自動車とされる時代に、降って湧いたようなGPレース騒ぎは、まさに未知への道を走り出す太いスタートラインなのだ。

第1回日本GP自動車レースC-Ⅱ（ツーリングカー400〜700cc）クラス結果

6.004km×9周=54.03km　参加17台・予選出走17台・決勝出走15台　曇り
4日11:25スタート　3-2-3左上位グリッド

順位	No.	ドライバー	年齢	車名	周	タイム	平均時速	ベストラップ	予選タイム	グリッド
1	28	深谷　文郎	25	パブリカ	9	32'49"9	98.753km/h	3'33"9/7周目	3'38"5	3
2	22	前川　義弘	25	パブリカ	9	32'50"1	98.743km/h	3'35"5/8周目	3'36"7	1
3	21	細谷四方洋	22	パブリカ	9	32'50"3	98.733km/h	3'35"0/8周目	3'37"7	2
4	27	小谷　彰	26	パブリカ	9	33'21"6	97.181km/h	3'40"2/5周目	3'38"6	4
5	29	R.ベイツ	30	パブリカ	9	33'30"2	96.773km/h	3'40"7/2周目	3'43"0	8
6	26	牧野　俊彦	23	パブリカ	9	33'30"4	96.764km/h	3'38"9/3周目	3'39"9	5
7	25	歌原　義和	28	パブリカ	9	33'47"6	95.943km/h	3'42"1/7周目	3'42"2	7
8	24	D.ソウヤー	42	三菱500	9	34'01"0	95.313km/h	3'42"6/3周目	3'47"2	9
9	30	大久保　力	23	スバル450	9	34'24"2	94.242km/h	3'47"4/2周目	3'49"6	11
10	31	小関　典幸	22	スバル450	9	34'25"0	94.205km/h	3'47"3/2周目	3'48"3	10
11	36	外川　一雄	34	三菱コルト	9	35'34"0	91.159km/h	3'54"5/6周目	3'54"6	12
12	37	戸倉　満	30	三菱500	9	35'53"7	90.325km/h	3'55"6/3周目	3'55"2	13
13	34	大竹　滋之	34	スバル450	9	37'42"0	86.001km/h	4'00"6/2周目	4'03"7	14
14	35	柳　成延	24	三菱500	8	35'55"8		4'19"3/8周目	4'28"4	15
15	23	浅野　剛男	28	パブリカ	7	33'29"7		3'37"8/5周目	3'40"3	6
ns	33	小林　悟	27	三菱500	--			--		16
ns	32	北代　省三	42	マツダ・キャロル	--		--	--		17

・最速ラップ：深谷文郎（トヨタ・パブリカ）3'33"9 101.051km/h

燃え上がった自動車産業維新

僕が惨敗したこのレースで、多賀弘明氏がドライブしたトヨペット・クラウンを筆頭に主要クラスを席巻したトヨタは、茶の間に入りだしたテレビ、新聞、週刊誌、およそPRできる媒体なら何でもというくらいトヨタ車の優秀性を宣伝し、早くも日本自動車界のリーダーへと地歩を固め始めた。初の自動車レースが行われるまでは、鈴鹿サーキットの存在や、そこでレースがあることを知っているのは、ごく一部のマニアや業界人くらいで、庶民にとって高嶺の花、車など無縁なものだった。しかし、トヨタを筆頭とするコマーシャルによって、多くの人々は、街中に見る乗用車への興味と関心を抱き始めたのである。マイカーへの夢が現実になるかもしれない期待、自動車の話が日常会話に入り込み、数年前から続々と発刊される週刊誌にとっても車は絶好の話題にもなってきた。

第1回GPを遠目に見ていた自動車メーカーのみならず、部品産業の「しまった!」の声が聞こえるほどの反響は言うまでもない。もはや、自動車レースに無関心を装っているわけにはいかなくなった。トヨタの一人勝ちを座視できぬと、ほぼすべての乗用車メーカーが自社のチームを送り込む歴史上異例な第2回GPへの挑戦が動き出した。

初のビッグレース開催にあたり、各自動車メーカーでは多くの「腕利き」ドライバーが集められた。C-4クラスでは多賀弘明（トヨペット・クラウン）が優勝。この他、トヨタはコロナ、パブリカなども主要クラスを制し、他メーカーを大いに刺激した。

空前絶後のメーカー対抗、第2回日本グランプリ自動車レース

軽自動車クラスで、大看板のスバル360がスズライトに惨敗した結果は富士重工に大きな衝撃を与えた。日本GP終了直後、7月には社長直属のGPチームを編成し、首位奪還への体制を整えるのである。僕は引き続き富士重工業の嘱託社員・専属レーサーとなるのだが、同時に僕には寝耳に水の身辺問題が持ち上がっていた。それは、前年、鈴鹿サーキットオープニングのオートバイレースでスズキ国内チームのライダーになっていたのが原因のようだ。それが問題視され、担当部長からまったく予期せぬ通告をされてしまう。要は二輪レースに出るのは構わないがスズキに所属していることは、平たく言えば敵方の間者が入り込んでいるようなもの、ということなのだろう。僕とすれば、二輪でも何でも単純にレースに出たいだけだが、悔しい疑惑をつきつけられ、涙ながらに身の潔白を申し立てるのだ。結局、四輪と二輪、どちらを取るかの判断を迫られた僕は、将来の富士重工に身を託したい思いから会社の方針に従うしかない。スズキの監督で恩師でもあるモッちゃん（望月修）に詫びを入れ、スズキから離れざるをえない。しかし血の っ気多い若造が、純粋に走りたいだけの気持ちから出た僕の苦渋を察してくれたのか、担当部長からライバルメーカーでなければ二輪レースも構わないという条件が出されたのは有難い。

それにより近年、二輪市場に乗り出したブリヂストンサイクル工業のBSオートバイの専属ライダーになることができ、二、四輪二股レースが続くことになる。そんな個人的問題も収まり、スバルの雪辱

国産乗用車さえ高嶺の花の時代、スポーツカークラス（1301cc〜2500cc）にはトライアンフTR4、MG-B、フィアット、ポルシェなど夢の車ばかり。その中にたった一 台、田原源一郎の日産フェアレディがスタートから独走で優勝。日本の自信を高めた。

作戦は熾烈を極めていくのである。次回の第2回日本GPへの準備は、惨敗の原因分析から始まり、基本的にゼロから出直す体制が発足する。

それは、素材も工作能力も未熟な時代にあって、飛行機技術の粋をつぎ込み、世界レベルの傑作車と評されるスバル360を生み出した百瀬晋六ら技術者たちからみれば、貨物用自動車を発展させたスズキ・スズライトなんかスバルの足下にも及ばないという慢心があったことは否めない。だが、そういった精神面だけで片付けるのではなく、航空機製作の技術を活かした0・6㎜という薄い鋼板から形作られたフレームレスモノコック＋強化プラスチックのボディ。サスペンションはトーションバー緩衝のトレーリングアーム。軽とは思えない広い四座席確保のリアエンジン・リアドライブ（RR）構造。

軽自動車であっても普通車に劣らない穏やかな乗り心地や静粛性を製作の目標とした小型車を、連続高速走行や異常な速さのコーナリングが可能なレース車に変身させるという新たな課題に当惑するのは当然だ。これは基本設計思想を根底から覆すもので、唯一、他車に秀でるのは車重385kgの軽量さだけである。

これに対し、鈴木自動車工業のスズライト・フロンテはスバルより3年前の1955年（昭和30）に市販したスズライトバンとピックアップの貨物車を四座席の乗用型にしたものだから頑丈な車体はスバルより100kg強重い。前後輪のサスペンションも長い鋼板を重ね合わせたリーフスプリングを横置きに配したトラックの流用で乗り心地も硬い。さらにフロントエンジン・フロントドライブ（FF）はまだ発展途上であって本当の真価は未知の構造だ。どれをとっても、スズライトは当時のユーザーが乗用車に求める条件から遠いのだが、これがレーシング走行にはうってつけとは当のスズキも意外だったのかもしれない。サスペンションは、もっと硬い材質の鋼板リーフスプリングに変えれば車体の傾きも少なくなり、片輪が浮き上がる三輪走行の欠点も調整が可能なのは強みだ。さらにFF駆動は車体前部の重量が重くなるものの、ハンドルで進行方向を決められた前輪が牽引役であるから、後輪が多少滑りだしても、駆動力を持つ前輪で強引に引っ張れるのでドライバーの意図するラインをとりやすい強みがあり、雨天の路面にも強い。

かようにスバルとスズライトの構造はまったく正反対。サーキットの外で、ブッ飛ばし合ってもスバルは負ける。スズキはすでにオートバイ世界GPで優勝するほどだから、重量ハンデをエンジン馬力で

補うくらいの2サイクル技術は持っている。ポイントはここにあるのだ。日本のオートバイメーカー、ホンダ、スズキ、ヤマハ、三社はすでに、世界GPを席捲し始めていたものの、その活躍は一般には知られていない。まして四輪メーカーからは、オートバイの技術などなんぼのものか、といった程度の受け止め方でしかない。二輪車技術が四輪に通じるなど思ってもいないのだ。

125ccの市販オートバイでも12馬力、GPマシンになれば22、3馬力に達し、リッター当たり100馬力以上が当り前な二輪。第1回日本GPのスズライトは21馬力／5500rpmの市販車を推定40馬力近い出力にチューニングしていたのではないか…。さらに、ボディから各部品まで軽量化を図り、初の公開走行では驚異的なタイムを出すまでになっていた。しかしレース前の車検では、軽量化の限界は市販型から10％内の規定に引っかかり、結局60kg強のウエイトを付加しなければならず、優勝こそすれ驚異的記録での楽勝の思惑は外れてしまったようだ。

てんとう虫の逆襲体制

富士重工は第1回日本GPで如実に知ったスズキの実力、さらに台頭著しいマツダ・キャロルも参戦するかもしれない雰囲気の中、レース体制を全面的に一新することから動き出す。小さな愛くるしいデザインから〝てんとう虫〟と呼ばれる人気の軽自動車トップリーダーの意地を懸けた全社的な臨戦態勢である。

第2回日本グランプリに向けて

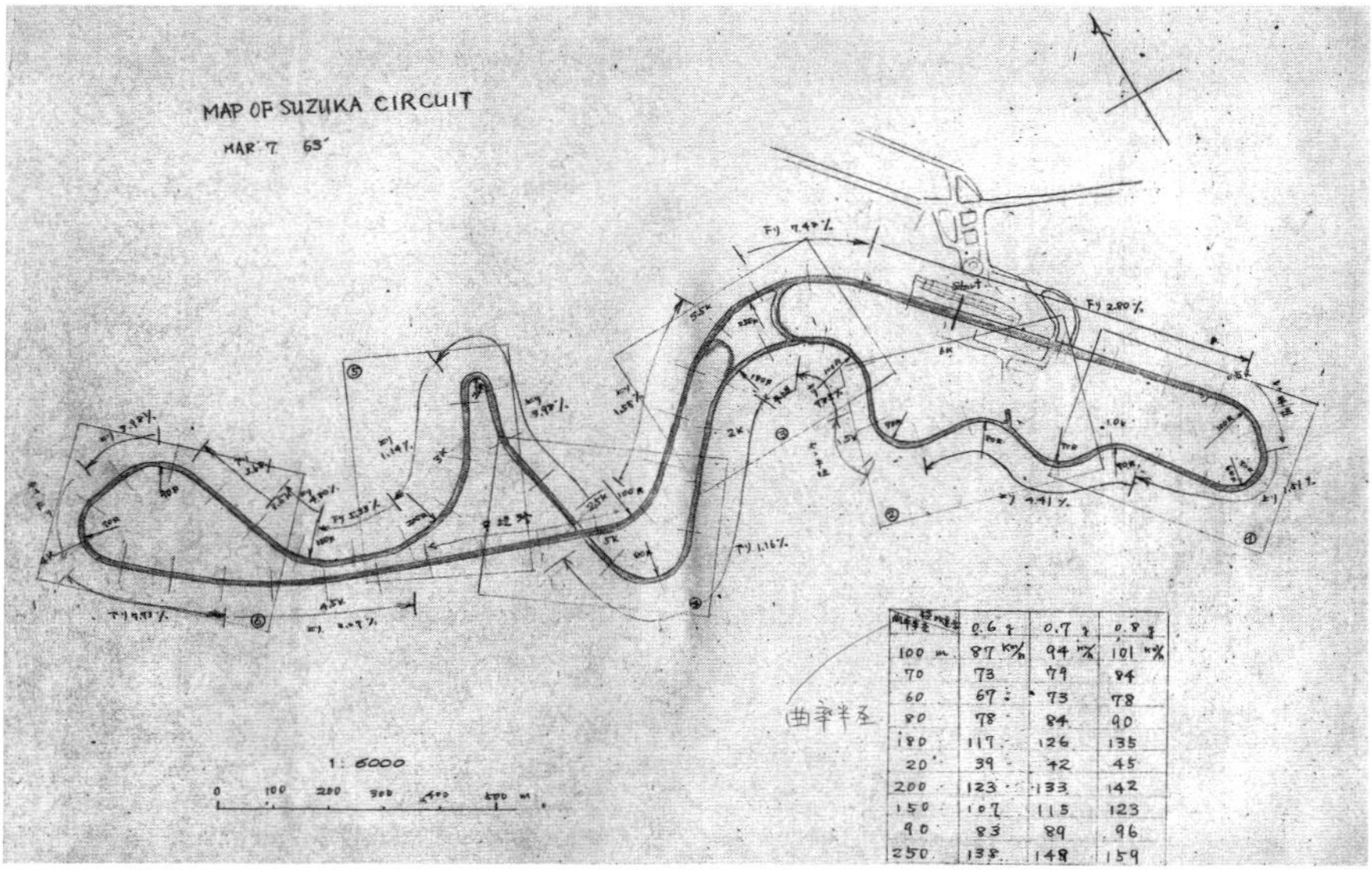

富士重工のグランプリチームは鈴鹿サーキットのコースを図面におこし、コーナーの曲率やカント（傾斜）などを調べて最適なギヤ比、セッティングを研究していた。ドライバーたちも、ここから導かれた理論値をラップ・タイム向上に役立てた。

「総監督」竹田

「監督」佐藤

「副監督」[海野]

[ ] は三鷹の要員

車	ドライバー	主メカ	副メカ	調整班	技術担当 製品調達	技術部門	マネージャー	
②	三宅	土屋	[鈴木(洋)]	[野瀬]	[三崎]	[酒井]	松沼	長谷川
⑨	村岡	[斉藤]	花沢 五十嵐	[飯島]	[小山]		高田	高野
⑩	中原	石関	[松永]	[佐藤(徳)]	[栗田]			
⑪	渡辺	浜田	[久保木]	[佐藤(忠)]				
⑫	大久保	小池	[芳賀]	[笠井]				
⑬	小関	[河田]	池田	[高野]				
⑮	小林	[上田]	竹内	[木村]				

レース時の編成

第2回日本グランプリに向けて、富士重工は第1回GPから体制を一新して臨んだ。

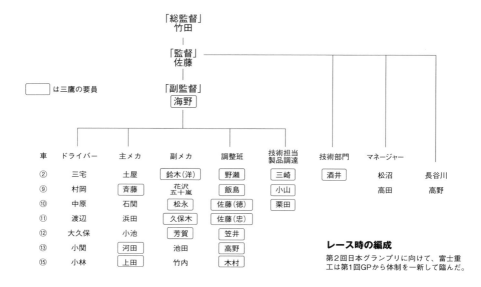

日本GP終了直後の5月末、打倒スズライトを目指して『GP部隊』が立案され、7月に、スバルサービス部長・竹田治郎を総監督、横田信夫社長の直属部隊とする異例のプロジェクトともいえる組織が結成された。富士重工は、エンジン、変速機の開発などの生産は東京郊外の三鷹製作所、車体開発や車輌実験は群馬県太田市の群馬製作所が担当し、GPチームはこれら三鷹、太田、本社から選抜されたエキスパート集団だ。チーム監督は、佐藤重雄第一実験課課長で、彼は旧陸軍騎馬隊で多くの兵を指揮した統率力の経験が買われたという。彼を補佐する副監督は、三鷹からエンジン開発担当の海野保が当たり、スバル360の生みの親の百瀬晋六はじめ、家弓正矢、小山仁、浜田義弘ら、スバルにかけては名うての技術者、整備メカニックなど39人の大部隊が始動し出す。ドライバーは実験課課員でテストドライバーの小関典幸を筆頭に、メカニック兼社内ドライバーの村岡三郎、小林章尾、中原喜栄人、三宅宏志らに僕のような社外のドライバーを合わせて7人に絞られた。

最強のレーシングスバルを造るという一つの目標に向かう集団は強い。第1回日本GPでは何をしていたのだろうと思うくらい、すべて白紙の状態からの進化は日毎に高まっていく。前回、非力だったエンジンも11月には耐久性ある30馬力のレベルに到達するが、この程度では推定40馬力のスズライトには及ばない。

昼夜を分かたぬエンジン開発者の苦悩とともに、群馬部隊による車体チューニングも試行錯誤の繰り返しだ。スバル360のボディは、薄い鋼板で卵の殻のような入れ物を作り、それにエンジン、車輪を取り付けるモノコック型という製造方法だ。このボディは、まだ世界的にも数少ない画期的なものだが、

これも航空機ボディからの技術だ。車重が軽ければ過剰な高出力は不要で、低燃費、耐久性に優れたエンジンで充分ということになる。さらにルーフを新素材のプラスチックファイバー、リアウインドウは硝子に代えてアクリルを用いるなど、これ以上、何を軽量化すれば良いのかの状態に完成されているのだ。この軽量ボディは、路面の凹凸を柔らかく受け止め、小型車とは思えないソフトな乗り心地にも影響する。考えてみれば、市販車をレースカーに改造するのは酷なものだ。せっかく、乗り心地良く、低燃費、静粛性を目指し鋭意研究開発の末、世に送り出したものをぶち壊し、快適性を否定する車にしなければならないのだから。しかしレースという勝負は速く走れる車と、それを操れる人間(ドライバー)を造り上げねばならないのだ。

莫大なコース使用料と、ドライバー報酬の組合規定

国産の市販乗用車で最高速度が一番高い自動車はダットサンスポーツの155km/hくらいで、おしなべて150km/hが上限だが、それ以上の速度が出せるテストコースを持っているメーカーはない。富士重工にしても群馬製作所内の構内通路を兼ねた試走路では、鈴鹿サーキットを想定した操縦性のテストなど出来るものではない、要するに走れる場所がないのである。

ならば鈴鹿サーキットで頻繁に走れば良いだろうが、それが出来ないのだ。なぜなら第2回日本GPが予告されるや、第1回に出遅れたものから雪辱組まで、ダイハツを除き国産乗用車メーカーのほぼ全社がGPへの参戦を表明した。その結果、真っ先に大金を叩いてサーキットの占有使用を予約したメー

カーがずらーりと占め、充分なコース使用ができないチームが続出する。

そのような状況下で、僕らのチームは鈴鹿サーキット近くの旧庄屋さんだった納屋を借りてベースキャンプを設けたものの、思うようなコース専用使用の時間帯は確保出来ない。何とか走れる時間を確保できたのは、朝4時から7時までなど、暗い時間からのテストで走行距離を延ばさねばならない状況だ。チーム発足からレース予選までの鈴鹿でのテスト回数を通算すれば、一日2時間のコース専用が約40回（40日）ほどだから本格的レーシングカーを造るにはとても充分なテストはできない。やはりどのメーカーも、この経験から本格的自社テストコースの建設に乗り出すのである。

さらに、鈴鹿サーキットのコース専用使用料は平日1時間25万円、土日祭日だと40万円！　一流企業の初任給が1万1千円程度だから、1時間のコース代は年収2年分に匹敵する。土日だと3年半だ！　途方もないコースレンタル料だ。それに対しアマチュアドライバーの練習や趣味の走行料は平日1時間900円と、占有より遙かに安価だが同一時間内に何十台も走るから思うようなスピードは出せないのだ。それでも1時間の走行料は高給取りの日当2・5日分に相当するが、プライベート参加の多くは子供の頃から生活に車がある裕福な育ちで外国製スポーツカーを乗り回しているマニアが殆どだから文句も出ないのか。だが前年の第1回には学生で、何としてもレースに出たくてオンボロ中古のDKB900をやっと購入した津々見友彦君のような参加者もいる。彼なんか、車は買えても他の経費に追われ、鈴鹿川の河原でテント生活しながら練習走行に来ているのに、クラブマン用スポーツ走行時間帯までもメーカー専用に回される有様だから、思うように走れなかった状況は今回も同じだ。それでも参加した

いプライベートは実質上の閉め出しと同じで、完全なメーカー対抗の様相を呈してきた。

このような状態でも、1時間25万円也は決して高くない、それなりのメリットはある、とする鈴鹿側の言い分は、すでに二輪の世界GPに挑戦し、走る場の必要性を切実に感じたホンダの見解だろう。僕もコースを走るたびに車がどんどん成長する実感は確かにある。もっと走りたいのだが、いかに全社的GPチームとはいえカネの問題は大きい。僕のチームがレース終了までに専用したコース使用料は約2千万円に達し、平均ファミリー住宅が10戸以上建つ勘定だ！

金がかかるのはコース料ばかりではない。一台のレース車輌に携わるメカニック、ヘルパーは平均4人、7台で30数人の動員が必要で、宿泊、食費、交通費その他諸経費も莫大にかかる。ドライバーの数も格段に増えた。第1回日本GPに参加した国内ドライバーは130人弱だったが、第2回は200人近い参加のようだ。

ひと口にドライバーといっても、その立場はまちまちだ。第1回日本GPを契機に、参加メーカーの所属ドライバーは一気に増えた。そのレースにエントリーするチームの形態は大まかに4つに分類できる。一つは、通常は市販車、実験車のテストに従事する社内テストドライバーと僕のように社外からレースに出場するための専属ドライバー。次に自動車愛好者クラブなどのドライバーがメーカーから車を貸与され、整備に関わるメカニックサービス、援助金などを受けている者。また、デーラーからの推薦や個人的ルートで車輌、部品などを供与され、個人的リズムでレースに参加する者。そして4つめはレースを純粋に楽しむために、車輌も費用もすべて個人負担のオーナードライバー。

その一つめにあげたものがファクトリー・メーカードライバーに当たるのだが、欧米のようにレーシングドライバーといった地位や名称は日本には定着していない。したがって、どこのメーカーでも単にレース出場だけでなく各種実験車などのテストなどに従事する『テストドライバー』の一員という位置づけだ。しかしこの職種も、第1回日本GPを経験し、単にテストドライバーの延長線上の仕事領域では済まされない特殊な技能職（？）であることが理解されだしてきたのだが。

ところが会社の経営側と労働協約を結んでいる労働組合では、社内テストドライバー用の危険手当や労働規定を専属ドライバーにどう適用したら良いのか、僕にはまったくワカラナイ話も出てくるのだ。ちなみにレース出場の社内ドライバーと専属ドライバーの僕を対象とした就労規定が作られ、第2回日本GPへの仕事からドライバーはこの規定に準じる職務になるのだが、その一端を明かせば以下のようになる。・基本報酬　正社員＝給料、専属（嘱託・契約）ドライバー＝契約金（契約規定により公表できないが、どのチームでも大企業部長職くらいの年収が目安だからハタチ代には充分な待遇だ）・レース手当　公式レース、出場1回につき１００kmまでのレースで１０００円、１００km以上50kmごとに５００円　・走行手当　公式練習、走行１００kmまで５００円、１００km以上50kmごとに２５０円・レースのためのテスト、トレーニングの走行手当　走行１kmにつき4円、テスト車に必要な同乗者（整備士など）走行１kmにつき０・91円と僕にはイライラするくらい細かい。

給料や契約金を除いたこれらの金額を計算すれば、決勝レースの公式練習と予選、決勝までの手当は約３千円程度だから大した金ではない。それよりも何日も続くテスト走行のドライバー手当の方が大き

い。みみっちく計算すれば、鈴鹿サーキット1周6・004㎞の走行手当は24円となる。一日のテストで約30~50周は走るから720~1200円となるので毎日でも走りたいくらいだ。まあ、金額や内容に多少の違いはあれど、他のメーカードライバーでも似たような条件だろう。

待遇といえば、新たな挑戦が始まった初夏の頃、鈴鹿サーキットのテストで、たまたまホンダの二輪GPライダーの養成トレーニング中の健さん（田中健二郎）に会った時だ。「おいっリキ、お前は二輪ぬけだして、箱の中でヌクヌクとレースごっこかー」まあ、健さん特有のイヤミだから気にしちゃいないが、続けて「ところでよリキ、四輪てーのは、どういう内容なんだ?」「内容って何のことよ?」「ほら、ゼニとか食い物とか、いろんな条件だよ」興味深げに聞いてくる。僕が大体のことを話すと、「なにっ、お前いい身分してやがるなー、それでメシ、食い物なんか?」「まあ、週に二回はステーキを食わしてもらってるし」そんな話に「へーえっ、ステーキかー…、四輪の世界って豪勢なんだなー」途端に羨望めいた口調で「ありがとよ、よく分かった、お前もいいとこに入ったな、ムリすんじゃねーぞ。それとな、前にも言ったけどテストでもレースでも下着だけは清潔にしとくんだぞ、俺たちゃ、いつ看護婦の世話になるかもしれねー稼業なんだからな」説教も交えてコースに戻っていった。年が明けると、健さんはブルーバードのハンドルを握っていた。そして、いつの間にかオートバイ組のドライバーが増えていた。

さて、話をGPに向けてのテスト状況に戻そう。鈴鹿サーキットのテストで成果が上がることは分かった。だがサーキット専用時間は記述の如く満足に走れる状態にはない。ならば、鈴鹿でなくても簡易

なテストができる場所を探そうということになり、社内ドライバー小関典幸らの目あてない走り場探しが始まる。いろいろな情報を元に探し回った結果は群馬県伊香保の榛名山有料道路だ。一般利用者がいない早朝に道路を借り切り、２車線の上下道路を閉鎖してカーブ走行専用ともいえるコース？　にするのだ。まあ、崖下に転がり落ちるかと思うくらい、限界限界のカーブでの実験を繰り返すには適しているが直線高速は出来ない。最初はムチャな話だと思いつつも、サーキットコースより危ない場所で、随分と車の足腰を鍛える効果が出たのである、やはり走ってみなければ分からないものだ。

第１回の時は技術者の経験していない高速走行で想定外の問題が発生した教訓から、技術者は車の性能アップを理論的な想定や分析の基に進めるようになった。一方、ドライバーは「Ａのカーブは問題ないがＢカーブの出口で加速したいと思っても後輪が急に外側に流れてしまう」とか「ストレートの全開から急ブレーキとギヤダウンをしながらカーブに進入していくと、車全体が飛び跳ねるように外側に膨らむ」など、体感したこと、感じたこと、直感などを通して、できる限り技術者に理解してもらえる説明をする。それができなければドライバーの役目も果たせないことも分かってきた。僕の場合、二輪レースも専門誌のテストもしているので、四輪でも解析と説明方法が結構役立つのだが、タイムを上げるだけに捉われ理論的説明ができないドライバーも出始めてきた。

あらゆる車の鍛え方が進むにつれ、当初こんなテストをしたって効果あるのかという疑問が段々と薄らぎ、〝やってはみるもんだなー〟の納得に変っていく自分に気づきだし始めた。

情報収集スパイ合戦

第2回日本GPまで、あと半年くらいになると、連日のように各メーカーの鈴鹿テストが見られるようになる。それに伴い第1回では見られなかった新たな現象も現れる。スパイ活動だ。そう敵情視察である。一般の見学者も入場する中に他メーカーの技術者もいて、ライバルメーカーの走りを探るのである。ヘアピンやスプーンカーブの辺りは隣地の山林や畑につながっているので、麦わら帽子や手ぬぐいで頬被りしてストップウオッチやメモ帳を手にした農民姿の諜報係が草むらに潜む姿を想像するだけでもおかしいではないか。いや、おかしくはないのだ、怪しい者はコースのパドックにだっている、それも堂々とピット屋上に。深くつば広の帽子から何やら電線コードみたいなものが下がっている。多分あれは補聴器のイヤホンをライバルチームのピット下に垂らして会話を傍受しているのだろう。補聴器の新しい使い方（?）なのか効果のほどは聞いていない。こういった過激な諜報合戦も映画の影響か。タイガー自動車の新型車を巡る梶山季之原作、田宮二郎主演の『黒の試走車』という大映映画が人気になるくらい自動車産業がスパイに狙われるほどの新しい産業への兆しでもあったから、鈴鹿スパイ合戦もあながち笑っちゃいられない。のぞき見趣味が旺盛になり出した週刊誌、自動車誌の過大な報道記事にメーカー担当者は目を離せないくらい、迫り来る第2回GPへの話題はいやが上にも高まっていくのである。

クルマから〝レースカー〟への変貌と身体のチューニング

東京オリンピック（1964年10月）の開催まで一年を切った。それに合わせて開業の東京〜大阪間新幹線の建設も進む。この二つの大プロジェクトに、延べ1千万人の作業員と7年の突貫的工事で完成した日本最大の黒部ダムの話題も加わって、敗戦国日本の復興が目に見えるようになってきた。これらの事業に加え、1958年（昭和33）に計画が認可された東京〜神戸間高速道路の計画が実際に動き出し、この1963年7月、名神高速道路の栗東〜尼崎が開通。やがて、1965年7月には小牧〜一宮が全線開通するという。しかし高速道路がどのようなものであって、それが国民生活にどう影響しプラスになるのかの話題にはまだまだ遠い。やはり、社会の関心はオリンピックに始まり、旅行への夢がふくらむ新幹線にはかなわない。さらに、今は国益にかなう業務や留学などでなければ外国に行けないが、来年（1964年）からは観光旅行でもパスポートが発行されるようになり、人々の旅への関心が高い。だが、まだ車自体が夢のまた夢という存在である以上、自動車での旅行や高速道路の話題など興味が薄いのは当然だ。しかし前年よりもGP、自動車レースの話題は広がっている。〝レースという新しくて、何か凄いダイナミズムを感じさせるもの〟それは、モータリゼーションの時代が近づいている予感となって、勢いづいた時代の象徴として浮上し始めたのだろう。

しかし怒濤の如く躍進する日本社会の中にあって、自動車レースだのグランプリだのに血眼な自動車メーカーと、その中にいる僕は世間離れした世界にいるように思えてならないのだ。今やっていること

にどんな意味があるのか疑問もよぎってしまう。学校時代の同期の連中が次々に製鉄、炭坑、鉱物、水産、土木などの業種に就職し、優秀な学生は日本の復興を支える一次産業に就くのが当然のように言われるご時世だ。自動車、商業、銀行などの職種への社会的評価はまだ低い。ましてレースの仕事をしているなんて肩身が狭くて仕方がないのである。

休むことなく走り続けることが、未来を拓く最善の策とする社会風潮の中に、自動車レースというスピードの固まりが高度成長をさらに早める格好に重ねられているようで、うしろめたく、気恥ずかしい思いもするのだ。

第2回GPへの日数が縮まっていくにつれ、鈴鹿サーキット近くに設けたベースキャンプは、さながら小さな工場並の車輌整備本拠地になった。ボディ本体の改造や強度確認にある程度の目鼻もつき、エンジン、サスペンション、変速機など個別部分のチューニングと車輌全体のマッチングが主体となってきた。前年とはまったく違って、ようやく改造自動車を超えたレースカーらしくなってきた。それがさらに榛名山の特別コースや社内で実験を重ねながら強靱な車に変わっていくのが頼もしい。

破壊と修正の繰り返しは、ギヤボックス（変速機）やエンジン冷却ファン、ダイナモ（発電機）、キャブレター（気化器）、どの部品でも市販車に付けたままの状態や製品ではまったく役立たなくなってきた。外観は変わらねど、中身はスペシャルそのものだ。そして一つの部品が変われば、その周辺構造も変わるイタチごっこのテストが続き、農家改造の整備場と工場の往復が頻繁になる。何もかもレースカー造りとテスト走行に費やす日々の１９６３年（昭和38）も終わり、新年になった頃、僕は身体の不調が気

になり出してきた。

正月明け早々、僕は近所の中村外科医の診察を受けた。診断は完全な慢性虫垂炎。いわゆる盲腸で、いつ発症してもおかしくない状況という。まして、盲腸で死ぬのが珍しくもない医療レベルのご時世だ。仮に2月か3月に悪化して手術となれば、退院後の静養と体力復帰に数ヶ月かかり、GPに支障が出るのは目に見えている。今、僕自身が大きな期待を背負い、そして走ることで報酬を得ていながら、その働きができなかったら…、これから先の自分はないかもしれない。そしてメーカードライバーの意地もある。「先生、いっそのこと手術して下さい」。

それから二日ほど、僕はクニミツ（高橋国光）と夜の街を徘徊しまくり、好物のカレーライスを食べ、その後に入院する。外見では何でもないのに、身の回り品や布団をかついで病院へ入っていく姿はかなり恥ずかしい。だが、あえて手術に踏み切ったのはズバリ正解だった。中村医師が僕の腹から取り出したのは、丸々はりつめたソーセージ並の盲腸だ。「おい、リキ、危なかったな、あと一週間もすればパンクして大ごとになったぞっ」。病床でぐったりの僕は自己診断が的中してほっとする。これを機会に静養…、が静養にならないのだ。

病室の消灯時間が過ぎると、そろーりそろり非常階段からクニミツが彼女と一緒に入ってくる。僕が行きつけの喫茶店のコ、のん子に気があるのを知ってか連れてきた。「どーだリキ、具合は？　またあとで来るからな」と自分の彼女と出かけてしまう。残されたのん子に「おい、タバコくれ」「だーめ、病人でしょ」口をとんがらせながらも、起き上がれない僕に代わってしぶしぶ火をつけたタバコをくれ

る。うっすらと紅がついた吸い口から吸い込む紫煙がものすごーく旨い。

数日後、ドクターの診断で「リキ、もう何日かで退院してもいいな、かなり元気のようだ…な。非常階段は便利だろ、ハッハッハ」全部バレている。

僕が病欠の一ヶ月半の間にエンジン性能は上がり、ガンガン走る車に進化していた。

てんとう虫が飛んだ

身体は軽く車も調子良い。半年前より5秒もタイムが縮まるのは、正月返上でエンジンチューニングした成果だろう、僕が療養の間に、ついに約36馬力／８０００ｒｐｍに達していた。

決勝日が二ヶ月後に迫った初春、午前中の2時間を借り切った鈴鹿サーキットのコースは晴天と快適な気温に恵まれ、予定通りのテスト&トレーニングだ。何周かの慣熟走行を終え、全速力でのタイム計測が始まった。第1カーブからS字カーブに入り、80Ｒのデグナーカーブに入る。ここは2年前（１９６２年）、サーキットオープニングのオートバイレースで、かつて世界ＧＰ転戦中に東ドイツから亡命し、スズキのエースライダーとなったエルンスト・デグナーが大転倒したことから名付けられたものだ。ここを抜けると９００ｍ先のヘアピンカーブに入る場所なので、スピードの配分やカーブ進入速度の難所でもある。

そこの走り方の基本は、カーブに入ったらハンドルを僅か右にとり、カーブから脱出できる体勢に向かい、直線的に全加速に移れるクリッピングポイント（転換地点）をつかめるギリギリの速度でカーブ

に進入する。そのポイントをつかむと同時に、右へのハンドルを強め車体の向きを変えさせるのだが、この時、右に向かせようとするドライバーの意志とは反対方向に向おうとする四輪車の特性は、相反する力比べのように、車体とそれを支えるタイヤに異常な力が加わる。

僕の場合、オートバイ時代からのクセもあって、カーブ入り口でやや減速し、クリッピングポイントで一気に車体を進行方向にハンドリングする。この時、車体には最大の反発力が加わり、それにタイヤが耐えきれなければ車体は路面を滑り出し、左側にコースアウトするか、あるいは、コース上で右回りのスピンを起こし、その勢いで右側に飛ばされるのが通常の現象だ。しかし、僕の場合どちらでもない現象が発生した。

いつものようにS字を抜け、デグナーカーブを3分の1ほど入ったクリッピングポイントを目指してスロットルを小刻みに調整しながら僅かなブレーキングで減速する、速度は90km／hくらいだろう。欧州の本格的レースカーなら、ノンブレーキ、鼻歌交じりの片手ハンドルでターンできるスピードだ。

左に傾く車体は路面を忠実につかみ、この後かかってくる最大のロールに耐えようとしている。僕の右足はスロットルペダルを僅かに踏み、カーブの負担で失おうとする速度を維持しながら、できれば、今の速度をもっと高めたい誘惑もある。ロールする遠心力で、身体全体が左端にもっていかれる。片足正座をするように左足を折り曲げ、かかとをシートと床の間に置き、ふくらはぎ（こむら）でシートの前端をはさんで身体のずれを押さえる、〝よしっ、これでカーブ脱出の体勢が整った。望んでるクリッピングポイントだっ、一気に右へのハンドルを強めろっ、そしてスロットルを踏めっ！〟脳内指令が次

から次へと僕の全身を動かす。その瞬間、視界からコース路面は消え、青空ばかりが目に入る。そして僕の幼少時から今日までの大雑把な日常シーンが映画のスローモーションのように眼前に現れる。

走馬燈のようにという表現は知っていても、こんなにもはっきり見える不思議な体験がいつの間にか薄れたころ、僕を呼ぶ声に気づく。そこはサーキット内の救護室だ。地元の病院に担ぎ込まれた僕は、幸いに頭部打撲の脳震盪とハンドルにぶつかった胸部の打ち身のみで1、2日の静養で済むことに安堵する。

事故車をみれば、フロント硝子《ガラス》はない、プラスチック製ルーフも吹き飛んだ。普及しだした一本のシートベルトは腰を左右から結ぶだけだから、上半身は前後左右、自由に動く。折れ曲がったハンドルは胸部で押しつぶれたのだろう、車体左Aピラー（フロントウインドウ両脇の桟）から左側面全体はひしゃげ、室内の原型が辛うじて保たれているのはロールバーの効果だ、これがなかったら僕はペシャンコだったか…。

とにかく、どんなことが起きたのか、当事者の僕もメカニックもエンジニアも、誰もその場に居ないのだから分からない。唯一の目撃者、証言者はデグナーカーブを見守るコース監視員だ。彼らは常にあらゆる車とドライバーの走りを見ているから、最高の評論家であり分析者だ。

彼が目にした一部始終は、僕の車がカーブに進入した、クリッピングポイントで車体の向きが変わり、スムーズにカーブを抜けていく。と、見た瞬間、車体は何かに弾かれるように2ｍほどの高さで右方向に飛ばされ、半回転して車体左側から地面に叩きつけられた。車はコース上に転がっていたのでヘアピ

ンのコース監視員と二人で倒れた車を起こした、という。やはり、てんとう虫は飛ぶのである。

竣工2年目の鈴鹿サーキットは、まだ畑や雑木林に囲まれ、Sカーブの近くには大きな池もある。ヘビ、カエル、亀、自然界の住人がコースを横切るなどはしょっちゅうある。日陰に寝そべっている彼らを踏みつけて転倒するオートバイもあるし、四輪でも亀の甲を踏んでスピンする例なんかたくさんある。でも今回はコース監視員の目の前でもあるし、僕だって異物があれば咄嗟に対応できるから、このような事故はメーカーにとっても初めてだ。これが今後の開発の転機となり、いくつかの課題を抱えながらも、背景には〝エンジニアの喜び〟もあるようだ。即ち、ついにエースドライバーが制御できないほどの高馬力エンジンに達したという喜びを感じたのかもしれない。

第1回日本GPの惨敗以来、何かとエンジンで負けた、馬力が足りない、と言われ続けてきたエンジン開発者には溜飲下がる感情だ。そして今度は車体技術者に「エンジン馬力に見合うボディを造れよっ」となるのだ。僕にとって、そんなセクショナリズム、縄張り根性なんかどうでもいい。それより「あれはドライバーのミスだ、飛ばしすぎが原因だ」の、声には出さないがそれとなく感じる僕への批判がシャクにさわるのだ。でも、いずれは分かるとガマンするしかない。レースカーの事故は車輪が外れたり燃料漏れなどの、外見で判断できないもの以外は大方ドライバーの責任にされるもの、メーカードライバーの宿命だ。

なぜ、デグナーでこのようなことが起きたのか？　との疑問に全ドライバーから様々な感想が集まる。

ドライバー個々の運転技量が違えばカーブの走り方も違う。他のドライバーはカーブ入り口でギヤダウンし、車体が左側に滑り出すか出さないかの速度でカーブを曲がり、直線的に加速できるカーブ出口が見え始めた所で一気に速度を上げる。この走り方だと車体にかかるGは安定するので、四輪の標準的セオリーになりつつあった。一方、オートバイでデグナーカーブを曲がる場合、この80Rのカーブにさしかかると、カーブ左側いっぱいの位置からカーブ中心線より右側（内側）をなめるようなラインで進入すると、カーブ真ん中から4分の3ぐらいの個所でコース左側ギリギリになる。この位置で車体傾斜角度は限界の60〜70%くらい右に傾斜した状態になって、前方にはカーブが終わって直線にかかるラインが見える。それには車体をさらに右側いっぱいに倒し瞬時に向きを変えなければ目指すラインはつかめない。それを可能にするのは車体を大きく傾斜させてもふらつかず、前後の車輪が路面をガッチリとらえてくれる操縦性能と、その限界を一瞬にして可能にできるライダーの技量だ。

こういったオートバイの走り方が四輪でもできれば、タイムアップが可能だが、二輪と四輪にはかなりの相違がある。それでも二輪出身ドライバーの多くが速く曲がれるのは、カーブ入り口でのブレーキングやライン、どこで車の向きを変えたら良いのかなど、二輪で身に付いた感覚を活かしているのかもしれない。そのような走り方がプラスかマイナスか分からないが、結果的にはその方が速いのだから四輪だけを経験してきたドライバーの走りとは大きな違いが出るのは当然かもしれない。

僕の場合、静かに、力強く、何段階かに分けてグッグッグッとハンドルを切り〝ここだっ〟と思う地点でガッとハンドルを切り込み、車体の方向をきめる走法を試している内に速くカーブを抜けられるよ

うになってきた。この日も同じ走りでデグナーカーブを曲がっている時に車は宙を飛んでしまったのだ。

技術者の分析はこうだ。車が真っすぐに進もうとする力に反しながら、曲がろう、曲がらせようとする二つの力が反発し合った時、車体には異常な負担が生じる。即ちカーブでは車体に大きな『ねじれ』が生じる。長方形の箱を左右にひねれば変形し、ひねりを止めれば元に戻ろうとする力（反発力）が生じるように、車体は捻じれながらカーブを懸命にふんばり、その役目が終われば元に戻る。それが、もっと捻れなければならない力が加わると、もう耐えきれずに、縮んだスプリングが跳ね返るような強大な反発力が発生する。その反発力は車体の役目を果たさず、路面を掴んでいたタイヤもグリップを失い、強大なバネの現象が起きて車は地面から離れてしまうという。

この現象を四輪通はフレームクッションと呼ぶようだが、市販車を何でもかんでも速く走らすように改造すると、車体強度を超えてしまい、車の挙動が狂うのは珍しくはないという。カーブを曲がる性能向上に、硬めた足回りとハンドル切り角度とのアンバランスが原因だったようだ。軽いハンドルによる切りすぎを防ぐのもギヤ比を改造すれば良いのだが、そのような時間的余裕はない。同僚の小関が考え出したのは武骨なほど太く重たいハンドルに変え、わざとハンドル操作を鈍くすることだ。初めは〝こんな思いつき程度で、どう変わるんだ〟の疑わしい気持ちも、重量どっしりのワッパに代えてみれば意外にもハンドル捌きが安定してきたのは驚きだ。こんな唐突で理論上は真逆な手法が効果的とは、実験部で試行錯誤を重ねる小関ならではの発想だろう、僕のような走り屋には気づかないことだ。とかく進歩的な工夫や複雑化が新しい技術のようにもてはやされるが、人間の感性から生まれる直感的な工夫は

いつの時代にも重要な証しだろう。僕が飛んだ…ことで、カーブでの走行を向上させるには、サスペンション構造の性能とタイヤ性能が一体となって果たせることもやっと分かってきた。自動車メーカーもタイヤメーカーも、ことの本質にようやく気づき始めたのだ。

試行錯誤は続いても理想的な操縦性に到達できるものではない。ドライバーの仕事は、あてがわれた車輛で、いかに速いタイムを叩き出すかだが、この事故を境にドライバーの意見がレースカー熟成に尊重され出したのは嬉しいことだ。今までは開発陣の意向は絶大で、僕らは口出しできず、その体制に僕は何かと反発した。それは僕が速いからといった思い上りの気持ちではない、〝この体制ではもう限界だろう、何としても勝たなくてはならない〟の発憤からだ。

もはや技術者が一律に設定したレースカー造りは千差万別な走り方をするドライバーの技量に合わないことが明確になってきた。足回りはその典型であって、ドライバーの走り方、くせ、好みに応じた車造りに変えていかなければならない時期にきた。

高馬力化の限界

桜便りがニュースになりだし、第2回GPまで二ヶ月を切ってきた。全車に搭載されたエンジンは安定したレベルで36馬力を発揮するまでになったが、より以上の高出力化への飽くなき追求は休むことがない。

排気量1ℓ（1000cc）に換算し、100馬力に達することが技術力のバロメーターだ。それに対

し世界ＧＰレースで鍛えられた二輪、とくに１９６２年に50cc、63年に１２５ccの世界を制したスズキは50ccで11馬力超、１２５ccで25馬力超でリッター当たり換算は優に２００馬力を超える技術力を誇っている。レーシングエンジンと軽四輪自動車エンジンを単純に比べるのは大人と赤子の力比べだが、僕が恐れたのは、それだけのエンジンを作り出す技術の一端は確実に四輪用エンジンにも応用されることだ。

競技車輌の重量は前年と違い、市販車の５％減までと厳格に改定された。そうなるとスバルは３６５・８kg（市販３８５kg）、スズライト・フロンテＦＥは４９８・８kg（市販５２５kg）となって、その差１３３kg（市販状態で１４０kg）。エンジン性能が同じならスバルは圧倒的に有利だ。だが大きな車重格差を抱えるスズキはスバル以上の高出力エンジンに仕上げてくるのは目に見えている。

２サイクルに秀でたスズキに対しスバルにはどんなチューニング技術があるというのか。スバルのみならず、前年第１回ＧＰの参加メーカーで、かなりしっかりチューニングしていたのはトヨタ勢くらいで、他車はエンジン圧縮比を若干高めての馬力アップと車体のロールを少なくする程度だった。

僕らの場合、足回りの性能はかなり改善したが動力性能の圧倒的な非力は否めなかった。第１回のスバル惨敗の原因はエンジン馬力が市販車の18馬力→22馬力程度だったが、第２回への必勝体制が動き出した7月には一気に25馬力へ、晩秋になれば30馬力、年を越した１９６４年の初春には念願のリッター百馬力の36馬力を達成する。だが誰もこれで盤石とは思っていない。

いよいよ臨戦態勢になり、呑龍工場、三鷹工場からメカニック、サービスマンの精鋭が、決勝出場ド

ライバー7人の車輌に割り当てられ専属体制となった。

僕の車輌は小池君、芳賀君のメカニック、サポート役に浜田義弘君という体制が敷かれた。僕はひたすらエンジンが壊れないよう、そしてタイムを上げることの毎日だ。全車のエンジンも36馬力のラインを超えなければ安定した走行が可能なレベルに達してきたが、僕と小関のタイムはチーム最速ながら、どうにも3分30秒（平均速度１０４km／h）以上に上がらない。もはやこれが頭打ちか…。ドライバーはどんな走り方をすればタイムアップできるのか。スバル３６０という傑作車を生み出した開発技術陣にも、これが限界か？　そんな空気が出始める。


決勝までの二ヶ月弱、我らは何をすれば良いのか？　僕は今までの2サイクルエンジンでの二輪レース経験から、あらゆる提案をした。もっと圧縮比を上げることはできないのか、エンジン空冷ファンの羽を減らすか、羽の角度を変えて回転負荷を軽減できないか、ダイナモの発電量を下げれば回転負荷が減る、エンジン排気管をレーシングオートバイ並に思い切り太く、そして後端を絞るなど排気脈動の再検討が出来ないか、それには何本もの排気管を付け替えて試したらどうか、などなど知る限りの提案をする。

要するに30分の公式予選で走れる周回数は約7周で、それが2回、計14周回だ。そして決勝は僅か7周（42・03km）の短距離勝負だ。そうなると公式車輌検査を通過して予選から決勝までの総周回数は21周に過ぎないから、安全圏を考慮しても30周保てばいいのではないか。そう、〝30周、１８０kmだけブ

ン回るエンジンでも構わないではないか〟そうだっ、とは聞こえないが、僕の独り言のようなつぶやきに会議の空気が変わった気がした。

二輪レースで経験してきた０・１馬力の向上。それは１００グラム単位の軽量化の積み重ね積み重ねがレースカーや人間を鍛え上げていく。それこそがレースに臨む姿勢だと僕は確信し続けてきた。次々と対策部品ともいえる新しい仕掛けが造られ、動き出せば四輪メーカーの製造力は大きいものだ。中でも寸法もデザインも違う何十本ものエンジン排気管（チャンバー）が造られ、手当たり次第に付け替え、効果の低いものをふるいにかける実験も可能になった。そうして残ったチャンバーの結果を電話で工場に連絡し、ときには工員さんが改良対策品を夜行列車で運び込む。

２サイクルエンジンの馬力アップはシリンダーで燃焼の排気ガスをどうやって排出するかで決まり、排気量、シリンダーのサイズ、燃焼室頭部の形状、圧縮比等で微妙に異なる。マフラーの排気脈動効果と呼ばれる排気効果の解明は数値的なものではないようだ。大方の目安を基に数種の試作品マフラーを試してみる手探りの作業が欠かせない。さらに車体後部の狭いエンジンルームだから二輪のような車体外部には取り付けられない。何本かの試作の内、テスト用にエンジンルームからはみだして取り付けた最大直径が20～25㎝程の太い大根のようなチャンバーが一番効果が高いものの、これをどうやってエンジンルームに納めれば良いのかの難題が続く。そういった新たなチューニングの段階が始まり、新しい形状のピストンや若干の排気量アップ、エンジン内部部品の軽量化、材質などあらゆる変更で36馬力が少しずつ上がるようになってきたのはＧＰ本番まで一ヶ月という頃だ。

エンジン回転も８０００ｒｐｍを超え、ベンチテストでは40馬力を上回る高出力を発揮するが、そのエンジンを搭載して実走行してみれば３周もしない内にピストン頭部に穴があいたり、クランクシャフトが焼き付いたりする。２サイクル・エンジンではガソリンとオイルを混ぜた混合油を使う。シリンダーが吸い込んだ燃料に混じったオイルがピストンやクランクを潤滑し、併せてオイル混じりのガソリンを燃焼させる。オイルの混合を多くすれば焼き付きやシリンダー内部の温度上昇を防げるが、オイル量の多い燃料は燃えにくく爆発力が弱いのでパワーアップにはならない。結局は混合比の濃い燃料を使う旧態依然とした方法で乗り切るしかない。その燃料は日常運転の混合油比率が大方15対１（ガソリン15ℓにオイル１ℓを混ぜる）くらいのところ、レース用エンジンでは10～８対１（ガソリン10ℓ～８ℓにオイル１ℓ）。濃い混合比だから、かなりベタベタな燃料だ。

結局、あらゆる箇所の軽量化やエンジンにかかる負荷軽減など、小さな積み重ねを徹底させたことで、オートバイに例をとればホンダＣＲ１１０（50cc）の世界ＧＰマシンと同程度のタイムが出せるようになってきた。これは走ることだけが目標なら軽自動車でもここまで変えることができ、走るマシンになるという典型だ。あとは出力を高めるごとに上昇するエンジン温度の対策と最高出力を妨げない混合燃料の比率を追求する程度で決勝への時間切れが近づいてくる。

決勝にあと半月ばかりになると、サーキットは各社のテストで熱気むんむん、異様な空気が漂っている。佐藤監督から「どうしても、あと数時間のテストが必要だ」の相談を受ける。レースまでのコース

レンタルは大手メーカーに借り占められ、コースを専用できる時間など空いていないのである。そこで、サーキットの管理をしている江端良昭君にチームの苦境を話してみた。江端とは学校の同級で偶然にも彼は鈴鹿サーキットに就職していたのだ。まだ竣工2年のサーキットには、塩崎定夫総支配人はじめ、水沼平二、飯田佳考、小林洋三諸氏の本田技研から出向の社員が多く、二輪時代から僕も何かとお世話になっている人達だ。そのような付き合いからか、江端が僕の学友だからもあったのか、何とか走れる時間を考えてくれ、「コース管理者がいない営業時間前の早朝5時～7時で良ければ二日で4時間だけ走れるようにしよう、ただしすべての事故はメーカーの責任で行う」という特例を設けてもらった。よしっ、この限られた4時間が決勝への総仕上げだ！

4月の早朝はまだ暗い。5時からの走行も薄暗い中、2サイクルのかん高い排気音が狂ったように無人のコースに響き渡る。

公式練習、そして予選が始まる

そして、1964年4月29日、決勝五日前の公式練習兼第一予選日がきた。7台のスバルに前年の覇者スズライト・フロンテ（4台）に、新たにマツダ・キャロル（5台）が加わり3メーカーが出揃う。もはや純粋なプライベート参加、というか趣味で参加できるレベルではなく、完全なメーカー対抗だ。

前回は2サイクルの排気音だけだった中にマツダ・キャロルの4サイクル4気筒エンジンが加わり、3車のストレートマフラーからの排気音だけを聞いていれば、とても小さなボディから発しているとは

思えない迫力だ。

この一年間、太田呑龍工場に榛名山に鈴鹿にと、ひたすらグランプリレースだけを目指してきた僕にとっては、この秋の東京オリンピックや夢の超特急新幹線開通間近などに浮き立つ世間の話題なんかどうでもよいのだ。〝色々なことがあったけど、これだけのことをやってきた成果は出ているのだろう、結構いい線いってるんじゃないだろうか〟多少の安堵感が湧き出ていた。

しかしその安堵感はライバル車の排気音に打ち砕かれた。〝まさかっ！ 敵もここまで成長していたとは！〟知る由もなかったのだ。サーキットで日産やトヨタのテスト風景を目にすることはあっても、この一年の間に肝心な直接ライバルの姿を見たこともなかったし、ましてマツダの参戦は本気にしていなかったのだ。スズキもマツダも自社テストコースがあるし鈴鹿のレースに慣れたドライバーもいる。彼らは公式練習から始めれば充分という態勢で鈴鹿に乗り込んできたようにしか見えない。この全車顔見せの日に、それまでの安堵感は不安感に逆転してしまった。

予選が近づくにあたり、僕らは各自が使う車の最後の仕様を決める段階にあった。どのドライバーにどのエンジンが適切かは監督の裁量に委ねられるが、耐久性、トルクバンド、回転特性、それぞれに異なる4種類に分別できるエンジンの割り当ては難しい。エンジンを馬力別に分ければ36、38、40、42馬力の4種だが、実験的に成功の42馬力は一基しかなく、この秘密の固まりのようなエンジンは社員ドライバーの小関車に決めざるをえない。

僕のエンジンは40馬力、変速機はごく普通の一本レバー操作の4段に改造したものに決まった。混走

する実戦では普通の変速機の方が確実で、ギヤチェンジも2本レバーを操作する副変速機付6段よりコンマ何秒か早い筈だ。

大久保車：40馬力・4段変速機、小関車：42馬力・8段と、2車は典型的に異なる仕様でレースに臨むことになる。ただ小関車の8段は4段に副変速機を組合わせたものらしいが、それがいつ開発され、本当に8段なのか僕はまったく知らないのだ。彼は生粋の社員で実験課のボスだから開発したのだろうが、僕は構造も仕組みも聞いたこともない、また聞く気もない。まして村岡三郎、中原喜栄人、三宅宏志、小林章尾など社員ドライバー車の仕様、誰がどんな整備を？　僕にはまったく興味も関心もない、あてがわれた車でベストを尽くせば良いだけのことだ。

30分の第1予選が始まった。満を持した3メーカーのレース用改造車が次々と走り出し、早くもスズライトの望月修がトップタイムで走る。案の定スズキも昨年とはまるっきり違う性能のマシンに変貌している。どう見ても望月車は僕より1秒は早い上に、僕のエンジンは回転がスムーズに上がらない。何回かピットインして点火プラグを外し、キャブレターの燃料供給の濃度を調整しても調子は良くならない。この現象はテスト中にも度々発生していたが、今日のような悪質な状態は初めてだ。そうこうしている間に小関が上位クラスの3分30秒台より3秒近くも速いタイムを叩き出し、僕の結果は5番目だ。

ベースキャンプに戻った僕らの模索が始まる。エンジン回転不調の原因はキャブレターにあることは分かっていた。市販車の28㎜から35㎜の口径にした特注大型キャブレターとの相性問題が車輌によって

バラツキがあるのだ、それも天候や混合燃料の種類（混合比）、エンジンルーム内温度などによって調子が変わるから始末に負えない。

メカニックの小池がつぶやく「燃料流量が145じゃ薄すぎ150じゃ濃すぎるんだよなー」「じゃあ147っての作る?」冗談が即、作業になった。結局、現場で出来ることは、シリンダーに送り込む燃料流量のジェットニードル、空気の吸い込み量を加減するエアスクリューなどのサイズを変えてみる程度しかできない。それにしても直径7㎜長さ12㎜ほど、ノズルの口径も2㎜くらいの真ちゅう製メインジェットの燃料流入口は145番と150番では数分の1㎜しか違わない。要するにシリンダーに送り込む燃料の量が最適ならば良いのだから理屈は簡単だが、精密な加工器具もない。突如、メカニックが数種の鉄線を探し出し「こうすりゃーいい」とばかりに小径のメインジェットの穴に鉄線を通してしごき出す。こうしてノズル内径を数分の1㎜拡大するムチャな作業と知りながら、何個かの改造品のノズルに水を流し、目分量で計れば結構いい線いっている、まさに手作り工作だ。エンジンの始動も回転も問題無いのだから、これで良いのだろう。

それまで「どうすればいいんだ」のため息と悲痛な表情ばかりだった僕らに、この漫画チックな作業は期せずして談笑をもたらした。さあ、それから僕ら三人グループの軽薄と見られても構わぬ作業が始まった。「予選はもう一回ある、これをテスト代わりにして、考えつくこと、できることをやってしまおうじゃないか」。三人に共通の考えは今から0・1馬力でも積み重ねられることはやってみよう、今夜も明日の一日もある。

高出力化したエンジンのウイークポイントはオーバーヒートだ。シリンダー内壁やピストン頭部などにはクロームメッキを施し、かなりの高熱にも耐えられる対策をしているが、ベンチテストではシリンダーフィン上部の温度が４００度にも達するとクランクシャフトやピストンの焼き付き、ピストン頭部に一円玉くらいの穴があくような損傷が発生するケースが見られたことだ。これを未然に防ぐ対策にはエンジンの冷却しかない。なにぶんにもエンジンから排気管まで熱の出るものはすべてリアルームに詰まっているから、排気管だけでもシリンダーから離れているＦＦやＦＲのようなわけにはいかない。今までに様々な冷却が試されたが、僕が前々から提案していたキルスイッチの実行を決断する。この装置はすでにオートバイマシンで２サイクルエンジンの冷却に用いられているものだ。その仕組みは走行中の減速時にスロットルを戻し、ブレーキをかけるタイミングを見計らって、ハンドルにつけたキルスイッチをＯＮにするのである。するとエンジンは惰性で回転しているものの、点火プラグに供給される電気が遮断され、シリンダーに送り込まれるガソリンは燃焼しない生ガスのまま排出され、シリンダー内部が冷却される。ただ、爆発しないままの燃料を多量に送り込めば冷却効果は高まるが、点火プラグを必要以上に湿らせてしまい、スイッチをＯＦＦにしてエンジンが再起動するとき、プラグかぶりの回転不調を起こすから、スロットルの開度と秒単位の操作を必要とする難点もあるのだ。

それとともに、全車のダッシュボードカバーの内側に２ℓもの水タンクを備え、電気モーターポンプで前面ガラスの汚れを落とすウオッシャーのパイプを利用してリアエンジンルームまで水を送る装置をつけることになった。もはや、どのメーカー、プライベートでも、どこまでが改造規定に合っているの

か判断しかねる改造が進んでしまっていたのである。車輌改造規定が公式に出されたのはGP三ヶ月前！の1964年2月だから、すでに進みすぎてしまったレースカー造りとの兼ね合いに多くの課題や逃げ道を抱えながら決勝レースが迫ってしまったのだ。

偶然の正解か

第二予選日、今日も快晴だ。一昨日の予選タイムと今日の走行で、決勝のスタート順位が決まる。そして決勝は二日後だ。最大の心配ごとはキャブレターの手作りメインジェットはどんな結果になるのか、一周してピットイン、メカニックが素早くプラグの焼け具合を見る。1秒でも早く再スタートしたい僕にメカニックが二本のプラグを見せニコッと笑った。窓越しに見る彼の顔つきに僕はすべてを察した、効果ありだ。二本のプラグ先端は完全燃焼を示す焦げ茶色だ。もう何でもいい。メカニックの笑みが僕の安心感を高め、エンジン温度も上がっていない。メカニックから一昨日の予選タイム：3分31秒8が3分30秒を切ったことを聞く。よしっ、合点だっ、もう一つの実験開始だ、ダイナモのベルトを外す合図をする。エンジン回転はもっと上がる筈だ。ダイナモベルトを切断し、使い慣れているキルスイッチ方式を試す。発電負荷がゼロになったエンジンはブン回り出した。

今までと違うエンジンの軽やかな回転、僅かながら最高回転が上昇する実感で不安は消し飛んだ、とにかく調子が良い。これが技術的理論の実証なのか、それとも、かねてから提案していた僕の考えを勝手に実行しちゃった精神的な満足感がドライブに表れるのか。タイムは昨日の予選より確実に3秒は縮

まっている。走行時間終了の最終8周目を終わってピット前を通過するや、コース脇に飛び出した小池、芳賀、他の車輌のメカニックが喜びいっぱいに飛び上がっているのを見て、ついに最高タイムを叩き出したのを知る。初日に小関が出した最高タイムを0・3秒上回る3分27秒0、予選一位だ。

鈴鹿サーキット：6004・1555m
1964年4月30日（晴れ　気温23度）
第2回日本GP自動車レース　T－1（400cc以下）クラス
予選結果

①大久保力（スバル）　3分27秒0　104・44km／h
②小関典幸（スバル）　3分27秒3　104・27km／h
③片山義美（マツダキャロル）　3分27秒8　104・01km／h
④望月修（スズキスズライト）　3分28秒3　103・77km／h
⑤村岡三郎（スバル）　3分28秒5　103・66km／h
⑥藤田晴久（スズライト）　3分29秒5
⑦小野英男（キャロル）　3分29秒9
⑧鈴木誠一（スズライト）　3分30秒3

⑨小林章尾（スバル）　3分30秒8
⑩久保和夫（スズライト）　3分31秒1
⑪中原喜栄人（スバル）　3分31秒5
⑫片倉正美（キャロル）　3分32秒0
⑬中村力（キャロル）　3分32秒9
⑭青木秀明（キャロル）　3分38秒5
⑮渡辺輝雄（スバル）　3分41秒8
⑯三宅宏志（スバル）　3分42秒9

「勝つ」だが何のために走るんだ!?

予選は成功した。チームメイトの「やったなー、よかったよかった」の歓喜に囲まれる僕も嬉しい。でも僕には喜んでいるひまはない。このタイムを出した性能は本物なのか、それともまぐれか。思えば7月からの九ヶ月で第1回GPのスバルの最速、4分00秒9を一気に34秒も縮めてしまったのだ! メーカーの技術者がその気になれば、僅かな期間でファミリーカーをこんなにも速いレースカーにしてしまう富士重工業の技術の潜在能力、組織力、僕自身もよくもまあ、ここまできたもんだの満足感を実感する。しかし、それもつかの間、改めて予選結果表を見て、ある種の戦慄と不安が再び僕を襲うのである。

確かに予選1位は僕だ。しかし、2位小関と3位片山とのタイム差は僅か0・5秒、僕と片山でも0・8秒しか違わない、殆ど同タイムではないか! もっと広く見れば、一秒の中に5台、2秒差まで広げれば7台も…。と、いうことはウチぐらい頑張ってきたところは他にないだろうと自負していたのは大間違いではないか。スズキは当然だが初挑戦してきたマツダも…、僕らと同じように、いやっ、それ以上かもしれない。秘かに虎視眈々と全軽自動車の覇権を懸けた開発が進んでいたのだ。

自動車にしろ電化製品にしろ、戦後の日本はあらゆる分野が向上への道をひた走り、停まるのは敗北なのだ。ウチだけが頑張っていたつもりは慢心だった、恥ずかしい。目指すところが同じならば、どこ

の技術レベルも同じように向上している時代なのだ。正に日本全体が№1を目指しているのだ。

それにしても、このタイムの僅差、軽自動車クラスが全10クラスの内、最も熾烈なレースになってしまった。これはマイカー時代を目前にして、軽自動車イコール大衆車の、覇権をかけた3メーカーの激突だ。

ポールポジションといったって薄氷を踏むようなタイム差でどのように決勝に臨めば良いのか。「もう少しエンジン回転を上げる工夫をしましょうか」メカの芳賀がぽつりと言う。「あれをやりますか」。僕らが今まで試していない幾つかの秘策を実行するかどうかだ。三人で徹底的な検分をしながら、トップタイムが出始めたときのエンジンの変化は、果たして、僕らの〝試しごと〟の成果なのか偶然か。もしキャブレターやダイナモベルトへの思いつきが効をなしたとすれば…しかし、まぐれかもしれない…。僕の不安を察したかのようにメカニックが明るく説明する「タイムが上がったのはダイナモとキャブの調整ですよ、絶対この効果ですよ。問題はダイナモを止めればバッテリーは充電されないから、7周走れるかどうかですね」。ダイナモを回さないだけエンジンの負荷は減るが、バッテリーが消耗してしまったらア・ウ・ト、だ。しかしすべてが軽量車体設計の集約だから、畜電容量の大きいバッテリーにするスペースもない。しばしの沈黙に僕は切り出した。「よしっ、こうなったら勝手にやれるところはすべてやってしまおう。責任は俺がとるっ！　同じサイズのバッテリーがもう一個積める場所を探そう」。同サイズのバッテリーを並列結線すれば電力容量が増え、決勝レースくらいの電力は保持できるはずだ。

車体中のスペースをくまなく探すと、リアシート奥のモノコックボディの僅かな凹みにすっぽりとバッテリーが収まるスペースが見つかる。幸いにシート全部を外さなければ目につかない場所だ。バッテリーはＯＫだが、さーてダイナモの発電をどう止めるかだ。ダイナモはそのままに、エンジン回転軸に直結の駆動ベルトを外してしまうか。しかしペイント封印され、おまけにダイナモは一番目につく場所、ベルトが外れていれば問題だ。考えは良いのだが効果的方法がない。

決勝まで二日、多少曇りがちの朝でも何となく気がすっきり、何よりも、今の車輌に何をすれば良いのか、今日一日の作業で終わりにするふんぎりが精神的に楽だ。

朝食後の作業、使い古しの部品を引っかき回していたメカニックが拾い出したパーツを手に「初めからダイナモベルトがついてないとまずいでしょうが、走行中にベルトが切れちゃったら仕方ないなー、テスト中だって同じことがあったんだから…」、メカによると、テスト走行を終わって車体点検するとエンジンの高回転化や激しい回転変化で各部ベルトが切断したり、ベルトに亀裂が入っていたことから、昨晩気づいたという。目から鼻へ抜けるようなメカのヒントに「そういうことか、ならば、すぐにでも切れそうなベルトをつけておけばいいんだ、でも、どのくらいで、いつ切れるか分からないなー。案外切れなかったりして、ハハハ」「そこなんですよ、だから、この古いベルトをつけてエンジン回してみるんです」エンジンの下側も見えるようにマシンを台座に載せエンジンを回す、結構ズタズタなベルトでも切れないものだ。屑箱から拾うベルトで何回も試している内に、新古品のベルトのある部分に切れ目をいれておくと中低速回転ならば多分数時間は大丈夫だろうが、瞬間的に最高回転近くまで吹かすと

ブッツリ切断。「これだっ！　でも、いつもこうなるのかなー？」同じような細工を施したベルトを数本試すと、多少の時間差はあるものの2、3回ぶん回すと確実にベルトが切れる確証を掴んだ。もうこれ以上余計なことはやめとこう。僕らは2日目のレースだから明日はレース見物だ。メカニック達のなごやかな顔つきが何よりの安堵だ。

騎兵隊作戦と監督の厳命

この晩、明日から始まる第2回日本GPを前にして佐藤重雄監督からチーム全員に集合がかかる。

「みんな、昨年の七月から今日までよく頑張ってくれた。いよいよ決勝レースを迎えることになったが、ご承知の通り、他社も予想しなかった速さだ…性能は互角だ。だが、小関、大久保が前列の1、2位、その後ろに村岡（5位）がいる。私は、この戦列を有効に活かす作戦を実行したい…諸君はこれに従ってもらいたい」といった内容から、決勝レースをいかに戦うかの作戦が示された。その作戦と監督の指令はこうだ。

「マツダ（3位片山）とのタイムは、ほぼ同じだが出足は車重が30％強軽いスバルが先行するだろう。スズキ（望月）も走り出せば速いが出足は村岡（スバル）の方が有利だ。とにかく、この5台が先頭グループになるだろうから、小林、中原、三宅らは大久保や小関を先行させる押さえ役をしてもらいたい。そして一周後、ゼッケン№を示した者は次の周にピットインしてもらいたい。ピットインした者は頃合いを見計らって私の指示に従って全速でコースに戻ってもらいたい」

要するに、ピット待機させた車輌をライバル車の前に割り込ませ、走路妨害にかからないブロックで自車との間隔を少しでも空ける『クサビ作戦』だ。これは大東亜戦争中、陸軍騎兵隊々長だった佐藤監督が実際に戦闘経験から得た戦法のようだが、よもや、科学技術工業の粋である自動車レースにも相通じるとは…。それほど〝失敗は許されない〟大企業のメンツと責任の重圧の下に今日が訪れ、その結果が二日後に迫っているのだ。異様な緊迫感に静まりかえったまま作戦会議は終了する。

その後、海野副監督から僕と小関に声がかかり、別室には佐藤監督が正座して待っていた。

「これは監督としての命令であることをまず知ってもらいたい…。キミ達の行動や走り方をずーっと見てきて良く分かるのだが、大久保は自分の調子に乗ると滅法速い、小関は他車との混走や競り合いになると大きな力を発揮する。チームにとってはどちらも大事な戦力だが、私が心配するのは二人のライバル意識が仇にならなければ良いが、ということだ。このレースは社運をかけてのレースだ、くれぐれもお互いの先陣争いを慎み、全員の力でスバルを勝たせてもらいたい、厳命する」

僕は小関に対し特別なライバル意識は持っていないつもりだが、周囲からそう取られる気色《きしょく》があったのかもしれない。

「リキ、ちょっと話をしようか」小関の誘いに、近所のバーに向かう。チームの定宿が前年は四日市だったが、今回は神戸《かんべ》という町の和風旅館・御船館でサーキットにも近い。昔の遊郭街の名残りがある宿の近くには何軒かの飲み屋もある。テストの合間、疲れやウップンを晴らすには手頃な店に陽子という

女がいて、行き始めた時から、何か普通の仲で終わりそうにない予感がする。でも、スピードに取り憑かれた男にはレースのこと、苦手なカーブの走りばかりに気を取られ、心ここにあらずだ。

カウンターに並び座る小関との組合せに、けげんな顔つきの彼女が豊満な乳房をゆらしながら水割りを作り始める。いつもなら氷をつまんだ指で、大きく開いた胸の谷間に水をはじき、スケベに騒ぐのに、そんな気も起きない。僕らの雰囲気を察したかのように「また、あとでね」、陽子が席を外し、小関が口を開いた。「さっき、監督が言ったことだけど」「あ、俺達が争ってはいけないってことだろ、分かってるよ」「でも、レースだからなー、俺らが互いに遠慮してたら相手に突かれるし…それと、監督は後方車で他を押さえろって言うけど、マツダだってあんなに速いし…結局、俺らがトップを取らなけりゃ、絶対ダメだよなー」小関が続ける「それで、片山（マツダ）が速いけど…リキと俺のどちらか先に第1カーブに飛び込んだ方が先行し、あとになった方が敵をブロックする、というのはどうだろう?」。僕も異存はない。「よしっ、それでいこう」。

何としてもウチが勝たなければならないのは百も承知だ。でも、レースというのは速い者が、強い者が遠慮なくぶっ飛んでゆくのが常道で過ごしてきた僕には、ドライバーの意志で自ら後衛に回るなど考えたこともなかった。自社が勝つためには、僅か一車身でも前に出るチームメイトのために自分が退くことなんて出来るのだろうか。これは、同時にカーブに飛び込み、どっちかが加減しなければ危険に陥る場面とは違うのだ。やはり小関は生粋のメーカー社員で、僕のようにレースのために走ることを覚えてきたドライバーとは違うのか…。

宿の布団にもぐりこんでも、彼との話に気持ちが昂ぶり眠れない、〝僕が後衛役になったとしたら、オレはそうできるのか…アイツが俺の立場になったら、ヤツは言葉通りにするだろうか。だが待てよ…仮にアイツが「リキがオレより前に出られる筈がない」の絶対的な自信でオレに持ちかけた話…だとすれば、いやっそんなことはないっ、いやっある…。〟

〝そうか、そうなんだ、スタート競争じゃ性能が違う僕の方がヤツの前に出ることはムリなんだ。オレの約40馬力・4段ギヤに対して小関のは42馬力以上と聞いているし、変速機も8段だというから出足も違う。この違いを知っていて、あるいはレース運び、勝利への得策としてオレに持ちかけてきたのか…これは猜疑心なのか…、GPという張り詰めた舞台には付いてまわる精神構造なのか…。いやアイツにはそんな汚い考えはないだろう。これはゲーテの戯曲「ファウスト」の善悪の闘いなのか…〟まんじりともせず、眠りへの焦りがいら立つ。

要は僕が後衛に回ったとして、小関を先行させるブロックが僕にできるかどうかだ。なぜなら、僕は先行逃げ切りを想定して、直線スピードがのびるよう後輪駆動軸のギヤ比を若干高めに設定している。その強みが出るのはバックストレッチからだ。だが、そこまでの間、第1カーブからS字カーブ、デグナーカーブまでの3分の1は右も左も後ろもライバル車に囲まれる混戦状態になるだろう。仮に小関がトップであったとしても、いつまで彼を先行させるポジションが保てるか僕の車ではムリだ。

これが逆で、僕が逃げ役、小関が押さえ役ならば情況は変わる。彼の車ならば、馬力はもとより8段ギヤを駆使すれば、スロットル開閉が激しい混戦では全参加車中もっとも強いレースカーだ。スバルよ

り車重が100kgも重いスズキやマツダがウチと同程度のタイムで走るには優に40馬力を超えるエンジンだろうが、変速機は4段のままなのではないか？　そう推理すると、彼らはS字カーブでの混戦は3段ギヤのままか、2段を使うとしてもエンジンが吹き切ってしまうから小関の多段変速機は遙かに有利だ。それと、小関のドライビングは豪快だから修羅場には強い。反面、走行中に実験課テストドライバーの性癖か、余計な実験めいた操作が出るのか車を傷めることもある。

佐藤監督は、そういったドライバーの性格が騎兵隊経験に通じるのか、レースカーの割り当てや役割を考え、小関と僕の同士討ち厳禁を厳命するにとどめたのは僕らがどう判断し、どのような結果を出そうとしているのか、若造なりの生き様が試されているようで仕方がない。

それならば、チームの勝利のためだという偽善的な考えも捨てちまおう、もう何を言われてもいい。これが得策なんだ。〝オレが先行する！　小関は後衛に回れっ、最初のカーブはオレが先に飛び込むぞっ！〟独善的な決断に達した。まんじりともせず、もう陽春の空が白み出していた。

最後の㊙作戦

翌朝、メカニックの芳賀と小池に、監督、小関との顛末、そして僕の考えと決意を切り出した。彼らは勝てるメカニズムに目敏いのか、答は明瞭簡単「よしっ、その線で行こう」。

昨日、もうこれ以上いじらないと決めたことなんかポイッ。すぐにメカニックがサーキットコース図と計算尺を持ち出し、どうすれば第1カーブへの先手が打てるか可能性への推測が始まる。ものの一時

間も経たぬ間に、要はスタートから直線距離４００ｍほど先の、第1カーブ入り口まで１００ｍのサイン辺りでトップに躍り出るにはどうすれば良いのか、の主題が決まった。次に現状でのスタートをシミュレーションしてみれば、真っ先に小関車がギュオンッと飛び出すだろう。彼の多段変速機だと、1段ギヤ／Ｌ（副変速機の低＝Ｌ、高＝Ｈ）で吹き上がったエンジン回転は2段／Ｌ↓2段／Ｈにつながる。一方、大久保車の4段ギヤは後輪駆動軸のギヤレシオ（最終減速比率）をチーム他車より若干小さく（高く）して各ギヤの最高速度が伸びる設定だから（加速力に劣るため）スピードに乗るまでの時間がかかる。したがって、スタートの飛び出しは小関に置いていかれるものの1段ギヤの最高速度は小関の1段／Ｌより格段に高いので、小関が2段／Ｈへの複雑なギヤアップのタイムラグの間に大久保が2段ギヤにアップすれば小関車に並べる。小関車の2段／Ｈはスタート後１５０ｍ～２５０ｍ辺りで3段／Ｌにギヤアップするだろう、ちょうど第1カーブへの距離２００ｍのサイン地点だ。大久保車の3段ギヤもほぼ同じ地点だから、１００ｍサインを過ぎた瞬間に、どっちが第1カーブに飛び込めるかの境目になる。

推測の末に引き出したのは1段ギヤ比を可能な限り小さくすることだ。これにより、1段でスタートの大久保車は他車が2段にチェンジアップしてもまだ、1、2秒は加速中だ。その合間に2段ギヤに入れる他車はギヤチェンジのクラッチ切・断で駆動力は一瞬ゼロとなり、ギヤ比の大きい1段からギヤ比の小さい2段への増速力も一瞬低下する。反面、他車が2段にギヤアップし、加速力が出始めるころ大久保車の2段へのチェンジは他車より一拍遅れるが、1段で充分な速度に達した時点で2段へのギヤア

ップだからスピードロスは殆どなく、スムーズな加速が続く。その後、大久保車の2段から3段へのチェンジは、やはり他車より1秒ほど遅れるが、スタートからすでに400mを越え、100mサインに到達しているので先頭グループの全車は第1カーブへの減速体制に入らねばならなくなる。

とくに小関車の多段変速は2本のレバーを駆使せねばならず、彼自ら「これを縦横に使いこなせるのはオレしかいない」の自負があるものの、瞬間的な増速へのタイムロスが大きいことはテスト中からも認めている。それでも彼の身体にしみついた普段の走り方が大きく変わる筈はないし、ギヤチェンジタイムロスも同じだろう。そう計算すると第1カーブへの進入は大久保車が若干有利ということになりそうだ。が、確実性はない。

僕らがやろうとしている1段ギヤでのスタートは小さなギヤに無理矢理エンジンの回転を伝え、少しずつ前進させるわけだ。停止からスタートするには数千回転のエンジン動力を半クラッチで小刻みにつなぐのだから、普通の製品だと簡単にクラッチ板が擦り切れたり焼き付いてしまう。この40馬力ほどのエンジンでさえ市販車のクラッチより3倍も強化してあるのだが、それで保つかどうかが問題だ。だが、新品の、そしてクラッチスプリングの強いものに交換すれば、無茶な半クラッチの5回や10回は保つ、とメカニックが太鼓判を押す。彼はスタートラインの直線コースが2・8%の下り勾配であることと、何よりもスバルは軽量だから僅かでも動き出せば、後は普通のクラッチ操作で充分に発進、加速すると断言する。僕がガレージに戻ると、ゼッケン9のボディを磨くメカニックが「クラッチOKですよー」。サーキット近くの農家を拝借のガレージから車を農道に引き出しスタートさせてみる。半クラッチをあ

まり使わなくても、思っていた以上に楽な発進だ。これで本当にスピードが上がるギヤに変えてあるのか、そっちが心配だ。それと、半クラッチの特殊な使い方をするから、ペダルの戻し方が早すぎればエンストしてしまうリスクもある。できればペダルの角度も直立ぎみに変えたいが、その時間はない。

さらに、少しでもエンジンの負担を少なくするために車輪の転がり抵抗を減らすべく、後輪駆動デフギヤと変速機（ギヤボックス）のオイル量を半分にし、ギヤの潤滑に効果があるとされる潤滑剤を注入。さらにブレーキシューをドラムと擦れない間隔に調整し、タイヤの空気圧も標準より高めにした方が直線スピードを上げることができる。後は、これらを実行するだけ。ただ〝これで万全、心配ない〟と思っている者は誰一人いない。

迷いがふっきれた

決勝前夜、眠ろうとする枕元に監督、副監督が来て「大久保君、調子はどうかね？」「はい、問題ありません」「勝てそうかね…」「………」僕には監督に安心してもらえる答もない。「キミに頑張ってもらわないと…何としてもスバルを勝たせてくれっ！」僕にとっての監督はGPチームの監督というより、先の戦争で大陸を歴戦した騎馬隊隊長の勇士だ。その人が僕のような24歳の若造に手をつき、頭まで下げて…監督の悲壮な決意が胸を突く。「はいっ精一杯がんばります！」それしか言えない。

今までに何人もの人々から六連星を輝かせろと、檄を飛ばされたのが次々と浮かんでくる「君たちGPチームは一万人近くにもなった会社従業員の代表なんだよ、去年の惨敗がどんなに全国のユーザーを

ガッカリさせたのか分かっていないんじゃないの、今度の結果は発売5年以来16万台にも達したベストセラーカーの将来がかかっているんだ」など、メーカー直属でのレースとはどういうものなのか、を知らないわけではないのだが。

すでに二輪レースでは日本のメーカーが世界規模のレースを席捲し、高橋だって北野元や野口種晴など、多くの仲間たちが世界に出ている。リスクの大きいスピードレースの世界に身を投じ、企業製品の優秀性や技術力を自己のスピードテクニックで証明するライダーの使命感と勝利への栄光が混交する重圧はオートバイレースライダーでは当たり前のことだ。その舞台は世界GPという日本人観客の声援もない異国の地にあって、彼らが、与えられた義務以上の成果を果たしても日本の新聞や普及し出したTVで報道されるのは希で、二輪専門誌のページを飾る程度では余りにも虚しい。殆どの人が二輪の世界GPさえ知らない日本の社会で、彼らなりの重圧は計り知れない。四輪自動車レースのドライバーも同じ心境になるくらいのレベルに近づいてきたのだろう。しかし、今度がたった2回目のGPレースなのに、これほど騒がれ注目されるのは、自動車レースというものが近代の象徴であって、日本も欧米の映画に見るような、車が自由な生活をもたらす社会になろうとしているのを感じ始めたのかもしれない。そのような背景でGP決勝が近づき、日々高まる世間の注目に、ことの大きさを改めて知った最大の当事者は自動車メーカーであろう。前年に始まったGPは、そもそも自動車愛好者をはじめとする幅広い自動車競技の普及が大きなテーマであった筈だったが、いつの間にかメーカーが座していられない立場になってしまったのだ。それは同時に二輪レースと同じく、結果への期待と責任の重圧が早くも自動車

レースのドライバーにのしかかってきたに過ぎない。

ただ、世界二輪ＧＰライダーと経験浅い四輪メーカードライバーにかぶさる重圧は異質かもしれない。なぜならば海外が舞台の二輪世界ＧＰと今度の四輪日本ＧＰでは立場が大きく違う。四輪自動車、それも乗用車への注目度はオートバイより遥かに高い、それも国内だから、目の前に、直接に、無遠慮に、その重圧感がちらつくことだ。要するにユーザーや業界の反応の距離が近すぎるのだ。

だからといって、自ら入った道で、この２年近い忍耐と焦燥の中から生まれた重圧感から逃れることはできないのだ、このまま進むっきゃない。しかし、会社のためスバルのために勝たなくてはならないのは百も承知だが、どうもそれだけに取り憑かれているようでスッキリしないのである。

〝そんな気持ちで明日のレースができるのかっ！〟突然、啓示のような、重い扉が開くような、僕ではない力につつかれ、ハッとする。〝そうかっ、僕が釈然としない勝ちへの気持ちは、会社のためとか、カネや名声への願望ではないということだ。僕はもっと別の闘争心に衝《つ》かれているのだ〟別の闘争心とは一体何だろう。

どのメーカーも、ＧＰのためのテストだけで大きく向上した自社製品に、改めてサーキット走行、レースカー造りの効果を知ったに違いない。ＧＰに参加する全チーム、メーカーは当然として、プライベート参加者も前年の第１回とは比較にならない高性能に仕上げた車、いや、もはや改造車を超えたレースカーを鈴鹿に集結させた。とくに、僕らのＴ‐１クラスでは、上位の誰が勝っても負けてもマシンのせいにすることはできないイコールコンディションだ。

僕の闘争心とは、勝ち負けが先にあるのではなく、会社のためでもカネや有名願望へのドキドキや不安でもないのだ。〝自分にどんなレースができるかという自分自身への挑戦〟。このレースなら思い切ってできる闘走への喜び。僕を高揚させているのはこれなんだ。それがはっきり意識できた。すっきり晴れたこの気持ちは生涯忘れることはないだろう。

天の啓示か

ようやく白み始めた朝の空気が冷たい。１９６４年（昭和39）５月３日、第２回日本グランプリ自動車レース大会二日目。この日の第１レースですべての結果が決まる朝だ。スタートは８時30分だ。快晴の空が濃くなり、冷えたコンクリートのパドックが、自社の車輌を囲むメカニック、サービスマンの群れで熱気を帯び始める。スタートまで90分、出走前車検と最後の整備点検に慌ただしくなった中、次々に会社の上役が激励にくる。「たのむぞっ、勝ってくれっ！」「ハイッ、頑張ります」誰からも同じハッパをかけられ、僕の乾いた返事も同じだ。山本弘スバル部長、小野洋サービス課長の二人が僕の肩を叩き「とにかく、ケガをしないように気をつけてくれ」。何かほっとする。

記者たちがカメラのシャッターを切りながら「このエンジンは何馬力？」などと、此の期に及んで答えようのない質問が飛ぶ。僕は、人と話す煩わしさをさけるように車内に閉じこもる。

スタート15分前、キャオーン、パラッパラッ、キャンッキャンッキャンッと2サイクルエンジンのレーシングサウンドにバッバッ、ブッビッビーン ブオーンと野太い４気筒４サイクルの音と濃霧のような白煙がパドックを包む。たてがみを震わせながら馬場に引かれる競走馬のように16台の精鋭がコースに誘導される。

ピットレーンを徐行しながら、そのままショートコース一周のフォーメーションラップが始まると思った瞬間、後続車のトラブルか、突然、先導のオフィシャルカーが止った、と思った途端、動き出した。えっなになに？　焦って発進する、プッスンガクガク、しまったエンストだっ！　気むずかしいエンジンだからスロットルとクラッチの微妙な操作が必要なのに、こんな場面でミスるとは…。駆けつけるメカニックがバックミラーに映る。湿ったプラグを交換しエンジン再始動。先導車と後続車にゴメンの合図をしながら本コースへのランが始まる。

〝それにしても本番スタートで誤ったらすべてが水泡に帰すのを承知でクラッチとローギヤを細工したのに、こんなミスをするとは、オレは一体何をやっているんだっ！　自分では充分落ち着いているつもりが…昨晩の悟ったような気持ちは一体何なのだ。やはりオレの冷静な精神力なんか形ばかりのものだったんだ。それでも、天からか、誰かがオレに啓示をくれたのだ。もう絶対に失敗しないぞ！〃

ショートコースの一周でエンジンもハンドリングも調子いい。スタートラインへの整列が揃い、エンジン停止の4分前サインが出る。どのレースカーからもプラグを交換するラチェットの音がカチッカチッと聞こえる。僕のエンジンにはメカニックが懐にしまうほど予選で好タイムを出した時のプラグに交換されている筈だ。

「じゃあ気をつけて」３分前のサインで小池メカに声をかけられ、黙って芳賀も車輛から離れていく。奇妙な、そして不気味な静寂が車内に取り残された孤独感を高める。何度レースに出ても実にいやな時間の流れだ。早くスタートしてしまった方が落ち着く。もっといやな時が迫る、２分前のエンジン始動

だ。エンジンスイッチに手が触れる、かかってくれっ一発で回ってくれっ。

ググッ、キェーン、キェーンとグランドスタンドに響き、バックミラーに見える後車が白い排気ガスに包まれる。よーし、調子ＯＫ。あとはいつクラッチペダルを踏んでギヤを1段に入れるかだ。スタート30秒前のサインボードを掲げたオフィシャルがコース上から去り、大きく広がり伸びる直線が眼前に迫る。頭の中で4、5、6と秒針を進ませながら20秒、今だっ、1段ギヤに入ったことを確かめるように自然と手がギヤチェンジレバーにのびる。

シグナルライトが赤→黄に、スタートの青に変るのは10秒というがテスト経験はないからあてにはならない。先ほどのクラッチミスが必要以上の緊張を生まなければいいが…、不安は不思議と消え去った。

矢は放たれた

青！　スタートの咆哮に囲まれて小さなレースカーが動き出す。右端の片山が猛然とダッシュする、意外だ、あの重たいキャロルが！　3台の真ん中から小関もググッと前に出る。こっちはエンジンを吹かしながら、まだ半クラッチで加速中、じれったい。僕の前に出た小関がさらに先へ。もうこの辺でクラッチをミートさせたいっ、待てっ、あと1秒だ。何と長い1秒だ、充分に惰力のついた車がグングンと速度を上げ、ハイギヤード1段の真価を発揮しだした。右端の片山に追いつき、並び、列の頭にいる小関に近づく。1段のままの僕に対し小関は2段Ｌへアップしているだろう。僕が2速の限界速度に達する頃、小関は2Ｈから3Ｌに変えるだろう、しかし、3段とサブミッションレバーの切り替えには、

通常よりコンマ何秒かの時間がかかり、駆動輪への伝達が遅れ、一瞬速度が落ちる筈だ。その地点は第1カーブへ200mのマークが見え出す辺りだ。右側の小関が半車身ほど前方のまま200mマークを過ぎた、ここは僕が3段にアップする地点で、小関は3段Hに入れるだろう。僕の方がコンマ何秒か早かったのか3段にアップした途端、グーンと速度が増し、小関車のAピラー左が僕の顔の横に並んだ。100mマークに達し、第1カーブへの進入には、もう減速に入らねばならない個所だ。〝どうするんだっ小関！　お前はこのままの速度でいけるのかっ？〟。通常なら、どっちかがギリギリまで我慢の進入争いになるが、インコーナーにべったりの小関は、このままの速度では絶対に曲がりきれない、それは彼も分かっている筈だ。もし彼が強引に入り込んでくれば僕が左に寄らなくてはならないが今更ラインは変えられない。このまま二人が突っ込んだら確実に衝突する、僕は咄嗟に右手を上げた、〝よしっ、ここはオレが先に行くぞ〟〝分かった、たのむぞっ〟と言いたげな小関の顔が右後方にずれる。

これが片山でなくて良かった、彼だったら右前輪を走路外に落としてでもカウンターで僕の内側に入り込んでくるだろう。幸いに片山がそのラインを取るにしても、僕との距離間がある。僕が一旦アウト側（左）に振ってイン側のクリッピングポイントを狙っても彼の車にはその余力はない筈だ、さらに小関も僕の少し右後方にいる。僕らの左後方から第1カーブを抜けようとする片山義美（マツダ）鈴木誠一（スズキ）小関の真後ろに望月修（スズキ）の一団の形相がバックミラーに映る。こちらは追い迫るチーターを振り切り逃げるサバンナの獲物だ。

第1カーブ出口手前辺りのアウトを膨らみ気味に加速しながら、早く直線体制に入らないと、4%強

の登りと３つのカーブが続くＳ字がきつくなる。Ｓ字二つ目の右70Ｒカーブの急勾配付近に入ると、殆ど同一の性能が顕著に現れ5台の間隔が一気に縮まる。小関の副変速機が威力を発しているのか、僕の真後ろを左右に泳ぎライバル達をブロックしてくれているようだ。その体制もつかの間、右へのショートコース分かれ目にかかる僅かな直線を利用した片山が右側に、左後方には小関と並ぶように望月が鈴木が、Ｓ字が終る左80Ｒに入り込んでくる。〝コッノヤロー、抜けるもんなら抜いてみろっ！〟くっついた唇の内側を舌がなめ、生つばを飲み込む〝お前らに、そんな余裕はねーだろー！〟言葉にもならない罵声が口の中に広がる。

次の右80Ｒへ若干下り坂気味に３００ｍほど続く直線でスロットル全開の加速に入った、Ｓ字での無理が祟ったのか片山が退き、僕が左側いっぱいに寄れる絶好な位置を確保する。スタート後初めての４段ギヤ（トップギヤ）が入り、軽やかなエンジン回転に束の間の安心感だ。その安心感も二ヶ月前あわや重傷の憂き目に会う大転倒事故を起こしたデグナーカーブが見え、緊張が襲う。〝あん時はオレのせいじゃねえ、オレの速さについていけねえ車が悪かったんだ〟と、あえて反発して自分を落ち着かせる。

このデグナーカーブは突然に不安定な風向きが発生する要注意カーブだ。僕は２００ｍほど続いた直線から、トップギヤのスピードが伸び出したころで3段にダウン、広い間口のアウトからカーブが二つあるように回り込む先の出口が目に入った地点で、一気に車を右に向かわせるのだが、今日は執拗に路面をグリップするタイヤを支える車体は、横Ｇに耐えきれぬようにねじれ、はいずり出してしまう、多分、直線スピードを上げるために敢えてタイヤの空気圧を高めたせいかもしれない。こうなったら早め

にリアを滑らせて向きを変えてしまった方が無難だ。ところが後方の小関、望月、鈴木の一団がヘアピンで迫ってくると思えば、早く直線に入って加速したい気持ちばかりが焦って中々カーブを抜け出せない。ヘアピンまでの直線４００ｍは結構長い。

観客が取り巻くように見えるヘアピンはいつもより狭く見え、一瞬、減速のタイミングが狂う。さらにトップギヤから３、２へとダウンしながら、このままのギヤか、それともスタートに使ったハイギヤードローがいいのか、〝どどどっちだ、えーい、いつものまま行っちまえ！〟ぶざまな迷いだ。

高い速度が維持できるコースの真ん中を選んでヘアピンを立ち上がり２００Ｒにかかる。ここは僅か１％の登りだが、ヘアピンからの立ち上がり加速が影響し、どの車でも後続車に追いつかれるような不安を感じる。大きな右カーブを２５０ｍほど進むと１５０Ｒに変わり６００ｍ近い距離を一気に５％、３％、４％と下るから、加速が足りないと、この下りを活かせないのだ。

この下りでスピードに乗った勢いを、できる限り失わずに次のスプーンカーブを曲がれるかどうかによって、遥か先のグランドスタンド前の最高速度が変わるのだ。ホームストレッチは１７００ｍも先だから、そんな先のことに影響するとは思えないかもしれないが、小排気量、小馬力車ほど大きな違いが出るのだ。サーキット完成当時、外国のスプーンは変な形をしているんだなー、日本のシャモジじゃねーの、と思ったスプーンカーブはコース後半のタイムアップを左右する重要なカーブだ。

僕の後方に望月、鈴木に並ぶように小関、片山の４台が順にヘアピンを立ち上がってくるのをミラーで確認する。ここの加速では小関の多段変速と高馬力が有利ではないかと推測していたのに、望月が意

外に速く、鈴木も同じだ。やはり、侮れないスズキ勢を背にスプーンへ駆け下り始めると、彼らへの無気味な気持ちが自信に変った。ここは12ある鈴鹿サーキットのカーブで最も好きな個所だからだ。好きでも上手かどうかは別、ただ気分的に楽なのは、このスプーンを効率よく曲がれれば、この先の二つの直線スピードを高めるために設定した後輪駆動ギヤ比率を変えた効果が必ず効き出す自信がある。ただ、得意なカーブだけに、その自信が裏目に出る不安をもちながら、自信過剰ばかりが先走ってしまう。

勝負は相手の弱点を探すことだなんて言ってもライバルも僕の未熟を狙うように追いかけてくる。普通、バックミラーの後方視界は結構広いのに、この回り込むスプーンカーブの形状では、フェンダーに2個、室内に1個のミラーのどれに視線を向けても断片的な映像しか映らない。まさか下品な白バイのようにミラーの死角にいるんじゃないだろうに、かなり無気味だ。望月と小関は見えても、鈴木、片山はどこにいるのだろう。

不安と自信過剰のあやふやなバランスでスプーンをぬけ、直線に出る手前で、左側にスプーンの入り口へ下っていくコースの一部が見える。一瞬、左ウインドウに視線を向けると片山がスプーンカーブに入っていったようだ。そうなると片山とは10秒は開いており、僕は2位の望月を1・5秒はリードしているから、その間に小関、鈴木がいることになる。それならば、このバックストレッチのスピードが望月と同等なら追い抜かれることはない。そう思った時、ハンドルを支える両腕の肘がガクンと下がるのに気づいた。〝そうか、オレはこんなにも肩に力が入っていたんだ、これじゃーダメだ〟。スタートから、S字、デグナー、ヘアピンと、ただ抜かれたくない一心の力任せな走りをしていたのだ。〝よしっ、い

つもの調子で走ればいいんだ〟。

スプーンの出口直後は、グッと8％近い下りになって、その先はいきなりだらだら登りの直線が800m強続き、左150Rの高速カーブに入る。ここはデグナーからヘアピンへのコースが下になる立体交差の場所だ。ここまでに、僕の加速とスピードがのびるギヤなら、望月との差をもう少し広げられる自信があったのだが、望月との差は変わらない。いつものテストランなら、エンジンは軽く8000回転に達するのに、ようやくといった感じだ。やはり、スプーン出口から直線加速を活かせるエンジン回転を保ったカーブの走り方が出来ていないのだ。いつもなら、この150R高速カーブをスロットル全開で抜けるのは結構怖いのに、楽に回れるのはそのせいだ。

幸いにスピードが乗らないから余裕で曲がれる150Rを抜け、僅か登りの直線400mをいくと、当コース最大の250R最終カーブに入る。スプーン出口から、スロットルを踏みっぱなしで貯めてきたトップスピードは、この250Rの下り坂でさらに勢いがつき最高速度に達したまま、ホームストレッチを駆け抜けるのだ。車体が斜め左に傾きながら、スタンド手前の草むらに飛び出さんばかりに250Rを曲がり始めれば眼下に1㎞弱のストレートが現れる。

250Rと直線先の第1カーブとの高低差は35mあるので、スピードはがんがん上がり、ホームストレッチを飾るロードレースそのものの華麗な瞬間が演じられる。リーダーの僕が250Rを駆け下りるとコース脇の土手からグランドスタンドを埋め尽くした観衆が一斉に、ある者は両手を挙げて、飛び上がらんばかりに立ち上がり、大歓声を上げる姿がウインドウに飛び込んでくる。僕にはその光景の意味

するものが直ぐに伝わってきた、何も僕がトップで戻った祝福や激励ではない。

それは前年の突然な自動車レース出現の影響が2回目になって、さらに大きくなり、日本GPの前評判に誘い込まれるように集まった人々のどよめきなのだ。それは国際規模の鈴鹿サーキットさえ広く知られず、まだ国民生活には高嶺の花の自動車が、想像を絶する走りをすることの驚きと、夢のマイカーへの近道を見たような喚声であるのかもしれない。

このGPの前年、乗用、貨物すべての自動車保有数約500万台の内、自家用乗用車は85万台弱だ。この内T－1クラス規格の乗用軽自動車は、最もマイカーへ手が届きやすい車種なのである。その軽自動車とは親しみやすく、経済的で、手軽に使えて、総じて自動車のある生活を実現した家族がドライブに興じるほのぼのした光景がイメージされる存在である。ところが街中を走っている自動車と同じ形をしたものが想像を絶するスピードで走り、軽自動車への概念を完全に否定し、ぶち壊す光景が現実に目の前にある。驚愕する観衆の面前でこのレースが展開されているのだ。その先頭に立っている僕の後方に望月、小関、鈴木、片山がひとかたまりに追ってくるのが見える。その差は2秒強か、距離にして100mは離れている。

2周目の第1カーブが迫ってきた。しかしスタート直後の第1カーブと、直線を全開で走ってきてカーブに飛び込むとではまったく違う。ダッシュボードの計器を見るとエンジン温度が多少上がり気味だ。第1カーブ手前150m位でスロットル全開のままキルスイッチを押す（ON）。ブオーッという音を発してスピードは一気に落ち、カーブ進入への体勢に入った瞬間、スイッチから手を離すと（OFF）

ギャンギャンギャンッ、キャオン、キャッオーン、再び2サイクル特有のかん高い排気音を発する。プラグへの電気を切って爆発を一瞬止め、冷たい空気を含んだ燃料を（生ガス）飲み込ませたからシリンダーの温度は下がった筈だ。オートバイ世界GPの小排気量2サイクルエンジンでは、この仕組みでシリンダー温度は60度Cくらいは下がる。ただ、動力が切れた惰性の走行からエンジンを再始動させると、いきなり後輪の駆動力が発生するので、カーブへの体勢に入る一瞬の手前で正常に戻すタイミングが難しい。だが、混戦でなければキル操作をしながら第1カーブを抜けていく自信はある。そして幸いにも2位望月との差はさらに広がるのだが、S字、デグナーからヘアピン近くになると、またもや2位争い激しい後方グループにつきまとわれる。やはりストレート速度重視のセッティングの弱さが第1カーブ後に出てしまう。

2周目、再び喚声上がるグランドスタンド前に戻り、ピット側に目をやると、メカニックが掲げるサインボードで僕と後続のタイム差は推測通り2秒であることが分かった。それと2台のチームメイトがピットレーンにいることは、いよいよクサビ作戦を発するようだ。彼ら2台はスタートして1周目にピットインを命じられていたのかもしれない。そしてライバルを攪乱する僕らの犠牲役を担うのだろうが、それがどこでクサビになるか僕には知る由もない。

二日前、予選終了後の会議でクサビ作戦が発表された時、〝こんなこと、上手くいくのかよ？〟と思いながら、〝でも、そんな汚ねーことしていいのかよ、レースってそんなもんじゃねーだろう〟の反発

が出たものの、これは〝企業のメンツと市場獲得を賭けた闘争だ〟。そんな忌避的な意識が消えないまま、自分が犠牲になっても、この勝負を勝たせるぞという同僚の姿を目にすれば、そんな理屈なんかどうでもよくなってしまう。

〝やはり、今、オレは大きな期待の渦中にあるんだ〟のプレッシャーが〝そうならば、もたもたしていられない、もっとリードしないと安全圏ではない〟の心境に変ったのは、後方に小関の姿が見えなくなってからだ。望月、鈴木に追い越されたらしい小関が心配だが…〝落ち着くんだ、オレの前には誰もいないんだ、いつものように自分の得意なラインを走ればいいんだ〟、と自分に言い聞かせて落ち着きを取り戻す。S字を過ぎ、この際ヘアピンのギヤを変えてみよう、グーンと進入速度を絞り、思い切りインべったりぐらいから1段ギヤでグンッと加速する。その加速距離は短いものの、ヘアピンでの減速ロスを補うように2段につながる。その立ち上がりの良さはスプーンからバックストレッチへの影響を証明するように、立体交差上の150Rへとスピードは増し、エンジン回転数の安全限界点指示である8200rpmを軽く越え、8300rpm強に到達する。その勢いは250Rを下り、グランドスタンド前では8500rpm、速度換算では160km／h弱か。

どうやらダイナモの駆動ベルトが外れてくれたのか、エンジンへの負荷が急に減った効果が現れ出した。期待以上の調子良さに気を良くしながら温度計に目をやればドキリ！　シリンダーの限界温度を超え過ぎている。やはり、エンジンをここまで回すのは無理なのか。考える間もなく第1カーブまで200mのマークを通過してしまう。

キルスイッチ効果とクサビ作戦

シリンダーの異常な高温にキルスイッチだけでは効果なしと見た僕の手は瞬時に水冷却のスイッチに手がいった。自分では信用していない水冷却なのに、小関から〝あれは有効だ〟と聞かされていたのが無意識に働いたのか…。ハンドル左手のダッシュボードにつけたスイッチをON。約3秒後、スイッチOFFの操作をした瞬間、車の方向が変った。パニックだ。原因は右カーブの一番タイトな個所にハンドルを向けているので左手指がスイッチに届かず、一瞬ハンドルの左手をずらしてスイッチを切り、直ぐにハンドルを握り直したのだが、瞬時の片手ハンドルで右方向へ切る力が足りず、あっという間に左に傾き、前後輪がコースアウトしたのだ。

スイッチの取り付け位置を決めるときに、ハンドルから手を離さなくても良いようにその場しのぎでハンドル位置を真ん中に設定したため、右に大きく切ると左手指が届かないのだ。元々、水冷却を信用しなかった姑息な作業が、まさかっ、の出来事になるとは。〝ブレーキをかけたらひっくり返るぞっ！少しスロットルをゆるめて方向修正し、すぐに全開で飛び出せっ‼〟誰かに叱咤されている。

ここ第1カーブ出口はS字への直線で、左方はコースに沿った土手だ、僕は覚悟した。このままコース外の草むらを突っ走って、土手に車体をこすりつければ転倒しないでコース上に戻れる筈だ。強引な脱出を面前にした観衆から励まされるようにコースに戻ってホッ。同時に、さっきの直線で2位との差を大きく150m位つけたが…、案の定、すぐ後ろにいる。それも片山だ。

それを知った瞬間、先ほどの失敗はもう忘れた。コースアウトしたことなんか気にしちゃいられない。幸いに、S字への直線が結構ある場所からコースに復帰できたので充分な加速力が残っている。それでもS字で片山がぴったり着いてくる。だが、ショートコースに分かれる辺りの登り急勾配では、彼はやはり大きく後退しデグナーからヘアピンにかかる頃には4、50m僕がリードだ。速度の落ちるヘアピンでは片山、望月、鈴木の一団がヘアピンを回りかける頃、僕はすでにスプーンへの登りを加速し始めている。やはり後方視界に小関がいない。

小関はどうしたんだ、まさか⁉ と思いながらスプーンカーブに突入する。後方グループとは、また2秒くらいのリードになり、スプーンからバックストレッチの立ち上がりもいい。でも小関が…、村岡はヘアピン出口右の土手上で〝行けー！〟を叫んでいたからリタイヤだ。それと2周目に見たクサビ役の2台は…。〝もし小関がダメだと…えっ、オレだけ⁇〟、4周目にして初めて異様な不安に取憑かれる。〝とうとう一人になってしまったか……、これでオレがツブレたらおしまいかー〟、何かに祟られたような重ーい気持ちが迫ってくる。レースは不安と自信過剰のせめぎあいだが、その不安はライバルと競り合って負けることや、自分が犯すかも知れないミス、待ち構えている危険へであって、独りぼっちの俺も消えちまったらどうなるんだろう、なんていう不安は異質で初めてだ。監督始めチームの立場は？ 僕だって同じだ、仮にエンジンでも何でもトラブルで止まってしまえばおしまいだ。あれは何々のトラブルだ、オレのせいじゃない、と言ったってリタイヤはリタイヤ、ドライバーの評価なんてゼロだ。そうなったら僕の次はないだろう。

そんな思いが付きまとい、セーブ気味に立体交差150Rから、ホームストレッチへの250Rもスロットルを僅かしぼり気味に下り始めた時、ハンドル操作も何も関係なく、いきなり車が右中央に移動した。それは徐々にでもなくズルズルとでもない。第一、左にGがかかる右カーブで右にずれる筈がない。一瞬ドキリだが冷静に考えれば、テスト中に何度か経験したことだ。極端なときは直線の左側を走っているのに、いきなり真ん中にいる。横風の仕業だ。ホームストレッチ終わりにある風向計の吹き流しが斜め下にゆらいでいる。毎秒1、2m程度でも横風であれば、このちっぽけな車体には影響する。吹き流しが真横から斜め上になる風速5m、10mなどの風力ではまともに走れたことがない。それは走っている者より見ている人の方が詳しいようだ。

レースを間近にしたテストが続いていた時、サーキットには偶然にもオートバイ世界GPを前にしたヤマハチームが来ていた。エースライダーの伊藤史朗君とばったり会った途端「おー、リキちゃーん、お前のクルマ飛んでんじゃーねーの」ときた。最終カーブの下り（250R）を見ていると、車輪が地面に着いていないように見えるという。「まあ、そうかもしんねーな、ヒコーキ屋のクルマだから、アッハッハ、どーだ史郎さんも一度乗って見ねーか！」「冗談よせよっ、こんなチッコイクルマ、危ねーじゃねーかっ、ヘッヘッヘー」。こんな会話があったくらいだから、やはりちょっとした横風でも泳いでしまうのだろう。空気抵抗の少ないデザインが主流だから、車重の軽い小型車の宿命なのだ。その対策には前後輪のキャンバー角をプラス側に、即ち、車を前後から見れば車輪がハの字に広がっている設定で少しは改善できるとされている。これはウチだけでなく、どこのメーカーも同じで、走行安定性を

高める常道手段なのだが、スピードを重視すれば路面との抵抗が大きく、馬力ロスの一因にもなる。チームメートの中には極端なハの字もある。僕は独断でゼロに近いセッティングに変えてしまい、タイヤと路面との接地面積をできる限り小さくすれば、それだけ路面との抵抗が減る。そのためにタイヤの空気圧をかなり高くした影響だ。そういったことまでして直線スピードを重視すれば、こんな現象が出るかもしれないと予想はできなかった。まして、下り勾配の250R地点は、遠くの伊勢湾が見える風通しのいい地形なのに緊張感が足りないのだ。やはり注意散漫だ、どうも、この4周目はついていない。

こうなると、風が怖い…、新たに身構えるようにピット前にさしかかると、今来るか、今来るかと待っていたようにサインボードを掲げるメカニックの姿に勇気づけられる。「あのスピードで、よくあんな小さなサインボードが見えますねー」と聞かれるが、サインボードとは10m以上離れており、さらに、メカがボードをドライバーの視線に合わせるように動かしてくれるから意外と見えるのだ。そのボードに25＋2の表示がある。このタイムは今の周でなく、前の周回・3周目のラップタイムで3分25秒、2位との差は2秒を意味している。本来ならば、今、回ってきたタイムやライバルとの差が分かればいいのだが、そうするにはヘアピン辺りで計測し、強力な電波の無線機でピットに送れれば良いのだが、いずれはそうなるだろう。したがって、今の周がどうだったかを知るには、掲示された1周前のタイムを参考にドライバー自身で判断しなくてはならないのである。

そうなると、予選タイムが27・0秒だから前の周（3周目）はそれより2秒速いわけで、こんなにも速いラップが出たのはドライバーにとっては嬉しい限りだが、これではエンジンが悲鳴を上げるのも納

得だ。されど、スロットルを緩めるわけにもいかないし、今の速さを持続するためにエンジン回転を8500rpmで回し続けたらオーバーヒートは確実に起こり、確実にどこかが壊れるに決まっている。ライバル車同士だって抜きつ抜かれつでエンジンを酷使しているだろうから、僕より条件は悪いかもしれない。そう考えれば、今、第1カーブでのタイム差は1・5秒位だから、2位の望月や片山は1周タイムを僕より0・5秒ずつ縮めなければゴールまでに僕を抜くことはできない計算が成り立つ。だが、これまでの周回から、彼らがいきなりロケットのようなハイスピードになるとは思えない。そして僕が今より1秒落とした26秒台を維持すれば抜かれることはない。そうなると、エンジン回転数を8300＋α位に維持すればシリンダー温度が上がってもキルスイッチ冷却で保持できるのではないだろうか、水ポンプも必要ない。

独りぼっち

〝小関が見えないが…。もう考えるのはやめよう。オレひとりということなんだ〟。レースも中盤を過ぎ、5周目に入った第1カーブを抜ける頃には、後ろを気にすることもなくなってきた。ひとりになった僕が、この状態で〝ゴールする、ゴールできるにはどうすれば良いのか〟それだけに集中すれば良いのだ。

　それにしても、追われるというのはこんなにも辛いことなのか…二輪レースで、たった一度だけぶっちぎりで優勝したことがあるけれど、あの時はルンルンで気持ち良かったなー、勝つというのは、こんなにも楽しいことかと思ったのに…、やはり、サンデーレースの運動会とメーカーレースの真剣勝負で

は、勝つ目的や意義が違うのだ。二輪でたった一度だけ優勝した時は前を走るライダーを追うことばかりだった。オレの前にいるヤツは全部敵だっ！　となれば、猛然と追いかける気迫が全身にみなぎるのはエクスタシーだ。追いかけて追いかけて、追いつき追い越した時〝やったー、どーだ、お前はオレには勝てないんだぞ〟の快感は何とも言えない、単純だ。

それに比べ、今の僕は追われる恐怖感と、逃げなければならない焦燥感に取り憑かれている。これは相手のある闘争とは違う、相手は僕自身ということか…追うのは闘争であって追われるのは何なのだ。追うのが執念ならば逃げるのも執念だ〝そうか、ただゴールすればいいだけのこと、逃げ切るのが僕の使命だ〟。ならば、冷静に泰然と逃げるだけのテクニックを駆使すれば良いだけだ。ただ不安で不安なのは〝どこも壊れずにゴールまで保ってくれること〟だけだ。それには何を信じ、何に期待したら良いのか、神頼みか。〝いや、そうじゃないだろう、お前は運命や観念に結果を託してきたのか、そこに答があるではないかっ！〟そんなことが聞こえたように視線がハンドル左側に動いた。そのダッシュボードに答があった。

それはスタート前のパドックで、メカニックの芳賀と小池が不安そうな僕の心情を察したかのように語ってくれた言葉だ。それに勇気づけられ、ダッシュボードに論語めいて書いておいたのだ。『芳賀曰く、絶対大丈夫と』『小池曰く、何ごとも控えめに』。

そうなんだ、僕らは運命や神頼みに結果を委ねたのではないのだ。世界的名車とまで言われるこの車を造った技術者と、メカニックの彼らが合理的に、技術論に裏付けされた整備を重ねてきた形がここに

あるのだ。車の構造を隅から隅まで知り尽くした彼らが自信を持って僕に結果を託しているのだ。〝メーカーの従業員だけじゃない、下請けの職人だってユーザーだって、みんな見ているんだ、今、お前は主役を張った役者なんだ。チョロチョロ後ろを走っている端役とは違うんだ。みっともないことは出来ねーんだぞっ！〟誰かに怒鳴られているみたいだ。

一瞬の迷いだった。スタートからすでに5周も経ってからメカニズムへの不信感を持つとは…やはり本当の冷静さが板に付いていないのだ。気持ちの上では落ち着いているつもりなのに。そういった気の取り直しがバックストレッチで出てくるということは、第1カーブからS字、スプーンまで、そんな精神状態で走ってしまったことの方が恐ろしい。

〝あと2周走れば良いんだ〟こんな気持ちで第1カーブに入れたのは初めてだ。車へのいたわりと今のドライブリズムを維持すれば何とかなるかもしれない。6周目になって、やっとテスト時期のようなリラックスを感じる。幸いに好調なエンジン鼓動が安堵感をもたらし、S字を抜けデグナーへの僅かな直線部で後方を確認する。もう、望月にも片山にも追いつかれることはないだろう、とバックミラーで確認し我が目を疑う。遙か後方に〝小関だっ、まてよ、そんな筈はない。では片山か？〟。ヘアピンへ入る直前、再度確認すれば、デグナー出口の直線を立ち上がってくるのはまさしく小関だ。ならば、その後ろは？…見えない。何がどうなってしまったのかまったく分からないまま、とにかく小関が生きていたんだ、の安心感がどっと湧く。

しかし、小関に何があったのだろう？　後方視界から完全に消え去っていたのに…もしかしたら、片山、望月、鈴木らに囲まれ、高出力エンジンが思うように活かせなかったのではないか、僕はそう推理した。小関の高回転エンジンは強力だが約７３００ｒｐｍ以上でないと本領を発揮できない。スロットルの開閉が激しい混戦では吸入燃料が濃くなりすぎて、エンジンが吹き上がらなかったのではないか、と。

それにしても、５周目に入る直前には僕の視界から完全に消え去ってしまったものが、僅か2周後に後ろにいるとは！　そうなると、望月か片山が3位に？

それはどうでもいい。小関は３００ｍ位後方にいる。彼の車が見えなくなった時は多分４００ｍ以上離れていただろう。そこから望月を抜き片山を抜いて今の位置まで上がってくるには、僕の1周タイムより1、2秒速くなければならない。そうすると現在、僕と小関の差は5秒はあるだろうが、このままのペースだと2周後には、彼はすぐ後ろにいるかもしれない、ということだ。せっかくリラックスして最終周回を迎えられると思っていたのがとんでもないことになってきた。

それにしても、小関はなぜ突然に速くなったのだろう？　エンジンの回転が天候の温度、気圧、湿度の関係でバカッ調子良いことはあってもこれほどの変化はありえない。やはり高馬力エンジンなのだろうが、それより彼らも昨日まで、いや、今朝方までかもしれない、決勝スタートまでぎりぎりの秘策チューニングに没頭していたのだろう。僕らの、〝出来ることは何でもやっちまえっ〟の独りよがりの作業はどこでもやっていたんだ。そうなると、仮に小関のエンジンが僕の推測より強力ならば、この周の終わりのホームストレッチで僕に接近するかもしれない。そして、そのまま第1カーブの奪い合いにな

れば、今度は小関も遠慮なしに挑んでくるだろう。それで僕が2位でもチームとして、メーカーとしては、どっちでも良いだろうが、外様の俺より社員ドライバーの小関が優勝した方が会社は喜ぶだろう。

なぜ、そのような気後れしたような思いがよぎるのか良く分からない。もしかしたら、ひとりぼっちで死守していた重圧から解放されたような感情になってしまったのか、分からない。瞬間的に〝冗談じゃねー、そんなことはさせねーっ〟自分への怒りが噴き出し、猛烈な加速でヘアピンを抜けだした。そしてスプーン！　バックストレッチ！　立体交差150R！　グランドスタンドへの250R！　どこもかしこも床が凹むくらいにスロットルペダルを踏みっぱなしだ。燃えた、今までとは違う、身体中が熱い。不安を打ち消すように逃げる。ライバルでも身内のライバルから逃げ切らなくてはならないのだ。

この時、小関はどんな思いで遅れを挽回しようとしていたのか僕には知る由もない。そして僕を抜き去ろうとしたのかどうかも分からない。あるいは僕とランデブーゴールのようなカッコイイところを見せたいと思ったかもしれない。そうであったとしても、〝小関、やるなら来いっ、オレに追いつけるのかっ〟僕にはそれしかなかった。いつの間にかタコメーターは8500rpmをオーバーし尽くしている。エンジンが壊れる⁉　無理な走りでコースアウトするかも？　もはや、この周に入った直後の悟ったような感情や精神状態がバラバラに散っていくのが自分で分かる。もうどっちが1位や2位とかでなく、僕と200mほど離れた二人の〝闘走〟だ。

その情況がピットに伝わったのかどうか分からない。ホームストレッチの入り口から見えだした観客席が異様な騒ぎになっている。一体何が起こったのか、起きているのか分からない。小躍りするように

掲げるサインボードを見れば↓↓が大きく書かれている。速度を落とせ！　のサインだ！　これはレース後に分かったことだが、僕がこの周で24・8秒の最高ラップを出したことがアナウンスされ、監督からの指示だったようだ。僕に↓が出るほどの速さになったのは、小関との闘走の結果なのは僕だけが知っている。しかし、これもゴール後に知ったのは、小関は僕よりも2秒も速い3分22秒9のクラス最高ラップを出していたのだ。やはり僕の推測した通りの速さで走ったのだ。彼も僕との闘争に入っていたのだ。そうでなければテスト中も理論上も想定していなかったこんな驚異的なタイムが出るわけがない。

きちんと走る

スタンド前の直線で、もう少し小関が迫ってくるかと思ったが、まだ２００m弱の開きはある。〝よしっ上手くいった〟最終周の第1カーブも彼と競り合うことなく抜けた僕はこの最終回をきちんと走ることが出来なければすべてが水の泡だ。という自覚がガーンと頭を打つ。つい今しがたの、小関への闘争心が薄らいでいるわけではない。小関の復帰で、肉迫される立場が他車に向けたものとは違う闘争心を生んだ。その状態が続いたら、自制心が生まれ自分が負けるかもしれない。それでも噴き出す闘争本能を押さえるのは自分が負けるかもしれないという、自分への闘争なのだろう。

かつて本田宗一郎さんが何かの雑談で、「レースってもんはなー速く走ることじゃねーんだ、速くゴールすることなんだ」と言われたことは、こういうことなのかもしれない。確かに、いくらトップでいてもコースアウトなどしたらおしまいだ。それにしても毎回、それも第1カーブに入り、抜ける度に目

まぐるしく変る意識や感情はどういうことなんだろう。周回数が短いスプリントでは、凝縮される順位争いへの防御心が激しく変るからか、それともトップ走者につきものの心理状態なのか。スピードレースでも、やはり二輪とは違うのだろうか。

最も大きな違いは、二輪の場合、車体全体を身体で包み込むように抱きかかえ、人間の体重の置き場、体重移動も操縦に影響し、例え1㎞以上の直線があっても、直線走行に適したライディング姿勢と、空気を切り裂く身体全体が受け止める状況判断が必要で気の休まることはない。それに対し四輪となれば、車内で身体を傾けてカーブでの効果を上げることはできないし、二輪より重量のある車体にかかる左右前後のGに対して身体はシートベルトで固定される。強制的に身体の動きを束縛された中で操作するハンドルやペダルの動きと車体の挙動は、リモートコントロールのタイムラグ感覚に似ている。そして横風や路面変化に五感が張り詰めているものの、二輪のような瞬間的な状況判断と違い、今の、次の場面への想定や対策に、その時点で入力した情況を瞬間的に分析、判断して車輌を操作しなければならないケースが大きい。二輪と四輪では走行特性がまるっきり違うから二輪の経験が役立つかどうかはその場面によるのだろう。僕のように単独トップで後方との差があれば、それを維持するための色々な思考が入り、惑わされ、気持ちが混乱する要素も多くなるのかもしれない。

いずれにしろ二輪でも四輪でも決して安全とはいえないスピードレースのライダー、ドライバーは直感的に五感を反映する運動機能で、車の性能をコントロールできる能力が要求される。とくに四輪ドライバーは四輪の特性上、五感に入る外的要件を直感的に分析して車の挙動を先取りした操作が二輪との

相違点だ。そして、束縛された身体を僅かな時間でもリラックスさせたい欲求が、とくに直線では自然に出るものだ。そのときに、作戦や不安、諸々の心理が働くのは自然な傾向なのかもしれない。

とにかく、キチンと走ることしかない。S字手前の直線で後方を確かめれば、小関の後方では望月と片山の3位争いが激しいようだが鈴木の姿は見えない。コース沿いの観客が手を振ってくれるのが目に入る。観客からすれば、スバルがランデブー入賞へ向かうのを祝福してくれているのだろう。僕と小関の見えざるバトルが続いているとは思ってもいないだろう。

バックストレッチの150Rを過ぎながら、まだかまだかと思うほどゴールが遠い。〝もしかしたら、これが最終ではないかもしれない、もう1周あるのか?〟おかしな疑いを持ちながら250Rが近づく。これを下ればゴールライン、のハズだ。200mは離れていた小関との距離が150mくらいに縮まったようだ。小関の遙か後ろ、3位が望月か片山か。

見えたっ！　最終カーブの土手からスタンドに続く観客が一斉に上に伸びた、何かのどよめきが車内に伝わるようだ。車のボンネットをかすめるように市松模様のチェッカーフラッグが振られる。思わず僕はハンドルから手を離しバンザイをする。そのバンザイは〝やったー、とうとうやったー、勝ったー〟の気持ちではない。〝終わった、やっと終わった〟のバンザイだった。

終わりなき戦いの始まり

ゴールした入賞者はS字からショートコースを回り、パドックの車輌保管所に入り、レース後の車検

第2回日本グランプリ　T-1レース　1964年5月3日　鈴鹿サーキット／7周

T-1クラスのスタートシーン。360ccまでの同クラスはスバルのみならず、スズキ、マツダの３つ巴の戦いとなった。まさに軽自動車メーカーの威信を賭けた戦いだった。

大久保はトップを譲ることなく圧勝。２位以下は⑱鈴木誠一、⑯望月修、小関の間で争われた。予選３位の③片山義美は３位望月と同タイムながら４位だった。レース後表彰からオープンカーでパレードに。左から２位の小関、優勝した大久保、３位の望月。

を受ける。他チームからの抗議もない、外れてしまった部品へのペナルティーもなく正式に優勝だ。表彰台、オープンカーでのパレード、インタービュー、撮影ｅｔｃ．何が何だか分からない騒ぎだ。

チームの面々が、会社上層部が温かく「おめでとう」「よくやってくれた」。僕は取り囲まれ、優勝の実感よりも〝終わったー〟の放心感ばかりだ。重役の一人が「やー良く頑張ってくれた、おめでとう、おめでとう…うーん、あと…あと2周あったらウチの小関が…優勝…○△＊ムニャムニャ」明らかに、小関に勝ってもらいたかった口ぶりだ。僕は思わず声が出かかった〝やはり、ボクが勝ってますよ〟って。

表彰台からオープンカーに移った僕は3位になった望月に礼を述べた。「モッちゃん、ありがとう。最初のS字カーブの混戦で、モッちゃんが後ろにいたけど、僕の走り方が悪くて迷惑かけたんじゃないかと…」「そんなことないよ、でも良かったねー、よくやったよ、おめでとう」。今はライバルでも二輪の師匠であり、スズキ時代のマネージャーの望月にそれ以上の感謝を述べることが出来なかった。

パレードが終わるのを待っていたようにメカニックの芳賀と小池が駆けつける。三つの肩が一つの円陣になって芳賀が「やっちゃいましたねー、とうとうヘッヘッヘ、おめでとう…」「ありがとう、でも、どうなるか心配だったろう」小池が「大丈夫ですよ、心配なんかしなかったですよ、途中からえらく速くなったんでエンジン回し過ぎなきゃいいと思って」「うん、急にブン回り出してねー」小池が興奮しながら「やはり上手くいっちゃったんだ、ハッハッハハ。それと、あれ、ミッションギヤも正解でしたね、片山が先行しないで良かったですよ、とにかく凄いレースでしたよ」。

二人の話を聞いてみれば、小関車の調子が戻って2位争いから抜け出したあと、望月（スズキ）と片

山（マツダ）のバトルが激しく、最後の2周はどこも並列走行だったという。僕に続いて小関がゴールして7、8秒、グランドスタンドのウオーッの喚声でコースを振り向けば250Rを2台が完全に並んで駆け下ってきた。どっちが、どっちが先なんだ！　と思ったら、まったくの同着でタイムも同じだったという。しばらくして、写真判定で望月の3位がアナウンスされたけど、それは凄かったようだ。後ろでは、そんなデッドヒートが繰り広げられていたとは知らない僕は〝やはりそうか…予想した通りだ、危なかった〟。片山義美のしぶとさを改めて感じる。

宿に戻ると、あちこちの部屋には大の字に寝転び、座布団を抱えてぐったり、青みがった白黒のTV映像をぼーっと眺めたりの男だらけ。一年間の疲れがどっと出たのか、やり終えた放心状態か、このレースに課せられた使命感を達成した企業人の姿があった。

まだまだ自動車レースに寄せる最大の興味は、どこの車が勝った、すっげー速さで走ったなどの感想程度で、持てる科学工業技術をつぎ込んだ自動車の性能と、訓練し尽くした人間の技量が織りなすドラマを賛美するエッセンスも育っていない。レースに勝つ目的は自社の技術を誇示し売り上げを高めるもの、それだけだ。それでも四日市のホテルで盛大な表彰式に出席して実感したのは、日本もこれを契機に本物の自動車レースが盛んになるだろうという期待だ。それに僕は確実に近づいているマイカー時代の先頭に立っているという実感だ。

表彰式の帰り際「おーい、リキちゃーん」、誰かに呼び止められた。鈴木誠一だった。セイちゃんが赤らんだ顔つきで「負けたなー、でも次は絶対に負けねーからなっ」本当に悔しそうな口調だ。僕は応

T-Ⅴ

6.00415km×15周=90.06225km　参加33台・予選出走33台・決勝出走30台・完走24台　晴れ
スタート：3日PM4:00　3-2-3グリッド左上位

順位	No.	ドライバー	年齢	車名	周	タイム	平均時速	ベストラップ	予選タイム	グリッド
1	31	生沢　徹	21	プリンススカイライン1500	15周	44'45"6	120.726km/h	2'55"0/10周目	3'04"0	12位
2	30	杉田　幸朗	29	プリンススカイライン1500	15周	44'46"3	120.695km/h	2'56"4/14周目	2'58"6	1位
3	27	大石　秀夫	26	プリンススカイライン1500	15周	44'46"6	120.681km/h	2'55"7/12周目	2'59"5	3位

T-Ⅵ

6.00415km×20周=120.083km　参加43台・予選出走42台・決勝出走30台・完走22台　くもり
スタート：2日PM0:45　3-2-3グリッド左上位

順位	No.	ドライバー	年齢	車名	周	タイム	平均時速	ベストラップ	予選タイム	グリッド
1	39	大石　秀夫	26	グロリアS41	20周	1:00'10"6	119.730km/h	2'58"0/15周目	2'58"1	4位
2	38	杉田　幸朗	29	グロリアS41	20周	1:00'16"9	119.521km/h	2'58"6/18周目	2'58"0	3位
3	29	式場　壮吉	25	クラウンRS40	20周	1:00'25"9	119.225km/h	2'58"5/15周目	3'00"6	9位

GT-Ⅰ

6.00415km×12周=72.0498km　参加22台・予選出走21台・決勝出走21台・完走19台　晴れ
スタート：2日AM11:00　3-2-3グリッド左上位

順位	No.	ドライバー	年齢	車名	周	タイム	平均時速	ベストラップ	予選タイム	グリッド
1	15	R.バックナム	27	ホンダS600	12周	36'28"9	118.497km/h	2'58"6/11周目	2'58"7	2位
2	21	北野　元	23	ホンダS600	12周	36'30"1	118.432km/h	3'00"4/10周目	3'00"8	3位
3	16	島崎　貞夫	29	ホンダS600	12周	36'51"0	117.313km/h	3'02"3/11周目	3'03"4	6位

GT-Ⅱ

6.00415km×16周=96.0664km　参加38台・予選出走34台・決勝出走30台・完走20台　晴れ
スタート：3日AM9:35　3-2-3グリッド左上位

順位	No.	ドライバー	年齢	車名	周	タイム	平均時速	ベストラップ	予選タイム	グリッド
1	1	式場　壮吉	25	ポルシェ・カレラGT-S	16周	45'29"9	126.685km/h	2'48"4/15周目	2'50"6	3位
2	39	砂子　義一	31	プリンススカイラインGTS54	16周	45'39"3	126.250km/h	2'48"9/7周目	2'50"0	2位
3	41	生沢　徹	21	プリンススカイラインGTS54	16周	45'58"8	125.358km/h	2'48"8/6周目	2'49"3	1位

GT-Ⅲ

6.00415km×20周=120.083km　参加7台・予選出走7台・決勝出走5台・完走4台　くもり
スタート：3日PM0:40　3-2-3グリッド左上位

順位	No.	ドライバー	年齢	車名	周	タイム	平均時速	ベストラップ	予選タイム	グリッド
1	6	安田　銀治	32	ジャガー（XKE）	20周	58'43"1	122.704km/h	2'52"4/2周目	2'53"8	1位
2	1	横山　達	31	ジャガー（XKE）	20周	59'07"9	121.846km/h	2'55"3/6周目	2'56"7	2位
3	2	青木　周光	27	ジャガー（XKE）	20周	1:00'37"6	118.841km/h	2'59"0/15周目	3'02"5	3位

FJ 1日目

6.00415km×15周=90.06225km　参加20台・予選出走14台・決勝出走14台・完走10台　晴れ
スタート：2日PM2:35　3-2-3グリッド左上位

順位	No.	ドライバー	年齢	車名	周	タイム	平均時速	ベストラップ	予選タイム	グリッド
1	12	M.ナイト	20	BRABHAM	15周	38'46"4	139.367km/h	2'31"9/8周目	2'33"5	1位
2	15	P.ウォア	25	ロータス27	15周	40'04"1	134.862km/h	2'37"3/4周目	2'33"7	2位
3	16	F.フランシス	30	ロータス22	14周	40'22"9	124.895km/h	2'48"7/11周目	2'46"7	3位

FJ 2日目

6.00415km×20周=120.083km　参加20台・予選出走14台・決勝出走11台・完走8台　晴れ
スタート：3日PM2:15　3-2-3グリッド左上位

順位	No.	ドライバー	年齢	車名	周	タイム	平均時速	ベストラップ	予選タイム	グリッド
1	12	M.ナイト	20	BRABHAM	20周	52'37"5	136.911km/h	2'33"2/3周目	2'33"5	1位
2	15	P.ウォア	25	ロータス27	20周	52'57"5	――km/h	2'36"4/3周目	2'33"7	2位
3	23	A.ラウレル	32	ロータス22	19周	53'14"3	――km/h	2'44"2/14周目	2'47"2	4位

第2回日本GPレース結果

T-Ⅰ

6.00415km×7周=42.02905km　参加17台・予選出走16台・決勝出走15台・完走12台　晴れ
スタート：3日AM8:30　3-2-3グリッド左上位

順位	No.	ドライバー	年齢	車名	周	タイム	平均時速	ベストラップ	予選タイム	グリッド
1	9	**大久保　力**	24	スバル360	7周	24'11"1	104.268km/h	3'24"8/6周目	3'27"0	1位
2	12	小関　典幸	24	スバル360	7周	24'15"6	103.946km/h	3'22"9/6周目	3'27"3	2位
3	16	望月　修	33	スズライト フロンテ	7周	24'23"8	103.364km/h	3'26"6/2周目	3'28"3	4位
4	3	片山　義美	23	キャロル360	7周	24'23"8	103.364km/h	3'25"0/3周目	3'27"8	3位
5	6	小野　英男	26	キャロル360	7周	24'24"5	103.314km/h	3'26"4/4周目	3'29"9	7位
6	19	藤田　晴久	32	スズライト フロンテ	7周	24'27"0	103.138km/h	3'25"7/3周目	3'29"5	6位
dq	2	片倉　正美	23	キャロル360	7周	24'49"6	102.956km/h	3'29"9/6周目	3'32"0	12位
7	1	中村　力	32	キャロル360	7周	24'49"6	101.573km/h	3'29"7/4周目	3'32"9	13位
8	17	久保　和夫	25	スズライト フロンテ	7周	25'35"2	98.556km/h	3'30"5/6周目	3'31"1	10位
9	5	青木　秀明	26	キャロル360	7周	25'42"8	98.071km/h	3'36"6/7周目	3'38"5	14位
10	14	中原喜栄人	22	スバル360	6周	24'27"8	88.356km/h	3'25"8/3周目	3'31"5	11位
11	15	小林　章尾	36	スバル360	6周	24'52"0	86.923km/h	3'33"6/4周目	3'30"8	9位
12	10	三宅　宏志	20	スバル360	6周	25'38"9	84.274km/h	3'41"0/3周目	3'42"9	16位
	18	鈴木　誠一	27	スズライト フロンテ	5周	クラッチ		3'26"3/2周目	3'30"3	8位
	11	村岡　三郎	24	スバル360	0周	エンジン		―――――	3'28"5	5位
nc	8	渡辺　輝男	37	スバル360	―	メカニカル		―――――	3'41"8	15位

・最速ラップ：小関典幸（スバル）　3'22"9　106.530km/h　6周目
・ペナルティ：No.2は3周目のイエローライン・カットのため失格　nc：チェッカー受けず

その他のクラス

T-Ⅱ

6.00415km×9周=54.03735km　参加23台・予選出走21台・決勝出走20台・完走16台　晴れ
スタート：2日PM3:55　3-2-3グリッド左上位

順位	No.	ドライバー	年齢	車名	周	タイム	平均時速	ベストラップ	予選タイム	グリッド
1	19	浅野　剛男	29	パブリカUP10	9周	28'52"0	112.317km/h	3'09"6/9周目	3'10"3	3位
2	22	細谷四方洋	26	パブリカUP10	9周	28'52"0	112.317km/h	3'09"2/9周目	3'08"9	1位
3	20	北原　豪彦	27	パブリカUP10	9周	28'52"4	112.291km/h	3'09"8/7周目	3'10"6	4位

T-Ⅲ

6.00415km×10周=60.0415km　参加19台・予選出走16台・決勝出走15台・完走11台　晴れ
スタート：3日AM11:00　3-2-3グリッド左上位

順位	No.	ドライバー	年齢	車名	周	タイム	平均時速	ベストラップ	予選タイム	グリッド
1	15	加藤　爽平	23	コルト1000	10周	32'31"3	110.771km/h	3'12"2/9周目	3'12"6	1位
2	17	横山　徹	21	コルト1000	10周	32'32"0	110.732km/h	3'11"8/9周目	3'15"4	4位
3	19	石津　祐介	26	コルト1000	10周	32'37"4	110.426km/h	3'13"1/5周目	3'16"8	5位

T-Ⅳ

6.00415km×12周=72.0498km　参加18台・予選出走17台・決勝出走16台・完走14台　くもり
スタート：2日AM9:40　3-2-3グリッド左上位

順位	No.	ドライバー	年齢	車名	周	タイム	平均時速	ベストラップ	予選タイム	グリッド
1	15	田中健二郎	30	ブルーバード スポーツ	12周	37'16"3	115.985km/h	3'03"6/10周目	3'04"6	1位
2	8	鈴木　誠一	27	ブルーバード スポーツ	12周	37'18"6	115.866km/h	3'03"8/10周目	3'04"9	2位
3	17	服部　金蔵	28	ブルーバード スポーツ	12周	37'22"0	115.691km/h	3'03"9/10周目	3'05"3	3位

えた「おー、受けて立つぜ、じゃあな」。勝負は終わっていなかった。

放心

表彰式から帰れば、すでに夕飯を終えてホッとする気持ちが戻ったのか、殆どの者はバーへ繰り出していた。少し遅れて僕がバーへ入るとすでにドンチャン騒ぎ、やっと〝勝った実感が湧いてきた。嬌声を張り上げる女達から外れて、うつむき加減の陽子がポツリ「ドライブに連れてって」。

僕は自分のBMWを引き出してきた。この車、第二京浜国道沿い品川のバルコム貿易の倉庫で埃を被っていたBMW501、1954年製の大中古車だ。昨年の第1回日本GPクラス優勝で会社から貰った報奨金を頭金にして月賦で買った。右のシートに膝を崩した陽子を乗せ、国道23号を四日市方面に走らす。街灯ひとつない鈴鹿川沿いの道に駐車し、邪魔な街の灯はウインドカーテンがうまく遮ってくれる、ドイツのゴブラン織りカーテンだ。フロントシートがリクライニングで真っ平らになるBMWの車内は豪華ホテルのベッド風、スプリングが柔らかく波打つドイツのシートだ。ドイツはやはり凄い。

陽子の腕枕で汗ばむ首筋に目が覚め「帰ろうか」。照れ隠しのような独り言で天井の小さなハンドルを回す。ぽっかりとサンルーフが開き、星の光とまだ冷たい五月の夜風が飛び込んでくる。倒した右シートに横たわったまま陽子の「ねえ、いつ東京へ帰るの?」。聞き取れないほどのかすれ声を良いことに、それ以上の会話もなく店に戻る。閉店時間で明るさを増したライトに涙の跡も隠そうとせず、濃い目の水割りを一気に飲み干した陽子が、わざとらしい大きな笑い声で「優勝っ、おめでとう!…ふんっ、な

にさっ…」背を向けて居なくなった。

翌朝、誰が決めたわけでもなく、チームの殆どのメンバーが骨休めに伊勢神宮参りだ。いつものバーではない他の店の女達もいる。久々の休日だ。昨日の重い疲労感や放心めいた雰囲気はすっかり消え、長い呪縛から解き放たれた明るい表情が快晴の朝に眩しい。レース前、監督、副監督達が必勝祈願の参拝をしたという話を聞き、参拝すら気づかなかったドライバーの心の隙が面映ゆい。

4月末から5月初めの飛び石連休の時期に大々的な興行を狙った映画会社の宣伝文句〝ゴールデンウイーク〟が定着して約10年、旅行や歓楽街への人出はお伊勢さまも同じだ。3時に赤福餅本店辺りで落ち合うことで、参拝や散歩に散る。

宇治橋近くの川辺に降りた陽子が小さく渦巻く流れを指でかき回しながら「こんど、は、いつ…?」。五十鈴川の瀬音が交じる小声は「今度はいつ来るの?」と僕への問いかけだったようだが、同じ川面を眺めていても、互いはまったく異質な思いにふけっていた。僕はガラスより透き通る流れに、昨日までの張り詰めた日々と、それが突然なくなった「今」を方丈記の一節に重ねていたのかもしれない。「あ、、終わったね、やっと…」僕の見当違いな会話が、どうとられたのか知らない。そしてこの半年、鈴鹿通いが縁で、彼女に対し僕がどんな感情をもっていたのか自分でも分からない。

ちぐはぐな気持ちで伊勢参りから宿に帰ると、九州旅行に行っているガールフレンドから長文のお祝い電報が届いていた。翌日、僕は帰京した。

何に勝ったのか、そしてGPは何を変えたのか

帰京してみれば、僕と自動車の関係など知らない筈の人や店など、まったく思いがけない場所で僕の優勝やGPレースの話が出るのには驚いた。これが鈴鹿の周りなら、話題になるのは当然だが東京でも結構知られた話題になっているのは新聞始め、多くの出版社が発行しだした週刊誌、とくに男性週刊誌と呼ばれる「平凡パンチ」(平凡出版)(1964年4月創刊)も加わり、大衆情報誌の題材になった影響が強い。

さらに、昨年の第1回GP以降、自動車専門誌が増えだした。中でも自動車競技の専門誌「オートスポーツ」(三栄書房)が1964年(昭和39)5月に発刊され、日本ではなじみ薄い自動車レースをスポーツの範疇で捉える新しい意識も生まれだした。これらの専門誌によって、GP後の5月末から6月にかけて、レース詳細が波のうねりのように増幅し報道されていった。

TVからは勝利を掴んだメーカーがレースシーンのCMをいち速く茶の間に〝優勝優勝!〟とガンガン流すから、自動車に興味がない人も否応なくレースを知るようになってしまう。

池田勇人内閣の国民所得倍増計画が4年目に入り、国民は豊かさが現実になるのを肌で感じ始めたのだろう。頑張ればできる、人より上に、一番に一流に一等に、そして世界に、走る走る、上を目指して

走る時代だ。それを象徴するかのように10月には新幹線が開通する。それまで最も速い特急つばめ号で7時間30分かかった東京→大阪（新大阪）が4時間、最高速度210km／hの東海道新幹線が工事着工から僅か5年で開業する荒業だ。高速道路も前年（1963年）7月に栗東〜尼崎71・1kmが開通した名神高速道路が着々と距離を延ばし、これから5年後には東京〜名古屋の東名高速が完成するのが明らかになる。さらに中央高速の工事も始まり、高速道路時代が目前に迫ってきた。まさに、新幹線も名神高速も走る時代を形に表わした象徴だ。前年来からのヒットソング、坂本九が歌う『上を向いて歩こう』も〝上に向かって走ろう〟の方がふさわしい。

群馬の工場や鈴鹿サーキットを行ったり来たりする生活の間に東京の風景も変ってしまった。江戸時代から水運の要の運河は埋め立てられ、ビルの谷間をぬうように、国道の起点、日本橋の上を首都高速道路がかぶさるように工事が進む。都心をのどかに走る路面電車もいつの間にか、自動車にはばまれ思うような運行もできない。線路は片っ端から剥がされ、道路拡張が急ピッチで進む。隅田川の船を通すのにバンザイをするように橋げたが開く勝鬨橋も、道路交通が船に勝ったように1967年にはバンザイをやめるという。

僕にとって、それだけ自動車の存在が大きくなってきたのは嬉しいが、これでいいのかなーとも思うのだ。破壊から始まる高度成長の姿を東京が率先して示しているようだ。

加えて10月には、もの凄い早さで変貌する日本を世界に誇示し、敗戦国の汚名を晴らすには絶好の東京オリンピックが開催する。オリンピックをやるからには〝日本も国際国家になったぞー〟とばかりに、

この4月からは国民が観光目的でも外国に行ける海外渡航自由化が始まった。1964年（昭和39）という年くらい、ダイナミックに、確実に日本が復興する姿を大衆が目で確認出来る時代はない。マンションブーム、アイビールックが、街を服装を変え、大したオッパイでもないのにトップレス水着まで登場する。僅か6、7年前に庶民が憧れた三種の神器『洗濯機、冷蔵庫、モノクロTV』も手に入って、今度は『カー、クーラー、カラーテレビ』の3C時代だ。まさに高度成長が何をもたらすかの分岐点かもしれない。

その中に自動車レース、それも日本最大のグランプリレースという勇壮なシーンを連想させる耳新しいものが入り込んでくれば、格好な社会ネタなるのは当然なのだろう。

新しいもの、珍しいもの、そしてスゴイものになれば何でも飛びつき、それを知ることで慌ただしく、騒々しくも逞しく成長する日本の息吹を感じる大衆にとって、GPレースもその一つなのだ。自分の意のままに走れる自動車への憧れを増幅し、車のある生活で自分が、人生が、変るかも知れないと思う人が増えるのも当然だ。逆に、そういったことに期待しない方が少数派になるのも当然の成り行きだろう。早くも一部には自動車がもたらす事故や排気ガスの問題化がちらつき出しているものの、人間の欲望、合理性が先になるのは、どの近代化途上国でも同じだ。それから逃れられないのは人間の性だろう。そして僕自身も、どのような世界に入り込んでしまったのか、どんな立場になったのか良く分からなくなってきた。

第1回磐梯ヒルクライム　1964年6月7日。

未舗装路で開催されたヒルクライムでは、路面が悪化していないところを選んで走った。

パドックには思い思いのところに参加車輌が停められていた。ガソリンはトレーラーから直接給油。

再度の優勝

何はともあれ、今回の道を拓いて下さった酒井文人、西山秀一両氏への御礼に伺わなくてはならない。酒井のモーターサイクル出版社は東京駅八重洲口近くの粗末な木造2階建ての借家だ。そこにＭＣＦＡＪ・全日本モーターサイクルクラブ連盟事務所も間借りしている。

「リキちゃん、これでどうやら、お前さんの道も決まったな。良いドライバーを紹介してもらったって、キミの上司が喜んでくれたよ」

「ハイ、社長や西山さんのお陰です。昨年の惨敗で、もうだめかと思っていたのですが」

「それはそうと、お前さんも今度のヒルクライムレースに出てくれるんだろうね？」

酒井社長からの問いに、福島県裏磐梯で大規模なヒルクライム競技会があることを知る。それは同社の四輪誌「月刊ドライバー」創刊を記念してのイベントとのこと。まあ、この酒井社長は浅間火山クラブマンレースの創始者だけあって、目の付け所が早い。会社からも、６月（１９６４年）に開催の第１回全日本ヒルクライム競技大会に参加するという。えっ、今度は四輪のモトクロスみたいなことやるのー？

ヒルクライムは、丘（ヒル）を登る（クライム）。名前の如く坂を登る速さを競うもの。自動車発祥の時代、その登坂力を誇示することから始まったものだ。コース路面は舗装、ダートを問わず、距離も１kmから10数kmのものまで自由に設定され、欧州ではチャンピオンシップのかかった年間シリーズもあ

るという。日本でも鈴鹿が始まる以前からスポーツカー愛好者の間で楽しまれていた競技だが、今回のように全国的に参加者を募ったＪＡＦ公認の大規模イベントは初めてだ。

競技内容は裏磐梯スキー場内に設けられたスキー大回転のような１・５㎞の特設コースを下から1台ずつ登るタイムを競うのだが、前日来の大雨でコースは泥沼化し、やむなくゲレンデ横の旧い登山道をブルドーザーで整地した全長１㎞のコースに変更だ。オートバイの第1回クラブマン浅間火山レース（１９５８年8月）も大台風だったが、どうも酒井社長の初物イベントは雨が祟る。

１㎞程度のコース距離であれば、走行は1分台で終わってしまうので、正確な秒以下の計測が必要だ。そのタイム計測はゴールに設置した千分の1秒まで計測可能なトランジスターカウンター（小野測器製）にスタートの合図が無線で送られ計測が始まる。大雨の中、前日の車検後の練習走行も僅かな時間で終わり、コース確認は歩くか、下から見上げて判断するしかない。決勝は1台ずつスタートして、２回走行したベストタイムで順位を決定する形式だ。

どうにか雨も上がり、開会式にはヘリコプターから最初のスタートドライバー・田村三夫（トヨペット・コロナ）に花束が投げ落とされて競技開始。派手なセレモニーは結構なものの、スタート地点から１５０ｍで左に折れる10Ｒ（！）くらいの超ヘアピン個所には流れ下る雨水が溜り泥沼と化している。前日、路面を整備した道幅４ｍ、最大勾配20度、平均12度、５個所ほど曲がりくねったコースは早くも大小の石ころがむき出しになり、雨水が瀧のように流れる。

まるで、岩場と田んぼを一緒にしたようなコース路面だから、ぶっつけ本番は仕方がないとしても、

前車が走った後はたちどころに荒れ放題、自分が走り出してみないと路面状態がどうなのかまったく分からない。おまけに巻き上げる泥水のしぶきがウインドを汚し、視界なんかゼロに等しい。

こうなると、車が鈴鹿仕様だろうが個人チューンだろうが関係なくなるが、10クラスに100名強の参加者の中には、生沢徹、古平勝、式場壮吉、砂子義一らのGPドライバー、ロカビリー歌手のミッキー・カーチス、作曲家の三保敬太郎など多彩な顔ぶれだ。当初、ロードレース以外には疎く、あまり気乗りがしなかった僕も〝結構スゲー競技なんだ〟と考えを改めざるをえない。

今回出場の僕、小関、中原らに用意されたスバル360は32馬力程度のエンジンを積んだ日本GPの予備車だったものだ。それを低め目のギアレシオと車高を高めてオフロード向けに急ごしらえだからドライバーの好き嫌い問わず全車同一だ。プリンス、プリンスGT、パブリカなどGP勝ち組の車も基本的には鈴鹿仕様だろうが、サスペンションやタイヤ、排気管などをオフロード向けに変更している。後輪をトラック用タイヤに変えた鈴鹿型フェアレディーやセドリックもある。そういったメーカー系に、20万km近く走ったタクシーを買い、徹底的なチューンを施したという日野ルノー（1960年式・ドライバー・藤巻克己）や、まるっきりスタンダードのフォルクスワーゲン、日野コンテッサなど純然たるプライベート参加が混じる。そして、彼らが路面の石ころや岩石に車体をガンガン突き上げられながら駆け上る情熱を見ていると、車を壊すのが何でもなくなってしまった僕らの感覚が恥ずかしくもあるのだ。

そんな思いを持ちながら2回目のトライをするにあたり、タイムが遅い走行を見ていると、超ヘアピ

ンを曲がる際、ドライバーが律儀に最短距離を選んでいるのが分かる。その個所は泥沼化がひどくなり、却って脱出に時間がかかっているのだ。要はその逆をやれば良いのであって、ヘアピンの芯から一番遠くの土手に向かって真っ直ぐ突っ込み、前輪が土手にぶつかった瞬間、左に切ったステアリングと斜面に跳ね上げられた右後輪を同調させ、一気に進行方向を決めて直線的に全加速すれば良いのだ。これも

第1回全日本ヒルクライム大会の記録

T-1クラス（400cc以下）

順位	ドライバー	年齢	車名	第1回タイム	第2回タイム
1	大久保　力	24	スバル	1'06"5	1'04"0
2	中原　喜栄人	22	スバル	1'04"8	1'04"7
3	渡辺　輝雄	37	スバル	1'08"6	1'04"7

T-2クラス（401～700cc）

順位	ドライバー	年齢	車名	第1回タイム	第2回タイム
1	北原　豪彦	28	パブリカ	1'05"5	1'18"21
2	山口　晃正	27	パブリカ	1'17"0	1'11"7
3	藤井　徳男	47	NSUプリンス	1'18"3	1'14"4

T-3クラス（701～100cc）

順位	ドライバー	年齢	車名	第1回タイム	第2回タイム
1	鈴木　公徳	34	コンテッサ	1'27"2	1'20"6
2	八城　貫次	24	コンテッサ	1'24"8	1'23"2
3	鈴木　介伸	21	DKW	1'32"0	1'29"2

T-4クラス（1001～1300cc）

順位	ドライバー	年齢	車名	第1回タイム	第2回タイム
1	高橋　利昭	24	VW	1'10"2	1'08"6
2	萩原　壮亮	21	ブルーバード	1'15"1	1'09"3
3	荒木　為久	21	VW	1'18"0	1'25"7

T-5クラス（1301～1600cc）

順位	ドライバー	年齢	車名	第1回タイム	第2回タイム
1	古平　勝	25	スカイライン	1'03"6	1'09"5
2	浮谷東次郎	21	トヨペット・コロナ	1'17"8	1'05"1
3	星　雄治	24	ボクスホール	1'06"9	1'06"0

GT-1（1000cc以下）

順位	ドライバー	年齢	車名	第1回タイム	第2回タイム
1	藤巻　克巳	35	ルノー	1'13"5	1'11"8
2	田中　愼夫	40	NSUスポーツ	1'16"3	1'14"5
3	池田　英三	29	オースチンヒーレー	1'15"9	棄権

GT-2（1001～1300cc）

順位	ドライバー	年齢	車名	第1回タイム	第2回タイム
1	永井　賢一	22	VW	1'08"2	1'08"1
2	前田　洋治	21	MGミジェット	1'17"6	1'13"0

GT-3（1301～1600cc）

順位	ドライバー	年齢	車名	第1回タイム	第2回タイム
1	三保敬太郎	27	フェアレディー	1'20"3	1'01"5
2	川村輝夫	32	フェアレディー	1'09"5	1'04"7
3	星　雄治	24	ボクスホール	1'06"8	1'21"4

GT-4（1601～2000cc）

順位	ドライバー	年齢	車名	第1回タイム	第2回タイム
1	生沢　徹	21	スカイラインGT	1'06"1	1'07"1
2	砂子　義一	31	スカイラインGT	1'11"8	1'10"2

総合成績

順位	ドライバー	クラス	車名	タイム
1	三保　敬太郎	GT-3	フェアレディー	1'01"5
2	古平　勝	T-5	スカイライン	1'03"6
3	大久保　力	T-1	スバル360	1'04"0

ぶっつけ本番だ。しかし、どのクラスでも同じ方法がマネされだし、結局は全般的なタイムの向上で、気が気でなかったのは手本を示した僕自身だ。

それでも僕が1分04秒0でＴ－１クラスを制し、全クラスでも3番目、因みに同じクラスのプライベートスバルのタイムは1分30秒台だから、僕らには間に合わせのＧＰ予備車でも、やはりメーカーチューンは大きな力を持っている証しだろう。

そう考えれば、仮にＧＰ車で走っていたら、恐らくどの参加車も敵わないトップタイムを出していただろう。それとチーム全車が同一の条件でヒルクライムも優勝したことが、僕のＧＰ優勝は独断的な行動に運が重なったもの、という陰口をすっかり消してくれた。ドライバーのみならず競技者への評価は、やはり結果なのだ。

ＧＰは自動車産業にどう影響したのか

ヒルクライムを終えてＧＰ後の一ヶ月が慌ただしく過ぎ、僕は翌年の第3回日本ＧＰに向けてのドライバー契約の更新に応じることにした。契約条件は立て続けの優勝も評価されたのか、僕の方から要求することもない待遇だ。勿論、プロ野球のように、家一軒建つような内容ではないが、ちょっとした重役並といったところか。それにスバル４５０が支給され、あと何日かで25歳になる若造には充分なものだ。何よりも殺人的混雑の電車で通勤することもなく、オートバイ誌記者を続けること、業務に支障のない範囲でオートバイレース活動も認めてくれたのは有り難い。

そういった経済的内容は勿論だが、それより、自分の得意とすることが活かされる満足と、〝使えるドライバー〟として扱われたこと、さらに来年のGPは会社の新型車開発『スバル１０００』も進んでいるから、近いうちにもっとダイナミックなレース活動ができる期待の方が大きいのである。

契約も終わった7月初旬、老舗料亭の大広間で横田信夫社長直々のGPチーム慰労会が開かれた。この席で僕は、富士重工業という会社は負けず嫌いなのか軍需工業の戦闘的空気が残っているのか分からないが、挑戦することを厭わない体質を持つ逞しさを感じた。しかし、勝つための車輛改良に指導的役割を果たした寡黙な上席技術者がポツリ、「優勝できて良かった…。この一年苦しかったなー…凄いレースだった。どこの車も互角だよ。これは歴史に残る名勝負だな。でも、こんなことやって…何になるんだろう。何が大切なんだろうか…?」はっきりと僕には聞こえた。レース結果への喜びと、何らかの虚しさを交えたそのつぶやきに、ニュアンスは違うが、僕も彼の意見に同調できる部分がある。

これをドライバーなりの立場で考えれば、仮に翌年の日本GPに同じクラスがあるとすれば、もはやこれはモーターレーシングではない。

改造規定があるといっても全長３m、全巾１・３m、車輪も10インチの市販車の操縦安定性能をいくら向上させようとしたって限界は目に見えている。仮にタイヤ性能やサスペンション緩衝装置に格段の進歩があったとしても、基本構造が変わらない限り、今の車体性能が大幅に良くなるとは思えない。それに反比例するようにエンジンはどんどん高出力になり、エンジニアは多分50馬力に手が届くくらいのレベルに高めてしまうだろう。今回にしても、僅かな風力や路面の変化で車の走行位置が簡単に狂って

しまうほどだから、そういった操安性の状態でエンジンだけが３６０ccとは思えない高馬力になれば、もはやドライバーへの命の保証はない。それは構造上の安全圏を逸脱しすぎる改造車でしかないし、それから得る技術上の果実も市販車への応用には程遠い特殊なものでしかない。仮に軽自動車の枠内でのレースを考えるならば市販車とは別のカテゴリーを考え出すことだ。

この日本ＧＰにしても、本来の目的は自動車競技の普及と国産自動車の性能向上を目的として始まったことだろうが、それには企業間の勝ち負けを避けて通れぬとは非情なものだ。その企業競争が〝もっと速い車でなければ、もっと強力なエンジンでなければ〟の際限ない技術競争になり、自動車造り本来の方向ではなくなってしまったことに気づいた技術者の苦悩が『何が大切なのか？』に滲み出ているような気がしてならない。

確かに今回のＧＰに向けて技術者が注ぎ込んだエネルギーは半端ではない、それはどこのメーカーでも同じだろう。ここまでやらなくてはならないのか、その苦悩が読み取れるデータがある。

自動車に求められる基本の一つはスピードだから、速度の向上はその車の進化のバロメーターのひとつだ。以下に第1回と第2回に出場した代表的車種のラップタイムから算出した平均速度を示そう。

	第1回	第2回	速度差（km／h）
スバル３６０	８６・83	１０４・27	（＋17・４）
スズライトフロンテ	８９・76	１０３・36	（＋13・６）

パブリカ	98・75	112・3	（+13・5）
日野コンテッサ	97・16	107・02	（+9・8）
トヨペットコロナ	104・01	117・38	（+13・3）
いすゞベレル	107・41	116・69	（+9・3）
トヨペットクラウン	107・30	119・23	（+11・9）
日産セドリック	105・39	116・69	（+11・3）
プリンスグロリア	103・54	119・73	（+16・2）
日産フェアレディー	109・75	122・16	（+12・4）

各車とも大幅にスピードアップされているが、スバル360の17・4km／hやプリンス・グロリアの16・2km／hは異常ともいえるものだ。両者に共通なのは、絶対的な自信で臨んだ第1回日本GPの敗者であることだ。その敗者が一年も経たないで、優勝を手にする性能に仕上げてしまった陰には、技術者の「ここまでやらなくては…」の苦悩が隠れているのが良く理解できる。同時に、やるとなったらとことんやる、負けは必ず取り戻す。まさに日本人の姿を具現したものではないか。

極限への追求だからこそ得られた成果もあるし、レース車に施した僅かな改良が直ちに市販車への応用になることもある。スバルにしても今回の日本GPが終わった夏頃から販売されたマイナーチェンジ車には新設計のシリンダー、クランクシャフトを直接給油する分離潤滑、スバルマチックを採用し、18

馬力から20馬力にアップしたエンジンを採用している。これもレース車開発で徹底的に試し、効果が実証されたものだ。他のメーカーにしても同じように、今回のレース車からの技術応用や次期開発へのヒントが得られたものが多くあったのは確実だ。

自動車メーカーばかりではない。金属の素材から、プラスチック、タイヤ、プラグ、オイル、ガソリン、シートベルト、添加剤、ヘルメット、レーシングスーツ、シューズ、グローブ、キャブレター始め、性能アップ機器類、自動車パーツ、備品他…の範疇まで、モーターレーシングに関連する産業くらい裾野の広いものはない。それら一つ一つの部品用品が自動車レースの影響で向上し、やがて自動車造りの基本的考え方を革命的に変えることになっていくのだろう。

著しい進歩の周辺部品

自動車は小型車でも2万点の部品で構成される工業製品の集合体だ。ある個所が向上しても、その周辺が旧態のままということはなく、どの部品にも共通した向上が見られるものだ。その中でも異常に進歩した代表はタイヤだ。前年に自動車メーカーが最初に慌て困惑したのはタイヤだった。最高速度の連続でも新品タイヤなら大丈夫と思ったものの、20周も走れば丸坊主。プライベート参加でさえ練習から決勝までに消費したタイヤは25本以上だったという。

ブリヂストン、グッドイヤー、日東、オーツ、ダンロップ、トーヨー、ヨコハマと7社あるタイヤはどれも似たり寄ったりだ。国産では唯一高速用タイヤと銘打ったダンロップのダンセーフが、どうにか

使えるようだと評価された程度だ。第一にタイヤの宣伝には必ず『無理な高速度で走らない、急カーブを切らない、発進はゆっくりと、急ブレーキをかけない』と注意書きがあり、サーキットではすべてそれに反する走行に耐えられなければ使い物にならないから慌てるのは当然だ。こういった状態では、一回のレースで20周以上は無理と判断して、レース周回数が組まれたという話もあるくらいだ。

気の毒なのはパドックに出張のタイヤサービスだ。すべてがタイヤのせいではなくドライバーのミスもあるだろうに、スピンすれば殴り込まれ、パンクすれば蹴飛ばされる。新品タイヤでも10周もすればグリップがなくなる。カーブ手前で急ブレーキをかければ、多分タイヤがたわむのか、よじれるのか、蛇行が発生する。雨の路面ならば評論のしようがない。ここにきて、タイヤメーカーは、バレエのトウシューズの如くタイヤと路面との接地が僅かハガキ程度の面積で車体を支える過酷な役割を改めて痛感するのである。しかし散々ボロクソにけなされたタイヤも一年経たぬ間に、ダンロップ・レーシングタイヤ、BSのラウンドショルダー型などの改良品が登場する。今度は自動車自体の足回りが原因の不具合が表面化するほど改良技術のイタチごっこが始まる。そういった進歩は旺盛な技術開発力もさることながら、前年GPの辛酸を糧とした新たな取組みへの意気込みでもあろう。

また、ブレーキに目を向ければ、今回のレースで、どうにか止まれるようになってきた、の表現が適切だろう。前年、カーブ手前で急ブレーキをかけた瞬間はグッと効くが、そのまま2、3秒ブレーキペダルを踏み続ければスーッと、まるでブレーキがなくなった状態だ。怖いよりあきれる方が先。外国スポーツカー以外の国産車はどれも同じ状態だ。ブレーキ構造は内部拡張油圧式（ドラムブレーキ）が全

盛だから、その車のカタログ最高速度から全制動しても、まず止まらない。結局、これもタイヤと同じで、新品のブレーキライニングなら大丈夫程度の知識から高い耐熱性材質のライニングへの開発が進むのである。第2回GPになって、プリンス・スカイラインGTが初めて前輪に装着したディスクブレーキが、外国車ではファミリーカーでも主流なのに、殆どの国産車には未だ普及していない。

レースだけでなく、鈴鹿サーキットを性能限界で走行することから得る効果と必要性は自動車関連業界に過大な刺激を与えた。それに触発されたように自動車産業共有のテストコースともいえる自動車高速試験場が完成し、本年（1964年）から運用開始になった。この茨城県谷田部町に完成した通称『谷田部テストコース』は45度バンクの楕円形5・5㎞の高速周回路で財団法人による所有、運営だが、テストコースを持たないメーカー及び関連企業にとっては大きなメリットになった。

こういった自動車産業の大きな流れから、第2回GPの年末には全自動車の保有台数は約1200万台に達し、その内、軽自動車を含む乗用車は百万台の大台にのった130万台強、翌年には200万台近くになるだろうと言われる状況だ。この数字だけでなく、GPがもたらした影響は、戦後復興から高度成長への分岐点に開き始めたモータリゼーションの扉をさらに広げるにいたった。

さらに第2回GPが終わった8月の西ドイツF1GPに、ホンダが車体からエンジンまで自社製作のRA271で突如の参戦を果たした。僕らにとって、そのニュースはビックリを通り越すものだが、一般社会の興味を惹くほどの話題ではない。というより日本の自動車レースがやっと知られるようになっ

たくらいだから、Ｆ１といっても何のことだか。しかし、ほぼ全メーカーが血眼になった第２回ＧＰをよそに、世界最高峰のＦ１に挑戦するホンダの姿勢との大きなギャップは、改めてレースとは何か、日本のレースはこれで良いのか、の疑問をさらに加速させたようだ。

台頭するクラブマンと過熱ＧＰの反省

その疑問は反省も含めて、日本の自動車競技の統括者となったＪＡＦ（日本自動車連盟）の大きな課題となった。ＧＰ開催を機に、ラリーを中心にジムカーナや全日本ヒルクライムのような競技会も拡がり始め、全国に自動車クラブが生まれだした。過熱しすぎたＧＰ騒ぎはメーカーのみならず、台頭し始めたクラブマンにも及び、メーカーだけのＧＰへの不満が噴出したのだ。その不満から愛好者クラブ主催の競技会が無秩序に拡がりだし、公道での無謀走行など、１９５０年代末にオートバイが経験した誤った風潮が四輪にも現れだした。

このような現象に対応できる体制が新生ＪＡＦにあるわけがない。ＪＡＦは日本のユーザー互助団体として国際自動車連盟（ＦＩＭ）の日本代表機関となり、１９６２年（昭和37）10月に発足したのだ。主な業務はモータリゼーションの到来に備え、路上でのトラブル救援のロードサービス、旅行支援、海外ドライブの手続き、保険など一般ユーザーの自動車生活に関わるサービスを行うことが目的で、自動車販売会社、関連産業の協賛で設立した社団法人だ。

その業務の中に、自動車競技の統括があって、レースを専用に主催する団体ではないのだが、〝グラ

ンプリ（ＧＰ）〟という自動車レース最高の名称を使用できるのは年一回、一主催者のみという国際規定によって、現段階ではＪＡＦがその権限を握っているのだ。したがって前年の第1回日本ＧＰをホンダ主導のＪＡＳＡ（日本自動車スポーツ協会）が主催したのに際し、この問題が絡み、レース本番の一ヶ月ほど前、ＪＡＦの会員でなければレースに参加できないということになり、僕らも急遽入会手続きをとった顛末だ。その後、全国に自動車クラブが芽生えたもののＪＡＦに加盟していなければ、競技会の主催も参加も出来ない仕組みになり、加盟クラブの制度が生まれてきた。

そうなると自動車業界、警察庁、運輸省などの出身者、学識経験者で構成され、官僚の天下り先と揶揄されるＪＡＦの運営もクラブマンの意向を無視できず、ＧＰを欧州のＦ２やＦ３形態のフォーミュラカーにしたらどうかなどの提案も生まれる。だが、それは時期尚早なのか、あるいは今のＧＰ形態だから参加意義があるとするメーカーもあるのか、いや、日産もトヨタも2億円、プリンス１・５億、ウチ（スバル）のチームでも1億近い金を注ぎ込んだと言われる過激なレースなんか不要とするメーカーもあるのだろう。来年の第３回ＧＰをどうするのか？　暗礁に乗り上がった。

そのような状況下、僕らのＧＰチームはひとまず解散し、仮に次回も今年と同じ内容であるならば、再度参戦する方針が決まる。さらにＧＰで走る場所の必要性を痛感した会社では、呑龍工場（群馬県太田工場）内に、この秋（１９６４年）に完成する直線４００ｍ、全長１・６㎞のバンク型楕円形テストコースの工事も進みだした。いざレースとなっても、今までより格段に体制を整えやすい。前年7月に開通した名神高速道路、栗東ＩＣ～尼崎71・１㎞での実験走行の回数も増えてきた。

だが、次回ＧＰの内容をどうするかの課題は新たな問題に直面していた。それはＧＰの主催形態をめぐって、どこが主催者か、鈴鹿サーキットは場所を貸すだけか、それとも共同主催者か、コースレンタル料金、レース観戦収入の分配など、サーキットとＪＡＦとの対立が深まっていたのだ。ＧＰがカネと権力の入混じった話になるほど大きな興行価値になったのか、もう、いろいろな課題が混々として結論は出ない。いや、出たのだ、来年のＧＰは中止！　という方向が。さらに自動車クラブに対しても競技規則、競技組織もまとまっていない段階では〝レースという名称の競技を禁止する〟という。もはや匙を投げ出す体たらくだ。

１９６４年（昭和39）９月末、ＪＡＦは来年の第３回日本ＧＰを正式に中止する表明をした。その一週間後、僕は本社に呼び出された。それは、専属ドライバー契約の解除通告だった。

まさに、青天の霹靂とはこのことを指すのか、生まれて初めての経験だ。それでも妙なところに物分かりの良い僕には企業の事情も理解できる。ＧＰのために雇った者にレースがなければ無用なカネを払う理由がない、ということも。

僕は〝これが宿命だ〟と思った、そして成績が悪くて解雇されるのではないという立場も少しは気分的に楽だ。僕が解雇通告を潔く受け入れたのも、「ＧＰが再開されてキミが望むならいつでも優先的に契約する。月々の報酬は残りの契約期間分と、それに僅かだが退職手当も支給する。貸与している社用車は完全整備して供与する。また、他のメーカーからドライバー契約の話があれば推薦する。という上司の説明に納得したからだ。でも寂しかった。僅か二ヶ月前にドライバー契約の更新をして大きな将来

を望んだのに…まさに寝耳に水だ。つらい宣告を切り出す部長の立場も良く分かる。でも…。

僕と上司との話し合い、契約解除書類に署名する空気を隣室で感じ取っていた同僚たちに退社の挨拶をする。無理に明るく振舞う僕に、彼や彼女達には、どうすることも出来ない事態を詫びるように俯く姿がよけいに寂しかった。

充電、視察、覚醒

仕方がないさ、そう割り切っても、ＧＰ中止の情況で新しい所属先は難しい。某メーカーチームへの話もあって、担当者段階では上手くいきそうだったものの、そこの社長が「ウチには渡り鳥はいらないっ」…とうとう三度笠の渡り鳥か〜。

その頃、クラブマンの台頭によってアマチュア競技の組織作りや規則研究に手をこまねくＪＡＦのスポーツ担当職・本田耕介氏が仲介役となって、立原義次、田原源一郎、横山達、井口のぼる、望月修、田中健二郎、大石秀夫、深谷文郎、加藤爽平、生沢徹、多賀弘明、式場壮吉と僕のＧＰ経験者による日本自動車競技者協会（ＪＡＣＡ）が発足し、自動車競技の体制作りを担う準備が進み出していた。必然的に自動車クラブ間の情報交換が盛んとなり、僕の解雇問題はすぐに広まった。それはメーカー契約ドライバーや何かの支援をうけているクラブにも動揺が拡がり、次は誰が解雇され、どこのメーカーがレースをやめるのか、根拠のない噂まで出始めた。その危機感はドライバー同士の結束を強める制度作りを加速させ、公認クラブ、公認競技などのシステム作りやＡ級Ｂ級競技ライセンス制度の基本も出来上

がっていった。中でもAだBだというライセンスの考え方は、どういうドライバーならレースに参加出来るのかといった基準もないので、乱暴ながら第1、2回GPの上位入賞者をA、その他をBとするライセンスを発給することから始まった。同時に、それ以外のこれからレースに出ようとする新たなドライバーには、JACAの主催する講習会でB級を取得する制度を作った。B級取得後、競技会参加経験でA級に進めるライセンス制度の母体も出来上がった。講習受講の希望者は一気に増え、中にはアクセサリー代わりのライセンス取得者も多く、キャバレーや夜のお遊びでカッコイイから取る者も多かったようだ。それでも自動車競技に興味が広がればいいじゃないかと、僕らは各地で講習会をしまくり、JAFのライセンス取得者は一気に増加し、自動車競技に関心を持つユーザーの存在は無視できぬほどに拡大していったのである。

この頃、第1回GPを機に自動車愛好家によるクラブ、メーカーの支援をうけたファンクラブなどさまざまな自動車クラブが結成され、トヨタモータースポーツクラブ（TMSC多賀弘明）名古屋レーシングクラブ（NRC鬼頭忠男）ニッサンスポーツカークラブ（SCCN田原源一郎）関西スポーツカークラブ（KSCC西川純）など会員数、所有車種、活動内容など大手クラブを筆頭に、続々と増えたクラブの意向を抜きにレースイベント、システムを決定付けていくだけの体制はJAFにはない。当然、JAFはGPを中止したツケをどうするのかの展望も示せない中、自動車クラブが主催運営するレース大会の案が浮上する。

レースに出られぬレーシングドライバーの僕が、ライセンス講習の手伝いやアルペンラリーなどの出

場で気を紛らわしていると、7月に発刊した『月刊ドライバー』誌の富田一夫編集長が「GPが中止になったからといって永久にレースがなくなるわけがないよ。いい機会だからマカオGPの見学でもしてきたら…、そして取材もしてきてよ」。勇気づけてくれるような、取材依頼のような話にほっとするものがあった。

実を言えばドライバーを解雇された直後から、僕は日本のレース事情や、自分が置かれている今の立場を考えて、以前、酒井文人に勧められた「海外へのレース留学」の可能性を探ってもいた。前年に続き今年の日本GPにもレーシングテクニックの基本指導や主催へのアドバイザーとして来日したピエロ・タルフィー氏に手紙で相談したり、迷っている最中だった。タルフィーは1957年ミッレ・ミレア優勝で名高く、後進の育成も熱い先達で、僕のちっちゃな車での走りも知っていて「いつでもイタリアに来なさい」との返事も頂いているのだが。

考えてみれば富田の雑談的勧めも、僕のこれからの方向性にプラスになることだし、前年の日本GPに来日したマカオGPのドライバーが、どのようなレースをしているのかという興味もあって、11月の第11回マカオGP観戦に出かけることにした。

第2章 ―― 海外のレースへ！ マカオGP参戦

日本が初の自動車レースを始める十年以上も前に、東洋唯一のレースが粗末な公道をコースにして始まった。そう、マカオGPだ。

マカオ自体は、12～16世紀にかけて強大な海洋戦力をもったポルトガルが東アジアへの海洋航路探索にヴァスコ・ダ・ガマを派遣し1513年、貿易中継港として、中国明王朝に、この地域の使用を認めさせた歴史は良く知られている。このマカオがポルトガルの植民地として栄え、アジアとの交易・キリスト教の布教拠点になり、1543年には日本の種子島に鉄砲が、その6年後にはF・ザビエルが耶蘇教（キリスト教）をもたらしたことも知られている。しかし、豊臣秀吉のバテレン追放、徳川幕府の耶蘇教禁止（1612年）で、多くの日本人信者がマカオに逃れ、今は観光名所になっている聖ポール天主堂建設に関わったり、マカオの地で数々の働きをしたことが広く知られるようになったのは戦後のことだ。

そのマカオもポルトガルがスペイン王国に併合されるとともに、その存在も薄れ、ポルトガルの植民地とはいうものの、中国広東省の小さな漁村の体裁のまま、20世紀に続く。やがて太平洋戦争（第二次世界大戦）が勃発すると、ポルトガルは中立の立場を堅持することからマカオは戦火著しいアジア情勢の中で稀有な中立地域として特異な保養地的存在になるのである。僕はマカオGPで60歳過ぎのマカオ在住日本人を紹介され、もう日本に帰ることはないだろう、と寂しげに語りながら、戦時中、ここには香港を統治していた日本や英米国、中国などの軍人たちが敵味方なく休養に来ていたと言うから、よほどの中立地域だったのだろうと思う。

そして戦争が終わり、マカオに戻ってくる欧州人も増え、富裕層が持ち込む乗用車も多くなり、自動車愛好者の集まりも始まった。一方、英国植民地に戻った

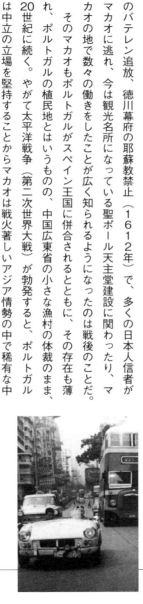

香港の英国人の中には無類の自動車好きが多く、１９５０年には『香港モータースポーツクラブ』が発足し、スピードトライアルやラリー、ヒルクライムなどの競技会も始まった。そういった香港に影響されたのか『マカオでも何かできないだろうか』と香港のグループに問いかけ、香港とマカオの自動車愛好家の交流が始まった。そこで香港のクラブマンが見出したのが現在のレーシングコースになっている道路形状と立地条件で「ここなら、どこにも真似できないレースができる！　モナコと比べても遜色ないどころか、他にはないレースが展開できる特異な場所だ」の発見となり、何よりも興奮したのは自動車競技の制約が厳しい香港の愛好家たちだった。

　マカオの愛好家たちも、この反響の大きさにレース実施の可能性を探り、当時のマカオには３００台ほどの自動車しかないことや、警察幹部の中にモーターレーシングの理解者が居たこともあって、市街地を見下ろす軍事要塞・ギア山の名前を冠した1周約６・27kmのギアサーキットが設定された。

　これを基に、マカオの愛好者によるポルトガル自動車クラブ（ＡＣＰ）が結成され、彼らがコース整備や行政面での課題を、香港の愛好者たちがレース運営に携わる共同主催のＧＰレースが１９５４年10月30日に実現した。マカオと香港の自動車愛好者の思いつきから始まったＧＰはマカオの観光事業ともなり、今や東洋最大のスピードイベントに成長した。それは丁度19世紀末の英国で、自動車交通を厳しく制限する赤旗法やレース禁止から、レース開催が可能な場所をアイリッシュ海の英国王室領土・マン島に求め、実現したＴＴレースのケースに酷似している。

つのる焦燥感

マカオへは、羽田から台北（中華民国・台湾）を経由して4時間のフライトで香港に行き一泊。まずは香港の街が一望できるヴィクトリアピークに行く。昼間は林立する高層ビル街と群青色に浮かぶ港のコントラスト、夜ともなれば無数の灯火に彩られる百万ドルの夜景に変わる。確かに函館、ナポリ、香港が世界の三大夜景といわれるのも納得できる。ただナポリは行ってないから知らないが。この風景に接し、映画『慕情』の気分になるのも良いものだ。

翌日、香港から貨客船で5時間、陸揚げや漁船でごった返すマカオの港に着く。自転車と天秤棒の荷物を揺らしながら行き交う人夫達の雑踏に辟易する。思っていた以上の長旅と騒音と雑踏、マカオの第一印象は悪い。やたらと警笛を鳴らすタクシーを見ればパブリカ、ブルーバード、コロナ、それにマツダ・キャロル６００も。とにかく日本車が多く、意外な所で日本の成長に気づくものだ。

マカオは、米国に統治されたままの沖縄から１５００㎞弱の南に位置する中国大陸の小さな半島だ。香港からの距離は直線海路で約65㎞。二つの島があるが中心街の面積は約23㎢というから東京の山手線内側（65㎢）の4割程度。その人口35万人というから１㎢あたりの人口密度は１・５万人と世界有数の過密地域だ。どうりで、やたらと人が多い。さながら僕はマカオＧＰの〝赤ゲット〟（田舎から来たおのぼりさん）だ。

ポルトガル領といっても漢字ばかりで葡語や英語は添え物的だ。でも可口可樂→コカコーラ、結構分かる。漢字の看板をどう読むか面白がっていれば、『押』と書いた看板が目立つ。それは質屋だそうだ。公営賭博にノミ行為のバクチも盛んらしく、バクチ禁止の香港からの客が多いという。そのバクチでボロ負けした客が『押』質屋に駆け込むというのもマカオ名物だそうな。

そのような喧騒の地域も少し奥まれば、街路樹に囲まれたポルトガル風の住宅が並ぶ。街を海を見下ろす高台に陣取るのは富裕層の豪華な邸宅だ。

さて肝心なレースとなれば、街の東はずれの道路を閉鎖して21のカーブと一周約6・2㎞の長さの〝ギアサーキット〟と名づけられた公道コースだ。この名前は軍事要塞と燈台のある高台、ギア要塞に沿った道路からの名称と聞く。コース概要は直線を組み合わせた海沿い側と小さなカーブが続く山側と、大きく二つに分けられる。道幅は海側なら10mはあるものの、山側に入ったら5、6mだから、よほどのチャンスがなければ追い越しは難しいだろう。おまけに、路面形状は一般道だからカマボコ状で、コンクリート、アスファルト、石畳が入り混じり、ものすごくバンピーのようだ。

このコースで行われるレースは4クラスある。①プロダクションカー（30周）は、コルチナ・ロータス、ボルボ122、メルセデスなど1ℓのオースチンミニから3・5ℓのジャガークラスまで、ごちゃ混ぜに走る。昨年は日本から3台のいすゞベレル、2台のベレットが参加している。②フォーミュラジュニア15周は、F3の下の1100cc以下エンジン（OHV）のフォーミュラカーで、ロータス、ブラバム、エスブラッドなどのシャシーにコスワースチューンのフォードやBMCなどのエンジンを搭載し

ている。③ＡＣＰ15周は、ポルトガル自動車クラブ（Automovel Club de Portugal）名を冠した市販ＧＴカークラスでロータス・エラン、トライアンフ、ポルシェなどが多く、昨年、日本から発生川忠成氏がトライアンフＴＲ４で６位に入賞している。メインイベントの④第11回マカオＧＰはフォーミュラジュニアからレーシングスポーツカー・ロータス23、ロータススーパー7、ポルシェからジャガーＸＫＥなど、オープンホイールからクローズドボディーまで、これもごちゃまぜ。おまけに60周、３７２㎞！だから数年前までは優に４時間以上かかったという。

近年では最も速いＧＰクラスをレーシングスポーツカーのロータス23で優勝したアルバート・プーンの記録３時間13分44秒、平均時速１１３・03㎞／ｈから推測すれば、ストレートの真ん中辺りに３００Ｒくらいのゆるいカーブがある１６００ｍ強のストレート速度は２２０㎞／ｈに達するだろう。ただ、コースから30ｍは離れたスタンドからもレースカーの上下動は激しく見えるから、路面は相当悪い。カーブで最大Ｇがかかるような走り方は絶対に出来ないだろうからエンジンとミッションギア、サスペンションのセッティングは相当難しいのではないか。

まったくの偶然だろうが現地でヤマハのライダーからプリンスのドライバーに移った大石秀夫君に会う。彼はマレー半島のジョホールＧＰ観戦の帰りだという、やはり日本のレースの先行きを考えているのだろうか。

初めて見たマカオＧＰでは、レースムードの明るさ、本気とレジャー感覚の融合、参加車種の豊富さと本物のレーシングカー、住民観客の多いこと、そして何といっても、こんな街中でレースをやってし

まう凄さに驚いた。

新たなドライバーの道へ

僕にとってマカオGPの見聞は大きな糧となった、だが、僕はこの時、このレースに出る、出たいという気持ちはなく、〝日本でもこういうレースの時代が必ず来る〟の印象の方が強かった。

そのマカオから帰国して、もう木枯らしが吹き始めた頃、ブリヂストンの開発担当者から相談を持ちかけられた。第2回GPでチームと一緒にレース用タイヤを共同開発したので本格的なレーシングタイヤを目指しているとの話を聞いたが、それとともに高速道路時代に適した乗用車タイヤの開発もするので、富士重工を離職した僕にタイヤテストの専属ドライバーを勤めないかという誘いだ。僕はまた迷った、レース留学の計画も今すぐ実現できる道筋も立っていない。他のレースチームに所属したくても来年のGPが中止では、そんなチャンスもない。それとドライバー解雇後の僕は、退職手当や出版社の仕事、MFJのアルバイトなどで、一応の生活には困らないが、やはり今までの報酬が途絶えたのは痛い。BSから提示されたドライバー報酬も悪くはない。だが、レース活動が大幅に制約される契約内容に躊躇するのだ。そこで僕は、これから先、契約期間中は日程上もBSの業務を優先するので、レースチームへの所属やレース出場の機会があったら、それを認めてもらうことでテストドライバー契約に応じることになった。

1965年（昭和40）の年明けからBSの新しいプロジェクトは奇妙な準備から動き出した。それは

タイヤテスト用に高速走行が可能なトヨタ・クラウンエイト、プリンス・スカイライン２０００ＧＴＢ、いすゞベレット１６００ＧＴ、ダットサン・フェアレディーＳＰ３１１、メルセデス・ベンツ２８０などを買い揃えることから始まった。概ね１６０㎞／ｈは出る車種なら何でも良さそうなのに、大方のメーカー車を揃える。なぜならサーキットでテストする時、数種の車をパドックに並べ〝特定なメーカーのタイヤテストをしているのではないこと〟をアピールする必要からだ。まあ、ドライバーにとっては色んな車に乗れる楽しみはあるが、壊れずにテストに耐えてくれる車種は自ずと限定されてしまう。

テストの場所は谷田部テストコースと鈴鹿サーキットが多いが、同じドライバー稼業でもレーシングドライバーとして走る業務とはだいぶ違う。レーサーとしてサーキットを走るなら、とにかく速く走ること、走れるようになることが主眼だが、テストドライバーとして一番大事なことは、ドライバーがテストするタイヤがどのような状態か、それを適切に分析して説明する能力だ。技術者はそれに叶うタイヤを開発して、また走るの繰り返しだ。

ドライバーはレース用、次世代高速用ラジアルタイヤ、スノータイヤなど種類のまったく違うものもテストの対象だ。一つの種類でも色んな試作品があって、それらを取っ替え引っ換えしながら、それぞれのタイヤのフィーリングを技術者に説明するのが役目だ。したがってレーサーのように勝手に走るのではなく、開発グループリーダーが指示する走り方に従わねばならないから、たまにはフラストレーションがわくことだってある。

幸いにして、タイヤでも車全体に関する分析や説明の仕方はオートバイ時代や富士重工でも経験し、

慣れているから困らない。難しいのは、目隠しでタイヤをまったく見ずにテスト車に乗っての評価や普通タイヤとスノータイヤの異種類比較などもあって、今までのレース業務とは違って疲れるものだ。そのわりにはレース車を走らせるような快感はない。やはりレース車に乗りたい。

千葉県船橋市のヘルスセンター敷地内で建設が進む船橋サーキットで、JAFが当面禁止していたレースイベント再開の機運が高まりだした。それは、ライセンスや自動車クラブ、レース規定などが整備されだしたことから、船橋サーキットがオープンする7月に、全国の主要クラブが主催する『全日本自動車クラブ選手権レース（CCC）』をJAFも公認したことだ。GPは中止だが、ここから自動車クラブ主体の新しいレースイベントの道が拓け始めた。

メーカー関連クラブも勢いづき、再び有望なドライバー探しが始まったようだ。かねがね僕の浪人状態を気遣って下さる日産スポーツカークラブ（SCCN）の宇田川武良さんから「一度ウチの会長（田原源一郎氏）と話し合ってみないか」との暖かい誘いを受ける。第1回日本GPのトヨタ・クラウンで優勝した多賀弘明さんと早稲田大学自動車部で一緒だったという宇田川さんは第1回GPの2500cc以下スポーツカークラスに、最小排気量のフィアット1500で個人参加して6位入賞、その後SCCNのマネージャー的存在だ。

彼に連れられ、SCCN顧問でミナト製薬社長の湊謙吾氏の青山の邸宅にお邪魔した僕は、湊、宇田川、田原会長と話し合った。すでにSCCNは有力なクラブで、じきにメーカー所属になれる有能なド

ライバーも多い。僕がいかにGP優勝者でも、いきなりメーカーに推薦するのは問題が大きすぎる。そこで、ひとまずSCCN所属ドライバーということでどうか、という内容だ。僕は二つ返事で入会をお願いし、日産からのデビューレースは船橋CCCレース、車はフェアレディーを用意して頂いた。やっとレースができる！　僕は有頂天で大森の日産に用意された車を見に行った。そこには、前年のライバル、セイちゃん（鈴木誠一）もいた、彼もスズキから日産に入ったのだ。

レースを選んだ大きな代償

船橋のレース出場も近づき、新しいレースが出来る喜びは僕を別人にしたようだ。僕は結婚を約束した彼女と別れる決心をした。前年末、マカオから戻り、BSとの話の前だ。レース留学もすぐには進まない、ライセンス講習会なんかばかりやっていたってレースにつながるわけでもない。何となく苛立つ日々を過ごしていた頃、子供の頃しか知らなかった遠い親戚の娘が妙齢の魅力的な姿で僕の前に現れた。

彼女とホンダS600でドライブしたり、映画や散歩など同年代の男女と同じ平凡な付き合いは、いつしか〝僕には、もうレースに出るチャンスはないかもしれない。いや、レースをやめても何かできるんじゃないか…〟。その一方で〝広い世界で、そして奥の深いジャンルで自分を試しがっているお前が、平凡な人並みの暮らしなんか？　ハッハッハ〟せせら笑いも聞こえるのだが。

何がそういった心境や弱気を起こさせるのか分からないまま、彼女の父親との「レーサーをやめるのなら」を承諾して結婚の約束をしたのだ。父親はレースの危険性よりも世間体の方が問題なのだろう。

週刊誌などでは、時代の先端を走るエースなどと持てはやされても一般的なレーサーへのイメージは、命知らず、乱暴者、博打好き、放蕩者などが本音だ。まして明治生まれの彼女の両親にレースを理解させようとしても無理なこと。そういった経緯からBSとのドライバー契約も〝レースではない〟ということで結婚話が進んでいるのだが…、僕がまたレース活動に復帰するとなれば話は違ってくる。

僕は正直に彼女に、今までのいきさつを話した。僕には分かっていた「それでもいい」と彼女が言うことを。しかし彼女の父親は絶対に許してはくれないだろう。なぜオレは、レースをやめます、なんて約束をしちまったんだ、子供の頃からボーイスカウトや武道の修行で信義や誠実などの人生訓を口にしながら、25歳の小僧っ子の自覚なんて浅はかなものだ。仮に彼女と駆け落ちになったら、僕ら二人は良くても、大きなわだかまりを持ち続けながら暮らしていかなくてはいけないのか…。そんな結婚って、意義があるのだろうか…迷っても仕方がない、僕がレースをやめる約束と引き換えに結婚という大きな約束をしたのだから。僕は、夜の江ノ島へドライブがてら、彼女に別れ話を切り出した。オーダーした料理にも手を付けず、時おり僕を睨んでは下を向く無言の彼女に、ただ謝るしかない。海岸を歩いても、謝る以外には言葉もない。なぜこれほどレースにこだわるのか僕にも分からない。ただ、今までのGPよりも、もっと大きなレースが出来るかもしれないというチャンスが僕を惑わすのか、それも分からない。何であれレースのために、彼女をこんなにもむごい目に会わせてしまうことができる身勝手な自分に、僕は大声で泣いた。砂浜に座り込んで謝った。彼女がポツリと言った「両親によくわけを話して」。

彼女の両親にすべてをさらけ出した。父親の「キミは俺を騙したんだな」「はい、結果的にはそうい

うことになってしまいました」。僕への怒りを隠しながらも、父親の、何かホッとしたような表情に、僕も少しは救われた。でも、僕との祝言を楽しみにしていた彼女の母親は台所に行ったまま、すすり泣きだけが聞こえた。

考えてみれば、僕が近所の幼子らと遊び始めた頃、祖父母が僕の両親だと思っていた。四歳の戦争末期、大きな穴の下にある木箱が見えなくなるまで、小さな手で土をかけ続ける僕を号泣で抱きしめる大人たちの横から、じっと下を見つめる姉の姿をおぼろげに覚えている。それが母親の棺桶を埋めていたことを知ったのは小学生になってからだ。そして、家族の員数合わせのように現れた継母との間に生まれた弟と三人、子供同士のわだかまりもなかったが、僕らの中に父親の姿はなかった。他の女に走っていたらしい父親がたまに家へ戻れば継母とののしり合いばかり。祖父とのいさかいも絶えず、古い槍を振り回す祖父との殺し合いに近い暴力沙汰はしょっちゅうで、幼い僕ら姉弟は何度もおびえ、楽しい、暖かい思い出なんかまったくない。

ある晩、大人たちの怒声に小さく開けた襖から覗けば、罵声とともに泣き叫ぶ幼い弟の腕がちぎれんばかりに連れ出そうとする継母と引っぱりあう祖父。その側で泣き崩れる祖母を見た翌日から、大きく古い家屋の住民は、僕と姉に親代わりの祖父母、四人しかいなくなった。

養父母に甘えながらも、いつしか子供ながらの冷静さや自立心ばかりが強まっていくのを感じながら、心のどこかに普通の家庭を築く結婚への願望が強かったのかもしれない。婚約者を傷つけてしまったのも、穏やかな家庭生活にほだされた僕の迷いが原因なのだ。でも、もう結婚なんてジャマだ。

数日後、船橋レース用の日産フェアレディーの整備をしているところに彼女が来た。笑顔の中に悲しみを隠しているのだろう「あたし、もう平気だから心配しないで…貴方も自分の選んだ道を一生懸命に進んでね、でも…、もう他の人を、あたしみたいな目に合わせないで」。

それは契約違反だった

船橋でのテスト走行も上々の仕上がり、一年ぶりのレースに僕は絶好調だ、新しい道は広いぞーっ。だが、その感激もつかの間だった、ブリヂストン（ＢＳ）から至急の呼び出しだ。「リキさん、レースに出るんですって?」「ハイ出ます」「日産に入ったんですか」「ええ、ＳＣＣＮですが、何かありますか?」話の骨子は、僕が日産に入るならＢＳとのドライバー契約をやめてくれ、ということだ。

僕は仰天した。一体どこからそんなクレームがつくのかまったく理解できないのだ。「いいですか、この契約をする時、僕がＢＳのテストなどに支障がない範囲でレース活動を認めてくれたじゃないですか」「その通りです、しかし自動車メーカーの見方も複雑になってきて、特定のメーカーに所属のドライバーがタイヤのテストをしているとなると、色々問題があるのです」。部品納入メーカーにはそれなりの理由や事情もあるらしい。

僕もメーカーにいたから推測できるのは、多分、一気に盛り上がり出した自動車産業は、メーカーによる市場の獲得競争が激しくなり、タイヤなどの部品納入企業もメーカーへの売り込み競争が激化して

きたのだろう。そういった状況下、タイヤ開発や新製品にＡメーカーに所属のドライバーが関与しているとなれば、Ａ以外のメーカーは感情的にも敬遠するかもしれない。また、深く考えればＡのために開発したタイヤをウチに回すのか、といった穿った見方も出よう。機密だらけの業界では、思いがけぬ企業間の不信に及ぶこともあるということだろう。

レースが出来るということで彼女とも別れた僕は、またもや大きな壁にぶつかった。僕が「あ、そうですか、分かりました」で、ＢＳをやめれば良いのだろうが、そう簡単には決められない。僕からすれば、レースも出来ることが条件であったし、また、日産に入ったといっても当面は報酬が伴うわけではない。僕も、いきなりＢＳからの報酬が途絶えても困る。結局、話し合いがつくまでは、取りあえず船橋のレースはやめてくれ、ということになり、ＣＣＣレースを断念するしかない。もう全身の力が抜けた。

その後も、ＢＳとの話し合いは続き、「来年（１９６６年）は再開するだろう第3回ＧＰには、レース出場ができるようＢＳ側としても検討する」の和解案を受け入れるしかない。僕も船橋のレースに出場するのと引き換えにＢＳを辞めることもできず、入会の労を取って下さった宇田川武良さんには謝る言葉もなく、ＳＣＣＮへの所属を断念するしかない…。

婚約者もレースへの復帰も失った、テストドライバー稼業は残った。車でもタイヤでも製品分析力には自信がある、この情況から〝オレは、テスト屋でいくしかないのかもしれない〟。挫折めいた僕の環

境には関係なく、船橋のレースを機に自動車レース界は一つの転機にあった。ＪＡＦへの加盟クラブの増加はクラブマンドライバーの増加となり、今やＧＰ当時のメーカー系ドライバーを少数派に押しやり、レースへの考え方や方針はクラブマンの意向なしには進まなくなってきた。折りしも静岡県御殿場に計画されたアメリカンレース形式の日本ナスカーが、新たな富士スピードウェイとして再発足し、翌１９６６年（昭和41）春にはそのサーキットが完成する見通しにもなってきた。

　加熱し過ぎた日本ＧＰの反省、自動車クラブの台頭、第３のサーキット誕生の三つは、新しいレース方向と日本ＧＰ復活のキーポイントになりつつあった。こういった時勢に僕の苛立はますます激しくなっていくのが自分で良く分かる。

　ＧＰレースが休止中といっても、いずれ再開することは明白だ。そういった状況で、レーシングチームに所属していてもレースがないから走れないのと、自分では充分に走れる自信があってもレースに出られない立場は大きく違う。レースの出来ないレーサーなんて陸《おか》に上がった河童より惨めだ。とにかく僕はレースに出たいのだ！　そう願ってもレース復帰への道も見つからぬまま、ＢＳのテストがあれば僕は黙々と走り、自分を誤魔化すしかない。

〝レース車に乗れなければ何の使い道もない、今さらタクシーやトラックといったって…〟と思いながらも、職にあぶれた僕が収入もないだろうと思ってか、友人達から雑多なアルバイト話が入るのは有難い…が、押しなべてダーティーな仕事ばかりだ。どうもレーサーという耳慣れない職種は特殊技能者（?）で米国映画のアル・カポネが対立するギャングに追われ、無法なカーチェイスで逃げ切る場面のような

運転ができると思われているようだ…。それでも結構な収入になるから、高利貸や悪質不動産屋の運転など仕事はいろいろある。駅前の誇大広告に釣られた客を高級車に乗せて山林まがいの土地に案内する、高級車に乗せられた客には「すぐそこです、もう近く」などと雑談しながら、3、40分も離れた場所に来たのも気づかない。めったに乗れない高級車の高揚感と静かに飛ばす僕の運転に距離感を失くしているのだ、スムーズな快速運転も罪だな。高利貸の取立てにしたって、「その品物だけは持っていかないでくれー」と懇願する町工場主の手を振り切って担保品を急ぎ車に詰め込み、別の取立て屋が来る前にバッタ屋に売り払いに車をぶっ飛ばす、これもスピード稼業だ。

そのような高額なアルバイトも、やはり後ろめたく、虚しさばかりが残る。何かに追われるような悶々とした日ばかりが増える。憧れのカラーテレビ・クーラー・カーの3Cまでもが手に入る時代の中で、この平和と景気がいつまでも続くかのようなノホホンとした社会に流されて、自分を見失いそうな不安に襲われてしまうのだ。

小さなエンジンの感動と迷いの日々

車のことしか出来ないから、自分でも惨めな思いをするに違いない、〝いっそのこと、やめちまえばいいんだよ〟の声が聞こえるような気がする。でもスピードの勝負が織り成す闘争心や緊張感、達成感などにいつも呪縛されているのだ。

それほど僕の今を作った基を考えれば、僕は昔を懐かしんだり、郷愁に流されたりするのは嫌いだが、

そう、中学生の時だった。人は何かのきっかけがその後の人生に大きな影響を与えるのだろう。中学一年での、ある経験が大きな引き金であったのは否めない。

育ての親の祖父が僕を入学させた中学校は桐朋学園中学高等学校という私立校だ。戦前は山水中学校といって陸軍将校の子息だけを教育したエリート校、でも戦後10年足らずのことだから悪ガキばっかり。中でも綱木一郎君という同級生は無類のオートバイ好きで、カバンの中は教科書なんかより『モーターファン』や『オートバイ』などの大人が読む自動車雑誌ばかりだ。休み時間から授業中でも、こそこそと車の話ばかりする彼に、今度は武蔵野市から通学する安藤享君が「へーえ、オートバイかー、ウチに自転車にエンジンが付いたのあるぜー」。町中は四輪より二輪車が多い時代、荷物運びに原動機付自転車は商店の必需品だ。とくに、お金持ちのオジさんが、大きなオートバイを土煙立てて颯爽と走る姿に「大人ってカッコいいなー」と憧れ

1952年にホンダから発売された「カブ」は、自転車にエンジンをとりつけた「原動機付き自転車」だった。カブをはじめとしたバイクは日本の産業を底辺から支えたばかりではなく、戦後の少年たちに、希望と冒険心をも与えた。

を持つ少年も少なくない。たとえ原付でも安藤君が「オレ、時々それに乗ってんだー、良かったらウチに来いよ、乗せてやるぜー」「えっホントに乗せてくれるのか」「大久保も来いよ」の誘いに、それほどの興味を持っているわけではないのだが、何人かで安藤君の店に押し寄かけた。

安藤がたまには乗っている、といっても12、3歳の中学生だから道路ではなく、近所の藤村女子学園という女学校の校庭に入り込んで乗り回すと言う。赤いタンクに白いエンジンのホンダ・カブ号を女学校校庭に持ち込み、原付に跨った安藤がエンジンの始動、スピードの調整などを講釈する。「早く乗せろ、乗せろ」で悪ガキの試乗会だ。僕が乗せてもらう番になり、自転車のペダルをこぎ、安藤の言うように左手のレバーと右のスロットルというレバーを動かした途端、プップッ、ププッププッ、プププーと、走り出した！　走った走った！　足も動かさずに走るではないか。こんな小さなエンジンが人を乗せて走る、走る、エンジンって何て凄いものなんだ。僕は感動した。それは多感な中学生の男の子にとっては驚異的な乗り物だった。スピードが出るとかでなく、エンジンの付いた乗り物の不思議さにとりつかれたのだ。それからの僕は14歳になるや原付許可証（原動機付自転車運転許可証）を取り、16歳になると同時に小型四輪自動車免許を取得したり、上級の免許が取れる年齢になるのが待ち遠しかった。少年時代の強烈な感動が、その後オートバイに、その上のレースへとエスカレートし、遂にレーサーが本職になってしまったのだ。それだからタイヤテストの業務がない時は、やはりレース出場への願望が断ち切れず、気が滅入ってしまうのである。

日々虚ろに過ごす僕は、いつしか井口のぼるが総支配人を勤めるキャバレー・エンパイヤに入りびたるようになった。井口は第1回日本GPでDKWを駆りスポーツカークラスで優勝、第2回から日産スポーツカークラブ所属のドライバーでもある。

その店で僕の相手を始めたのは典子だ。百人を超える女給の中でも稼ぎ頭の典子は№2の人気者だから、いつも一緒というわけではない。その代役のように、年かさのヒロノと亜樹が僕と典子の間に入りこんできた。身持ちの悪い亭主に泣かされ別れたというヒロノは店の姐御的な存在だが、一緒に歩いても後ろに下がっているので、何でそんなに離れるんだっ、て小言を言えば〝いいんですか?〟と寄り添う〝昔風の女〟が残っている。一方の亜樹はキャンキャンした便所の百ワットみたいに明るすぎるところがあって、何にでも興味を持つ当世風のコで、ヒロノを姉のように慕っている。いつしか僕は性格も容姿も丸っきり違う三人のコと付き合うことで、自分の気持ちが落ち着くような錯覚に陥り始めた。そのコ、このコとの付き合いも、それぞれに好きな気持ちから始まったことだから遊びや浮気などの気持ちはないのだが、そういった姿が堕落や自暴自棄に見られているのも気づかなかった。普段から何かに失敗し、落ち込み、酒や遊興にふける他人の姿に〝バカなやつだ、俺なら、ああはならないぞ〟と思っていたが、いつの間にか同じだ。その頃、GP以外のクラブレースも多くなって、レーシングタイヤの需要も多くなり、テスト業務も忙しくなってきたのは良いが、それは同時に僕だけがレースから取り残されていくような、また、自分がどうなっていくのか得体の知れない不安にもつきまとわれることでもあった。

そのような心境は鈴鹿でのテスト走行に現れるのは当然だ。いつもならステアリングハンドルの手から、風切り音やエンジンノイズに混じって、タイヤの走行音から、腰に感じる横Gから、全身があらゆるセンサーになって、今走っている試作タイヤの特性が分析出来るのに、その日は何にも感じない。いや、何も掴めない。〝あれっ、オレは一体何をやってんだろう？〟普段なら僕の分析や評価は技術者に自信をもって伝えられるのに、ただ走っているだけの自分になってしまっているのだ…、そう気づいた時、僕はスプーンカーブの出口の土手に激突し、フェアレディーを大破させていた。気恥ずかしい思いをしながらテスト車をベレットGTに代え、ストレートを全開で飛ばし、第1カーブに飛び込めば、今度はブレーキタイミングのミスでガードレールに激突だ。

一日に2台もテスト車を破壊させ、テストも中止になってしまった。それまでの優秀なドライバーから堕ちていく自分の姿に、心境や立場がどうであれ、もはやドライバーの役務は果たせない。会社へ損害を与えた責任もあり辞表を提出した。もうこれで僕と車の関係は終わる覚悟だ。しかし、僕の失敗や現在の心情に耳を傾けて下さった服部六郎タイヤ技術本部長は辞表を僕の手に握らせ「今後、気をつければいい」。目が覚めた、言葉もない。

何かの啓示なのか、自分を取り返さねばならないきっかけは重なるのか、ある晩「リキちゃん、お店が看板になったら隣の喫茶店に来てっ！」そこには三人がいた。僕を呼び出したヒロノの妹的な亜樹が凄い剣幕で「ねえアンタ、あたしらの内の誰と付き合いたいのよっ！　誰が好きなの？　ここではっきりさせてよっ！」何でこうなって、どこからこんなになっちゃったのか僕にも分からないのだ。「誰が

…好きって…み・ん・な…」亜樹が「みんなって、あたしたちのみんな？　バッカみたい！　ああ、あ、お姉さん帰ろっ、こんな男なんか相手にすんじゃないよ！」。僕は本当にそれぞれが好きだから、正直に言ったのに、女性というのは自分だけが占有する習性があるのか？　分からないものだ。残った典子と僕は交わす言葉もない。何日かして、亭主もちの典子は夫と別れて小さなアパートに引っ越してきた。

失敗を諭され、人に嫌われ罵倒されて、典子との同棲を始める内に、僕もだいぶ冷静になりだした。

僕は久しぶりに井口の店に誘われた。誘った友人の笠野義典は、交通機動隊、パトカーの警察官で無類のレース好きだ。彼は僕がＧＰウイナーでありながらドライバーをクビになったことも、今のＢＳの立場も良く知っている。彼も日産に誘ってくれた宇田川さんと同じく、僕を何とかして再び大きなレースで勝たせてやりたい、と思ってくれる有難い友人だ。その笠野も、女のコとのごたごたも知っているのだろう。「リキちゃん、こんなことじゃー、レースに復帰なんかできないぞっ」暖かいお叱りだ。その笠野から「大事な話があるから、明日の晩、新宿のリーに来てくれ」の電話が入る、秋風が吹き始めていた。

酔えないブランディー

たばこと脂粉の香りがよどみ、スマイリー小原とスカイライナーズのジャズバンドに踊るカップル達の動きがとまる。薄暗かったフロアが明るくなり、再びウエイトレスの嬌声が入り込むのを制するように水出が話を切り出す。「社長、どうでしょう、リキにやらせたらいかがですか？」

都内でも有数のナイトクラブ、新宿のリーに呼ばれた僕を待っていたのは笠野の他、トライアンフ車輸入代理店・阿部モータースの水出博之氏、それに初対面の青年実業家・金原達郎氏である。彼の車好きは、103万円のトヨペット・クラウン・デラックスが10台も買えるフェラーリ250GTを見れば一目だ。その金原が、水出の問いかけに考え込みながら口を開く。「リキさんのことは良ーく分かっているのだが、ケンさん（田中健二郎）が強く推薦している人もいるし〜」「でも、彼は二輪でしょ、それにリキのような実績もないじゃありませんか」僕のレースや今の境遇を知っている水出の強い語調に笠野がうなずく。

昼ばかり乾き、会話に入り込めない僕はブランデーを何度口にしても少しも酔いが回らない。金原氏が立ち上げたレースチームが中止になった日本GPの代わりにマカオGP出場を決め、誰をドライバーにするかの話に僕は呼ばれているのだ。金原氏が「まあ、もう一度考えてみましょう。リキさんとは初めてだから、まあ、今夜は飲みましょう」。

この年、船橋のクラブマンレース以来、メーカー中心のレース形態も変わってきた。自分のお金で好きなようにレースに参加するファンも増えた。金原さんのように自分で走るのではなく、自分の車を上手なドライバーに託してレースを楽しむオーナーも出始めた。外国では珍しくないようだが、まだ日本では競馬のように見立てられ、金原厩舎などと嫌みや、ひがみを言われるレベルの低さだ。

数日後、僕は金原さんの事務所に呼ばれた。そこで晴れて第12回マカオGPレース（1965年）のドライバーに採用されたのだ。車は英国製2座席オープンスポーツカー、トライアンフ・スピットファ

イヤーMKⅠ、1147cc、4段ミッション、米国向け仕様の左ハンドル車だ。

前年（1964年）から観光旅行でもパスポートが発給されるようになったから、日本よりレベルの高い欧州のレースに出ようと思えば可能だ。しかし犯罪者や日本国籍以外は別として、誰でも観光渡航が可能になったとはいえ、国外に持ち出せるお金は厳しく制限されるから、現地に長期滞在や多額な費用がかかる遠方への渡航は実質的に難しい。そのような目的での渡航は従来通りの制限が多く、海外といっても観光渡航の範囲は自ずからきまってくる。

そういった枠内で海外のレースに参加しようとすれば東南アジア地域くらいしかないのである。日本よりハイレベルで近隣国のレースとなればマカオGPやジョホールGPぐらいしかないのである。自由に外国に行けるようになったとはいえ、日本から持ち出せるお金の額は、1ドル360円換算で500ドル（18万円）と、日本円2万円までだ。チーム全員でなんぼの金が用意できるかの計算から入るわけだから、欧州のレースなどは、メーカーチームでなければまったく手が届かないのである。さらに行き先に関係なく、手持ちの自動車を外国に持ち出すには、必ず持ち帰る証しとしての保証金や無為替輸出の許可申請など、それはそれは厄介な手続きが多く、マカオは近いから楽とはいえないのだ。

マカオGPは1954年（昭和29）に始まった歴史や英国領香港が中心となって行われてきた背景から、やっと2回のGPレースを経験した日本の内容に比べれば数段高いレベルにある。日本なら何百人、いや何人しか乗っていないような外国製高級車によるハイレベルのレースも行われているのだ。中でも第2回日本GPにはマカオGP常連のドライバーが多数参加したので、日本にとっては非常に身近な存

在となり、ハイレベルなレースを試みたい者にとって、マカオGPは恰好の舞台となった。第1回日本GPの前年、1962年にはすでに3台の三菱500（ドライバー、加藤力、辻元正夫）がツーリングカークラスに出場し、クラス優勝を獲得している。翌年第1回日本GP後、秋の第10回マカオGPには発生忠成がトライアンフTR4でGPクラスに、在日米軍中佐で日本GP入賞のD・スウィッシャー、D・ニコルスら、いすゞチームも3台のベレルと2台のベレットでプロダクションカークラスに出場している。

今回、笠野の紹介で金原・水出両氏はじめ、多くの暖かい支援で出場できることになった僕は、これが僕の再出発になるかもしれない期待でいっぱいだ。BSからもプライベートチームであること、車も外国製ということで快く承諾され、さらに充分な数のタイヤも支給してもらえることになった。

国民は自由に外国へ行けるようになったといっても、大きな荷物や特別な品物などを外国に持ち出すには消耗品からなんでも申告し、帰国時に持ち帰らなくては為替違反（無為替輸出）になる時代、車の輸送を受け持つ水出は大変だ。とくに自動車のような高価な品物は個人所有であっても国民の財産、国の資産という解釈で、仮に事故で鉄屑になったとしても残骸を持ち帰らねばならない厳しい法律がある。それが出来なければ、その自動車の価格と同等の保証金を預け、万が一持ち帰れなければ、保証金は国庫に入るという制度が外国への輸送を煩雑にしているのだ。そのくらい厳しい制度だから、観光渡航自由化といっても上辺だけのこと、まして、外国へレースのために車を持って行くなどということは個人チームには大ごとなのだ。マネージャーの水出が度重なる運輸省通いをし、申請がようやく認可となり、

箱詰めしたトライアンフ・スピットファイアを香港のディーラーへ送り出したのは1965年（昭和40）10月初旬のことだ。あとは船が無事に着くことを願い、水出らと夢を語らいながら一杯やっているとエンパイヤの井口親分から、「リキ、明日来てくれ」との急な連絡が入った。

海外レースへの誘惑と罠

ＳＣＮの幹部である井口のぼるは自分のキャバレーの女のコと僕がゴタゴタを起こしていることも承知のようだから井口には頭が上がらない。

「リキ、マカオへ行くのは11月だよな」「ハイ　そうですが、何か?」「うん、マカオの前に出てもらいたいレースがあるんだ」「えっ、別のレースがあるんですか、走れることなら何でも走りますが…どんなレースですか?」「ソウルだ、京城、朝鮮だよ」。朝鮮（韓国）でのレースなんて聞いたこともない。

同席の初老の紳士が説明するそのレースは、韓国では初めての試みで、その男の友人が朝鮮戦争の痛手から今でも立ち直らない祖国のために『日韓親善オートレース』を企画し、その収益金を復興の一助にするという。何となく正義感をくすぐる話ではないか。レースの言葉ばかりに惹かれ、その他は耳に入らない。〝てっきり自動車だと思っていたけど…それでもいいや、走れるなら〟。オートバイでも何でもいい、レース出場を厳しく制限された僕にとっては二輪でも四輪でも何でも構わない、朝鮮だってソ連だって、どこだって行く！　走れることへの貪欲と好奇心あふれる年代の男の子にとって、さらに『親善レース』なんて口実つけられれば飛びつかない方がおかしい。

その概要は、日本のSメーカーが貸与する20台のオートバイを持参して、市販車を改造した現地のオートバイライダーとダートトラックレースをするとのことだ。二輪レースは久しぶりで不安もあるが、走れるという誘惑には負ける。

「それで、僕一人ですか?」「リキに、ムツ、八郎、それにタッちゃんが行く。11月初めから10日間ぐらいだ」「えっ来月ですか? それだと、僕はマカオに行くので難しいですよ…」「それは分かっているんだ、リキ。お前は最初の二日間だけ走ればいい」「じゃあ、先に帰国してもいいんですね」僕はすっかり安心したが、マカオのスポンサー、金原さんや水出らにすればとんでもないことだ。それはそうだろう、大遠征の英断を下したスポンサーからすれば、そんなわけの分からないレースなんかで怪我でもしたら大ごとなのだ。だが、井口は「絶対に大丈夫、子供だましみたいなレースだ。期日には間違いなく帰国させるから」。

浅間火山レースから鈴鹿へと、二輪も四輪もこなしきってきた折懸六三、戦後初のプロオートを皮切りに第1回日本GP自動車レースでは日野コンテッサで暴れまくった立原義次、三菱コルトでGPを走った田中八郎、それに僕の4人とメーカーオブザーバーの一行はすでに冬の季節が始まった京城(ソウル)のホテルに投宿。

日本からの輸出も、韓国が輸入することも極めて難しい時代に、日本の新型オートバイ20台が簡単に届いてしまうのも驚きだが、早速、レース用への改造作業にかかる。改造といってもライトなどを取り外し、レース用のハンドルやステップに取り替え、にわかレーサーにするだけの作業だ。ただ、レース

が終わったら、このオートバイは日本に送り返すというので取り外した部品は整頓しておくのだが、いつの間にか無くなるのである。

レースコースはソウル市内の元京城国立競技場、大きなグランドだ。約200mのストレート、100mほどのカーブで一周が約600mの楕円形コースだ。結構ハイスピードのコースだが、このソウルも北朝鮮軍に攻め込まれ破壊された傷痕なのか、グランドのあちこちはコンクリート片がむきだし、走るラインによっては大きな障害物だ。まだ娯楽に乏しい世相なのか、ウィークデーの練習日なのに観客席は結構な人数だ。日韓親善のタイトルだから地元ライダーの参加も多く、韓国に駐留の米軍人やその子供などもいる。驚いたことに、中には日本の白バイにあたる交通警察のパトロール用オートバイも保安部品を取り外しての参加だ。

レースは125ccまで、126cc〜250cc、251cc以上オープンの3クラス分け。各組上位3者が決勝にのぞむ二日間のトーナメントだが、僕にとってはオートバイへの慣れやエンジン調整、それに物見遊山では通用しない反省と目覚めてきたレースへの興奮で疲労が増す。

一方、夜は夜通し大歓迎の乾杯攻め。それも我ら客の都合より主催者主導だから、キーセン（妓生）に囲まれ大酒、嬌声、乱舞とメッチャメチャ。若い男の子にとってはデレデレなのだが、一応はプロレーサー、スポーツマンの気概だから翌日が気にかかる。

11月に入ったばかりなのに真冬のような朝風の中、黒山のような人だかりのホテルをぬけだしレース場に行けば、グランドスタンドは物見高いギャラリーでいっぱいだ。まさかこんな大観衆の前で走ると

は思ってもいなかったので高まるテンションにリズムが狂う。

いくつかのレースが進行し、立原義次のクラスが始まった。ダートトラックレースの経験者だけに豪快な走りに観客がどよめく。これに気を良くしたかのように立原はピッチを上げる。だが、左カーブで大きく後輪が流れるのをハンドルを右にきりながら速度制御するカウンター走法に、ひ弱な市販車の車体は耐えられない。『く』の字のようにへし曲がった車体が一瞬の内に元に戻った時、立原は宙を飛びコース外に吹っ飛ばされた。右足骨折の重傷。

次のクラスは田中八郎の出番だが、田中が二輪で走るのは久しぶりなのが無茶だった、またもやのアクシデントだ。田中がカーブにさしかかった時、前輪が何かにつまづいたようによろけ、後輪が浮き、逆立ちした車体から地面に叩きつけられてしまう。頭部強打脳震盪、脛骨損傷で脱落。前夜の宴会が祟ったのか悲劇はここから始まった。

僕と折懸ムッちゃんは初日のレースを難無く終えたが、今度は二人で夜の付き合いだ。もうクタクタ、色気も酒も、もーいらないっ！　こんなことに付き合っていたら、明日のレースはどうなるんだっ、ストレートがカーブに見えてしまうではないかっ！　でも、断れない、いや断らないか…。

二日目ともなると、強制的至福の疲れが残る我らと違い、米軍や韓国のライダーはコースの走り方も慣れてきて、簡単にはあなどれない。でも、僕は今日のレースが終わればお役御免、さっさと帰国して次のマカオに行けるんだ。そう思えば気楽そのもの、メインイベント１２５cc決勝のスタートラインに並ぶ。

すると、三人の男が近づいてきた。まあ何て言うか、その頃は上り調子の僕だからチヤホヤされるのに慣れているし、てっきり激励に来てくれたのだろう、こちらから握手の手をのばす。だが、友好的雰囲気じゃーない。

日本と韓国語のチャンポンで何やら話しかけてくるが、他の排気音で良く聞こえない。ヘルメット脱いで「何ですか？」と屈強の男が僕の右側に身体をよせた瞬間、革のレーシングスーツを通して右わき腹にグイッと硬いものがあたる。不気味に冷たいものを感じながら、押し殺した声が僕の耳をふさぐ。「イカ、オマエハ三位ニナルンダゾッ」直感的に悟った。コートの下から左手でつきつけているのは拳銃そのものだ。激励どころか強要、脅迫だ。朝鮮戦争が終わってまだ10年ちょっと、町中に武器は氾濫しているし、拉致事件や殺人など珍しくもない世相だ、まぎれもなく本物の脅迫だ。

再び右わき腹にグイッ、男がハンドルのアクセルを小さく回す。周りからみれば、ピャーン、ピャーンとエンジンの空吹かしをしているように見えるだろう。排気音とつぶやくような男の声が僕にへばりつく。「ワ・カ・ル・ダ・ロ・ウ・ナ。ワルクワセンカラナッ、サンバンダゾッ」。他の二人も韓国語でムニャムニャ、多分、脅し文句なのだろう。

歓迎でもファンでもない、完全な八百長レースの強要だ。もしマカオがなくて、このレースだけに来て楽しんでいるなら〝よーし分かった、それで、俺になんぼくれる？〟で通しちゃうだろうが、そんな駆け引きする余裕もなく、マカオへの影響を考えている間にスタート旗が降りる。

えーいっ、ままよっ、とばかりにスタートしたものの、まるでリズムに乗れない、レースは10周だ。〝何

でこんな目に遭わにゃならんのかなー、これは親善レースに名を借りたイカサマ興行ではないか。こんなに観客集めて大賭博じゃーないか、そういえばこのレースの日本側世話人も、なんとか組の大幹部とか聞いたような気がするし…本来ならば、その紳士風の男がこれをまとめていたが、数億円のバクチ容疑で捕まり、保釈中なので井口に頼んだとか言っていたようだが…、僕はバクチ、逮捕、○×組大幹部などと危ない言葉なんか上の空だったんだ〟などなど考えたり思い出したりで、とてもレース駆け引きやライン取りなんか掴めやしない。〝でも、俺が一位になったらどうなるんだろう、まさか殺されはしないだろう。だがまてよ、ひょっとしたらオートバイに何か仕掛けられているかもしれないし、もしそれでタイヤでも外れてリタイヤしたら、

1965年11月、朝鮮戦争復興の資金集めを目的とした「日韓親善オートレース」に出場させられた大久保。ソウルの競技場で開催されたダートトラックレースだったが昼はレース、夜は宴会のスケジュール。マカオGPが控えていたため、数日の滞在で帰国。

奴らだって計算狂っちまうから、そんな細工はしてないだろう、でも、どうしよう…言うとおりの三位になるか…。いやっ、そんなことはできねー。だけど、あとで蹴飛ばされたり殴られてケガでもしたら、やはりマカオにさしつかえるし、参った参った〟。まさにパニックのレースだ。幸か不幸か四周目には次々と抜かれて三番手〝俺はお前らの言いなりになっているんじゃねーぞ！〟心の中ではそう叫んだって、もはや挽回できる余裕なんかない、そのままゴール、見事な三等賞だ。ムシャクシャする、腹立たしい、誰にも言えない、ムッちゃんもそうされたのだろうか、それとも、エジキになったのは俺だけか…。

興行の大成功に主催者の勝ち誇ったようなハチャメチャな晩餐会には、スタートにいたあの男たちはいない。僕は酒と女と嬌声が乱舞する隙をねらって抜け出した。そして、数日前に知り合った人と飲む約束の店へ向かった。オートバイが好きだという40歳がらみのおじさんと、何がなんだか知らないけれど、日本人の僕が弟のようで大好きだという小母さんが待つ飲み屋に入るやいなや、息せき切った彼女が早口でまくしたてる。

「アンタ、ホテルに帰ってはいけない！　アイツらアンタを日本に帰さない、荷物は友達に持ってこさせるから、わたしの所に泊りなさいっ」うむを言わせぬ口調に引っ張られる。

あまり上品ではないけれど、あったか味のある小母さん宅での話はこうだ。レース終了直後に主催関係者が屋台で話しているのを偶然にも小母さんが耳にしたのは「ソウルはうまくいったが、この後をどうするんだ。あの若いのは先に帰っちまうらしいし、釜山から先のレースに日本人選手一人じゃどうに

も格好がつかねー。何としても若造も走らせるんだ、あの男を帰すな…」要するに、残るのはムッちゃんだけで、これでは日韓親善どころか見世物にもならないのだ。何としても僕を引き留める、いわば人質工作なのだ。

こうなったら今からでも逃走したいのだがすでに帰国便はない。幸いにして航空券は手元にあるし、さらに彼らは、僕が直接マカオ（香港）に飛ぶものと思っているようだ。小母さん達の話の信憑性はすこぶる高い、疑っている余裕もない。でも、この人達はどうしてこんなにも親切なんだろう、別にお金をせびるような雰囲気でもないし、流暢な日本語を話すから、韓国が日本の植民地だった時代と関係あるのだろうか…まっ、いいか、とにかく逃げなければならないのだ。

まんじりともせずの早朝、二人が手際よく空港に連れ出してくれ、逃げるように、いや、逃げているのだ、羽田行に駆け込む。飛行機への搭乗は滑走路へ直接歩いて行くのだが、遠く感じる。席に着いても落ち着かない。〝追っ手が乗り込んでくるのでは、いや、それはできないだろう、切符がなければここへは入れないはずだ、まして羽田行で香港便ではない…でも、早くタラップを上げてくれー〟離陸が始まる。回転し始めたプロペラがやけに遅い、飛行機が飛び上がるのはこんなにも遅いものなのか！こちらからは見えないが、多分、小母さん達は屋上から見送っているのだろう、感謝感謝だ。

もう絶対に安全だと分かっていても日本への3時間のフライトがやけに長い。羽田近くの戸越荏原中延の部屋では、亭主と別れてしまった典子が待っていた。僕の様子がおかしいのに気づいたのだろう「どうしちゃったの、レースはどうだったの」畳み掛けるように問いかける彼女。「何かあったの？ ずい

ぶん疲れているみたい」二つ目の会話にやっと自分がここにいる実感が宿る。「何でもないさ、面白かったよ」。逃亡で半金しか入らなかったギャラを彼女に渡しながら説明する気もない。思い出したくないのだ。ただ安堵したいだけだ。

その安堵と現実に戻った自分を互いの身体で確かめ合う愛欲と無感覚な時間が流れ、これが幸せというものなのか。そのような、人間なら当然かもしれない感情が湧き上がりながら、いや、僕はそんな安住を求めているのではないのだ。僕にとっての安住、至福、達成感は走ること、走れることなのだ。

互いの身体をむさぼっていても、心は彼女にはない、いよいよ次はマカオGPなのだ。未知の場で、どんなレースができるのか、どんな走りができるのか、スピードに憑かれた男が示す愛情なんか薄っぺらなもんだ。今の僕にとっては走れることが一番だ、レースに出ることだ。恋愛なんて二番でも三番でもいい、…ないのも困る。

後日、韓国に残されたムッちゃんに連絡すると「リキ、お前はうまく逃げたよなー、あれから俺は韓国のあちこちでレースさせられたんだぞっ」それも一カ月も。誠に気の毒な話だが、さらに驚いたのは、日本から持っていった20台のオートバイも二度と戻ることなく消えたと言う…。僕は愕然とした。密輸まがいの八百長レース。とんでもないことに加担してしまったものだ。もし、僕が〝逃亡〟出来なかったらマカオへのチャンスを与えてくれた金原さんやスポンサーに恩を仇で返すことになり、僕の次のチャンスは閉ざされてしまったろう。

結局はレースにスピードに憑かれた者なら誰もが持つ〝走りたい、走れる〟の魔力が誘うワナにはまってしまったのだ。浅はかな欲張りが招いた自分の愚かさに、こんなことは二度としない、そう肝に銘じても、レース中の冷や汗や高速走行の怖さとは違う何とも言えない冷たい不気味さが残る。

初陣！ マカオGP

韓国での出来事が悪夢のように去り、1965年（昭和40）11月中旬、やっと香港に着いた。街のど真ん中にある啓徳空港に降り立つと、小龍包や焼売の湯気のような匂いがプーンとくる、昨年に覚えのある独特の空気だ。金原さん名付けの『ジャパン・レーシング・チーム』のメンバーは、金原達郎（監督）、金原夫人、水出博之（マネージャー・阿部モータース）笠野義典（ヘルパー・交通機動隊員）に、新東洋モータースで整備士をしている中村（猪瀬）良一（チーフメカニック）と同僚（メカニック）田中（助手）とドライバーの僕だ。

日本からの輸出に手を焼いたトライアンフ・スピットファイアMKⅠも香港のメルセデス・ベンツやDKWの総代理店でトライアンフも扱っていZungFu、通称、ZFガラージの倉庫に保管されているのを見て一安心。だが、これからが大仕事だ。この車は輸送前に鈴鹿サーキットで何度か試走済みだが、なにぶんにもOHV・4気筒・1147cc・67馬力／6000rpm。戦闘力がないのを知った金原さんが香港のディーラーを通じて英国にパワーアップしたエンジンをオーダーしてくれていたので、その載せ換えや、サスペンション、ボディーワークなどの作業をしなければならない。

作業はまずスピットファイアの大胆な軽量化から始まった。この車は小型乗用車ヘラルドをベースに、J・ミケロッティがデザインした本格的なライトウエイト・オープンスポーツカー。それでも710kg

の車重をもっと軽量化しようと、バンパー、ラジエーターグリルも外し、フロントウインドをそっくり取り払って小型のスクリーンに変え、サイドウインドの硝子も外してしまう。足回りは、フロントがコイルスプリングのWウイッシュボーン、リアが横置きリーフスプリングのスイングアクスルだから車高を下げる程度で構造的にいじる必要もない。つぎは、SUキャブレターをウエーバーの2連に、バルブ、カムシャフト、高圧縮比などでパワーアップしたエンジンの載せ替えだ。スピットファイアはジャガーEタイプと同じ、フェンダーまで一体のボンネットが前方に大きく開き、エンジン全部が露出する構造なので作業はし易い。そこで地元ディーラーから、「エンジン交換の前に試走して、小型スクリーンの風の巻き込みやサスペンションの調子を見た方が良い」とのアドバイスでテストドライブとなった。

日本からの国際ナンバープレートもないので、ややこしい手続きで現地の仮ナンバーを取得。昼間でも夜の新宿のようなゴチャゴチャ、ガヤガヤな街の中のどこを走れというのか？　ディーラーマネージャーが地図を広げて「この辺りまで行けば走り放題」だという。１８４２年（明治になる26年前）に英国は阿片戦争勝利の代償に中国（清王朝）から香港島と九龍半島の南端市街地を英国領にした。ところが九龍半島の北部『新界』も中国からの借地であり香港の一部となっていて、自動車ラリーもやっているると知らされびっくり。ゼッケンナンバーの入ったオープンカーに仮ナンバーをつけて、九龍地区の目抜き通りをヴァッヴァッ爆音立てずと静か〜に郊外へ抜けてやっと新界へ。

喧噪の街中から赤茶けた岩肌の続く郊外に入ると、野菜や豚、鶏などを満載したトラックや荷車がやたらと行き交う。食の都といわれる香港は輸入に頼っていると思っていたのに、過密都市の向こう側は

広大な農村なのだ。少し先は共産中国で、食料も水も中国から来ているという。日本では共産国とは断絶していると思った自由主義国の英国が、ここは違うようだ。

農村地帯のネムの木だろうか、樹木の並ぶ田舎道が続く。戦争中の本に出ていた日本の戦車が中国を走る風景と同じような道を、レース車で突っ走るのは何とも言えない違和感だ。荷馬車もトラックも見ない閑散な道でスロットルを開ければ、凹凸の激しいアスファルト路面の振動でゴーグルが鼻の下にずり落ちる。小さなウインドスクリーンの角度を調節して、風の巻き込みや右側のパッセンジャーシートを取り外したトノカバーの具合を見る。マカオが公道コースならテストドライブも公道…だが、この路面ではサスペンションの状態なんか判断が出来ない。ディーラーのメカが、調節機能付ＫＯＮＩのショックアブソーバーに付け替えて、実際のコースを走ってから調整した方が良いという。ダンパーをはじめ日本では入手困難なパーツがここにはたくさんあるものだ。ガレージに戻り英国でパワーアップしたエンジンを載せ換えたものの、そのままマカオへの船済みとなり港へ運ぶ。香港の夜景も『慕情』のシーンに浸かっている余裕もない。

異国で知るホントの家庭

車の船積みを終えて僕らは汽船でマカオに向かう。11月も23日というのに日差しは強い。マカオの波止場から街中へ、相変わらず人、人、人と生活音の喧騒だ。去年の〝赤ゲット〟では、この騒がしさ、散らかるゴミが嫌だったが、レースに出るために来たとなれば何ーんも気にならないから不思議だ。毎

年のGPシーズンの慢性的な宿舎不足で、チームは3箇所に分散だ。繁華街の騒音も途絶えた住宅街に入ると、樹齢何百年か分からない仁王像のようなガジュマルの樹木が覆いかぶさる並木道。オレンジ色の屋根に、白、ピンク、薄いグリーンの配色のポルトガル風住宅が木立に囲まれて並ぶ。僕はその一角の民家にホームステイとなった。民家の主、ガスパー・シルバさんは地元警察署の幹部で、奥さん、エリーゼ、ルシア、クリスの三姉妹に、ジュニオ、トニオの兄弟もいる7人家族だ。僕が使わせてもらうのは、白い壁の腰回りに小さな草花模様のアズレージョ（ポルトガル・スペインのタイル）で装飾してある末娘の部屋のようだ。

僕だけがホームステイと聞いて、最初は堅苦しそうで嫌だなー、と思ったが、大所帯だから、まあ賑やかなこと、おまけに声がデカイ。それと家族を構成する言語が独特なのもすぐに理解した。マカオの公用語はポルトガル語（葡語）と広東語で、父親と長女、次女は英語も話すが、小学生兄弟は葡語のようだ。そういった家族が勝手に得意な言語で話すから、広東語しか話さない母親には通じないこともあって、会話の間に通訳が混じるから大騒ぎになる。最初はポルトガル人宅と聞いて、弱ったなーと思ったが、幸いに僕が米軍基地のアルバイトで身についたヤンキー英語も父親と娘達に通じ、彼らが母親や弟達に通訳するのでコミュニケーションは一安心だ。それと、曾祖父がポルトガルから来たという大柄な茶褐色の肌をした父親と、中国人母の良いとこ取りで生まれたのだろう、小麦色の肌の娘達が魅力的なのもいい。

シルバ家での生活もたちまちに慣れ、レースの公開練習日も迫ってきた。何百年も前から変わってい

ない石畳の坂道を登って行った所が僕らの車輌の整備所だ。民宿に近いガレージにシルバがベスパのタンデムで送ってくれる。ポルトガル人が東洋の僻地に故国と同じ街造りをした風景にベスパが似合う。

ここのレースでは整備場所を確保するのが誠に大ごとで、ホテルや民宿の庭先、自動車販売店の軒先を借りたり、とにかく場所がない。僕らは幸いに、香港のトライアンフ代理店ZF社の紹介で小さな自動車修理屋さんの一角を借りてチームのガレージを確保したが、大問題が発生した。最終整備で分かったのだが、エンジンの不足パーツがあり、それが香港から届くのを待たなくてならないという。いよいよ明後日から公開練習が始まるというのに。

レースプログラムは11月27日（土曜日）に、僕らがエントリーのスポーツカー（GTカー）だけのACPトロフィーレース30周。ツーリングカー（セダン乗用車）のプロダクションカーレース30周。翌28日（日曜日）は、排気量オープンの2座席レーシングスポーツカー、単座席フォーミュラカー、GTカーが混走するメインイベントのGPクラス60周がある。

タイム測定プラクティスは25日（木）26日（金）に各1時間ずつあるが、自由走行が出来る公開練習というのはないので、僕らのような初めての参加者は初日の1時間は練習みたいなものだ。したがって、コースを覚えるのは乗用車で普段の交通に混じって走るしかないが、シルバのかなり古いフォードを使わせてくれるので有り難い。ただ、長女エリーゼが同乗して案内してくれるのは有り難いが名所観光の説明が多くて、路面やコーナーがどうなのか、良く見られないのだ。〝できれば一人の方がいいんだが…〟と内心思っても、ランデブードライブの雰囲気も捨てがたい。とにかく日常交通の中を走りながらでは

コースの形は分かっても、やはりレース車で走って見ないと路面状態や肝心なことが分からない。

ガレージでは、やきもきしながら待っていたエンジンパーツが届き、ようやく走れる状態に仕上がったのはプラクティスを明日に控えた夕刻だ。ところがＺＦ社のエンジニアから「このエンジンは新品のパーツで組んでいるので、最低でも５～６００㎞の慣らし運転をしてくれという。僕はたまげた〝えっ、これからエンジン慣らし　それも６００㎞といったら、30㎢に満たぬ街のどこにそんな道路があるんだっ！　ここのコース百周分ではないか！〟。不安そうに黙ったままの僕の表情を察したのか、チーフメカニックの中村が「心配しないで下さい、ちゃんと走れるようにしますから。リキさんは帰って休んで下さい」。

〝ちゃんと走れるようにしますからって…どうやって…〟不安を抱えながら民宿に帰ると夕食が始まろうとしていた。驚いたことに家族全員揃っている。聞けばＧＰが始まる明日から学校は休みだという。いくら公式練習で公道が閉鎖になり、交通が不便だといっても街外れのこと、学校や生活にさほどの影響があるとは思えないのだが…まあ、いい国だ。僕のような異邦人のけげんな気持ちも賑やかな夕食でどこへやら、これでいいのだ。「リキ、お前はドライバーだ、ゆっくりしろ、まあ食べろ食べろ、ポルトもあるぞ」とシルバ。パプリカやオリーブオイル、バニラなどで味付けされたポルトガルと広東料理を合わせたようなグリルやチリソースの強い魚介料理など、ママさんお手製の夕食は僕の歓迎会を考えていたのだろう。養祖父母に預けられ育った僕と姉には、こんな経験はない。こういうのが家族っていうんだなー、とにかく楽しい。さらにポルトが効いてきたシルバが「リキ、お前はもう家族だ、皆んな

初めてのマカオに期待は高まる

韓国でのレースを終え、いよいよマカオGP ACPレースへ出場。鈴鹿でテストしたトライアンフに、香港のガレージで軽量化されたチューニングパーツを取り付ける。レースカーとなったトライアンフは香港の公道でマシンチェックのために試走。マシンのメンテナンスは新東洋モータースで整備士をしていた中村（猪瀬）良一（写真下／ロールバーに手をかけている人物）。この後タキレーシングを経てノバエンジニアリングを引き継いだ。

そうだよな！」家族が叫ぶ「そうよ、ファミリアよ、イエーッ！」。マカオに来て、発展一途の日本では消えかかっている家族の姿を、ここに見るとは皮肉なものだ。

ぐっすり眠れ、スッキリ目覚めた僕はママさんの目玉焼き、コーンフレーク、やたらと濃いコーヒーの朝食を済ませ、サーキットのパドックへ着けば、そこはもうレースだけの世界。オイルの匂いの中を慌しく動き回る光景はどこも同じだ。いっぺんにドライバーモードにスイッチオンした僕に、マネージャーの水出が「リキ、終わったぞー」。メカの中村が「大丈夫です、調子バッチリです、600㎞は走りこんでいますから」。皆んな朝の光に瞬きしながらスピットファイヤを囲む。「おーい、リキちゃーん」聞いたような声に振り向けばセイちゃん（鈴木誠一）だ。前年の日本GPで大ライバルだった鈴木は日産に移り、ブルーバードでプロダクションクラスに出場だ。セイちゃんの「大変だったねー、何時間かかったー？　調子は？」立て続けの問いに事情が分かった。

昨日夕方に中村の「心配しないで、ちゃんと走れるようにしますから」で、僕が帰ったあと、交通量の少なくなったコースを彼らは夜通し走り続けたのだ。レース車といってもヘッドライトやウインカーは取り外せない規定だから走行への支障はなかったというが、エンジンの慣らし運転となれば、がら空きのコースでも一周に5、6分はかかる。中村の言う600㎞となれば百周、六百分、十時間だ！　それを走ってくれていたんだ…知らなかった。それも、僕は温っかい家族と食事して眠っている間にだ。〝これなんなんでいいんか？　オレは甘え過ぎてんじゃないだろうか…〟もの凄く後ろめたい気持ちだ。〝そうなんだ、昨日、僕をさっさと帰宅させたのはこういうことなんだ。予選があるから僕を慣らし運転させ

ないよう気遣ったんだ〟ただ感謝しかない。それにしても昨夜の8時から今朝の7時まで、実に11時間の慣らし運転だったという。

新品のエンジンでは、シリンダー内壁とピストンやクランクシャフト、コンロッドなど金属同士の擦り合わせを入念に行わないと、エンジンの円滑な回転が得られないだけでなく、焼き付く原因にもなる。エンジンを低回転から徐々に高回転に慣らし上げるのは根気が要ることで、一晩中ドドドッ、ブルッブルッの低速排気音を立てながら走る光景を思えば、簡単に感謝という言葉ではすまない。金原オーナーまでも水出も、笠野もパトカーならぬレース車のハンドルを、皆んなが交代で走ってくれた、どんな気持ちどんなことを思いながら深夜の暗闇を走り続けてくれたのだろう…。ただ恐縮してばかりもいられない、公開練習兼プラクティスは11時、もうすぐだ。

やはり、ここは公道なんだ

みんながここまでやってくれた。この後は、すべて僕に懸かっているのだ。初めてのコース、初めての海外レースだからといって、ぶざまな結果は残せない。勝敗は分からない、ただ絶対に言えることは〝クラッシュなどでリタイヤしてはならない!〟だ。わだかまりは消えた、そして今までレースをやってきて気にも留めなかったことがはっきりした。〝僕が今やる仕事は仕上げだ、そうだ、レースカーが大きなピアノならばドライバーは演奏者だ。職人芸で製作されたピアノに最高の調律を施し、最高の演奏をピアニストに期待する、それも大衆の面前で。ドライバーは集大成を担う役なのだ。〟

1回目の公開練習が始まった。第1、2回日本GPで度肝をぬかれ、憧れたレーシングスポーツカーのロータス22や23、フォーミュラカー、大胆な改造をしたジャガーEなど、その存在だけで圧倒されるレース車が此処にはごろごろとある。それらに僕らACPクラスのGTカーが加わり50台以上の混走が始まる。3・8マイル（6・117㎞）のコースは右回りで、ホームストレッチ内側のグランドスタンド前からコースインするのだが、コースへ入るにも視界が悪すぎる。コースオフィシャルが飛行機を誘導する時に使う卓球のラケットみたいなサインボードで、疾走してくるレース車の合間を見計らいコースインを促す。コースに入るや先行するGPクラスのフォーミュラカーやスポーツカーがビュンビュン追い抜いて行く。それらが巻き上げる砂塵や木の葉、色んなゴミが顔面に飛び込んでくる。正に後塵を拝すなんて洒落にもならない。ムカッときた、でも、今朝、僕が走るのを心配そうに、シルバが「リキ、いいかステディ、ステディだぞ」やたらとステディ（安定、落ち着け！）に〝そうだ、まだ慣らし運転、がまんがまん〟だ。

しかし、公道コースとはこうも特殊なのか、レースをするための道路ではないから当然だが、第一に路面の凹凸がひどい。スポーツカーでも70や80㎞／hの低速では、ボンネットやドアその他、あらゆる個所からガタピシガタピシ、やたらと音が出る。100㎞／hを越えてしまえばオープンカーの風きり音で聞こえないが、その振動は車体各部のボルトや溶接した個所に大きく影響し、部品、時には車輪が外れるのも珍しくないという。それと、道路全体がカマボコ状という程ではないが水はけのために湾曲している部分が多いのが目立つ。それでも日本の国道舗装率40％弱、晴天ならホコリもうもう、雨降り

や泥沼の状態よりは立派だ。ギアコースはこういった構造の道路で成り立っていることを前提に、まずコースの概略を説明しよう。

ホームストレッチの中間辺りからスタートすると、いきなり150度位の右コーナー〔註A〕にかかる。瞬間的に前方が見えないが直ぐに約800mの直線になる。ここの路面が左の海岸沿い遊歩道側に湾曲しているので車は簡単に左側に寄せられてしまい、最悪では石造の防波壁に激突する。その直線の先はスタチュウコーナー〔B〕(Statue Corner：銅像のあるカーブ)と名付けられた右90Rカーブだ。道幅だけは4車線ある直線を右に曲がった所に樹齢数百年、幹周り3mはあるガジュマルの街路樹がはみ出し、左側はカジノがあるリスボアホテルの石塀が立ちはだかる狭い2車線に、横に並んだ5、6台がなだれ込むことになる。

前年の観戦では、どのクラスもスタート直後は、この第1カーブで多重衝突が起きていたから、優勝を狙うとかの前に、ここを如何に上手く擦り抜けるかが先決のようだ。そのカーブを150mも行けば、今度は右110Rカーブでセントフランシスヒル〔C〕(St.Francis Hill：聖フランシスの坂)という名前の上り坂が始まる。入り口こそ緩やかな坂を200m進むと、ドライバーには空しか見えない急坂に変わる。約500m続くこの急坂はホスピタルヒル〔D〕(Hospital Hill)の名前そのもの病院坂だ。左側高台はマカオ最大の病院で、高さ10mを超える石垣沿いの道路だ。石垣の上には看護婦や医師、白い入院服の患者、兵士などの観客がレースを見下ろす絶好の指定席だが爆音飛び込む入院患者の病状が悪

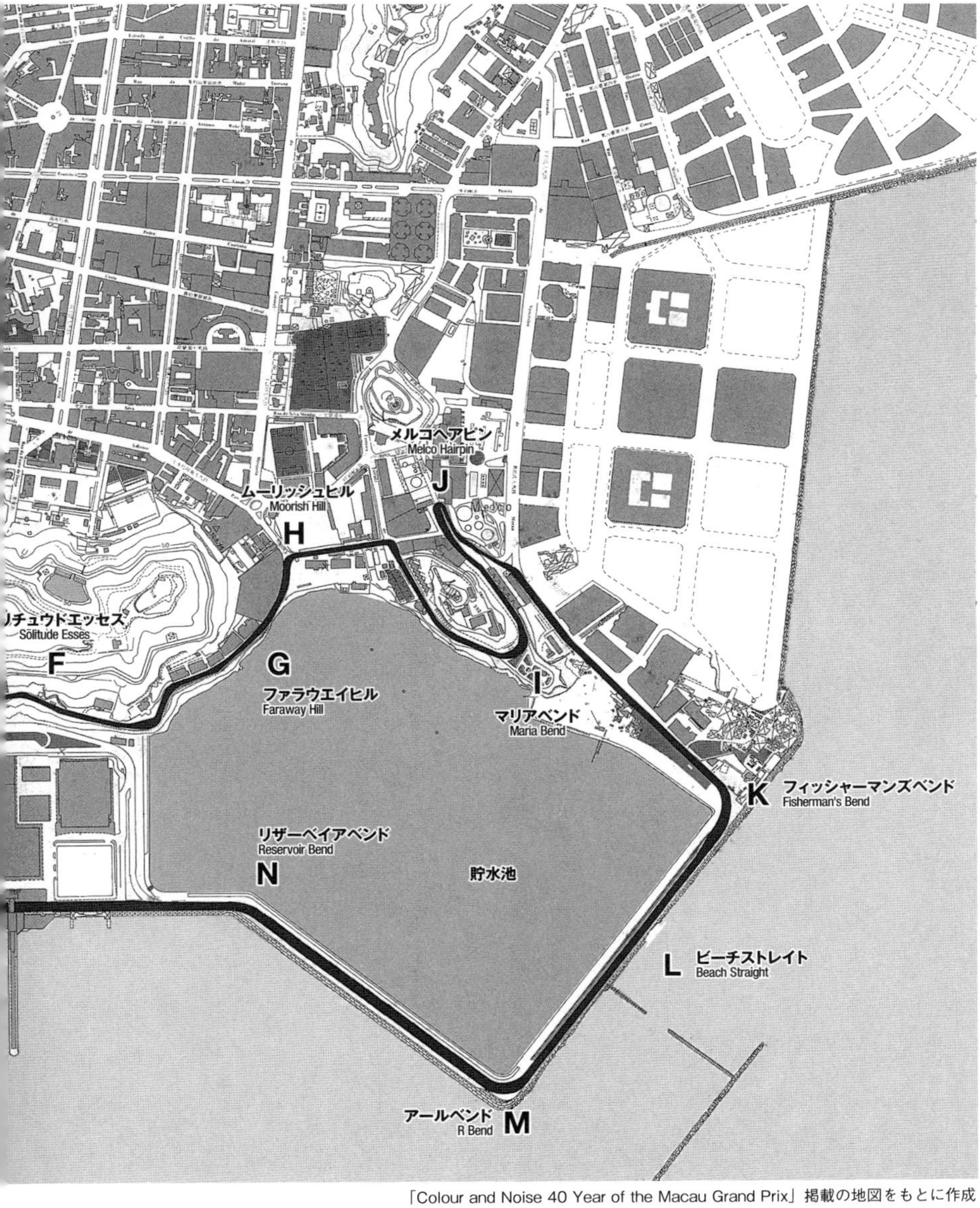

「Colour and Noise 40 Year of the Macau Grand Prix」掲載の地図をもとに作成

1960年代のマカオGPギアサーキット図

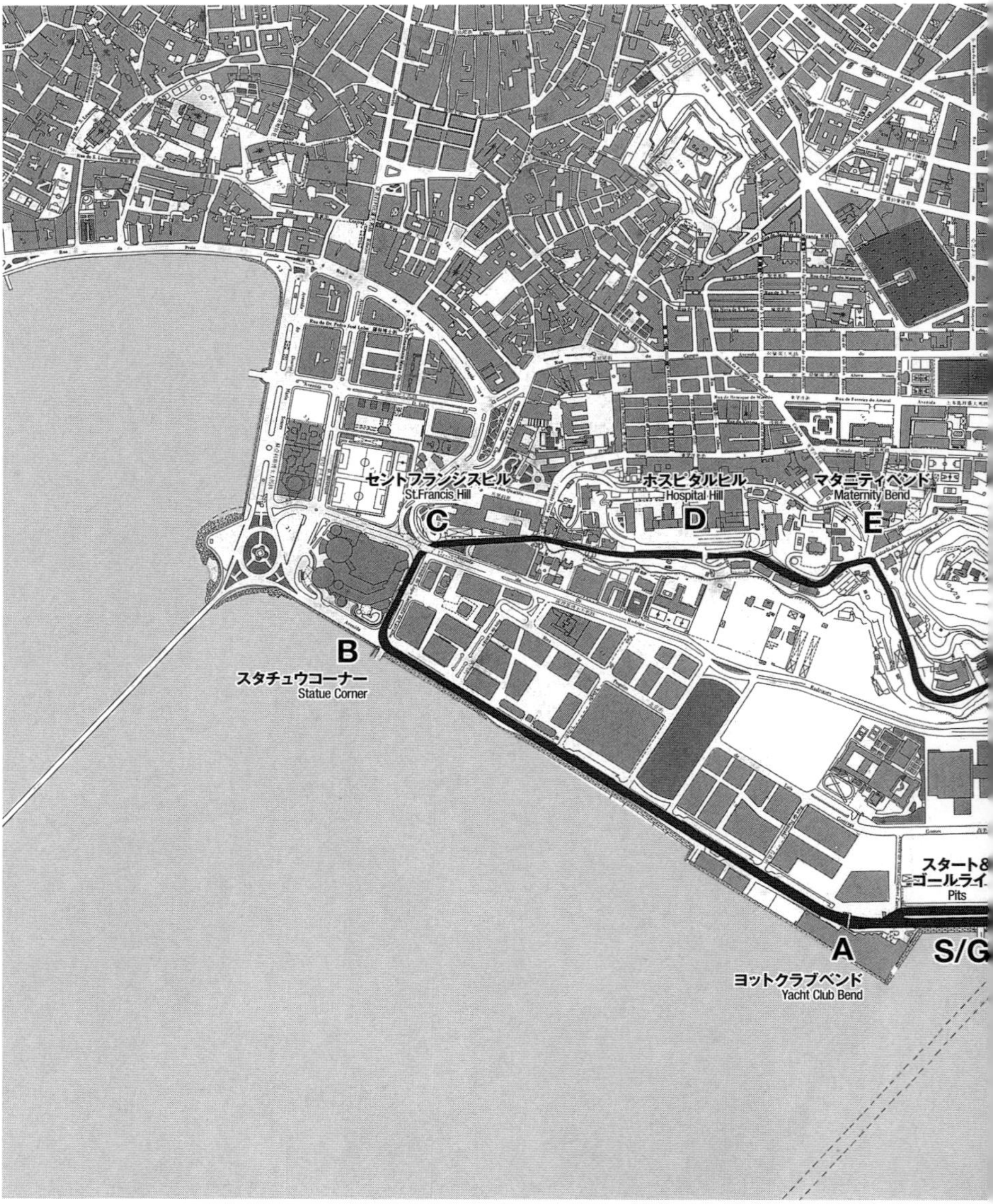

化しなけりゃいいが。

その右側は眼下にマカオの海を見渡すマツヤホテルや民宿が建ち並ぶ。この坂を登り切った途端、前方はどん詰まりだ。大木や大きな石がめり込んだ土手が立ちはだかり、左直角に道路をねじ曲げている。さらにマタニティベンド〔E〕（Maternity Bend：産院のあるカーブ、妊婦さんのお腹）と呼ぶほどだから直ぐに右直角に曲がらなくてはならず、ここから約1・7㎞は続く山側コース（バックストレッチ）が始まる。この道は軍事要塞や燈台のある小山・ギア山の麓に沿っていて、フルサイズのアメ車だったら、擦れ違いに、どちらかが道を譲らなくてはならない狭さだ。大昔、山を要塞化した工事技術者がギアさんという名前だったようだが、この山道はソリチュウドエッセス〔F〕（Solitude Esses：ひっそりと静まったSカーブの道）と呼ばれるくらい曲がりくねり、普段は小鳥の鳴き声や東支那海からの海風が大樹の枝葉をゆらす音ぐらいしか聞こえない寂しい場所なのだろう。その山道に点在する富裕層の邸宅門前をかすめるように左へ大きく曲がり、500m程のファラウエイヒル〔G〕（Faraway Hill：遠くの小山）を過ぎると、また直角の右コーナー・ムーリッシュヒル〔H〕（Moorish Hill：ムーア人墓地がある坂）に出る。ここは緩やかな直線の登りだが、僅か百mほど60m駆け上がると丁字路にぶつかり、今度は110R位の右カーブだ。この丁字路の正面には瀟洒なスペイン風の邸宅があって、度々レース車が門から飛び込むという。

この邸宅から山道の続きを行くと、右側に貯水池と海を見渡す岬に沿って、ポルトガル女王：ドナ・マリアに因んだマリアベンド〔I〕（Maria Bend：マリアのカーブ）になる。左に30Rほど、大きく曲

がるブラインドカーブを曲がりきった所から道は一気に下り、10R程度の右へアピンになる。ここは、マン島TTレース・マウンテンコースと同じで、歩行速度並でなければ曲がれないヘアピンの名前そのものだ。おまけにマリアベンドからの下りだから、オーバースピードで止まりきれない車は確実に正面の石垣に激突するか、一旦バックして切替えるかのどちらかだ。この名所（迷所）メルコへアピン〔J〕（Melco Hairpin：メルコさんの髪留めピン）を無事に右へ曲がると視界は一気に広がり、海を見下ろす直線をエンジンの加速力いっぱいに駆け下る。もう山道は終わり、ホームストレッチに続く直線の最初だ。

ヘアピンから約600mで110Rほどの右カーブ・フィッシャーマンズベンド〔K〕（Fisherman's Bend：漁師さんのカーブ）になるが、内側の貯水池と外側の海岸に挟まれた3車線分はある道幅だ。山側とは様変わりの道路だが、砂や小石混じりが浮く路面だからセオリー通りの走り方は難しい。直線部分の最初のカーブからビーチストレイト〔L〕（Beach Straight：海岸の直線）が500mほど続き、右直角のアールベンド〔M〕（R Bend：右カーブ）に入るが、直線スピードがのった後のカーブだから、オーバースピードの車がしょっちゅう海へダイブする。アールベンドから140R位の大きな左の曲がり・リザーベイアベンド〔N〕（Reservoir Bend：貯水池のカーブ）を通過すれば、いよいよ800mはあるホームストレッチのスタート&ゴールライン〔S／G〕、これで6・12㎞の一周だ。

この、ややこしいコースも慣らし運転だとドライブ気分で楽しいが、ピットから斜め上の矢印サイン

が出され、エンジン回転を80％に上げてくると風景は一変する。ようやくレース車らしい走りになれば、ここは〝障害物の中にコースがある〟ということだ。一昨日、エリーゼと試走した時に、コース脇の大木や祭りの大太鼓みたいな大石には、麦わらや干し草を押し込んで白いカバーをしているように見えたので、危ない所はちゃんとバリアーしてあるんだなーと思ったが、ただ白いペンキを塗りたくっただけではないか。何なんだ、このコースは⁉　呆れながら他を見回せば、どこもかしこも同じだ。最高スピードで疾走する直線コース脇の地べたに新聞紙を敷いて座り込む見物人との境は、古びた竹ざおの柵を立てかけた仕切りだ。時代劇映画で罪人の磔処刑場に出てくる竹垣そのものだ。これじゃあ毎年のようにレース車が飛び込む惨事が起こるのは当然だな。日本なら専用サーキットだけでなく、オートバイレースの仮設コースだって、明らかに危険な箇所にはそれなりの土嚢や逃げ道があるのが当然なのに。ここでは第1カーブで曲がれなかったら、真っ直ぐ街の中まで行ってしまえる所と、高速コーナーのRベンドが曲がれなかったら、そのまま海へ飛び込める安全策があるくらいだ！

スピードレース後進国の日本で、いきなり近代サーキット鈴鹿が出現し、リスクの大きい競技にはそれなりの安全策が最低基準であることを教えられたようだが、ここ、白人の思いつきや実践には僕らと基本的思考が違うようだ。ならば、ここでは鈴鹿での感覚や、ましてメーカーチームでのレース体験などは捨て去るのが先決だ。慣熟走行中、このカーブは鈴鹿のあそこみたいだから、こう走れば良いだろう、とか僕自身の体験で比較し、結構走れそうなコースの予感を持ったが、いざスロットル全開にすれば丸っきり勝手が違う。思ったようなブレーキングもカーブの曲がりも出来ないのだ。鈴鹿のセオリー

は通用しない。いかに狭い道幅であっても、端から端までの面積を目一杯使う方が理想的なラインが取れそうだが、そんなことはできないコースだ。とくにカマボコ型をした路面では、車の動きに逆の作用が働いてしまい、二輪なら逆バンクという具合だ。律儀に左や右側から入っていったら、しめたっ！とばかりに内側に入られてしまう。〝危ねーじゃねーかっ、お前はスポーツマンシップを知ってんのか！〟〝いや、知りません〟って調子。また、直線部の高速コーナーなら、BSタイヤのグリップが良いのを見せるように走れると思ったら、これが出来ない。路面もまあ平坦で道幅も充分に広いのだが、小砂利や海砂で汚れ放題だから道端に寄れないのだ。とにかくプラクティスの残りが2周になって分かった、なるべく道路の真ん中を走るしかない！

次の日、中村の「車の調子はどうですか？」に、正直言って、この車のどこを直すとか、どうセッティングして欲しいなどの考えが浮かばない。あまりにも鈴鹿とは条件が違いすぎるのだ。ただ一つ言えるのは、ブレーキにはもの凄く過酷なコースなので、フェードやブレーキライニングの焼き付きなどがなければ良いが、ということぐらいしかない。前年参加のいすゞチームのベレルが度重なるブレーキトラブルで惨敗した経緯から、このコースの過酷さに耐えられる国産車は皆無だろう。このことは僕が危惧するより中村が一番良く知っていた。彼らは慣らし運転で僕より多く走って何もかもお見通しなのだ。一つ間違ったら命取りになることも、コースアウトしたら車はグチャグチャになることも、そして僕らのスピットファイアには総合優勝を狙える性能がないこともだ。メーカーとは違い、出来ることは限られているプライベートチームだから現状の性能で走るには差し当たっての不具合はないこともメカニッ

クは承知している。僕らは小さなチームだが、メカニックやヘルパーがドライバー以上に全体を把握しているのは何とも心強い。僕は安心した。

2回目のプラクティスでは、概ね全開走行も含めて17周をこなし、予想通りというか、車の性能から見れば、3分10〜13秒程度なら安定して走りきれる目安がついた。トップクラスは2、3台のロータスエランが3分8〜10秒位で走るが1600ccだから当然だ。タイムは速ければ良いに決まっているが、仮にトップクラスがスタートからぶっちぎったとしても、遅すぎる車にコースをふさがれるケースがしょっちゅうあって、ここのレースでは絶対的ではない。とにかく僕は、車を壊さない・クラッシュなんてとんでもない・車の性能いっぱいの走りをする、に徹すればいいのだ。金原オーナーも「とにかくリキちゃんケガだけはしないで」マネージャーの水出も「ロータスの前を走ろうなんて無理すんなよっ、でも、他のスピットファイアには負けたくないよなー」。その気持ち良ーく分かります。

その晩は久しぶりにチーム全員での食事で、メーカーチームとはまったく違う和やかな雰囲気に、僕はすっかり精神的な安定を感じた。でも、明日はどうなるか皆目見当もつかない。

ディーラー契約ドライバー

読めそうで読めない現地の新聞に『第十二届澳門格蘭披士大賽』の見出しが大きい。第12回マカオグランプリ自動車レース大会の広東語表示だが、レースの記事を日本語に翻訳すると面白い。十二届＝12回、澳門＝マカオ、汽車＝自動車で、日本の汽車は火車だ。賽車《チョイチェ》＝レース車で、まさにサイコロの賽、

バクチの国らしい訳し方でサイコロと同じく結果が分からない車という意味らしい。ドライバーも＝駕駛人、確かに駕籠だ。因みにトライアンフ・スピットファイアは凱旋牌噴火型となる。広東語の記事は発音か言葉の意味を漢字で表わすので慣れてくると少しは分かるようになる。

１９６５年（昭和40）11月27日（土）は、その＝ＧＰレースの初日にふさわしい快晴だ。僕が出番のＡＣＰトロフィーレース30周は11時スタートだが、８時半から30分、ＧＰクラスとＡＣＰの公開練習が出来るので、軽く流してみるとかなり調子が良い。スタート順位は21台中12番手となった。僕以外の出走車を見れば、ロータス・レーシングエラン（１５８２cc）：３台、エランＳＴＤ：５台、トライアンフ・スピットファイア（１１４７cc）：４台、オースチンヒーレー・スプライト（９４８cc）：３台、ホンダＳ６００（６０６cc）：２台、ＭＧミジェット（１０９８cc）：１台、ＭＧＢ（１７９８cc）：２台、アルファロメオ（１６２２cc）：１台だ。この中の５強には１６００ccクラスのロータス・レーシングエラン勢に１台のルマン・トライアンフ・スピットファイアが混じる。この車は、ルマン24時間レースに出場したファクトリーチューンのパーツを惜しみなく注ぎ込み製作されたルマン型マカオ・スピットファイアとも呼べるレース車だ。これはＺＦ社の会長でもあり、東南アジアのレースに古くから出場している、元英国軍人のウォルター・スルケ氏の肝入りで製作されたスペシャルモデルという。新聞の報道でもロータスＶＳトライアンフと騒ぎ立てるほどだから今年のマカオＧＰの目玉には違いないが、僕のトラとは雲泥の差、まさかこんなのが同じクラスとは…トホホもいいところ、とにかく速いのだ。

すでにマカオＧＰでの成績が東南アジアの販売に大きな影響を持つことを知った香港界隈のディーラーが、正に覇権をかけて投入したチームハーパーのロータス勢に対抗するスペシャルトライアンフだ。日本でいきなり自動車レースが始まり、日本ＧＰがいきなりメーカー対抗のレースになったと同じように、純粋にレースを楽しむ愛好者たちが企画し、開催したマカオＧＰも有力ディーラーやインポーター（輸入車企業）のチームが主導権を握るまでになってしまった。

この数年来、常に上位陣のロータスレーシングエランは香港のディーラー、ハーパー自動車のチームだ。そこのドンであるボブ・ハーパー氏は、１９５４年の第1回からチームハーパーとして優秀なドライバーと車を送り込み自社ＰＲも熱心だがＧＰ運営にも大きな貢献者だ。彼の祖父がT型フォードの販売店を香港で開いたのは１９２０年頃で、今でも広東人はフォードをハーパーとも呼ぶらしい。そのハーパーのチーフドライバーは英国でレース経験の深いジョン・カーク、対するトライアンフは英国系中国人のアルバート・プーンで、両者ともマカオ及び東南アジアレースの常連であり、有力ディーラーの契約ドライバーだ。モーターレーシングに商業主義が入り込むのは避けられない宿命がここにもあるようだが、そんなことにはお構いなく、趣味を貫き通すグループと互いの領域を侵さずに上手に融合しているのも面白いし、日本もそうなっていくのだろうか。

８時半からのレース前公開練習が終わり、パドックにはシルバの親父とエリーゼ、ルシア、クリスの三人娘も弁当持参で来てくれていた。「ママは？」に「とてもあんな怖いもの、見たくもない、リキは何でレースなんかするんだ？」って家にいるという。

やがて僕らのACPレース開始の合図でコースインが始まった。コース1周のフォーメーションもなく、最前列にルマン・トライアンフ：A・プーン、ロータス・レーシングエラン：J・カーク、同エラン：K・ポーの3台が並ぶ。何台かの車はハードトップの屋根をつけているが、基本的にはオープンスポーツカーばかりだから日本では見られないドライバーの表情や仕草も良く分かり迫力満点だ。ただ誰が、どんな車が凄くて速いのか、丸っきり分からない、というか知らないから気が楽だ。

勝手が違う初の異人さんとの勝負

オフィシャルがスタート3分前のボードを掲示する、嫌な3分間はここでも同じだ。さらに左側は海の岸壁、右は土嚢のバリアに囲まれた狭いコース上に、全車が始動したエンジンの排気で熱せられた空気と快晴の気温で陽炎が立つ。先頭車列の7、8m前方の道路上を横切るワイヤーに吊り下がったシグナルライトの赤が、ゆらめく炎に見える。さらに低い車高から信号を見上げるので余計に見づらいのだ。

僕のすぐ前にいるのはMGBとスピットファイア、それより前には3台のレーシングエラン、1台のSTDエラン、それにルマントライアンフなどだ。右に並ぶMGが動いたなっ！　そう思った瞬間シグナルが青だ。轟音の中、何が何だか分からないまま1段ギヤから2段へ入れながら大きな右カーブへ。道幅が広いこの個所に、右も左も後ろも前も、こぶし2、3個分の間隔でギチギチに固まった一団が、正になだれ込むとはこういうことか。まるで西部劇、騎兵隊の進撃場面だ。とにかく危なっかしくてしょうがない、どけっどけって！　棒きれでもあれば振り回したくなる。その固まりが巻き上げる小石や

小枝、葉っぱ、道路上のすべてのゴミがオープンカーの小さな風防を飛び越えて顔面にぶち当たってくる。このレースのために大枚はたいて購入したレスレストンのヘルメットやスタジアムのゴーグルに傷がつきゃしないか…はしたないものだ。日本にはない本格的なオープンスポーツカーレースを初経験した僕の感想は、〝とにかくオートバイレースよりもひどい〟。

その状態のまま、右直角、道幅もいきなり半分になる第1カーブが迫るが、どうするんだ…この流れで突入したら、どの車かに激突するか、弾き出されるに決まっている。そう思った瞬間、スロットルをほんの少し戻すと、何台かの後続車に抜かれながら一団の流れは左に寄っていき、第1カーブ入り口の右にぽっかりと大きな空間ができた、しめたっ！　左側から進入しようとする2、3台の内側にフルブレーキングで飛び込む、僕の左のロータスと接触ギリギリだ。僕の車は参加車唯一の左ハンドルだから、ロータスドライバーの顔が左側に接近する〝危っねー、どっきゃがれっ！〟飛び出す罵声とゴーグルの中から睨み付けた形相にビビッタか、僕が先行する。案の定、後ろでガチャンガンガンと激突したような音がする。そんなことは構っちゃいられない、早くに次を右折して直線の病院坂を駆け上がらないと大変なことになる。幸いに第1カーブを上手く擦り抜けたので、直線で抜かれた台数以上の前に出た筈だ。多分10番手位だろう。

前方は青空しか見えない勾配の病院坂を3段ギヤ全開で登り切ったと同時に、フルブレーキングをかけながらハンドルを目一杯左に切って車の向きが変わった瞬間、今度は右直角のカーブにハンドルを切り替える。この二つの直角カーブが連続するマタニティーベンドから本格的なマウンテンコースだ。約

1・7㎞ほど、くねくねと続くここで、後続車に追い立てられても、僕がよほどの親切心を出して道を譲るか、車の性能とドライバーテクニックが僕より2、3割上でなければ彼は僕に従うしかない。その逆で、僕の前を走るのがいれば僕が従うしかない。先ほど大変なことになると言ったのはこのことで、幸いに後ろから追い立てられることはないが、前方に見える2台に追いつくのは難しい。仮に彼らに接近していれば、マウンテンの中で、どうにか追い越せるマリアベンドの大きな左カーブだが、慌てなくても直ぐに彼らのテールをつつく距離になれるのは分かっている。それはマリアベンドを抜けると一気に下り坂になって、1台ずつしか曲がれないメルコヘアピンになるからだ。ここは何台もの車が固まった中を抜け駆けしようにも、アウト側の石垣に激突するか、前車のイン側に入ろうとすれば右側の石柱に右ドアか後輪をひっかけるのが関の山なのだ。

やむを得ぬ順番待ちのように、鋭角カーブを曲がり終えた瞬間から直線コースを組み合わせた3㎞の区間が始まる。数珠つなぎのように、トライアンフ、MGが曲がりきるや、ここがスタンディングスタート地点のように僕も1段ギヤからの全加速で2車を追う。ヘアピンからの下り坂で、遙か先の直線を行くチームハーパーのレーシングロータス勢とルマン・トライアンフの先頭グループが4、5台、少し離れた後にロータスエランとオースチンだろうか、2台が視界に入る。そして僕の前に2台、やはり10番の位置だ。加速競争が始まった僕ら3台グループは2段3段へと後輪の駆動力が増すリアの沈みが一様に同じで、車間距離も変わらない。こうなると〝まてよ、同性能なら直線で抜けるわけがない…〟。直線から直線へのカーブは幅も広く、サーキットで走り慣れた形状だからアウトいっぱいから高速でイ

ンに入り込めば良いのだが…。慎重に最初の右カーブ・フィッシャーマンズベンドで前車に少し離されながらも路面を見れば、案の定、道半分は土砂などの汚れ放題、スピン間違いなしだ〝この状態じゃどこかに仕掛け場所を探すしかないなー〟。1回目のメインストレートを過ぎ、右150Rのヨットクラブベンドも、4段の全開から僅かにスロットルを戻しながら入ってみる。次の周から、ここはフルスロットルで大丈夫な感触だが、右でも左でも道路の端に車輪がかかると、左なら岸壁、右なら竹垣越しの観客へ、車は自然とその方向に向いてしまう彎曲道路だから、ほぼ真ん中を走るしかない。そのような思いの内に、前車との距離が少し開いてしまったが、第1カーブから先はマウンテン、当然に元の車間距離に戻り僕が彼らを追い回すことになる。性能差が互角ならばどこで、どうすれば2台の前に出られるかだが、前車のテールをつつく程に迫っても、この連続S字での追い越しは難しい。少し広めのマリアベンドで仕掛けるにしても、前車がカーブミスをするかエンジンブローでも起こさない限り無理だろう、暫くは、しつっこく食らいついて相手のミスを誘うか、僅かな油断を突くしかない。

現地の新聞で見たトライアンフ・スピットファイアの広告に『INSTANT RACINGCAR』とあるようにスピットファイアのハンドリングは軽快で、小気味よいコーナリングを可能にしてくれる。これはライバル車も同じで、後方から見ていると、うねりの多い路面でも車輪が良く上下に緩衝する柔らかいサスペンションなのに車体のロールが少ないのが分かる。ただ、山道の低い速度、といっても130㎞は出ているのだが、横Gが大きい高速コーナーではどうだろう。道路清掃が無きに等しいここの路面では、大きなコーナーでも思いっきり飛び込めはしない。それにしても、前を行く2台を強引に抜

こうと思えば抜けないこともないが、よほどの速度差でない限り、この山道では〝追い越し禁止〟の不文律があるようだ。ここでは多分、強引なパスを仕掛けられた相手の逃げ場は石垣に激突か、崖下への転落になってしまうからだろう。スピードレースは生命へのリスクを背負っていても、それは自己に向けられたものであって、絶対に相手に及ぼすのは許されない競技だからだ。

2周目も3周目も同じ体制が続く。しかし4周目に入って第1カーブへの備えをしながらの直線でコースの雰囲気が何かおかしい。イエローフラッグは出てもいない。チラッと目を右にすると観客席に救急車や兵隊、混乱する群衆などの動きが見えた。前の周かその前に大きな事故があったようだ。場所からすればメインストレートの先だから、右カーブのインに寄りすぎた車が右側の観客席に飛び込んだに違いない。うっかりして路面の肩に車輪がかかると、高速になるほど車はあっという間にコース外に向かってしまうから厳重注意だ。多分、大惨事になったのは想像できるが、それよりも事故ったのは〝僕の前にいた車か、それとも後ろか？〟の方が気がかりなレーサーの…非情な心根だ。

5周目のピットサインで僕の順位が上がったことが分かり、事故はオースチンヒーレー・スプライトかロータス・エランのようだ、〝前を行く2台もつぶれてくれれば…〟悪な願望もよぎる。〝そんな他力本願じゃーダメだっ、お前も同じ目に合うぞっ！〟。やはり真っ当に勝負だ。あと25周ある。それにしても、このマウンテンはどうにかならないものか、そればかり思いながら、今の走り方では相手がミスをしない限り何の変化もない。毎回のヘアピンでは、前車のリアに接触するくらいの車間で加速に入っても抜き去るだけの力はない。〝ちょっとヘアピンから立ち上がる加速の方法を変えてみよう〟。今まで、

1段で曲がり全加速して2、3段とギヤアップをしたが、ここは下り坂だから早めに2段アップでも充分な加速力が得られるかもしれない。

6周目のヘアピンで、この操作に変えてみるとグーンとのび、前車のテールから一気に横に並んだ、〝しめたっ、これで抜ける！〟すかさず3段に、横のスピットファイヤも少し後れて3段へ、次のカーブへ600m直線の加速競争だ。同じ車種だから、どういう操作をするか、速度の限界は手に取るように分かる。3段を使い切る頃、僕が一車身ほど先行する、相手も4段にアップの時だ。〝よし、抜けるっ〟と思った瞬間、えっ？ えええ、なな何っ？ 相手の速度がグググッと伸び、僕の右横へ。横向きに見合った相手がニヤリとしながらズルッズルッと前にせり出した。僕は唖然とした、何なんだあれは、そんなバカなっ…。理解したのはカーブで先行されながら抜けてからだ。外車の知識に弱い僕は聞いたことを思い出した、オーバードライブ付変速機だ。

そのトラは2、3、4段の時に各ギヤのレシオを0・8％位高めるギヤが付いているのだ。それは標準車のトップギヤスピードが170km／hとすれば、オーバードライブ（OD）を入れることで、エンジン回転数が同じでも速度が10km／h強上回る。その操作はステアリングコラムにある短いスティックの電磁スイッチのON、OFFで切替えるようだが、僕がスバル在籍中に使った副変速機を電気化したものだ。そうなると…〝さーて、どうすればいいか〟だ。それに、あの侮辱的なニヤリは何だ、オレが日本人だからか、白人特有の蔑視か、とても許せん！ どうしてくれようか。理論的な考えと、ずる賢い策も頭の中を駆け巡る。

もはやエンジン排気量も車の性能も違う先頭グループに追いつける筈もない。出来るのは前を行くトラとMGを抜き去ることだが、僕に有利なのは直線部分の大きなカーブに…、〝あっ、そうかもしれない〟突如気づいたのはODの弱点、使い方だ！　スバルでもそうだった！　〝よっし、確かめてみよう〟。理論的には相手のトップスピードは僕より上回るのだろうが、ODの効果が出るほど直線距離は長くない。そうなるとODの強みは立ち上がり加速と、小刻みなギヤチェンジが可能なマウンテンだが、それはODを巧みに操作出来ての話で、大方のドライバーはODに入れれば速度が上がると思っているだろう。前車に追従すれば、トップギヤ（4段）＋ODの最高速度から第1カーブの進入は、ODを解除して標準の4段から3段への減速には一拍の時間がかかるのが車の挙動で分かる。さらに僕に追い越される心配がないと思っているのかインがだいぶ空いている。チャンスだっ、この一拍の隙をついて、強引にコーナー右端のガジュマルの大木すれすれに入り込むと、まさかっ、と慌ててギヤミスをしたらしい車のふらつきが左ミラーに映る。3車身は空いたろうか、聖フランシスコヒルの右カーブから病院坂を駆け上がる、10周目だった。かなり前方にMGが見えるが、今度は僕がODトラに追われる番だ。だが、邪魔者が居なくなった前方からの風が軽くなったのを感じながらムーリッシュヒル、マリアベンドを駆け抜けヘアピンに近づく。後方のトラが必死に追い上げてくるのがミラーで分かるが、ヘアピンで直ぐ後ろに着かれる距離ではない。それでも加速競争になれば分が悪いのは僕の方だ。追われる辛さは前年の日本GPで嫌になるほど経験している。あの時は、会社の命運を懸けて3台も4台もの競り合いだったから、たった1台のトラに追われる今とは違う、まして相手は香港の中年実業家らしいアマチュアドラ

イバーだ。フィッシャーマンズベンドへの直線加速で3段にギヤアップした頃、後方はヘアピンを抜け出したばかりだから車間距離は充分に空いた。

11周目を過ぎ、ホームストレッチで150mほど前方のMGを追い上げ、第1カーブから病院坂へと迫るが、トラのエンジンより600cc大きい1800ccの粘りは山道に強く、なかなか距離が縮まらない。退屈で疲れる周回が続き、残り10周辺りの海岸ストレートから右90RのRベンドを抜けた所でスピードダウンしているロータス・エランをパス。この右カーブはオーバースピードで海中にダイブする場所だから、多分オットットッになったのだろう。この後は特に変化もなく30周を終了した。

ピットに戻ると早々にメカニックがボンネットを大きく開き「うわっ、何ともなっていない！」中村が飛び上がらんばかりに叫ぶ。オイル汚れが当たり前と言われる英国車エンジンらしからぬ綺麗さと、故障もない状態に、見入る満足げな笑みと静かさは役目を果たし終えたメカニックならではだ。水出マネージャーが「リキ、よーくやった、上出来上出来、できすぎだー」金原オーナー夫妻、笠野、みんなの祝福には最初の不安も消えた。最初から僕らの参加なんか目もくれなかった香港のディーラーのマネージャーも駆けつけ、しきりに賛辞を述べる。彼にしても、外国からのポッと出が自社取り扱いのトライアンフで活躍するとは思ってもいなかったのだろう。

水出マネージャーがレース結果を報告する。総合1位：ジョン・カーク、ロータス・レーシングエラン、1時間37分50秒7、ベストラップ3分06秒。平均ラップ3分15秒3でJ・カークはこのレース3連勝だ。2位：アルバート・プーン、ルマン・トライアンフ、1時間38分33秒7だから1位に後れること

43秒だ。3位：C・チン、ロータス・レーシングエラン。出走21台、完走13台だから完走率62％だ。さらにルマン・トライアンフも加わる4台のDクラスの内、ルマンモデルは特別仕様車であることと、総合入賞者はクラス賞から除外されることから僕が総合7位、クラス優勝のようだ。夕刻になって、結果が発表され、僕が正式にDクラスのウイナーとなる。そうなると話は変わってきた。即ち、クラス優勝者はGPクラスへの出場が認められるという規定から、水出マネージャーは翌日のGPへの参加申請をするのである。それでも僕には、まだ本当にクラス優勝になっているのか疑問で仕方がない。その晩、チーム全員でのささやかな夕食会も、ただほっとした感慨と今回の車では、予想以上の成績に金原オーナーの顔も明るい。そして、明日の予期していなかったGPへの出場も今日の平均ラップタイム3分20秒位を保てば60周も大丈夫とメカニックが太鼓判を押す。ただ、今日の倍近くの距離では1回の給油が必要なのと、タイヤを新品に変えなくてはならない。

11月28日（日）、第12回マカオGP開催の朝も上天気だ。13時スタートに合わせるように僕らの準備は進む。ところが、昨夕にGP参加の申請を出した水出マネージャーが顔を真っ赤に怒らせながらパドックに戻ってきた。結果は出走不可、ということ。主催者オフィシャルの説明によると「ACPレースのクラス優勝者はGPに出場することができる、ただし、主催者の決める出走台数に余裕がある場合に限る」の規定から、出走枠がないということらしい。水出が「それなら、なぜ昨日言ってくれないんだ」と食い下がったら「昨日の時点では分からなかった」。良く分からない回答だ、出走車がいっぱいではないのに…。ここのレースは車輌規定でもFIA規定に沿ったりそうでなかったり、オフィシャル独自

GPウィークには地元新聞もレース一色

1965年マカオGP ACPトロフィーレースは、ロータス・エランとトライアンフ・スピットファイアの激突で、レース前から話題を集めた。

決してコースが広いとはいえないギアサーキット。なかでもACPレースは、スターティンググリッドに、身動きがとれないくらいのレースカーが並ぶ。

ACPトロフィーは総合7位、Dクラス優勝で終えた。ACPトロフィーのクラスウイナーはマカオグランプリへの参加が出来るということで喜び勇んだのだが……。左側はプロダクションレースで3位の鈴木誠一。隣は日産チームのヘルパーを務めた女優の夏川かほる。

の判断が先行したり、運営に未整理なことがあると聞いていた。やはりそうだったかと思うしかない。当時の日本の自動車誌は、僕がGP出場タイムの3分35秒に達していないから出走できずと報道しているが明らかな誤りだ。こういった情況に、金原オーナーもGPクラスへの出場をついに断念、僕のマカオ初陣は幕引きとなった。

その晩、代表的なポルトガル建築の市民ホールで表彰式パーティーが開催された。男はネクタイにスーツ。夜会服の政府高官夫人や主催者関係婦人の姿もある。

ポルトガル領マカオ政庁総督が、GPレースイベントが盛況裡に開催されたとの賛辞をポルトガル語で述べ、レース主催者の講評から英語に変わり、欧州人特有のジョークを交えた中にも、どことなく格式を感じる表彰式が進む。僕の出場したACPトロフィーレースの賞典授与になり、クラス優勝のカップを手渡された時、やっと〝ああ、本当だったんだ〟の感激が湧く。プロダクションカークラス3位の鈴木誠一は日本車・ブルーバードで日本人ドライバーが入賞した初めての快挙だ。日産チームヘルパーを務めた女優の夏川かほるもカップを持ちながら「ホントに3位なんだ」に日本人グループの笑いが起こる。初の外国のレースではこちらが解釈しているのと違うことがたくさんある、やはり思いは同じ、ともに授与カップで実感だ。

一通りの賞典授与が終わり、いつの間にかカクテルパーティーの流れになっているタイミングの良さに、最初はぎごちなかった日本人グループも何かと話しかけてくる外国人との談笑が始まる。海外渡航

自由化からやっと一年だ。今後はこういった国際交流が普通になるのだろうと思うと感慨深い。

来年も、とは言ったものの…

翌日の朝、シルバが子供達に「今夜リキの夕食会をするから早く帰ってこい」と朝から叫んでいる。丁度、帰国の荷物まとめをしていたので、預けていたパスポートを思い出した。「リキは本当に明日帰るのか?」「本当にって? そうですが、それでパスポートを…」すると、話はややこしくなってきた。要するに、もっと長く居ろ、そして僕にここで暮らせ、仕事も住いも世話するから心配ない、と言い出す。僕はてっきり冗談と思っているから笑いながら「ええ、それはいいですねー」と言えば「それじゃーパスポートは俺が持っておく」と嬉しそうに相好を崩す。本気のようだ。それを証明するようにママも「そうよそうよ」の意味らしい広東語でまくし立てる。じょ、冗談じゃない。ひょっとしたら…ここの娘と一緒になれ…とでも? 僕は言葉に詰まった、「考えますから、またあとで話しましょう」。

夕方、長姉のエリーゼが帰り、ドライブに出かけた。市街は昨日までの賑わいも消えたが、GPの余韻が道路の後片付けに残っている。そのマウンテンコースの高台になるギア要塞跡に車を停め、父親が僕に帰国するなというので困った話をすれば「冗談に決まっているでしょ、そんな」身体をゆすって大笑の彼女に安心だ。要塞眼下には走り回ったコースが帯のように走る。その向こう側は大陸から流れ込む土砂に染まった茶色の海と普通の青い二色の海原が、夕焼けで黒ずんだレンガ色と朱色のコントラス

トに変わっている。その奇妙な海の色彩を互いに無口に眺めていたエリーゼが「さっきの父の話、私がちゃんと話すから心配しないで…。でも、皆んなリキが好きなのよ…。ここに居てもいいのよ、ファミリアでしょ…」しんみりと話す。僕も〝それでもいいかな〟と思うものの、いかんいかん、いかんっ、これは異国での特別な感情なんだ。危なっかしい思いに自制心が働く。

二度目になる家族との夕食会は、すっかり打ち解けて、確かにファミリーとはこういうものなんだとの実感がわく。僕にとっては生まれて初めての経験だ。娘から「お父さんが冗談言うからリキが困っていたわよ」ぐらいのことを言われたのだろう、「とりあえずパスポートは渡すけれど、必ず戻ってくるんだろうね」と念を押され、手にした旅券にホッ。やっと眠れる。

翌朝、香港に帰る汽船の波止場まで送りに来てくれたシルバに「来年も来ます。また泊めて下さい」そうは言ったものの、果たしてそんなチャンスがあるのだろうか…。それに、このレースに次も出たいと思う積極的な魅力があるわけでもない。それでも、そう言うしか言葉がないのである。彼が目をうるませながら「Ricky, you are future champion. お前は将来のチャンピオンだ」精一杯の気持が胸に染みる。

変わり行く日本のレース界

初のマカオGPから帰国すれば早くも師走。この一年、迷路の先の自暴の沼にもがき苦しみ、這い上がろうにも出られないところを救い上げられ、八百長レースに脅かされ、思いがけぬマカオレースへのチャンス、そして、奇妙なめぐり合わせの経験も。それらは師走の風に飛ばされる枯葉か、白昼夢か、遠い過去のように気抜けする。それに伴い、自分のこの先のレース活動への不安が再びくすぶりだすのである。

日本GP中止に代わる7月の全日本自動車クラブ選手権レース大会（船橋サーキット）も成功し、JAF加盟クラブ中心のレース開催も増えだした。それに呼応するように、噂でしかなかったサーキットが富士山麓に出来るという話が現実的なものになっていた。当初、日本ナスカーという米国のライセンス営業でストックカーレース場として企画されたが、レース内容も契約も白紙に戻し、コースレイアウトも変更した富士スピードウェイが完成、鈴鹿と同じくサーキット営業へ転換したのだ。

年が明けて1966年（昭和41）早々、クラブマンレース育成を唱っていたJAFは突然に第3回日本GPを富士スピードウェイ（富士SW）で開催することを表明する。鈴鹿での第1回、2回日本GPで過熱し過ぎたメーカー間競争を改める意味から耐久性と高速性能を重視した1周6kmコース60周・360kmのGPクラス（プロトタイプ・スポーツカー）をメインに、20周・120kmのGTカークラス（2

富士スピードウェイの誕生

アメリカ・ナスカーの技術を投入して建設された富士スピードウェイ。鈴鹿サーキットに続いて1966年には本格稼働した。高速オーバルコースとして誕生予定だったが（写真下）、全長6km、30度バンクを持つロードコースとしてスタート。

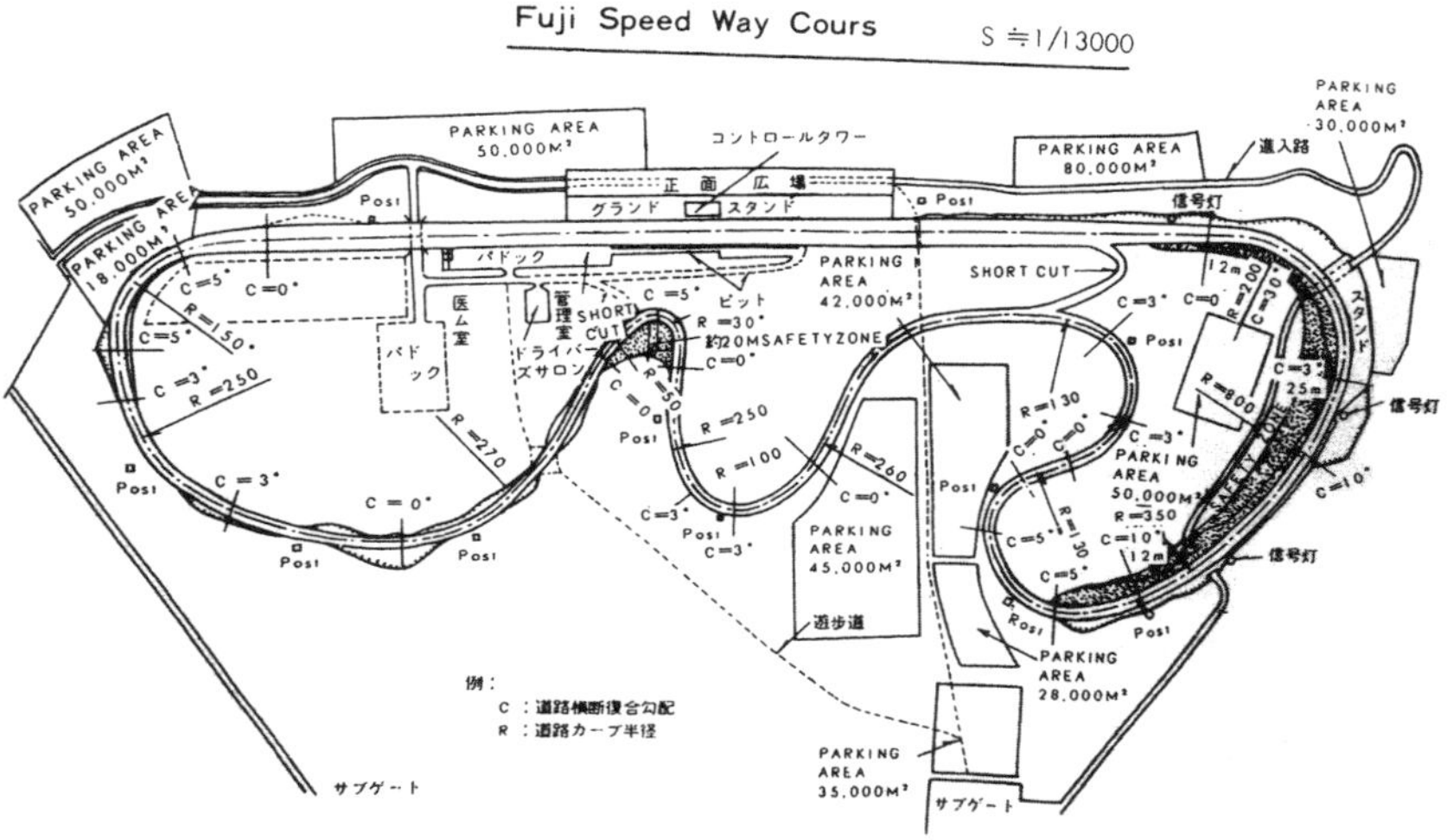

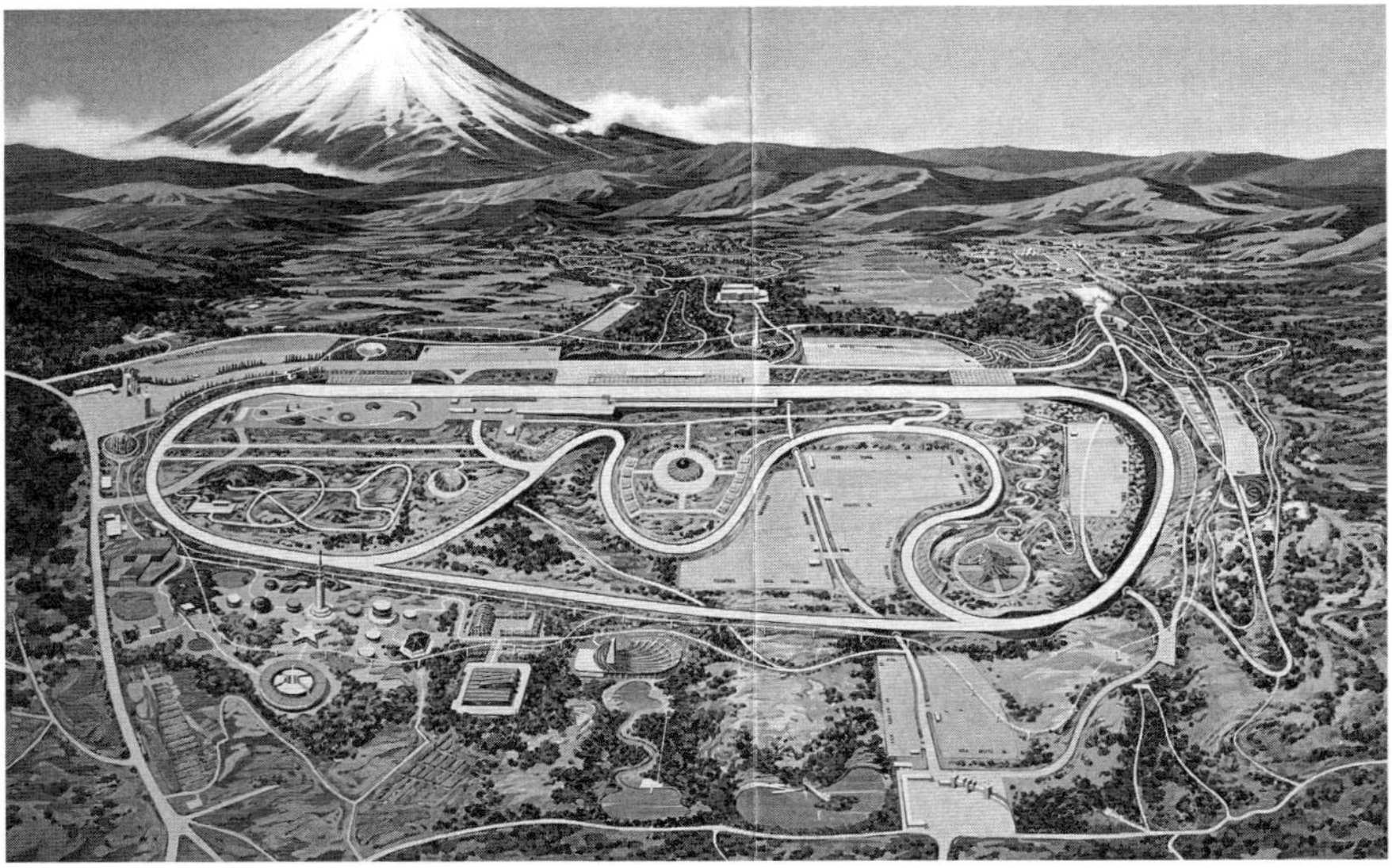

000cc以下）、20周・120kmの特殊ツーリングカークラス、それにコルトF3Aを開発しフォーミュラカーの普及に熱心な三菱自動車のコルトモータースポーツクラブの強い影響もあってFJ（1000cc）からF2（1600cc）混走のエキシビジョン10周の4クラスだ。

このクラス分けの目的は、メーカーが目指す技術開発優先のプロトタイプとクラブマン（プライベーター）が参加しやすい市販GTカーとツーリングカーに分けたものだ。とくにツーリングカーとGTカーの改造規定を大幅に緩めることで、クラブマンレースとともに進出しだした街のスピードショップやチューニングショップの出番も多くなることへの期待もあった。この方向は間違ってはいない。しかし、第2回日本GPの何でもOKと同じで、GTカーに至ってはプロトタイプと紛うものも登場してしまう。必然的に第1、2回日本GPのメーカードライバーや、その後にメーカー入りしたクラス、あるいはメーカーサポートの系列クラブドライバーが中心の構図は変わらない。それでも以前よりプライベート参加も多くなってきた。彼らの多くは富裕層か、あるいは生活を犠牲にしてまで、のめり込んだスピードマニアなのだろうが、瀧進太郎がポルシェ・カレラ6で、酒井正がフォード・デイトナコブラでメーカー勢に立ち向かうなど強者も現れる。

降って湧いたようなGP出場要請

こういったプライベーターの台頭はこれからも増えるのだろう、そして、資金さえあれば好きなようにレース参加が出来るのだろうが、僕にはどうしても、自ら大金をはたいてレースに参加する気持ちが

分からない。また、そうまでしてレースに出たいという気持ちが湧かないのだ。やはり、レースをするならメーカーチームの立場でやりたいし、メーカードライバーとしてやる価値のないレースには出たくないのだ。そういった気持ちの基を考えれば、僕のオートバイレース時代、レジャー指向のサンデーレースがいつの間にかメーカーにサポートされ、オートバイは何台でも乗れる、遠征費用も困らない立場になっていたからだろう。ただ、これは僕が特別に速いライダーというわけではなく、浅間クラブマンレースを機に、走れるライダーのいる有力クラブにはメーカーが何らかの援助をして、自社製品のPRも兼ねる構図が出来上がってしまっていたからだ。そのような環境から、レースへの意識も市販車向上や車社会の牽引者へと変化し、単にレースごっこをしているのではないという自負もある。やはりメーカー直属か香港のディーラーチームに見た何かのチームで走りたいのだ。僕の思考回路で第3回日本GPに出たいとなればメーカーからの話か、マカオの時の金原さんのようなオーナーがいて、諸経費は自分で賄うなり、スポンサーを探すことだろうが、現状では、そのチャンスもない。仮にメーカーから話があってもBSタイヤとの契約問題もあるので、おいそれとはいかない。それでもマカオをきっかけにメーカーの専属でなく、BS業務に支障ない範囲でワンポイント的な出場なら認められ、レース出場にはBSタイヤのテストとして試作品の支給も受けられるようになったのは有り難いことだ。それでも再開GPに走る機会がないならば、今度こそ日本脱出を決行するしかないという考えが強くなっていた。

2月始め、オートバイレース時代の吉田隆郎君から連絡があり大阪に彼を訪ねた。吉田は第1回GPにはフォード・タウナスで、2回目はフォード・コルチナロータス、いずれもプライベートでメーカー

に対抗し、それ以前にはポインター号オートバイ（新明和工業㈱旧川西航空機）でレースに出場、前年からダイハツのドライバーになっていた。

ダイハツは前年7月の船橋ＣＣＣからレース活動に入り、第3回ＧＰにダイハツメーカーチームとして参戦したいということだ。車はＧＰクラスにコンパーノスパイダーのシャシーにＦＲＰボディーを架装し、ＯＨＶ１０００ccエンジンのヘッドをＤＯＨＣに改造したＦＲ駆動のプロトタイプスポーツカー・Ｐ‐3を2台、特殊ツーリングカークラスにコンパーノ１０００を2台出すという。そこで僕の意向とＢＳとの契約内容を説明し、帰京後、ＢＳ担当者に相談すると〝ＧＰだけなら構わない〟となった。

吉田の推薦でダイハツと契約した僕は特殊ツーリングカークラスに出場することになり、もう一人のドライバーに寺西孝利が起用された。ＧＰクラスには吉田隆郎と、ヤマハでオートバイレースに出ていた久木留博之が乗ることになり、4人がダイハツメーカーチームで参戦することになった。

特殊ツーリングカークラスは、僕らのＴＳⅠ・１０００cc以下、ＴＳⅡ・１００１〜１６００cc、ＴＳⅢ・１６０１〜２０００ccの3クラス、20周・１２０㎞のレースだ。ダイハツ以外で１０００cc以下に該当する車となればパブリカや三菱コルトなどが入るが、三菱はフォーミュラカー、トヨタは２０００ＧＴのプロトタイプ開発に方針を変えたので、メーカーとしてのツーリングカーは出ないらしい。そうなるとスズキ、マツダか？　と思いきやホンダＳ６００が10台位出るようだ。市販状態のホンダＳ６００のエンジンは６０６ccといえど57馬力／８５００ｒｐｍ。対してコンパーノは９５８cc・55馬力／５５００ｒｐｍだ。デザインもスポーツカーとファミリーカー、車重もＳ６が６９５㎏対してコンパー

ノは790kgであるし、何よりもS6はRSCのチューニングキットやレースの実績も豊富だ。それでも〝特殊ツーリングカー〟の名前の通り、改造はかなり自由だから、ダイハツでもメーカーの工業力を発揮して、4気筒・OHVエンジンを7000rpm以上、80馬力近くまで高めた。オーソドックスなプッシュロッド、メタルクランクシャフトのエンジンは慣らし運転が大仕事、マカオでのトライアンフと同じだ。谷田部の自動車高速試験場、一周5・5kmのテストコースを時速60kmで黙々と8時間走ったり、1500km以上の慣らし運転が初仕事になった。

そうやって、じっくりじっくり仕上げたエンジンはOHVとは思えないスムーズな回転と幅広いトルクを発揮するまでに変わってきた。最初はこんなエンジンで何が出来るんだ、といぶかしく思った僕も早々とある期待が浮かんできた。それはホンダS600の市販エンジンが70馬力以上、12000rpm以上にチューンされても、幅広いトルク特性を持ったダイハツOHVエンジンはS6と遜色ない走りをするように感じ始めたのだ。それは富士SWのコースレイアウトからだ。

コース全長6kmの特徴は、15~30mのコース幅員。1700m弱の直線。勾配30度~10度へと変化する巨大バンク。7つのカーブ。などのコースレイアウトだ。正にどんなスピードも受け入れてしまう世界有数の高速型サーキットだ。とくに30度のバンクというのは下からスニーカー履きで駆け上っても、四つん這いでなければ最上部に届かない傾斜角度だから、たかだか160km/h程度の速度なら片手ハンドルでも走れるくらいだ。したがって、こんなでっかいコースで600ccや1000ccのツーリングカーがムキになったって200kmそこそこの速度だから、フルブレーキングはヘアピンくらいしかない。

７つの大きなカーブと余りあるコース幅は、どのラインを走るかよりも退屈極まりない方が先だ。

レースやサーキットへの慣れもあるだろうが、鈴鹿のコースに初めて立った時、運動靴が路面に吸い付く感触や、長い直線に足が震えたあの感激はない。何てだだっ広いコースなんだ、その大きさに唖然とするだけだ。こうなると鈴鹿のように、ロードレースのセオリー通りの走り方ではなく、アウト、インに拘わらず効率的な近道のラインを取る傾向になる筈だ。その場合、イン側にへばり付くように走るので、トルクが強く滑らかなエンジンでないと横Ｇに耐えながら速度を維持するのは苦しいのだ。いかにスピードには高回転が有利とはいえＳ６の排気量で強いトルクが出るわけがない。近道競争ならウチの方が強い、というのが僕の分析だ。

第３回日本ＧＰは一年の休止を経て１９６６年（昭和41）５月２、３日。首都圏近くということもあり、一日に11万人収容の観客席があふれ出し、決勝日には１万６千台の来場車で交通麻痺を起こす盛況になった。

何が祟ったのか

５月３日９時、特殊ツーリングカークラスの決勝で第３回ＧＰは始まった。スタートから約８００ｍで第１カーブの30度バンクに飛び込む。疾走状態の車は水平からいきなりもの凄い重力で壁に押しつけられるように左側から持ち上げられる。右ハンドル車の場合、ドライバーは右斜め下になるので、そこからの視界と風景が異様だ。バンクは上から段差とうねりのついた４本の帯のような路面になってしま

第3回日本グランプリ　1966年5月3日　富士スピードウェイ／60周

富士での開催となった３回目の日本グランプリはプロトタイプスポーツカーのレースとなった。プリンスR380とポルシェ・カレラ６の戦いにファンは息を飲んだ。鈴鹿でツーリングカーのグランプリが行われてから、わずか４年目のことだった。

第3回日本グランプリ　TSクラス　1966年5月3日　富士スピードウェイ／20周

スカイライン2000GTやコロナ、ベレットと混走になったTSレース。コンパーノベルリーナと同じクラスはホンダ・スポーツ600だった。第２回日本グランプリのウイナーとして期待されたが、アクシデントに巻き込まれリタイアしてしまう。

った舗装の悪さだ。ツーリングクラスではどの車もトップギヤ全開で飛び込むから180㎞／hには達している。そして、全開の速度を落としたくないからバンクの上から中側に、下りの勢いを利用したラインを通りたい。しかし、3本目の帯の途中は路面のうねりがひどく、車が跳ね上げられる危険があるのでみんながそこを避けようとする。必然的に多くがバンクの最上部から2本目辺りのラインに殺到する。2周目に入ったバンク争いでも、右も左もいすゞベレットやプリンスGTに囲まれながら、僕も2本目のラインから入って右に傾斜した車体へのGが収まった時だ！　前方集団の5、6台先、左上の車が視界から消えたように感じた瞬間、バシンッ！　という音とともに無数の光線が僕の目に刺さり視界を失った。車はバンクからグーンと一気に下り落ち始める地点だ。僕は迷った。ここでスロットルを緩めたり、ブレーキングで速度を落としたら確実に追突され多重事故のシーンが脳裏に浮かぶ。えーい、このまま行けー！　秒速50ｍ近い速度で2、3秒後先の居場所は視界の記憶に残っているから、このままの進路で周りの車に抜かれるのを待つしかない。その数秒間に、無数の光が散らばるフロントウインドウの右下10㎝ほどを拳で突き破った円形の割れ目から前方を確認し、コース脇に停車する。停まったと同時に砕けたガラスの一部がダッシュボードにバラバラと落ちた。

いちどに恐怖感と悔しさが全身に走る。一体これは何なんだっ！　前日のスポーツ新聞は一斉に〝TSIクラス優勝は大久保、寺西の闘い〟なんて書かれたり、オレは俺で近道競争を見せてくれるっ！　なんて粋がって僅か1周走っただけではないか。それにしても、レース車のフロントガラスはヒビが入っても視界が確保できる〝合わせガラス〟でなければならないのに、これは衝撃を受ければ粉々に砕け

る〝強化ガラス〟ではないか。何でこんなことが…合点がいかぬままピットに戻れば、いすゞベレットの永井賢一君というドライバーがバンクから飛び出し即死という。〝そうかっ、あの時の…バンク最上部のガードレールを飛び越し、その時の何かが僕のウインドウに当たったんだ〟。原因は分かっても、今更どうしようもない、これもレースか…。それにしても、ガラスの件はどうなっているんだ？　それに対する上司の回答はない、理不尽を飲み込まなければならないのもメーカードライバーの宿命か。

レース後に、惨事はバンク下から吹き上げた突風にベレットがあおられ、低すぎるガードレールを飛び越え、土手下に落下したと聞いたが、同じ場面を走っていた僕には、それほどの強風が吹いていた感じはないが突風にあおられた可能性もある。

このレースで同僚の寺西孝利は総合16位、クラス４位に留まった。ホンダＳ６はクラス１位の見崎清志（総合12位）２位・野田正則、３位・青木紀子と続き、何れのタイムも似通ったのを見れば、やはり高回転型エンジンの方が強かったようで、僕が無事に走れていたとしても、僕の分析が通用したかは疑問のようだった。

ＧＰクラスの60周・３６０㎞という長距離のレースは日本初の試みだ。これは第1、２回ＧＰのメーカー対抗の反省から、前年のＧＰ休止期間中に今後の方針について、僕のような〝フォーミュラ２・３の単座席レースカーを普及させるべき〟の意見や〝市販ＧＴカーによる耐久レース、メーカーの技術力追求を形にするレーシングスポーツカーが良い〟など、百家争鳴まとまらない。結局、スピードと耐久性の両方を加味したクラスとエキジビションにフォーミュラを加える妥協策での開催となったのだ。

このGPにプリンス自動車は、英国のブラバム製シャシーを流用して直6DOHC2000ccエンジンを搭載のミッドシップカー・R380を、トヨタは2000GTプロトタイプを投入する体制で臨む。それにプライベートの瀧進太郎がポルシェ906（カレラ6）で、酒井正がフォード・デイトナコブラで対抗。GPクラスに参加の吉田隆郎、久木留博之のダイハツP-3はFR駆動のまま、コンパーノのシャシーにFRPのボディーを架装し、ついこの前までトラックばかりのメーカーとは思えない意欲だ。ダイハツが参加する1300cc以下GPIにはイタリアのフィアットシムカを、チューナーのカルロ・アバルトが高性能スポーツカーに仕立て上げたアバルト・シムカ1300がいる。高性能仕様の中でも6段変速機のスポーツカーが日本に入ってきたのは初めてで、市販車といえど侮れない車だ。ちょっと余談だが、変速ギヤの数え方は昔から2段のように『段』であったのが、多速ギヤの輸入スポーツカーも多くなったせいか、この頃は2段＝2速と、『速』が使われだした。また、カーブも『コーナー』の表現が多くなり、四輪でも二輪と同じ『コーナーリング』の呼び方も一般的になり、ポルシェ906などの本格的レーシングカーはレースカーや競争車は『マシン』と表わす傾向になってきた。

さて、そのアバルト・シムカだが、これは半年前に僕をマカオGPに引き上げてくれた金原達郎氏が購入したものでクラブマンの佐藤清人君がドライブしたが、レース結果は吉田隆郎が辛うじてシムカに1分15秒先行して総合7位、クラス1位になった。だが、日本のメーカーが大金かけて製作したプロトが一般道路用の市販スポーツカーに翻弄されるくらい外国車とのレベル差はまだまだ大きい。

僕の第3回GP・TSクラスは何に祟られたのか惨々な結果に終わったが、ツーリングカーとGTカ

ークラスは決勝出場台数を大幅に上回る参加者で盛況だ。レース結果では、車・ドライバーともメーカーチームが上位独占の構図は変らないが、TSクラス優勝の見崎清志、同クラス入賞の女性ドライバー・青木紀子、未成年世代の寺田陽二郎らプライベートの活躍に格好なホンダS600の存在は大きい。その他にも目立つのは、オートバイ世界GPライダーだった高橋国光がGTクラスを制し、第2回GPから四輪に参入した田中健二郎や北野元らを追うように長谷見昌弘、黒澤元治、田村三夫らの二輪レース出身者が台頭し始め、日本のレース界も新たな転機にさしかかったようだ。

東西サーキットとレースの多様化

第3回GPは大きな事故の悲劇もあったが、首都圏に近い立地は大混雑を超えた20万人の観客を集めた。早くも、これに目をつけたような突拍子もない話も出だす。米国のインディ500レースを見て「度肝を抜かれた、セクシーだと感じた」と評した話を何かで読んだが、そのインディを富士SWでやろう、ということだ。第3回GP後の初夏頃から話題になりだしたのだがその仕掛け人は、ソ連からサーカスを呼んだり、世界的音楽家の公演会などで知られる興行主・神彰《じんあきら》氏だ。

そのレースに日本も参加するなんて土台ムリな話で、完全な興行、見世物なのは当然だが、降って湧いた話に困惑するのはJAFだ。JAFとすれば興行だろうが『レース』である以上、日本のレース経験ある主催者でなければ開催できないなど、開催認可裁量権を盾に話し合いがこじれてしまう。すったもんだの末に「米国の伝統あるスピードレースを学ぶ良い機会」といった修学旅行的こじつけで10月に、

塩沢進午会長の日本オートクラブが主催することで決着するのだ。しかしインディー本来のオーバルコースではなく、富士ＳＷのバンクからＳカーブを切り離し、ホームストレッチに５つのカーブを組合わせ、正規の右回りでない左向きのコース４・３㎞を80周（３４４㎞）する５００哩ならぬ２００哩でもない『インディアナポリス・インターナショナルチャンピオンレース』としたインディーもどきのレースだ。予選決勝、両日の観客９万人とＴＶ観覧者の反応はどうだったか知らない。

ＴＶ観覧組の僕はたびたびのイエローフラッグでレース徐行のシーンに途中で観るのをやめたが、この飛び入りレースが、ようやく再開したような日本のレース界にどんな影響を与えるのか複雑だ。社会の風景は、色も空気も匂いも味も音も、アメリカナイズのご時世だから米国流のレースがあってもおかしくない。現にスピードレースではないが、第１回ＧＰ以後早くも、車でジャンプしたり、車体の片側を持ち上げて二輪で走ったりする離れ技集団も現れた。米国で修行中に瀕死の重傷を負いながらも日本に〝スタントカー〟を導入したのはカミカゼスタントカーチームの鹿島威二氏だ。遊園地やグランドで廃車同然の車輌でも憧れの車が派手にひっくり返ったり、ぶつかり合ったりの光景にロードレースとは異なる魅力で、この世界に入る者もいるものだ。僕の周りでも、浅間火山クラブマンレース経験者で不幸にも難病で顔の半分を失いながら片目で離れ技を演じる臼田健三君（片目のジャック）や、ロードレースから転進した松本常君ら元二輪ライダーも多い。

スタントと同じく、第１回ＧＰの半年後にはギャンブルレースのオートレース場で富士インディーの主催者となった日本オートクラブ（ＮＡＣ）の前身１０５マイルクラブが大型乗用車のストックカーレ

ースを開催し、ここにもアメリカンが拡がっているのだからインディーは米国流カーレースを日本にはやらす火付け役になったのだろうか。

いずれにしろ日本GPが再開し、鈴鹿の他に船橋サーキット、富士SWが加わり、二輪も四輪も本格的な日本のモーターレーシングへの道が拓けるような気配も出てきた。が、鈴鹿と富士、コースレイアウトがまったく異なる二つのサーキット、それも東西に分かれて、それぞれ独自のレース形態になっていくのだろうか。確かに富士SWは純アメリカンレースを目標に計画され、中途から方向転換したとはいえ、超高速サーキットだからハイスピードの場面がなければ売り物にならない。だが、直線を猛スピードで走るのがレースというイメージの増長はモーターレーシングの根底を誤らせてしまうのではないか。

それでも次回の第4回GPが富士SWで開催する方向になりだすと、主催者JAFのレース組織委員会は観客が入る、お金が取れるハイスピードが目玉のGP企画に走り、主要メーカーも速いレーシングカー開発に躍起となり始めるのである。

一方、GPを取られた鈴鹿に対し「これで鈴鹿もペンペン草が生えちまうだろう、いい気味だ」など、今まで鈴鹿に振り回されてきたメーカー、それもレース成績で良い思いができなかった部署からのイヤミも聞こえる。東側の冷やかさに対し、鈴鹿はテストコースとしての活用強化、安全運転講習施設の充実、とくにホンダ製品のエンジンを応用して、子供が自ら運転して楽しめる乗り物を導入した遊園施設の拡充、工業技術実習の修学旅行誘致などサーキット存続への大転換を図るのである。肝心なレース部

門も関西スピードクラブ（ＫＳＣＣ）主催のクラブマンレースを筆頭に、鈴鹿５００㎞レース、１０００㎞などの耐久レースを取り入れ、メーカーチームのみならずクラブマンも広く参加できる競技種目を充実させていく。こういった幅広い参加者から永松邦臣、高武富久美、鮒子田寛、都平健二らの新鋭が目立ってきた。

第1、２回日本ＧＰで燃え広がった日本の自動車レースは一時期の中断で無理やり消しかけ冷却したものの、くすぶる薪が一気に燃え上がるように、関東では船橋や富士ＳＷの出現で、レースへの火勢は一挙に強まった。それは１９６６年（昭和41）だけで３つのサーキットで開催された主要レースは50イベントにも達したのだ。さらにクラブマンとメーカードライバーとの棲み分けに配慮したクラス構成も進んできた。

ドライバーの世界も、やがてはメーカーチームに入る目的や、自分の出来る範囲内でレースを楽しむ純粋なプライベート、同じプライベートでも瀧進太郎や酒井正、安田銀治のような自分の大金でメーカーチームに挑むのが信条のドライバーも現れ、先進国並みの多彩な参加者になってきたのは良いことだ。

そうした日本のレース界の発展に伴ってスピードレースだけでなく、ラリーやジムカーナなど、各種自動車競技のイベントも増えてきた。それはレースといえばメーカーが主体だったことから、プライベーターでも参加出来る競技種目の創設が進み、街のエンジニアが活躍出来るフィールドに広がってきた。大きなところではホンダがプライベートでレースに参加する者への手助けに、鈴鹿でＲＳＣ（レーシン

グサービス）を開設し、レーシングクォータリー、マクランサカーズ、ケンマツウラ、藤壺技研、ヨシムラホンダ、ワールドモーターなどのチューニングショップ、コンストラクターズ、レーシング部品供給のルマン商会など、レースにマシン造りにプライベートが挑める土壌も芽生えた。メーカーだけではないレーシングマシン造りが加速し始めたのだ。

自動車競技ばかりではない。とくに2年前の東京オリンピックの元気疲れが出始めた風潮から〝もっと頑張らなくっちゃ〟を取り戻すのか、さらにのし上がる社会の姿か、中央高速道路の一期が完成し、2年後には東名高速道路も全線が開通する勢いだ。社会のいたる場面で『マイカー元年』の見出しが躍る。スピードの世界の先端にいる僕らでさえ〝保有台数1千万台、自動車生産量世界第2位が目の前に！〟などの記事に、まさかと思うのだ。タイヤの需要も急増し、レース用だけでなく、本格的な高速道路時代のタイヤ開発も急ピッチで進む。やがて主流になるというラジアル構造のタイヤしかり、チェーンを巻かなくても走れるスノータイヤやチューブ不要のタイヤなど、乗用車用なら何でものテストが始まった。ただ、高速用タイヤのテストには時速２００km／h以上で連続走行出来るテスト車輌が必要になり、スカGやトヨタ・センチュリーV8をギンギンにチューンしたりするのだが、満足に高速走行が可能な国産車がなく、そちらが問題だ。

商業化するマカオＧＰ。本気の戦い

レーシングタイヤの他にいろいろなタイヤのテストが入り出し、僕は前よりも忙しくなって、テスト内容は結構面白い。だがレースタイヤがガンガン進歩するにつれ、肝心の僕がレース出場に恵まれないのが寂しくて仕方がない。ただ、オートバイレース出場は制限されていないから、回数は少ないが、たまにはサーキットを走れるのが息抜きだ。そのオートバイもＢＳの子会社ブリヂストンサイクル工業が本格的にオートバイ産業に乗り出すので市販車のテストを受け持ったことが縁でＢＳモーター直属のチームに加わり、滋野靖穂、田中隆造らのライダーと二輪レース活動ができ、二輪四輪のかけもちが続く。

ＢＳでのオートバイレースも軌道に乗り始めた頃、ホンダはこの１９６６年（昭和41）秋の世界ＧＰで50、１２５、２５０、３５０、５００全クラスのメーカーチャンピオン獲得を確実にした。しかしＦＩＭの車輌規定がメーカーの技術開発とは相容れない方向に変わることからヤマハ、スズキもレース活動の縮小に入り始めていた。さらにブリヂストン系列のプリンス自動車と日産自動車との合併が急速に進み出したことや、先行メーカーの二輪市場寡占化に対抗し得ないＢＳオートバイは市場からの撤退を余儀なくされ始め、同時にレース活動も短期で終わってしまった。そんな矢先、日本ＧＰで世話になったダイハツの吉田から連絡がきた。

大阪に赴き、ことの次第を聞けば「ダイハツが11月のマカオＧＰに出る」という。日本ＧＰに出たこ

とを知ったマカオのダイハツ販売店から、ぜひマカオに来てもらいたい、との要請だという。そこでスポーツタイプのコンパーノスパイダーの改造車を2台造るので、吉田と一緒にマカオ経験者の僕に乗ってくれという話だ。富士SWの日本GPで破損したガラス問題に憮然たる態度だった僕だから、すっかり干《ほ》されたものと思っていたのに、思いがけないことになったものだ。

BSも同社のタイヤを使うことで快諾してくれ、前年のトライアンフの経験上、ダイハツの技術者にサスペンションはサーキット仕様では役立たないことやギヤレシオ、ブレーキなどの問題を進言する。前年のプライベートと異なり弱小とはいえメーカーチーム体制だから話の通じは遥かに楽だ。

11月中旬に開催される1966年・第13回マカオGPへの準備中のこと、突然、今度は瀧（瀧進太郎）から、至急会いたいとの電話だ。六本木のポルシェディーラー・三和自動車で話を聞けば「俺もマカオに出ようかと思っているんだけど、今から間に合うだろうか？」一ヶ月後のレースに、無茶な話だ。

5月の第3回日本GPに、ポルシェ906を購入してプリンスR380やトヨタ2000GTのメーカー勢に立ち向かった瀧だが、150Rでクラッシュし、リタイヤした無念さをマカオにぶつけたいのか、異常な執着だ。元々、鈴鹿のサンデーレースを見て、すっかりスピードの魅力に取憑かれた瀧はロータス・エランを買い、川口オートレース場のオーバルレースに出場後、1965年（昭和45）7月の船橋サーキット・全日本自動車クラブ選手権辺りからレースへの火がついたようだ。瀧とは、僕が講師を務める競技ライセンス講習会に彼が受講者だった縁で付き合いが始まったが、まさか家業が傾くので

はないかと心配になるくらい彼がレースにのめり込むとは思いもしなかった。

東京渋谷区の三軒茶屋でスーパーマーケットを経営する瀧は、元々は名古屋で江戸時代から続く繊維呉服問屋のの跡取りに生まれた。多分、実家では彼が東京で商売の修行をしているなら自動車程度の道楽は目をつぶろうぐらいで金の面倒をみてやったのだろう。僕には人の財布をのぞく趣味もないが。マカオGPのエントリーはとうに締め切っているし…。それでも、カレラ6が来るとなればレースの目玉になると踏んだのか、香港のポルシェディーラーのゴリ押しが利いたのか参加OKになってしまった。しかしレースに間に合うか、ぎりぎりの日数だ。その上に、瀧が「初めての外国だから、一緒に連れてってくれ」ときた。ダイハツのチーム監督に事情を話すとOKしてくれたものの、そこまで考えていなかったから慌しくなってきた。

香港のホテルに彼と同宿し、GP事務局で瀧の遅い参加申し込み手続きなどを済ませ、数日後に瀧のメカニックと一緒に来港した女優の魚住純子さんに瀧を引き渡して、やっと開放され、僕はマカオに先着のダイハツチームに合流だ。マカオでの宿泊もチームとは別の、というより、僕が再びマカオに来るならシルバ家に泊らざるをえない、これもチーム監督の了解済みだ。

変わりだしたGP。ポルシェはどこに

僕のマカオ再訪にシルバ家は用意万端の歓迎ムード。近所に響き渡るようなパパの大声「ベンヴィンド　メウ　フィーリョ　リキ（息子のリキよ、お帰り）！」に迎えられ今年は長女エリーゼの部屋に住

まわせてもらうことになった。どうも作為的なものを感じるが、まっいいか、とにかく我が家みたいで、チームのガレージにも徒歩で行けるし、まるで気が楽だ。

すでにマカオのダイハツ販売店で整備を終えている派手な黄色のコンパーノスパイダーのボディーには大發（広東語ではタイファと発音する）と大書してある。マカオGPでは商業色の制限が厳しく、従来はレース車に車名はおろか一切の広告も禁止だったが、この年から英国の煙草会社・ロスマンズがメインスポンサーになったこともあり、主催者の定める個所に有料で規定寸法の広告が入れられるようになったのだ。ダイハツが、もし前年に参加していたら車体に『大發』の車名も書けなかったくらい、頑としてチーム名以外はダメだったアマチュアリズムも、GPの規模と名声が大きくなるにつれ、もはやコマーシャルリズムなしでは運営できなくなったのだ。

１９６２年に日本から三菱が、64年にいすゞ、前年に日産チームなど、純メーカーや補助チームの参加が増えるにつけ、アマチュアリズムを標榜する参加者には良い顔をされなかったようだが、もはやGP全体を盛り上げるにはレベルの高いマシンとドライバーの参加は不可欠になってきたのだ。そして年ごとに、インポーター、ディーラーが自社製品のメーカーにスペシャルチューンの車やエースドライバーの参加を要請し商業化が進むのだが、同時にそれがマカオGPを活性化させ、プロ、アマチュア、それぞれのジャンルが形成されていく。その傾向はさらに強まり、前年にトライアンフ・ルマンを投入したZF社のウオルター・スルケ（Walter Sulke）会長が、今年のルマンレースで9位に入ったドライバー、モウロ・ビアンキ（Mauro Bianchi）とそのマシン、アルピーヌ・ルノー（Alpine Renault）を参加さ

せるのだ。ルマン24時間レースを走りきったアルピーヌ・ルノーは１３００ccの小排気量だが、マカオの60周、３６０㎞は、どうということもない距離だ。このＷ・スルケの思惑は、新たに輸入販売権を取得したフランスのルノー車を宣伝するのに他ならず、もはやクラブマンの集まりで支配されてきた和やかでレジャー目的のレース大会の色彩は完全に消えた。

それは地元のダイハツディーラーの要請で参加するメーカーチームの僕らも同じだ。今年はマツダもプロダクションカークラスに片山義美、片倉正美、小野英男君ら２年前の日本ＧＰドライバーとファミリアのメーカーチームが参加し、もはやコマーシャリズムなしでのマカオＧＰは成り立たないまでになってしまったのだ。

そのルノーに、他のトップクラスドライバーやチームハーパーなどのディーラーチームはどう対抗するのか、それが大きなニュースのまま１９６６年のマカオＧＰが始まるものと誰もが思っていた。ところが、レース二週間前になって突如、瀧&ポルシェカレラ９０６の出場に、何がレースの中心話題なのか新聞の報道も要領を得ないまでの騒ぎになった。マカオＧＰの世界では瀧進太郎を知る者はいないがポルシェへの注目だ。９０６は今年、フェラーリ２０６に対抗してデビューした新型であることや、世界中に65台しかない超弩級版であることが報道の目玉なのだ。常連ドライバーにとって、瀧は正に招かれざる客だろう。しかし11月20日（日）の決勝五日前になっても肝心のポルシェ９０６はマカオに到着していない。当然に公式練習や予選走行はおろか車検も終わっていない。案の定、心配が現実になってきた。だが、僕らだって明日からの公式予選を控え、他人のことに構っちゃいられない。

鈴鹿仕様と、脅威的英国車

２台のダイハツ・スパイダーはＧＴカーのＡＣＰトロフィークラス（30周）とＧＰクラス（60周）に出場する。

幌ルーフのオープンカー・スパイダーはフロントウインドウをレーシングスクリーンに変え、ドライバーシート部分以外はプラスチック板で覆い、前年のトライアンフ・ルマンのようにロールバー部分も流線型にカバーした特注だ。直線的なボディーの形状が長方形の箱に見えるらしく、車検のオフィシャルが「まるで箱みたいなクルマだなー」の表現から箱車（ボックスカート）とあだ名された。そのボディーに搭載したＯＨＶ・４気筒９９８ccのエンジンは日本ＧＰに使用したコンパーノセダンのものを馬力アップしたものだ。

公式予選前日、一般交通に混じってコースでの試走に出る。ゼッケンナンバーと『大發』が書き込まれた派手なイエローカラーが目立つからタクシーもトラックもどいてくれる。その度に窓から「トーチエ、トーチェ、ムコイ（ありがとう、すいませんねー）」の挨拶をすれば相手もクラクションをブッブッ、これもＰＲ。ところが一般交通の低速走行でも凹凸多い路面を車はピョコタンピョコタン跳ね上がり、まるでノークッションだ。だから言わんこっちゃない。日本で「サーキット足回りじゃ絶対走れませんよ」と釘をさしたのに。急遽、ガレージに戻り組み直しだ。メーカーチームといっても、持参のパーツは限られているから日本にいるようなわけにはいかない。大体の勘で、かなりソフトなものにしたのだ

が。

公式予選第一日が始まる。GPクラスと一緒だから6・12㎞のコースに68台！　が走り出す。僕らもアルピーヌルノーやロータス勢がすっ飛んでいく中を遠慮しながら走るのだが、やはり路面状態に合うようなサスペンションではない。この車は前輪がウイッシュボーン式縦置きトーションバーの独立懸架に対し、リアは半楕円型リーフスプリングの固定なので前後のバランスが悪すぎる、どうしてもリアのホッピングが多く車輪が路面に着いていかないのだ。幸いにエンジンは好調で、大幅なボディー軽量化もあって心なしか日本GPのものよりパワフルに感じる。ギヤレシオ、ブレーキもまあまあなのは助かるが、前年に出場したトライアンフの軽快なハンドリングの感触が残っているせいか山側の連続カーブはかなり疲れる車だ。

僕より数台先にスタートした吉田に追いつこうとピッチを上げるが彼の姿が見えない。2周目の海沿いの直線に出て右90度のRベンド出口から海に向かった路面に黒々のタイヤ痕がついている、前の周にはなかったのに。ここは道幅が広く、一見すると平坦な路面だから3速ギヤでアクセルを開けながら、かなりの速度で回れそうな誘惑に多くのドライバーが失敗し、海中にダイブしたり、土嚢のバリアに激突する場所だ。瞬間的に、そのタイヤ痕を目で追えば、何とバリアを飛び越えて転倒しているイエローボディーは吉田だ。〝とうとうやってしまったか〟急ぎピットに寄れば、事情は伝わっていて身体への異常はないようだから僕はコースに戻る。

吉田のコースアウトは派手なスリップ痕から察すれば、オーバースピードもあるだろうが、強いアン

ダーステアで四輪とも滑り出し、コントロールできなかったのだろう。明日の第二予選に際し、サスペンションの全面的な見直しをするにもクッションのバネとショックアブソーバ、トー、キャンバー、車高の組合わせで可能な変更をするしかない。

今日の予選結果で驚いたのは、アルピーヌのビアンキが4周目で3分1秒のラップタイムを出したことだ。従来の最高記録は1964年にアルバート・プーンがロータス23で出した3分5秒で、いつ、誰が3分を切るかも、このレースの大きな話題なのだ。それと僕らにとっての驚異、というより脅威なのは僕らのCクラス7台の中にいる英国人ドライバーのトニー・ミッチェルとシンガーシャモアという英国車だ。シャモアはシンガー自動車から市販している新型の後輪駆動車（RR）のヒルマンインプのスポーツモデルで、直列4気筒SOHC998ccのエンジンは、F1のクーパーやロータスのエンジンを製作しているコベントリークライマックス社製、サスペンションは前後ともコイルスプリングの独立懸架、ミッションはフルシンクロ4速であることを知った。香港の友人が「全盛のミニクーパーに対抗して造っただけあって、かなり速い」と言う。そうなるとスパイダーの車重より100kg以上軽く、同じ排気量のエンジンでもウチのOHVとSOHC、相手は8000rpmは安全圏内というだけでも負けている、さてどうするかだ。とにかく、コンパーノは車体がバラバラになりそうな振動で飛び跳ねるように走るクッションだけでも何とか修正しなくてはどうしようもない。部品も作業器具も限られた外国のガレージでメカニックは徹夜で試行錯誤の対策を施すのだが、基本的な構造の欠点はどうにもならな

い。路面の変化に車輪がついていけない分は駆動ロスになるから車速も上がらないのだ。こうした基本的な構造問題は条件の良すぎる日本のサーキットテストでは気がつかないのだろう。

もし雨天だったら、この足回りでは絶対に危ないぞ、と覚悟していた決勝日は晴天に恵まれ、30周のＡＣＰクラスがスタートした。早くも僕らを含めた10台位のトップ集団と後続グループに分断された形で周回を重ねていく。ピットからのサインで、吉田８位、僕が９位のポジションのようだ。今朝の新聞に『ＴＨＥ ＦＩＲＳＴ ＣＲＡＳＨ！』の大きな見出しと転倒した写真が載ってしまった吉田もかなり慎重に周回を重ねる。

僕らの前方にはエンジンが大きいＭＧやオースチン、ロータスなどがいるものの、徐々に距離を狭め１台２台と順位を上げ、３位を行くシャモアの姿をとらえるが、残念ながら後塵を浴びてのゴールに終わる。

ＡＣＰレース（30周）の結果、１位：前年に３位だったチャールスチン（ロータス・エラン、チームハーパー１h43m30・５s）。２位：横山精一郎（日産シルビア）。このクラスでは日本人ドライバー初の快挙だ。横山の日産シルビアはＳＣＣＮのメカニックが最高のチューンをしたのだろうが、まだまだ欧州の市販レーシングカーのレベルには及んでいないようだ。３位：トニー・ミッチェル（シンガー・シャモア９９８cc）４位：吉田隆郎、５位：大久保力、６位：スチュワート・ランス（ＭＧＢ、香港）。

43台がエントリーしたＡＣＰレースの結果は上出来ではないか、と自画自賛なのは当チームだけのよ

うで、地元ディーラーは不満足のようだ。唯一の誤算はシンガーを侮ったことだ。そのシンガーとの再戦となるGPクラスは明日12時半スタートだ。

GPに出走できるかどうかの瀧進太郎は、木曜日からの公式練習にも顔を出せない。だから日本で言ったのに、「今からじゃ間に合わないかも」って。まったく世話のやけるボンさんだ。2回の公式練習も、金曜日夕刻に終わる車検も受けられず、ポルシェを積んだ船が香港に着いたのは18日（金）の朝だった。そこからマカオに運ばれ陸揚げされたのは夕方で、すでに車検を締め切ったオフィシャルにポルシェディーラーや関係者が強り押ししたのだろう。主催者の緊急会議で特例の処置がとられ、その夜に車検が行われたのだ。まだ日が暮れるには時間がある薄暮の街中をマカオの港から轟音蹴立て車検場所へ突っ走っていくポルシェに、翌朝の新聞は『White Ghost（白いバケモノ）Last minute arrival for tomorrow's GP』の見出しが踊る。

やはりポルシェが出ると出ないではマカオGPの人気も違う。ここのレースは急に新しい規則ができたり、突然に規則が変わったりするのは、こういった時のためか…。前年の僕はそれでGP出走ができなかったのに…。それにしても、瀧が走れるのはレース前日の最終予選と、決勝日早朝の自由走行1時間だけだから、カレラ6の調整どころかコースを覚えるなんてムリだ。案の定、やっとの予選にスタートした早々、瀧は戻ってこない。香港のポルシェディーラーもメカニックも「やはり、こんな結果に終わったか…」半分諦め、半分落胆でいるところへ、予定ラップタイムを10分オーバーしてピットに戻ってきた。後で聞けば「コースを間違えて、大きな家の庭に飛び込んでしまい、洗濯している娘にアッチ

だって指さされた」と言う、人騒がせな話だ。それでも決勝日早朝に走れたこともあり、どうにかコースの概要を掴んだ瀧は１９６６年11月20日、第13回マカオＧＰのスタートラインに並んだ。

Ｍ・ビアンキ＆アルピーヌ・ルノーの舞台

出走車は29台。ポールポジションのモウロ・ビアンキ：イタリア（ルノーアルピーヌ）にポルトガル人ドライバーのＰ・ノグエイラ（ロータス22）、Ｓ・ホーランド：香港（ロータス23Ｂ）、Ｌ・ハンセン：シンガポール（ブラバム）、Ｔ・グッドウイン：シンガポール、Ａ・プーン：香港（ロータス23）〜と続き、瀧進太郎（ポルシェ９０６カレラ６）は７番手だ。そして僕は16番手、Ｔ・ミッチェル：香港（シンガーシャモア）は20番手、吉田はマシン不調でスペアカーでの出場となり29番手の最後尾スタートだ。

全ドライバーがマカオ総督に紹介される謁見が済んで12時半、60周決勝のフラッグが振られた。僕らはビアンキやプーンらのレーシングカーに敵うわけがないのだから、昨日のシンガーシャモアさえ前に出させなければＣクラス優勝は確実だ。どうすれば、それを確実にできるか。昨日からそればっかり考えた結論は、最初のカーブ（スタチューコーナー）は何が何でもシンガーより先に入ることだ。万が一シンガーに先んじられたらガムシャラに食らいついていくしかない。

前年、ＧＰクラスに出られなかった僕にとって60周、３６０㎞の距離は今年の日本ＧＰとほぼ同じ距離だが、富士ＳＷの高速サーキットでは砂子義一の記録が２時間９分51秒でも、このコースではビアン

キャポルシェがいくら頑張っても3時間以上かかる過酷な〝耐久〟スプリントレースだ。

出走台数はGTカーだけのACPレースと同じ位でも、GPクラスとなればスタートの瞬間から違う。GPではもの凄く速い先頭グループが後方を引きちぎるようにダッシュしていくから10番以降の前方は結構バラバラの状態になって、第1カーブへの自分のラインがとりやすいのである。このラッキーな空白をついて16番手から3つ4つ前に出られた。ミッチェルのシンガーはかなり後ろだ。〝しめたっ、この位置を確保すれば何とかなる〟。M・ビアンキとルノーアルピーヌの予選ベストラップ2分57秒8に対しノグエリア&ロータス22は3分4秒、ろくにコースを覚える時間もない瀧進太郎・ポルシェ906(カレラ6)の3分14秒8から推測すれば優勝候補のトップ陣は3分4、5秒でラップしていくだろう。そうなると僕ら中堅陣とのタイム差は1周で20秒近くもあるから理論上は11周目辺りから周遅れにされる。ただ、トップグループでも追い越し不能なマウンテンコースで何台かに道をふさがれたら、ヘアピンを過ぎるまでスピードダウン、全体のアベレージが下がるので状況は変わる。僕らも20周を過ぎる頃から後方スタートのグループを追い越す位置につくのだが、それが山側コースだと、僕と後者との距離が大幅に縮まるのが怖い、まさに〝運〟だ。

12周を過ぎた辺りだったか、第1カーブ近くのコースオフィシャルから、お前をパスする車が迫っている、進路を譲れ、の青旗が激しく振られ、バックミラーにフレンチブルーのアルピーヌが見える。瞬間的に、その後方は瀧だろうから、僕が多少なりともビアンキをブロックすれば瀧は助かるだろう…でも、山側入り口のホスピタルヒルを駆け上がり始めた箇所で、相手は片輪を歩道に落としながら無造作

に追い抜いていった。ダイハツ・コンパーノがルマン仕様に敵うわけがない。瀧が僕の後方に来たのは20秒ほど経ったマウンテンの中間だ。僕は彼を早くパスさせたいのだが、ポルシェの図体ではそれに適した場所がない。マリアベンドの広がった入り口で〃ぬけーっ〃の合図を送ると彼も手をあげてヘアピンに突入する。その立ち上がり直線で右側をパスしていったのはロータス23のアルバートで、1、2、3の順位を知った。予選2位のノグエイラはリタイヤのようだ。

周回も3分の1を過ぎ、再びパスしていったのは瀧で、瀧がトップだ。かなり遅れてビアンキが抜いていったのを見れば燃料補給だったのだろう。こういったポジションのまま中盤にかかると、最高速度が180km/hから240km/hと60km/hも差がある各車が入り乱れ始める。僕はスタートから中堅グループのトップに立ち、シンガーもかなり後方だが、コースの至る所で周遅れに道を阻まれ、さらに給油のサインでピットに入らなければならない。コンパーノは市販車より大きい50ℓ強の燃料タンクに改造しているが、マカオのコースでは想定以上の燃料消費で無給油では全周を走りきれないのだ。燃費が良いとされるOHVエンジンも限界へのチューンを施し、このコースのようにブレーキ、急加速、急減速などスロットル操作の激しい操作では極端に燃費が悪くなることが想定出来なかったのだ。しかしガス切れのみっともないリタイヤよりはましだ。仮に給油中にシンガーが少し先に行ったとしても追いつけるだろうし、先方も給油に入る筈だ。

ところが事態は最悪だ。マウンテンの渋滞で後方のシンガーとの差が縮まり、ヘアピンで後ろに、そこから並んだ立ち上がりでシンガーの各ギヤの速度がのび、一車身ほど僕が引き離されてしまう。直線

1966年マカオGP

「日本から“白いバケモノ”と呼ばれる真っ白なレーシングポルシェが出場か?」というニュースを報じる地元紙。瀧進太郎はマカオ初登場のポルシェ・カレラ6で総合3位。大久保はダイハツ・コンパーノで出場しCクラス2位という結果になった。

The Star

See—on just 2 wheels!

Japan's last-minute arrival for tomorrow's Macau GP

TOP SECRET WHITE GHOST

'HELL DRIVER' FAVOURITE WITH THE GIRLS

• FULL entry list, drivers: Page 15.

MECHANICS early today worked on Japan's top secret "white ghost" racing car after a dramatic last-minute arrival in Macau last night for tomorrow's Grand Prix.

• MORE PICTURES: Pages 8, 9, 12.

FLY TO THE UK FOR Christmas

BOAC

レース後のパーティで総合3位のトロフィーを受け取る瀧進太郎（中央）と。左側の女性はタキレーシングのマネージャーで女優としても活躍した魚住純子。

箇所のカーブでもストレートでも、やはり５ｍほどの車間だ、それに英国人ドライバーのミッチェルも巧みだ。こうなると相手のミスを伺いながら、へばりついていくしかない。だが後方から見ると、シンガーというＲＲ車の走りが侮れないものであるのが見えてきた。何といっても走りがしなやかなのだ。ワインディングでもラフ路面でも四つの車輪がソフトに俊敏に上下し、車体全体が跳ね上がらずに走るさまは、ピッチングが激しくなって、どこにすっ飛ぶか分からないコンパーノを押さえつけるのとは違いすぎる。最高速度の出るストレートは、ともに１９０㎞／ｈ弱だから車間はまったく縮まらない。こんな状態が何周も続き、そろそろ先方も給油に入るだろう、の期待は甘かった。シンガーは無給油のままゴールインだ。

何もかも研究、調査不足だった。そして日本と欧州の歴史の差は当然として、日本の車造りは貨物車、商用車からの派生技術であり、その感覚から脱しきれていないということだ。それは日本の技術が遅れているのでなく、乗用車、スポーツカーとはどういうものかの基本構想が育っていないということではないだろうか。

結局、Ｃクラス（８５１～１０００cc）は、１位シンガーシャモア：Ｔ・ミッチェル、２位ダイハツ・コンパーノスパイダー：大久保力の結果で吉田はリタイヤだ。総合結果は1位モウロ・ビアンキ：ルノー・アルピーヌ、３時間12分23秒、平均時速77・１マイル（１２４・１㎞）、２位Ａ・プーン：ロータス23、３位瀧進太郎：ポルシェ・カレラ６だ。ポルシェの大柄なボディーは山側で不利なのと、充分なテストもできない瀧の甘いスケジュールを辛うじて補ったのは圧倒的なポルシェの最高速度だろう。

唐突な相談にとまどう

まるでM・ビアンキのための表彰式パーティだが、彼はGPクラスだけでなく、プロダクションカークラスも欧州屈指のチューナー、アメデ・ゴルディーニが手がけた俊足車ルノー・ゴルディーニで優勝し、まさにフランス万歳だ。このクラスにはダイハツ同様、本格的な乗用車生産に乗り出したマツダが出場し、片山義美が2位、3位片倉正美が入賞の快挙となった。ACPクラスでも横山精一郎が日産シルビアで2位獲得など、日本人ドライバーの活躍が目立ち、それは日本が本格的に海外の自動車レースに目を向けだした兆しでもある。

僕はこのパーティーで主催者の何人かに話しかけられ、意外な課題への意見を求められた。僕の存在など隅っこの筈なのに、前年のトライアンフでZF社のW・スルケ会長や多くの友人に知られたこともあってのことなのだろう。それと僕がMFJ（日本モーターサイクル協会）の委員で二輪レースにも関わっているのを聞いたのかもしれない。「実は、このマカオGPにモーターサイクルクラスを入れたらどうか、の意見もあるが、リキはどう考えるか？」が話の骨子だ。コースの安全性や運営上の問題なども話してくれたが、一番の関心は〝日本からの参加が見込めるか〟のようだ。

いきなりの話に僕は面食らったが、もう一つの課題は、二輪なら地元マカオからの参加はあるだろうが、ライダーの組織指導者もいないという。ポルトガル本国の二輪団体も、マカオは遠すぎる植民地なので面倒が見られないらしい。それなら香港の面々が世話すれば良さそうなのに、英国領が他国に干渉

するのは難しいのか、あまり乗り気ではない。唐突な話に、僕もどう対応すれば良いのか分からないがオートバイレースができるなら、そりゃ大歓迎だ。それに、この企画に熱心な人はテディー・イップ（中国名・葉徳利）氏であることを知って〝これは本物だな〟と確信した。マレーシア生まれで英語名はセオドールと呼ばれるイップさんはマカオ在住でカジノの経営から海外事業まで手広い実業家の大富豪だ。マウンテンコース沿いの高台にある邸宅からはホームストレッチやマカオの海を見下ろせる。この人なくしてマカオGPは実現しなかった存在だが、本人も第1回から参加しているドライバーで、何回ものクラッシュや重傷にも懲りない無類のレース好きだ。

　このいきさつから、僕は地元の代表者と会うことになった。翌日、リビエラホテルのラウンジで僕を待っていたのは日本語も流暢なレイモンド・キムという韓国籍の男だ。生母が日本人だった関係で日本語が堪能なこともあり、日本からの観光客が増えだした当地の旅行社で支配人をしているという。普段はオートバイに乗っている彼は、「マカオGPといっても地元からの参加者はいない。オートバイなら出たい人はいるだろう」と熱っぽく語る。そこで来年からオートバイレースが組入れられるならマカオにライダークラブを作りたいので指導してもらえないかという相談だ。僕も趣旨には大賛成だが、日本が

STAR Supplement, Thursday, November 17, 1966, Page 11.

MOTOR-CYCLES? MAYBE NEXT YEAR

MOTOR-CYCLE fans want the organisers of the Macau Grand Prix to start races for motor-cycles next year.

The Motor Sports Club of Hongkong favours having motor-cycles and cars at this annual race meeting.

And many enthusiasts feel motor-cycles would add excitement to the Grand Prix meeting.

They feel there would be good support for such a move from Japan, where motor-cycle manufacturers are pushing for a bigger share of world markets.

Hondas have scored big successes in motor-cycle events and might be expected to send a strong team to Macau if they had the chance to enter.

This year, the Honda Motor Co became the first motor-cycle maker to win all five solo classes in the Manufacturers' World Championships run by the FIM (Federation Internationale Motorcycliste).

They clinched the successes in the Italian Grand Prix earlier this year.

● MIKE HAILWOOD speeds his Honda to victory in the 250 cc event at the East German Grand Prix.

1967年のマカオGPから２輪ロードレースが追加されるという記事を報じる地元紙。

どのように関われるのかＭＦＪの一委員がこんな大きな話に応えられない。帰国次第検討し、またマカオに来ることを約束する。前年に、ここに再び来れるのはいつの日かと思っていたのが、どうもマカオとの関係は終わりそうにない話になってしまった。

帰国後、僕は早速ＭＦＪにこれらの相談に行った。１９６７年（昭和42）の年明け早々、ポルトガル本国のモーターサイクル団体から、マカオのライダー達を日本で指導してもらえないだろうかとの依頼が入り、話は一気に進展した。日本の二輪メーカーもジョホールＧＰはじめ東南アジアのレースに出ているので、マカオで開催するなら参加する方向にある。その結果、マカオのライダーグループはＭＦＪの傘下に入ることで、競技ライセンスも日本で発行することになって、僕がそれらの指導を担うことになってしまった。

一方、日本のレース界は

１９６７年（昭和42）の第４回日本ＧＰも富士ＳＷでの開催が決まり、鈴鹿とは縁遠くなってしまった感じだ。前年の第３回ＧＰでは、大会主催権やコース使用料始め参加車種、コースオーナー（鈴鹿）主催者（ＪＡＦ）主要参加者（自動車業界）それぞれの思惑や利害の対立が絡む中に、組織化が進む自動車競技界への発言力を増し、優位な立場に野心を燃やす新興の自動車クラブ会長たちが口をはさむ混乱が続いた。それに乗じるように竣工した富士ＳＷにとって、ＧＰ誘致は渡りに船だった。

その流れは第４回ＧＰも当然のように富士ＳＷでの開催になるが、経済圏も広い関東、それも東京近

第4回日本グランプリ　1967年5月3日　富士スピードウェイ／60周

1967年日本グランプリ。プリンスを吸収した日産が改良したR380-A2と、一匹狼として参戦した生沢徹の対決に注目が集まった。

郊に出現したサーキットは一挙にモーターレーシングファンを拡充した。それまで自動車レースとなればドライバーからメカニック、ヘルパーまでメーカー所属のプロフェッショナルばかりであったのが、プライベートチームの増加がレース界の形態を変え始めたのだ。それは船橋サーキットと首都圏に二つの走る場所を得たことで様々なレースが開催され、日本初の24時間レース（オーストリッチカークラブ＆ＦＩＳＣＯクラブ主催）やオートバイのクラブマンレース、各種サンデーレースなど、プライベートでも参加できる種目が一挙に増えたことによるのだ。スピードレースだけでなくラリーやジムカーナなど、初心者や趣味の領域が広がった自動車競技は正にマイカー社会ならではの新しいホビーに広がってきた。

レースの種類も開催数も多くなったことにより、参加するチーム、ドライバーの形態もそれまでのメーカー、準メーカーと、自らの大金をつぎ込む裕福なクラブマンなどの他、新たに加わってきたのは、レース参加費用の一部を車輌広告という形での金銭的援助と、レースに携わりたい友人ヘルパーやメカニックでチームを構成するプライベートグループだ。とくにマイカー時代に入り、ハンドルやシフトレバーなどの室内パーツを交換する趣味や性能向上を望むユーザーなど、自動車ならではのアフターマーケット産業の急増が新しいプライベートエントリーを生み、それらの産業がスポンサーになる傾向も増えてきた。そのようなレース参加者の変化は純メーカー活動の縮小につながり、オートバイレースの過渡期と同じく、メーカーは少数のグループへの補助的なサポートをする体制となり、純メーカードライバーも限られた人員で足りる時代になってきた。

僕は相変わらずBSのタイヤテストに従事しながら新しい時代に入ってきたのを肌で感じてはいた。それでも間口が狭まったメーカーチームで走れるチャンスを覗っているのは、根っからのメーカーの下で走ってきたライダー、ドライバーの性がぬけないのである。だが、僕がレース活動を続けていくには大きな転換をしなければならないのは分かっているのに、今すぐどうするか、どうしたら良いかの答が出ないのである。

プライベートの中には本格的なレース指向に熱くなるチームやドライバーも現れたり、レースをビジネスにつなげようと試みる傾向も現れてきた。そういったケースに、僕のような立場は結構重宝される

第1回富士24時間耐久自動車レース　1967年4月8〜9日　富士スピードウェイ／24時間

2年目を迎えた富士では、ル・マンにならった24時間耐久レースが開催。大久保は高岡恭之とともにホンダ・スポーツ800で出場。

第2回富士24時間耐久自動車レース　1968年3月2〜3日　富士スピードウェイ／24時間

2回目の富士24時間は同じ高岡恭之/ホンダ・スポーツ800で出場。前回の倍、396周/2376kmを走破。

のも時代の流れなのだろう、助っ人ドライバーの依頼やコーチなどの話も多くなってくるものだ。

５月の第４回ＧＰもそうだ。出場のチャンスもなく諦めていた僕に、瀧から「友人が自分の車を走らせたい、ドライバーを紹介してくれ」の話だ。今回は前年のＧＰ後にプリンスが日産と合併し、プリンスＲ３８０が婿入りしたニッサンＲ３８０Ａ２が４台とポルシェカレラ６が３台、それに５５００ccエンジンのローラT70が２台、僅か９台でＧＰレースという情けなさだ。結果はカレラ６の生沢徹が

優勝したが、どうしてこんな少数参加者のGPレースになってしまったかとなれば、それまでのGPを中止してまでも〝日本GPレースの進路〟を三年越しに検討（したのかどうか）した結果も出せないのが原因だ。即ち、レース界の進路よりも〝高速サーキットにふさわしいレース〟に照準を合わせた内容しか考ていなかったためだ。そのための車輌規則や競技規則の研究も足りなかったのか、2台のダイハツP5や三船敏郎氏が監督を買って出たピート・ブロックの日野サムライなども参加できなかったのだが、小排気量車の閉め出しのように思えてならないのだ。

そのGPのGTカークラスに東京葛飾区で浄水装置製造会社を経営する大のポルシェファン、市川人世さんが、市販されたばかりのポルシェ911Sを購入するのでGPに走らせたいという。その相談を受けた瀧進太郎の話から僕が乗ることになったわけで、話は面白くなってきた。このGTクラスには3月に発売する日産の新型フェアレディ－2000が大挙出場するらしく、単騎ポルシェで挑戦するのは何とも爽快で、血が騒ぐ。

4月早々、輸入されたばかりの911Sと、前年のGP以後ヨーロッパのF3レースに出ていた生沢もカレラ6で出場することから、瀧、生沢、僕の合同トレーニングが始まった。確かに911Sは速い。この車はポルシェの名前を不動のものにした356の後継車911が1964年に発売され、その130馬力／6100rpmを160馬力／6600rpmに引き上げ1967年初頭に市販したばかりの日本上陸一号車だ。SOHC空冷水平6気筒1991ccをリアに搭載した後輪駆動車（RR）だが、ス

タンダードに近いままレーシングタイヤに履き替えただけで、軽く流しても2分30秒は楽に出せる最高クラスだ。前年に須田裕弘のドライブで優勝したプリンス２０００ＧＴが2分20・35秒だから、後日送られてくるスポーツキットを組めば、それと同等のタイムは堅いところだ。車の整備を受け持つのは二子多摩川で萩原孝明さんが経営の外車専門整備店の豊田信好メカニックだ。浅間火山レース以来メカ一筋の通称ノブさんも、少しのチューンで充分な戦闘力になるとの太鼓判だが、パーツが届いたのはＧＰの10日前ぐらいのことだ。マカオの瀧の二の舞になりそうな慌しいチューニングに徹夜のノブさんが、レース用ウエーバーキャブレター始めキットパーツを組み込んだ９１１Ｓは軽く2分20秒台で走るレーシングカーに変貌した。だが、すべてはここで終わった。ジャジャーン！　富士の最終カーブを立ち上がった瞬間、エンジン回転が急速に落ちた。軽合金鋳造ピストンや大径ポート、ビッグサイズバルブなど高性能を発揮する９１１Ｓも僅かなトラブルで動かなくなり、部品を取り寄せるには時間切れ。決勝レースを黒澤元治、長谷見昌弘がリードするフェアレディーの先頭集団をグランドスタンドで眺める心境は複雑だ。

二輪クラス創設、ＧＰの惨事とテロに揺れるマカオ

前年に続く悲運のＧＰを悔やんでいる間もなく、マカオのオートバイライダーにレースの講習会を開かなくてはならない。まず二輪レースを知ってもらうには実際のレースの映像が良い。ＭＦＪ所有のフィルムを見れば映画館で使う35ミリフィルムだ、さーて弱った。現地に電報で問い合わせると「大丈夫」だという。まあ、お金持ちも多いから映写機も誰かが持っているのだろう。

それと、この大判サイズのフィルムを国外に持ち出すには日本の税関の検閲を受けないと帰国時に持ち込めない規則という。厄介なことになった。講習会の準備に数日かかり、初夏のマカオに赴いた。マカオは、それまでカジノやドッグレースの博打が誘客の目玉だったが、半年後のＧＰにオートバイレースが加わることで、ＧＰは一層と観光事業の色彩が強くなってきた。でも僕には、このコースと運営力で新たな二輪のレースが成り立つのか…の不安も感じる。

そんな僕の危惧もよそに50数名の地元ライダーが集まった、場所は街に唯一の映画館だ。僕が映画フィルムの件で受電した大丈夫とはこのことだったのだ。大掛かりな講習会だ。広すぎる会場で、まず講習会の意義や、これから設立しようとするＭＦＪマカオのこと、今日に至った事情と経緯の説明をして、フィルム映像をまじえたレースの基本や国際ルールなどの講義が始まる。静まり返った会場に、本職の映写技師が回すフィルムの音がカタカタと響き、数本の映写光線がスクリーンにレーサーの疾走シーン

を映し出す。壇上に立つ僕からスクリーンから反射した光で受講者の顔がよく見える。誰もが画面に食い入るように目がキラキラと輝くのを見て僕は安心した。

なぜならオートバイレース開催は大歓迎でも、大東亜戦争から20年ちょっとしか経っていない情況で『ＭＦＪマカオ支部』という日本の名前を冠した組織の傘下に他国を置くことに、反発や嫌悪感を持たれるのではないか懸念していたのだ。だが通訳を介した質疑応答で、そんな取越し苦労は消え、何の問題もなくＭＦＪ支部が賛同される。僕は、マカオが早く独立して彼らなりの組織で活動できるように、との願いを伝えて座学講習終了だ。

翌日はコース走行だ。レース時はパドックになる広場でライダー達にコースの基本的な走りと注意を講義していると２台の交通警察のオートバイが近づいてくる。ＢＭＷのオートバイから降りた警察官が後から着いた黒塗りのセダンに近づき、後席から降りる紳士を丁重に迎えている。イップさんだった。ＭＦＪ支部設立責任者Ｒ・キムが、今回の企画にイップが尽力して下さったという。ライダー達も名士の来訪に歓声をあげる。イップさんが「今日のコースは普段の道路のままだから警察のオートバイと一緒に走ってくれ」という、有難い配慮というより、やはり大物だ。

彼らが毎日のように走っている生活道路をどう走るかという講義は奇妙な感じだ。僕が車列の先頭でライダー達を引率し、その前後を交通警察がガードしてくれる。さらに外出の少ない日曜日の閑散な道路だから、カーブの基本的なラインを走る真似事くらいはできる。こんな程度の講習でいいのかなー、と後ろめたいが、後は地元に任せるしかない。

二輪と四輪のかけもち？

マカオのライダーグループの基礎作りが済んだのは良いとしても、僕が今年のマカオに出るという話はない。もっともＭＦＪマカオにしても偶然の成り行きだし、トライアンフとダイハツで二年連続の出場ができたのも偶然だった。ここのトップグループの実力は今の日本車のレベルでは勝ち目のないことも知った。〝まあ、いずれチャンスがあれば出たいなー〟程度の気持ちだ。

日本では自動車競技の普及とマイカー社会の広がりで関連部品用品のアフターマーケットも急進した。需要が多くなってきたハンドルの製造販売を始めたマッハハンドルの高岡恭之君が「ウチの車もマカオで走らせたい」と言い出した。高岡は浅間クラブマンレースのライダーで４月の富士24時間レースに僕が助っ人ドライバーで出場した仲だ。車はその耐久レースで使ったホンダＳ８００を徹底的にチューンするという。チューニングはＳ８００全盛の中でも独特の技術力を誇るヨシムラホンダに仕上げてもらうとのこと。九州博多から新たな市場を求めて東京福生に工場を移したヨシムラの吉村秀雄さんはホンダ車の二輪も四輪もチューンする奇才のエンジニアだ。

ところが、高岡がヨシムラに頼んだことから、話はとんだ方向に向きだした。自動車用部品のみならずエンジン潤滑剤やオイルなどの油脂類にも需要が広がりだし、日本へ最初にカストロールオイルを輸入し、その後ＢＰオイルの輸入元を始めた木村修三さんが「マカオでオートバイが始まるなら、ヨシムラをＰＲしたらいい」と言いだした。要するにヨシムラチューニングのオートバイでレースに参加しよ

う、ということだ。「で、誰が乗るの?」「決まってるじゃん、リキさんだよ」「ええええっ!?」

〝二輪と四輪、かけもちか…、ふーん…面白れー、でもなー!〟調子に乗りすぎた失敗が多いから少々考えよう。で、その場は済んだものの、MFJマカオまで仕込んじゃった手前もある。木村もヨシムラのオヤジさんも、もう決まったようでいるから、数日考えた僕も現地に弾みがつくかもしれない期待で話にのることにした。ただ、もう2年ほど二輪を離れているので、出場といっても、ただ走るだけしかできないことをポップ（吉村さん）に告げれば「それだけでいい」ということでホンダドリームCB77（350cc）で出場することになった。

またもや偶然にもこのような立場になってしまった僕は、高岡にチームマッハだけでは資金

1967年マカオGP前にはオートバイ講習会も開催された。大久保はMFJマカオ支部を設立し、現地のライダーの指導にあたった。また日本人ライダーのマカオGP参戦も始まった。

的に無理なので、スポンサーを獲得するには雑誌など媒体とのタイアップを提案をする。この趣旨を週刊誌のプレイボーイに説明すると「面白い」ということになり参加車輌の名前をプレイボーイ号とし、幾つかのスポンサー協力を得ることになった。

テロ騒動に揺れるGP

1967年（昭和42）11月中旬の第14回マカオGPに向け、ホンダS800とホンダオートバイCB77を梱包して名港海運から貨物船さくら丸に船積みしたのは10月初旬だ。海外レースを2回経験しながら、自動車を送る手続きの一切合切を自分達で行うのは初めてだ。今まではヘルメットとレーシングスーツ類が詰まったトランク一つを現地に持っていけばレースに出場できた立場から一転、どういう手続きで何をすれば良いのか通産省や税関に聞いたり、何もかも素人の作業だ。海外レース出場の準備がこんなにも大変なことを改めて知ったのだ。貨物（自動車）を外国に持ち出すのは、日本の資産を輸出することであって、その対価が得られるものであれば簡単なのだが、持ち出した物が完全に日本に戻ってくることを証明しなくてはならないのである。いわゆる無為替輸出という為替管理上の特例で、送り出した貨物が日本に戻ってこない場合には法外な関税を課せられる。したがって持ち出す品物のリスト通り、使い古したタイヤ、スパークプラグ、部品など油脂類のような消耗品以外はすべて持ち帰らなければならず、海外渡航自由化といっても楽に行けるのは近場の観光旅行ぐらいだ。

こんな厄介なことまでしてレースに挑戦する意義や価値は何なんだ…と自問しながら、輸出作業を終

わらせ、香港に着いてみれば、日本ではまったく信じられない大変な事態になっていた。

かつて日本が敗戦で中国大陸から引き上げると、蒋介石の国民党と毛沢東の共産党との内戦が始まり、蒋介石は台湾に中華民国を樹立。国民党軍に勝利した毛沢東や周恩来が天安門広場で共産党政権の中華人民共和国建国を宣言した１９４９年（昭和24）から15年を過ぎても、思うように進展しない社会主義国家の現状は、政権内部の崩壊を招き、革命原点の毛沢東思想に立ち返る『文化大革命』が起こる。それに扇動された10代の少年少女で構成された尖兵による文革は暴力と武力を背景にした粛正運動となり、一説には1千万人以上の死者数と言われる内戦の様相を呈した。その紅衛兵らの運動がマカオ、香港にも押し寄せていたのだ。

前年のＧＰの後、マカオで以前からくすぶっていた中国人学校の増設問題に端を発した住民暴動が12月になって再燃し、中国共産党系の団体のデモにマカオの警官隊が発砲して死傷者を出す事件が起こった。マカオとの国境に集結した中国人民解放軍とマカオ沖に並ぶ軍艦の恫喝でマカオ政庁は中国に全面的な謝罪と賠償金で軍事紛争は回避されたが、これ以降、中国の介入が強くなり、我が物顔の紅衛兵運動はマカオから香港に波及し始めていたのだ。この運動を批判するＴＶアナウンサーが殺害され、デモ隊の暴動などが起こっている緊迫の香港情勢に僕は入り込んでしまった。

ＧＰ組織委員会に毛沢東主義運動の団体から手紙が届いたのはレースを二週間後に控えた時だ。マカオに本拠地を置くとする『赤い5月反抗戦闘隊』から全エントラントとドライバーへ、重大な警告と題した脅迫状が届く。中身の全文を紹介するには、あまりにも卑劣で薄汚く下劣過ぎる。要点だけを記せ

ば「マカオに来るならすべて自分の責任で来い。我らの運動は英帝国主義者と戦う香港の中国人愛国者の全面的な支援の下にある。マカオのレースは自動車販売の名目的なものであって、資本主義者のお遊びはマカオの人々の心を歪めるものだ。レース期間にマカオ住民に与える騒音、移動規制、危険で、財産収入を奪うことに同意出来ない。我らの警告を無視してマカオに来るなら、その結果を承知せよ。中国人の売国奴A・プーン、H・リー、T・イップ、KN・スエン、Y・チャンら、英帝国主義者のために行動する走狗がマカオに来るなら我らは法に基づく処遇をする」という脅迫だ。

この警告だけでなく、赤インクで印字したタイプ文が他のドライバーにも送られ、主要ドライバーによる秘密の会議が秘密の場所で開かれ、僕も出席することになった。というより親友になったハロルドから僕も脅迫の対象にされるぞ、と言われたからだ。日が暮れてビル街から香港島の反対側、アバディーン近くの閑散とした別荘風の建物に行く。顔を見られないよう、辺りを窺いながら入っていく光景は、さながらスパイ映画のシーンだろう。さらに、こんな部屋もあるもんだと初めて見る地下深い部屋に集まった12人のドライバーは誰も沈痛な面持ちだ。中にはJ・マクドナルドのように「子供じみた脅しだ」と一蹴する者もいるが、現にTVアナウンサーやVIPが殺され、レース以外の分野にも脅迫がある事実を考えれば、GP組織委員会やマカオ政庁が安全を保障しないならレースをボイコットする、という意見が大勢を占める。さらに脅迫状の差出人と異なる別の左翼思想団体に、ことの次第を告げ安全の保障を求める。組織委員会とマカオ政庁に、万が一避難が必要になった場合に備え、高速水中翼船をマカオ港に待機させる。などの要求をすることになった。この要求をどのような形で行ったのか僕には分か

らないが、ＧＰ組織委員会はエントリー数の大小に関わらずレースを開催する決意を表明するのだ。すると香港の新聞に毛沢東主義運動家の責任ある立場の分子が署名入りで、ドライバー達への保証には触れていないが「数々の警告・脅迫文書は悪意をもった一部の分子によるもので我らの活動ではない」という記事が出たのだが。マカオ政庁も〝住民を守り、街の平和と平穏を維持する処置を講ずる、マカオにおける自動車レースの実現を侵害することを断じて許さない〟という内容のステートメントを発表した。これですべてが解決したわけではないが、名指しで脅迫状を送られた当事者は、まずマカオの状況を見るものの、少しでも不穏なことがあれば直ちに撤退することを委員会に通告してマカオへ渡るのである。

脅迫と災難

エースドライバーのアルバート・プーンはマカオ官憲から護衛のボディーガードを二人つけると言われた以上、ＧＰに行かざるを得ない。元警察官僚だったこともあって、拳銃の所持を認められているアルバートは自らも自動拳銃を身につけての行動だ。そのような思いがけない事態に巻き込まれた僕には別の事件が発生していた。とっくに着くはずの自動車とオートバイの貨物が香港に着かないのだ。

自由貿易港の香港は、どの新聞にも船舶の出入り明細が載っていて、僕らの貨物を積んだ『さくら丸』の来港は16日とある。冗談じゃーない、レース三日前ではないか！　こんなことが起こっているとは知らず、数日後に到着した高岡とメカニックの鹿野瞕が仰天したのも無理はない。高岡が日本の海運会社

に連絡しても要領を得ない。すでにレース一週間前なので、貨物の引き取りはホンダのディーラーに任せて、僕らもマカオに渡るしかない。

不気味な空気が漂っているのを想像していたマカオの街は、表面的には平穏で少しは気が楽になる。レースコースのパドック、オフィシャルタワーで運営委員や多くの知己に会えば、文革騒動への懸念を持ちつつも、例年より違った活気を感じる。せわしげに騒々しく動き回るパドックの活気は、初めて導入されたオートバイGPのライダーやグループ達だと気づいた。今までのレースでは見かけない若い年代層が、初めてのレースに右往左往する光景は不安の暗雲を晴らすかのように屈託がない。

彼らの姿を見ていると、二輪レースの実現に先頭だって加担した僕は大きな事故でもあって、次年度からMCはやらない、などのステートメントが出ないのを期待するばかりだ。そんな心配を吹き飛ばすようなデッカイ声「よっ、リキちゃーん」破顔一笑のチョーさん、長谷川弘だ。長谷川は1955年（昭和30）、浅間高原の第1回日本オートバイ耐久ロードレースに昌和マリーンで出場後ヤマハに移籍、世界GPにも参戦したライダーだ。初めてのマカオGPに、まさかヤマハが超一流のライダーを送り込んでくるとは思いもしなかった僕は、やはり日本が注目するレースであることが確信できたのと、最高のレース評論を得た。僕は、このレースが、コースの状態とオートバイ=転倒、の単純な判断で〝危険すぎる〟とされることについてチョーさんに聞いた。マン島TTレースも東南アジアのレースも知る彼は「安全なコースなんてどこにもないさ。よほどの下手は別だが、ライダーはコースに慣れてくればそれなりに走るからね。まっ、初めてだから、多少の事故はあるかもしれないけど、だんだん慣れてくるっ

て」。

一方、すっかり我が家になったシルバ家の雑談はな紅衛兵の話ばかり。家族らが毛沢東バッジなんかつけているから笑っちゃえば「あたしたちも貴方達（紅衛兵）と一緒よ」というお守り、魔除けだという。翌日、僕らもアカに難癖つけられないよう毛沢東バッジを買いに行った。街のいたる所に毛沢東の肖像画やプロパガンダが貼りだされ、明らかに幼い字のスローガンで書き殴られた汚い街になってしまった。僕が学生の頃のキャンパスが60年安保騒動で荒れまくった光景よりもひどい。いかに紅衛兵の威嚇行動が激しいのか想像がつく。これじゃあバッジだけでは足りない、ついでに毛沢東語録の手帳の赤い表紙が見えるように胸のポケットに差し込んで、これでＯＫか？

そんな冗談めいた行動をしつつも、船が着かないことにはどうしようもない、今日は車検が始まる水曜日だ。ハロルドが、貨物船に直接聞いてみろ、というのでマカオの郵便局から打電すると、３時間後に返信が来た、それは絶望的な電文だ！　船長曰く〝台風で高雄（台湾の南の港）に停泊していた、現在、バシー海峡（台湾とルソン島の間）を通過している、香港入港予定は11月19日早朝〟とある。すべてを諦めるにも、そのすべがない。テロの脅威と船会社の災難、Ｗパンチではないか、これでは前年の瀧のポルシェよりも始末が悪い。

身代わりドライバー

昨日の第１公式練習を、走ることが出来ない僕がグランドスタンドからどのような気持ちで眺めてい

たか憶えていない。しかしマカオも3回目になると多くの友人もできて、他人の走りをボケーッと眺めているだけの僕を気遣ってくれるのか、事情を知った何人かが話しかけてくれる。夕暮れのパドックでKN・スエンが「プロダクションカークラス（1300cc以下）に出てみろよ」っていう。「出るって？エントリーもしてねーよ」。そんなことにお構いなく、数時間後、何がどうなっているのかDKWが届き、「これに乗れよっ、見てるよりいいだろう」で、予選二日目のスタートラインに並んでいるのだから、どうなっているんだか。

予選が終わり、その夜はテディー・イップさんの邸宅でのパーティーに招かれる。大富豪には見えない華美でも豪奢でもない邸宅の前面道路はコースだ。そのコースを眼下にする大きなバルコニーに常連ドライバー、オフィシャル、チームオーナーなど、表に名前が出る人物が出揃う大パーティーだ。レース場では冷たく敬遠し会う香港のディーラーやインポーターの大御所もここでは和やかに談笑する。イップさんが僕をやたらと多くの人に引き合わせてくれる。ドライバーの中でも、第2回日本GPにロータス22で出場したフィリピンのアルセニオ・ラウレルが懐かしくその時の話をする。彼は62、63年のマカオGPチャンピオンだが、本業はマニラで大きな法律事務所を構える弁護士だ。彼の父は米国の植民地だったフィリピンを1942年1月に日本軍が占領して、独立させ共和国を樹立した時の大統領・ホセ・P・ラウレルの子息だから日本への親近感があるのか、僕との雑談が途切れない。彼が、フィリピンの自動車クラブが主催のルソン島の北部をコースにしたアドベンチャーラリーの話を始める。僕が興味津々なので「リキは銃を扱えるか」と聞く。僕は子供の頃から祖父に銃の扱いを教えてもらい、今も

射撃はするからマシンガン以外なら扱えると答えれば、来年の5月頃そのラリーに招待してくれると言う。でも、なんで銃が関係するのか？　怪訝に聞けば、山岳地帯に出没する山賊や反政府ゲリラと撃ち合いになることがあるので、運転だけではダメだという。

そんな雑談にハロルドが交じり、友人のイタリア人、Ａ・パウロを紹介してくれた。「リキ、パウロもＡＣＰクラスにホンダＳ８００で出るんだ、でもタイムが出なくて…それで、リキがレースに出られないなら明朝の公式練習にキミが乗ってみてくれないか」という。パウロも「そうなんだ、とにかく走ってくれないか」と、またまた分からないことになった。確かに僕はＡＣＰにもエントリーしているけど、自分の車として車検を受けてはいないし…、そういえばＤＫＷにしても…。まっいいか、タイム稼ぎの替え玉にされるかもしれないが走るのは本業だし、えーい、走っちゃえー！　何でもありーがマカオだっ。

翌日、土曜日。１３０１cc以上のプロダクション（25周）、第1回モーターサイクルＧＰ（30周）、ＡＣＰトロフィー（10周ずつの2ヒート）の決勝日だ。その朝の8時20分からの公式練習で走った僕のタイムはパウロよりも10秒近く速い。ピットで彼のＳ８００の走りを見ていたパウロが「凄い。この車は、やはり速いんだ、俺が乗るよりリキが乗った方がいい。午後のＡＣＰにふさわしいドライバーはユーだ！」興奮している。ハロルドもそうしろ、と強く勧める。僕は唖然とした。金原さんや実現しなかったポルシェ９１１Ｓの市川さんのように、自分の車を走らす喜びなら分かるが、パウロは自分が走るために車を買い、大金払って日本でチューニングもしたのに、自分のタイムより僕が上だからといって、他人に

ハンドルを渡す人なんて…考えたこともない。

その好意を僕は素直に受けて、感謝の中にも〝しめたっ！〟という走ることに憑かれた狡猾な気持ちにうしろめたい気がしないでもない。

偶然と温情

1301cc以上のプロダクションカーレースが終わり、マカオ初のモーターサイクルGPは45台がスタートする。排気量混合のレースだから、基準タイムが出せず予選落ちの小排気量車がかなり多い、競技規則の不備だ。また決勝に出られても殆どは市販車にスピードキットを組み込んだ程度のものだから、ヤマハ350のファクトリーマシンを駆る長谷川弘の優勝は当然だ。チョーさんが相手では僕のオートバイが間に合っていても到底かないっこない。だが、僕がヨシムラチューンのCB77を走らせていたら、日本ではメーカーだけでなく、吉村秀雄さんのような街のチューナーが技術を競っていることがPRになって、この地域のレベルアップに良い刺激を与えたのに、残念だ。ただ、マカオ初のオートバイGPが、これから成長するカテゴリーになるのを確信し、僕がその一端を担った自負を感じる。

そんな思いがよぎる内にACPトロフィーレースが迫ってきた。すると突然〝レースに関わるすべての日本人はグランドスタンドに集まる指令〟が回ってきた。一体何ごとが起こったのか、いぶかしい思いで指定場所に行くと、プロダクションクラスに出場の米村太刀夫君ら、いすゞチームのメンバーと、日本の香港領事館の副領事、書記官がいて「紅衛兵騒動が鎮まっているように見えるが、まだまだ不穏

な情勢にある。事件が発生したら直ちにこの場所に集まってくれ」という指示だ。領事の「あそこを見て下さい」に、指さす海の沖合には砲口を揃えた中国の小型軍艦が五星紅旗をはためかせているではないか。僕は貨物のことや身代わりドライバーなどに頭が向いて、すっかり忘れていたのだ。米村君らと顔を見合わせながら、現実に僕らは物騒な中にいることを実感する。それにしても、こんな状況下でレースとは、どうにも分からないことばかりだが、GPを推し進めるということは、どんな暴力的脅しにも屈しないことの表明なのか、それとも、そんな子供じみた脅迫なんかヘッチャラさ、のタカを括ったポーズなのか。何かにつけ香港の会話につきものの〝中国や紅衛兵をのさばらせたのはマカオがだらしないからだ〟が根底にあるのは確かだ。

そういった騒然とした雰囲気があってもスタートラインへのコースインが始まれば胸が高まるだけだ。パウロのS８００より遥かに高度な鈴鹿RSCチューンS８００のハロルドはGPに懸けるからACPクラスは走らないという。さーて身代わりなんていっていられない。

ACPクラスは今までの30周から10周の2ヒート制に変ったから完全なスプリントだ、最初から全開でいけばいい。そう決めてスタートすれば、結構そのポジションになるもので結果はクラス優勝だ。パウロの喜びようが異常だ。そのACPが終わり正式結果表を取りに行ったハロルドが〝やったやったー！リキっ、お前もGPに出られるぞー！〟小躍りしながら叫ぶ。どうやら僕のタイムがGP通過基準の3分30秒をクリアしているので出場OKになったらしい。もしかしたら、車が着かない僕を不憫に思ってくれるオフィシャルの温情かもしれないが…。とにもかくにも、パウロも「俺の車がGPに出られるな

んて、何て素晴らしいことか、リキ、存分に走ってくれっ、ぶっ壊してもいい」凄い男だ。僕だったら…とてもできないだろう。

19日（日）メインイベントのGPデーだ。僕の車が着かないのを自分のことのように心を痛めてくれたエリーゼがクルスのついたブレスレットをくれた。お守りだ。彼女も家族も、車が着かず、しょげ返っていた数日前の僕とは大違いな振る舞いに、からかいの言葉が多い。パパが「リキはラッキーボーイだ、セービング・ゴッドだ」って目を細める。そうなんだ、神のご加護なのだ、と思いたいが僕には似つかわない言葉だ。

11月のマカオは雨が降らないのかと思うくらいの晴天が続く。第14回GP決勝の今日も同じだ。KN・スエンに助けられてプロダクションAクラス（1300以下25周）に出場することになった車は5、6年前のDKW900で、第1回日本GPに津々見友彦君が走ったのと同じだ。スエンに後で御礼をしたいから誰の車かを聞けば「テディーさんのだけど、使わない車だからいいんだいいんだ」と。イップ家の自動車お抱え整備士のチンと共に笑うだけだ。どうも、テディーと仲の良いスエンが僕の事情を察して大富豪のガレージから持ち出したようだ。早速、チューニングセッションで試走してみるが2サイクル3気筒903ccのセダンは初めて接する車種で、前輪駆動（FF）も初めてだ。だが、2サイクルエンジンは慣れているし、走り出せば意外に調子が良く難しいこともない。問題はエンジンブレーキに弱い2サイクルなので、普通のブレーキシューが磨耗して使い物にならない。中国人のメカニックが、

新品のブレーキ部品がガレージにあるという。でも道路交通が閉鎖中に、ましてコース沿いに建つテディーさんの邸宅には行けない。お互いに言葉が分からない。チンが人なつこく笑いながら僕の腕をつかみ、とにかく行こうと誘う。僕の、どうやって行くんだ？　に、やおら、崖の上に見えるイップ家を指差し、30ｍはあろうかと思う絶壁を登る仕草をする。えっ、あれを登っちゃうの？　またニコッだ。まあ、高校時代の山岳部でロッククライミングの真似事をしていたから何とかなる。垂直に近い絶壁に生えた木や根っこを掴みながらイップ邸前のコースに這い上がる。崖下から飛び出た二つの頭に仰天するコース管理の兵士とチンが何やら話し、無事に部品確保だ。

試走が終わって、そのまま25周の決勝になる慌ただしいスタートが始まり、7、8台が団子になって第1カーブに飛び込む。ガンッガッツン、ドッカーン、クローズドボディーのセダンばかりだから遠慮無くぶつかり、はじき飛ばしっこだ。僕も前車のアルファロメオジュリアのケツにドッカーンとぶつかったらロメオはガジュマルの街路樹に激突、僕の勝ちだ。ドイツ車は頑丈だ。そのままマウンテンコースを走り抜ける。ＦＦと中速トルクの強さがワインディングではこんなにも小気味よく走れるとは！快適だ。このレースには前年に続き3台のマツダファミリアクーペが出場している。10周目のピットサインを見れば6位とある。〝おっ、結構いい線いってるぞ〟、とにかくこんなに楽しく走れるレースも初めてだ。お仕着せで走るレースばかりの僕にとっては、もの凄く新鮮なドライブだ…だった…。突然、パランパンパン、ガランガラガラッ、室内に飛び込んできた大騒音、マフラーが落っこちたー。フロントエンジンのエキパイだけになった排気音はすさまじい、観客も何が走ってきたのかと思うように、呆

れ返った笑い顔が見える。変な拍手に迎えられて、そのままピットへ。スエンとメカニックが「どうだ、楽しめたか?」大笑いで聞く、僕は嬉しい泣き笑いで応えるしかない。趣味でレースを楽しむクラブマンの気持ちが初めて分かったような気がする。

このプロダクションクラスは1位:片山義美(マツダファミリアクーペ)、2位:ジョーン・ツェ(ミニクーパー)、3位:片倉正美(マツダ)、4位:三保敬太郎(マツダ)と、日本勢初の快挙だ。

そして黒煙と炎

プロダクションレースが終わり、GP決勝時間が迫ってきた。マカオ政庁のホセ・デ・カルバルオ総督への謁見に勢揃いしたドライバーは16人。スタートポジションは1位S・ホーランド(ロータス41)からA・プーン(ブラバム)等が続き、僕はビリから3番目、次にハロルドが並ぶ。

ハロルドの白色、僕の赤色のS8《エスハチ》には週刊誌のロゴの『プレイボーイ』がフロントフェンダーに大きくペイントしてある。同誌の特派員の役目もある僕にハロルドも気軽に付き合ってくれ、2台並んだ大層なコマーシャルになってしまった。2台先にはスエンもいる。スタート前の僅かな時間、沖合に並んだ軍艦なんか目に入らないのかドライバー達は雑談にふける。アルバート・プーンはガチャガサ、シート調整に余念がないようだ「おーい、調子はどうだい?」に、頭をかしげながら「どうも上手い所がねーんだ」。シート調整ではなく、ピストルをシートベルトにどう縛ろうか迷っているのだ。ハロルドと大笑いで「走りながらぶっ放すのか?」「暴動が起きたら皆んなで戦おうぜ! 14人はやっつけられる」、

それは弾倉の数なのか、自動式拳銃をなでながらアルバートは本気なのである。

60周のスタート前3分のサイレンが鳴り響く、いつもの嫌ーな時間だ。コースイン前に、いつも分厚いアルバムを抱えて、ドライバーのサインを求めにくるポルトガル軍人が僕に「いいかね、押さえて押さえて走るんだ、リキの走りは毎年見ている、いつものように走れば、その車でもいけるぞ」のアドバイスとシルバの「ステディ、ステディッ」が頭を回る。よしっ、この非力な車でどこまでやれるか…ととことん走ってやろう。

スタート後の情況は予想通り8台のフォーミュラカーが一団となって第1カーブに入っていく。彼らに引き離された僕らのGTカーグループは別のレースでもしているかのように、第1カーブ、聖フランシスコヒルから、病院の坂を、横に並び後ろに蹴散らされながら駆け上がっていく。マタニティーベンドからの山側に入ればホンダもロータスエランも大差ない。だがヘアピンから先の連続した直線では何ともならない。加速力はまあまあとしても、リサーベイアベンドから始まる1・6kmのホームストレッチでの最高速度が200km弱のS8では勝負にならない。それでもヘアピンで前車に追いつくのだから、このまま食らいついていくしかない。早くも2周後のヘアピン先のストレートに、J・マクドナルドのロータス・フォーミュラが水蒸気を上げて停まっている。さらに三つ目のストレートでも英国から来たP・ゲイドンの後輪が外れたクーパーがコース脇にいる。もしかしたら、繊細なフォーミュラカーの構造は、路面の悪いコースは苦手なのかもしれない。コーリンチャップマンもこんな路面を想定して設計していないのだろう…。この調子でどんどん潰れてくれれば、しめしめ…だが。

３周目に入るスタートラインを通過して、第1カーブに入ろうとした左側に異常を感じたまま、ヘアピンからまたストレートへの繰り返しが４回目になった。すると第1カーブの手前に黒煙が上がっている、が、減速しなくてはならないような雰囲気ではない。咄嗟に〝やはり暴動が起きたか！　いやっ違うっ、事故のようだ〟黒煙がコースの真ん中まで流れ、良く見えないまま第1カーブに突入する。〝フォーミュラカーのようだったけど、誰が事故ったのだろう、スエンは少し前に居たし…〟心配より情況が分からないまま5周目のメインストレートに戻ればイエローフラッグが烈しく振られている。ピットに入る指示を出す黒旗も見える。速度を落としながら事故現場の近くにきたが、火は消えないどころか、どす黒い煙と紅蓮の炎が海風にあおられコース全体に流れ込んでいる。消火器を持った軍隊のオフィシャルが慌ただしく動き回り、４、５人が持ち上げようとしているのは黒こげになったドライバーの身体のようだ。徐行しながら横目に入るのは、この世のものとは思えない映像だ。一瞬、バーンと空高く跳ね上がった炎の風がＳ８００オープンカーの頭上にかぶってきた、熱い！　事故なのは確かだ、でも、どうして、誰が、何で？　分からないまま通過して第1カーブを曲がる。多分、この周で赤旗、レース中止だろうと再びホームストレッチに戻れば、依然として黄旗のままだ。なぜ赤旗を出さないんだっこんな悲惨な事故が起こっているのに…西洋人の感覚は一体どうなっているんだ　少しぐらい死んだって、これがレースだっ、なんて思っているんじゃないだろうな、まったく分からない。事故現場とコントロールタワーとの連絡がうまく取れていないのではないか、あるいは、共産党紅衛兵らの暴動が起こったと勘違いしたのか。それとも、沖合いの中国軍艦に何ごともないように見せているのか、まったく

分からない！　僕はどうすればいいのか、ピットに入ろうかどうしようか？　とにかく、もう1周してみよう。走り続け再びその場にさしかかれば、ようやく火が消え、煙がくすぶる事故現場の脇を徐行通過する。燃え尽きたマシンは小さな鉄屑と化し、ドライバーはどうなったのか…むごたらしい光景だ。この事故は3周目に入った時に起こり、その直後に僕が通過していたのだ。

約１・６kmの直線の中間にある右１５０Ｒのヨットクラブベンド、ここは最高速度が出るカーブなので、出来るならばスロットルを戻したくない場所だ。しかし、カーブの真ん中を狙ったラインから、再び早く右側に戻らないと、車は左側にどんどん寄せられていき、コースから外れると海岸壁にそった石畳のプロムナードに入り込んでしまう。反対に、右に寄りすぎると竹垣で仕切っただけの観客席に飛び込む場合もあり、一昨年はそれによる大事故もあった。

ここの路面は、雨水が路肩に流れるよう僅かに湾曲していて高速になるほどハンドルが取られるのだ。ドライバーの心理とすれば乗りにのってきた折角のスピードを落としたくない誘惑にかられる。僕も最初のトライアンフの時、同じラインを通り、いきなり海岸壁側にハンドルを取られ、あわや激突の怖い思いをした場所だ。この事故も多分、２２０km／h以上の速度でコースを外れ、岸壁に激突したのだろう。さらにスタート直後では、ガソリンは満タンの80ℓはあるだろうから爆弾を抱えているようなものだ、激突は必ず火災につながるのがフォーミュラカーだ。フォーミュラは地上を極限の速さで走るだけを追求したマシンだから仕方がないでは済まされない。人命を守る技術、構造も併せて開発していかないと多発する悲惨な事故はなくならない。

僕の前を行くスエンが手を上げてピットレーンに入って行くのが見える。黄旗が振られる6、7周目の現場を通過し、山側に入れば徐行区間で僕の後ろに溜った2台のエランと古いフォーミュラが追い迫り、いつもと同じようなバトルシーンが戻る。8、9周目を過ぎると、コース上は妙に落ち着きを取り戻したように車間が開き始め、11周目辺りでトップに立ったS・ホーランドが僕らをラップしていく、暫くしてA・プーンがその後を追う。

誰が事故ったのか分からないまま単調な周回を繰り返すが、僕のS8はすこぶる調子が良い。最初は物足りなかったスポーツキットチューンの柔らかなサスペンションが意外と悪い路面に合っているようだ。ダイハツで前年に負けた英国のシンガーはこんな感じの車だったのかもしれない。エンジン回転も軽く9000rpmプラスに上がり少しも異常はない。この状態で、もしトップギヤ比が変えられていたら、もっと最高速度が上がるだろうに。今、走れているのはパウロとハロルドのお陰だけど、これがオーバーサイズピストンやマカオに合うギヤレシオ、ソフト気味にしたサスペンションなど、本来ならそれで走っているヨシムラのスペシャルS800だったら、ハロルドだって僕の後ろだろうに…。レースに通用しない〝もし・たら・れば〟が頭をよぎる。

60周も中盤にかかってきた頃だ、ヘアピン先の直線からビーチストレートに曲がる右110Rフィッシャーマンズベンドでホーランドのロータス41がひっくり返っているではないか。その数周後、今度はマレーシアからのバッセルが道端にブラバムを停めている。相次ぐトップグループのリタイヤに〝やったぜー〟。これでトップは親友のアルバートだ。その彼が燃料補給したのか、ピットレーンからコース

に戻るのが見える。彼のフォーミュラカーには追いつけないが、山道にかかると大した先ではない前方にいる。でも直線で離され、追いつかぬまま、僕がホームストレッチにかかると、ロールバーに手を掛け、懸命にピットレーンにブラバムを押し歩くのはアルバートだ！　まさに仰天だ。

と、なると、アルバートもマクドナルドもホーランドもアウト、誰だか知らないが、多分あの事故で7台は消えたことになる…ということは…僕は残りの9台に入っているんだ。そして僕の後ろは4台の筈だから、えっえっえっー、今5番手なんだー　まさか、という『坂』は本当にあるんだ。

レースは、勝負は、速い者や強い者ばかりが勝つとは限らないんだ。速くても死んじまったらおしまいよ、バカな奴もいるもんだ。どんどん事故って、誰が死んだってかまうもんか、オレの順位が上がるんだ。僕らは承知で危ないことをしているのだから、万が一のことがあっても仕方がないと言うけれどオレはいやだっ、絶対に死ぬようなことはしないっ。〝これ以上は危険〟の限界を掴めないヤツはスピードの世界なんかに入らない方がいいんだ。レースに限らず、限界の先を推測出来ないヤツは危ないことをしないことだ。そして非力だって、食らいつき、根性で粘ってねばって、諦めずにいれば、時には運も出るし、成り行きも変わってくるもんだ。タナボタでも待ちぼうけの拾い物でもいい、みーんな勝敗の一つだ。でもオレが漁夫の利にされるのはゴメンだ。オレはシギにも蛤にもなりたくない。そう思いながら、前を行くエランには、あと2周もすれば追いつける僕に燃料補給のサイン、45周目だ。

こんなにも冷酷になれるのか

ピットインすると、先にガス補給で入ったハロルドが、ＧＰ組織委員会の重鎮である実兄のサミーリーと口論している。何ごとかと高岡に聞けば、重苦しい表情で「リキちゃんに知らせるのは止そうと思っていたんだけど、ラウレルが死んだんだよ」。全身の血の気がゾーっと引いた、そうだったのか…あの事故はドッジだったのか（ドッジはラウレルの愛称）…。それで、ハロルドにレースを棄権するよう実兄が説得しているという。

給油の間に、マシンオーナーのイップさんの黒旗で棄権したスエンがコクピットに来てポツリと「リキ、走った方がいいよ、今4位だぞ」。我に返った僕は、給油が終わるや無言でピットアウトした。いや、そこに居たたまれなかったのかもしれない。そして1秒も早くスピードに憑かれた自分に戻って、自分を誤魔化すしかなかったのだ。あの事故がまさか、親友になったドッジだったとは、オレは何とヒドイことを思ってしまったんだ。でも、親友とは知らなかったから、非情な意識が出たのか？　それとも相手が誰だろうが、それが本心なのか。そうだとすれば、何と僕は冷血な人間なのだろう。もしかしたら、人間って本質的に非情な感情を持っているのだろうか…分からない。

まだ10周以上ある第1カーブの４００ｍくらい手前。左から斜めに真っ直ぐな線を引いたような黒いタイヤのスリップ痕の先、どす黒く汚れた海岸壁と石畳のプロムナードに惨事の跡を残す地点を通過する度に〝ごめんよドッジ、知らなかったんだ、悪いけどオレは走り続け…〟。あの炎と黒煙の光景と、

今この場で湧く感情は僕の生涯で絶対に消えることはないだろう。

50周を過ぎ、遙か先を行くハロルドの前はロータス・エランとフォーミュラカーのT・モウだ。この順位のまま60周を走りきったタイムは前年のビアンキより14分遅い3時間28分26秒だ。優勝で誰よりもびっくりしたのはマレーシアから来たオーストラリア人のトニー・モウ自身だろう。彼はロータス20という骨董的フォーミュラで、それも予選通過基準に僅か0・1秒だけ速いタイムで最後尾からスタートしたのに…。2位W・ハスカンプ（ロータスエラン、58周）、3位H・リー（ホンダS800、58周）、4位R・大久保（ホンダS800、57周）、5位G・ソーブ（ロータスエラン、53周）。16台出走、完走7台という通常では考えられないサバイバルレース結果だ。

レースはゴールラインを切ってみないと分から

1967年マカオGP

元フィリピン大統領の息子で弁護士のアルセニオ・ラウレルがレース中の事故で炎上死。鉄屑と化したフォーミュラカーと、炭化したドライバーの遺体の写真が凄惨な事故を物語る。

ないものだ。ビリからスタートし、それもレースが終わったら古いフォーミュラカーを売却するのが目的で出場したのが優勝したり、日本の傑作車といえど８００ccの小型車が3位になることは、まず通常のレースにはあり得ない、僕の4位だって同じだ。そして、書き加えられるレーシングドライバーの履歴は、Ａ・ラウレルの惨死や激突、トラブルで戦列を離れた何人ものドライバーが不運に見舞われた結果から得たものだ。そういった他人の不運が多ければ多いほど自分の順位が上がり、学校の通信簿の優が増えるのを喜ぶように、華やかな履歴の積み重ねに他人の不幸も麻痺していくのかもしれない。それがレースであり、勝負なのだろうが、いつ自分が不運の側に回るかも知れない危うさとの闘いなのだろう。

その晩の表彰式パーティーはいつもの華やかな賑わいはなく、夫人達も男性陣の黒色系のスーツに合わせた質素な服装で、Ａ・ラウレルの追悼会も兼ねる重たい雰囲気の内に進んだ。マカオ総督の、ラウレルの功績を称える賛辞は会場に漏れる嗚咽で良く聞こえない。

組織委員会より事故の模様が説明され、ヨットクラブベンドを通過したラウレルのロータスは、初めは右に車体が向き、次ぎに左側へ真っ直ぐのびたタイヤのスリップ痕から見ると、彼は右側の観客席に飛び込みそうなのを避けて、左に急激なハンドルを切ったのか、そのまま海岸壁に激突後、街灯にぶつかってマシンは転倒し、その下敷きになった直後に火災が発生し、助け出すことができなかった、と。

また、長年ラウレルのメカを務めたＬ・ヤップチンは「マカオに来る前、彼の兄の国政選挙の手伝いで、連日とても疲れていた」と語る。彼は自分の責任のように思い込んでいるようだ。

僕はドッジに誘われた山賊の出るラリーに出られなくなって残念だが、必ず墓参りに行くことを約束する。パーティー会場のあちこちで、コースの路面が災いしたなど、話題は路面に集中する。優勝を逃し病院に搬送されたが軽傷ですんだS・ホーランドはフィッシャーマンズベンドで（直線と直線の間の右110R）ほんの僅かにコースを外れただけで凸凹な路面にロータス41はコントロールを失って転覆した、と路面の悪さを強調する。

だが、多くのドライバーが苦情を言うコースの悪さを無視するような新記録で走った前年のビアンキもいる。そのビアンキよりさらに2秒速いラップレコードを出しながらコース脇に停まってしまったアルバートは、燃料補給後から不調になったガソリンポンプを、ピストルの銃床でコンコン叩いたけれど直らなかった話を披露して、レーシングカーの故障に拳銃は役立たないとこぼし、陰湿な会場に笑いを作る。

余りにもいろいろなことがありすぎた一日だった。この1967年という一年は、二輪レース開催に際してマカオライダー達の組織作りに始まり、文革暴動に巻き込まれ、船が遅れてレース車が着かない、ラウレルは爆死する、何んとまあマカオに忙しかったことか、28歳でこんなに経験するのなら、この先はもっといろんなことがあるのだろうか。爆睡で頭がボーッ、思考回路がこんがらかった朝の耳に、香港から電話の声「貨物が着きました、マカオに送りましょうか」。ふざけんなっ！

1967年マカオGP

ホンダS800で、望外のマカオGP3位入賞を得たハロルド・リー（手前の白いホンダスポーツ　上・写真）と、4位の大久保。本来なら嬉しい入賞も、友人ラウレルの爆死で喜べるものではなかった。

リキさんは有名だ

マカオのレースは、プロダクションカークラスA・B、GTカーのACPトロフィーレース、新設のモーターサイクルレース、GPレースの5クラスで、時にはカートレースが入ることもあるが、最高峰GPの賞典は以下の内容だ。

スタートマネー：HK$800（1香港ドルは日本の約70円。因みに1US$は360円）。

賞金&賞品：1位HK$10000、2位HK$5000、3位HK$3000、4位HK$2000、5位HK$1800、6位HK$1500、7位HK$1200、8位HK$1000と1～3位、各クラス優勝者にトロフィーが贈られるが、参加費用を考えれば、例え1位になっても金銭的な利益はない。スピード競技を興行として主催・運営し、入場料や広告主などからの収益を参加ドライバー、チームに分配する米国流と異なり、欧州では、記録への挑戦、冒険、進歩への貢献、勇者の証しなどへの『名誉、栄誉』を重んじるアマチュア精神が基本だ。そのモーターレーシングに、メーカーや用部品を提供する企業が自社宣伝に大掛かりな投資をする構造が競技の質やレベルを引き上げているのも事実で、趣味のアマ、実益のプロが上手く混成される傾向は益々広がっていくだろう。

博打公認のマカオだから、GPもその一環のようにとられるがまったく無関係だ。ただ、GPの参加者や予選結果などが広東語新聞のドッグレースや数字当て宝くじKENOの予想、結果欄の紙面に大きく書かれるから表面には出ない賭けごとがあっても可笑しくはない。人民の間では僕らドライバーは駕

駛人（駕は駕籠、駛は速い）と表記だし、賭けにはドッグレース並の対象だ。だからか…コース脇にゴザを敷いて陣取っている所には予選結果が載った新聞紙がやたらと散らかっている。そして3年も来ていれば、僕の名前が知られるのは当然で、街のあちこちで「ハイ、リキオクボ」って声を掛けられる度に「オレは有名なんだなー」と思うのも自然だ。ところが、僕の名前が特殊なので皆んなが面白がって呼んでいるのだった。それは広東語の訳し方がいけない。何となれば、大久保は広東語読みだと、大＝タイ、久保＝カウポでタイカウポになるようだが、これがラジオのレース実況ではタイカンポと聞こえるらしい。ウとンの違いだ。即ち、タイ＝大きい、カンポ＝男の性器だから、デッカイチンポコだ。おまけにリキだから、力のあるデッカイチンポコって意味になるんだと。実際に間違いじゃないが…これじゃ有名になるわけだ。

もう一つ披露しよう。日本のメカニックが仕事をしていると、やたらと人垣ができる。慣れ親しんだ現地の坊や達が何かと手伝ってくれる。その度にメカが「はい、どうも」と言う。有り難うや、ほんの感謝の意味、会釈を表わす一つの日本語のクセだ。ところが、何かにつけ、「はいどーも」を言うと笑われる。戸惑うメカが、なぜだか分からないと僕に聞く。僕も笑った、あゝそうか、と気づいたからだ。広東語で、「はい」は、それぞれ微妙にイントネーションが違うのだが、返事のハイ、蟹がハイ、海がハイ、靴がハイで、女性の性器もハイなのだ。多分、メカの「はい」の発音が女性のに聞こえるのだろう。さらに「どうも」は広東語で『繁毛』と書くようで、毛が繁っている、いっぱい毛だらけ、となり、毛がいっぱいの○○○コ、となってしまうのだから始末が悪い。

日本GPへの違和感。ならばフォーミュラカーで！

そのタイカンポも日本で1968年（昭和43）のレースシーズンを迎え、マカオで走れなかった高岡のS800で、第2回目となる富士24時間耐久レースや富士1000㎞レースで一応の順位は得たものの、近づく第5回日本GPへの出番は決まっていない。

一昨年から、どんなスピードも呑み込んでしまう富士SWにふさわしいレースが日本GPの金看板であるかのように、日本の初レースから僅か5年で、排気量無制限！　にエスカレートしたレース組織委員会の見識の無さに僕は失望した。国内のレース活動育成に底辺を拡げ、多くのエントラントにGP参加の道を開く討議もなくなり、インディーに洗脳されたように、豪快な超人的スピードを演出することが観客へのサービスであるような考えが一人歩きする。

日本GPが鈴鹿から富士に変わり、当面は3000㏄グループ6プロトタイプカーを中心にしたレース内容で行うことからトヨタはヤマハと共同で3ℓエンジンを開発していた。しかし前年のGP参加台数が9台という寂しい状態に、急遽、車重や保安部品などの規定が細かいグループ6より、車輌製作の自由度が高いグループ7カーの参加を認めることで参加台数を増やす方針に代わってしまったのだ。それは排気量無制限の豪快な走りが売り物の、米国で始まり盛況になった2座席グループ7カーによるカンナムレース（Canadian-American Challenge Cup：Can-Am）の影響もあるのだろう。その裏には米

国のレースに挑戦を企てているメーカーが、日本GPのレギュレーションをカンナムに準じた内容に設定し、GPを恰好のテスト場所と位置づけたというガセネタまがいの情報が飛び交うほどだ。そんな、悪どい筋書きはどうかと思うが、こじつければ本当のようにとられても仕方がない背景もある。

いずれにしろ営業面でも技術開発面でも、レースの果たす役割が根付いたメーカーと、大金はたいて威勢の良いところを見せればチヤホヤされる快感を知ったエセ富豪の意向に沿ったGPがエスカレートしていくのである。その結果は折角芽生えてきた町工場やスピードショップが造り出すレーシングカーの門戸を狭め、底辺拡大のお題目もかすんでいく。また3ℓエンジンの開発が進行していたトヨタも面食らったことだろうが、日産は旧プリンス自動車が開発したR380を発展させたのは当然としても、何と米国車シボレーの5500ccエンジンを搭載したR381を登場させるのだ。もう恥も外聞もないメーカーエゴのGPだ。

こういった、進歩ではない変貌に何の違和感も感じないドライバーは羨ましい、でも、僕はだめだ。こんな体制のままでは単なる超スピード、ど迫力だけが売り物のGPになってしまい、そのエスカレートの先は悲惨な事故を引き起こすに決まっている。マカオでラウレルの爆死に接して、まだ数ヶ月しか経っていない僕には、華麗で勇壮なスピードレースは危険と隣合わせであるのを承知しているからこそ、可能な限り危険因子を排除すべきとの考えを強く持つようになった。

それには〝走る・曲がる・止まる〟だけの機能をドライバーの身体むき出しの車体で具現するフォーミュラマシンの、安全構造技術が進めば各種のレーシングカーに応用できると考えるのだ。

新生レーシングビジネス

僕は日本のレースが、早く国際的なレベルに達するには、ホンダが１９６４年8月、Ｆ1西ドイツＧＰにオール自社製のＲＡ２７１で参戦したように、フォーミュラカーによるレースの育成が不可欠だと確信している。だがフォーミュラカーは未だに前座レースの扱いだ。これでは国際的なレースカーもドライバーも育つわけがない。そんな考えがよぎる中、タキレーシングがＦ２とＦ３のシャシーを買い込んだことを知った僕は瀧進太郎がフォーミュラカーレースをどう考えているのか、話し合いに行った。それと瀧のレーシングビジネスとはどのようなシステムなのか、その興味もあった。

しかし、ローラＴ70やポルシェ９０６に加えて９１０など一部の者の大排気量車でのレースこそがＧＰに相応しいカテゴリーだと思い込みが強い彼には、フォーミュラへの道を広げる関心は薄い。日産、トヨタの大メーカーの争いにプライベートが割って入る挑戦の姿勢が、ＴＮＴ（トヨタ・日産・タキ）の闘いと話題にされるような立場でないと興味が沸かないようだ。そういった話のついでに「ところで瀧さん、オレに乗せてもらえるような車、ないですかね?」「あ、リキちゃんが…出たい?　…じゃあ、いくら出してくれる?」。つまるところ、乗せてやってもいいが、どのくらいのカネが払えるのか、という話だ。それには、もうお前さんはカネ払って乗ってもらうようなレベルじゃないよ、レースに出たいならオレのように車を買ったらいいじゃないか、にも聞こえるし、その意味するところが何通りにも解釈できる。僕は返答に窮した。瞬間的に「競争自動車のレンタカーも始めたのかい」と嫌みを言うし

かない。

　この年からタキレーシングは、僕がそれまで従事していたＢＳのタイヤテストを全面的に引き継いだ。ＢＳが自前で購入のするテスト車輌のスピードでは、もはや役に立たないのだ。Ｖ８、２・６ℓエンジンのクラウンエイトやスカイラインＧＴをギンギンにチューンしても谷田部高速試験場テストコースを平均２００㎞／ｈで走るのは難しい。実験用のベンチでも２００を越える速度は計測できず、いよいよ２５０㎞／ｈ以上出る欧米のスポーツカーを買わなきゃだめだなー、なんて言っていたところに瀧の所有する車輌でテストできれば好都合だ、の話し合いが上手く進んだ。タキレーシングがテストを兼ねるとともにＢＳがスポンサーになったのだ。これはグッドタイミングで、ＢＳの選択は正解だ。超高速走行のテストが出来ずにいたＢＳは、瀧とのジョイントでタイヤの性能を一気に向上させた。これは結構なことだ、が僕はお払い箱だ。

　そのタイヤ開発委託料やコカコーラなどのスポンサー料が主な収入のレーシングビジネスも、瀧が実家から工面してもらった大金で購入した超弩級のレーシングカーに乗る生沢徹、田中健二郎、長谷見昌弘らへの手当やメカニック、整備場、レースカーの輸送車、諸経費などの工面に多額の費用がかさみ、カネはいくらでも欲しい内情だ。時流を反映するレーシングビジネスといっても、米国のような興行システムではないからビジネスは厳しい。日本ＧＰといっても優勝賞金１５０万円、スタートマネーは５万円だしスポンサー料だって何千万円も入ってくるわけがない。だからレース参加やタイヤテスト、若干のノベルティーグッズの販売程度ではビジネスは成り立たない。今のＧＰで互角に闘えるレース体制

を整えようとしたら普通の商売じゃムリな話だ。したがってレース活動も交えたビジネスが成り立つには、レース車の製作、関連部品開発・販売、車の修理など、レースへの参加が自社営業と何らかのつながりがある内容でないと難しい。そうやって細かな分野のレーシングビジネスが育ってくれば、やがてはレースをしたい者に有償で車を貸し出すレンタル商売も出てくるのだろうが、現状は趣味の領域をこえた金遣いができる者だけのレース界になってしまう。

いずれにしろ日本でレーシングビジネスが成熟するには、走る場所（サーキット、運営オフィシャル）走る者（チーム、ドライバー）走る道具（レース車製作、販売、メンテナンス）の各ジャンルがレース運営者と知恵を出し合っていくことだ。

これは何も目新しいことではない。１９１３年（大正２）に兵庫県の鳴尾競馬場から本格的なオートバイレースが始まったとされる戦前の日本では、オーバルコースの二輪・四輪レースが主要都市で開催され、車輌オーナー・選手・整備士・レース主催者それぞれが経済的にも成り立っていたというから、興行の分担や役割に、それなりの知恵を出していたのだろう。

僕が、もしレースをライフワークに位置づけていくならば、今の境遇をどのように変え、何を得るために何を捨てなければならないか、そして、どんな目標を定めたレース活動を目指すのか、それを明確にしないと先に進めないことも分かってきた。

日本の自動車産業が一気に躍進し、ホンダＳ８００やトヨタ１６００ＧＴ、フェアレディー２０００、

日本グランプリ　1968年5月3日　富士スピードウェイ／80周

1968年日本グランプリにはホンダ・スポーツの改造レーサー、ホンダ・ワールドWMで参戦。この頃になるとすでにグランプリはアマチュアから手の届かないところになりつつあった。一方、プライベートチーム向けのビジネスは拡大していった。

プリンスＧＴ、トヨタスポーツ８００、いすゞベレットＧＴなどの市販車が登場したことで、それを母体としたレーシングチューンを手がけるスピードショップも増えてきた。それらは競争ならぬ狂走化する数台だけのＧＰをよそに、新しいジャンルを形成し始めたのは結構なことだ。まだ前座レース扱いのフォーミュラカー分野でも、三菱自動車は本格的なＦ２（１６００cc）に乗りだし、ブラバムＦ３や自作のシャシーに思い思いのエンジンを搭載するレースカー造りも増えてきた。従来のメーカー製車輌とドライバーに焦点が集まっていた日本の初期レース形態も大きく変わってきた。サーキットを縦横に走れる車がプライベートでも造れるようになり、ドライバーだけでなくメカニックやヘルパーとしてレースに情熱を傾けるフィールドも拡がってきた。

自動車保有数が1千万台を越え、あれよあれよという間に日本の自動車生産数が世界第2位にのし上がったのも、底辺にある『日本人の製造力、探求心』だ。マクランサ（林みのる・京都）、コニーリオ（山梨信輔・東京）、フジツボ（藤壺勇雄・横浜）など、すでに小型のグループ7スポーツカーも登場し、今はマカオレースにも勝てない日本車も、いずれは町場のプライベートマシンが外国勢を蹴散らす時代がくるだろう。そして、こういった町工場の技術が日本の工業力を支える比率はどんどん大きくなっていくに違いない。

僕の周りにも独自のレースカー造りの意欲を持ったメンバーが増え始めた。前年のマカオに車が着かなかったＳ８００のオーナー高岡が、鈴鹿サーキット近くでスピードショップを開いている藤井璋美さんのワールドモーターで、小型の7カーを製作中だという。その車はシャシーに排気量を大きくしたＳ８００のエンジンを搭載し、軽量化と空力を重視したオープンカーという。そして、これを今年のマカオに出したいと言い出した高岡が、テスト代わりに5月のＧＰに出してみようとなって、また僕が乗ることになった。だが重量配分や車体剛性が思うように進まず、ＧＰの車検が辛うじてパスするのが精一杯で決勝のスタートすら出来ずに終わった。

因みに１９６８年（昭和43）のＧＰを制したのは北野元：ニッサンＲ３８１（シボレー・５４６１cc）、2位生沢徹：タキレーシングのポルシェ９１０（１９９１cc）、3位黒沢元治：ニッサンＲ３８０ＡⅡ（１９９６cc）。

マカオＧＰもレース規定の迷走

その後ワールドモーターのマカオ用レーシングカーの製作も進んだが、やはり鈴鹿でのテストは短時間しか出来ない状態で船積みする慌ただしさだ。テロの脅威やラウレルの悲惨な事故、そして、第１回モーターサイクルＧＰの成功など耳目を集めるには困らないマカオＧＰだが、１９６８年（昭和43）の第15回も新たな動きで盛り上がる。

ＧＰクラスの特徴はスポーツカー、プロトタイプレーシングカー、フォーミュラカーなどセダン以外ならどんな車種でも公道をぶっ飛ばせる類い希なる内容だから〝偉大な草レース〟と卑下され、敬遠するレース正統派も多い。一方に、この荒っぽく、しまりがなくて、時にはいい加減な雰囲気が良いと言い、排気量も車体の大きさも違う車種が混走する難しさを克服する快感を歓迎するドライバーもいる。

しかし年々フォーミュラカーの参加が多くなって、オーストラリアからは、マックス・スチュアート、マックス・ブランニングハウセンがブラバムクライマックス、アルファロメオＴＺⅡで参加する。南半球、英国連邦のオーストラリア、ニュージランドでは、１９６４年から排気量２５００㏄のフォーミュラリブレによるタスマンカップレースが行われている。欧州の冬が夏になる南半球に、レースオフシーズンのＦ１、Ｆ２クラスドライバー、チームが避寒バカンスを兼ねて出場するレベルの高さだ。その２・５ℓのフォーミュラカーがマカオにも進出してきた。さらに三菱自動車が、今年のＧＰマシン・コルトＦ２Ｂでマカオに参加する。ドライバーは望月修と益子治だ。日本から、このマカオに初めて参加し

た日本のメーカー三菱（三菱５００）が、16年ぶりにフォーミュラ２での参加という大きな飛躍だ。この参加は前からの計画だったようで、前年のマカオで見慣れない日本の技術者と覚しき数名がパドックのフォーミュラカーを熱心に覗き込み、写真パチパチしていたのが三菱だったのは紛れもない。ロータス41・フォードコスワースＦＶＡエンジンで出場のＪ・マクドナルドが「日本人はよくもまあＦＶＡそっくりなのを造るもんだ」と冷ややかにからかう。

次ぎに大きな話題はＧＰクラスの周回数が60周（３６０km）から45周（２７０km）に短縮されたことだ。レース組織委員会では二輪レースを加えたタイムスケジュールと、より伯仲するスプリントレースを期待しての変更と説明するが、前年の大惨事と無関係ではない。安全性の問題だろう。即ちＦ２（１６００cc）、Ｆ３（１０００cc）の参加が増えるに従って、フォーミュラカーが給油なしに60周を走るには80ℓ以上の燃料タンクが必要で、車体が鋼管パイプフレームの単座席レーシングカーには構造上の安全性も大きい。通常４、50ℓのＦ２、３フォーミュラの燃料タンクはドライバーシートの両側か、ペダルにのばした両脚の上に取り付ける構造が多い。タンクの材質も軽量のアルミニュウムだからコースアウトやマシン同士の激突など、強い衝撃を受けると破損する例が多く、できる限り衝撃の少ない位置に少量のタンクを格納する構造が進んでいる。しかし火災事故は後を絶たない。

毎年、何も変わっていないようなここのレースも、新しい参加者や欧州のレース情況の影響もあって、それなりに変化している。日本からも三菱メーカーチーム以外に、どうしても僕と一緒に行きたい、とついてきた片桐昌夫がコルト１０００のエンジンを搭載したブラバムコルトＦ３で参加だ。他のグルー

プでも松浦賢はホンダＳ８００で、鈴木八須男がマクランサだ。今回の僕はＳ８００改造のホンダワールド。ＧＰクラス参加29台の内、日本からの参加が６台と増えたのは頼もしい。僕もそうだが、とくに日本のプライベート製作のレースカーでの参加がもっと増えれば嬉しいことだ。

ただ僕の車はテストらしい走行もしていないので、車を送る木箱に諦めも積み込んだわけではないが、今回は過去３回出場の度にクラス優勝か総合入賞していたような結果は難しいだろう。そのような情況でレースに臨むのは何となく気乗りがしないが、僕の今年の参加は、フォーミュラカーの出物を探す決断もあってのこと。今後の僕のレース活動の転換期でもある。

重なる悲劇

来年（１９６９年）の日本ＧＰは例年の5月から10月に変更になり、５月には待望のフォーミュラカーがメインとなるＪＡＦ・ＧＰが開催されることになった。そこでマカオ関係者にフォーミュラカー売却の話があれば購入したい用事もあっての参加だ。それと前年に立ち上げたＭＦＪマカオその後の状況も見なければならないし、今年ハタチになったシルバの長女エリーゼに、彼女がびっくりする贈り物も用意してある。

公開練習を数日後に控えた夕刻、シルバ家を訪ねる。僕がこちらに来る日を知らせていないので突然行けば驚くだろう。そして、たまにはドッグレースで遊び、セナド広場のレストランにエリーゼを誘おうかな、と思ってドアをノックする。いつもなら「メウ　フィーリョ　リキ！」と出迎えてくれるパパ

の大声もなく、扉が開くや、茫然と立ち尽くすママが僕の両手を握りしめ、ただ号泣する。弟のジュニオとパパが代わる代わる話す。エリーゼは三ヶ月前に亡くなっていた。「リキは知らないのか?」と聞かれ「知っている筈はない」と答える。

それは彼女の20歳の誕生日パーティーのあと、友人の車でドライブに行き、小高い丘の急カーブを曲がり損ねて落ちたという。運転していたのはエリーゼのようで、同乗の女友達も重傷を負ったようだ。僕はピンときた、あそこだ、あの道だっ。そこはレース車の車検場になっているポルトガル海軍のドック近くで、大きな帆柱のジャンクが浮かぶ港風景を見下ろす雑木林の道だ。僕は運転を覚えたいという彼女に、街中の混雑を避けて何回かその道を走りながら運転の基礎を教えた所だ。

翌日、MFJ支部のレイモンドがシルバから「エリーゼの事故を知らせるように言われたが、とても辛くて連絡できなかった」と言う。僕に謝る彼が、車の運転をし出した彼女に「いつ免許取ったんだい?」と聞くと「リキに教わったのよって嬉しそうに話していた」と言う。何てことだ! 僕が…手ほどきした、その結果が…。せめて、そんな余計なことをしなかったら多少は気が楽なものを。ただポルトガル本国への留学を希望していた彼女が、そのためにも運転を覚えたい、から始まったことなのに。一昨年のラウレルに、今度は…ただ茫然の沈黙しかない。

ママとジュニオ、妹のルシアと墓参りに行き、娘の写真を嵌め込んだ真新しい白の墓石をタオルで拭く母親に、運転なんか教えなければ、車なんかなければ、こんな姿を見ずに済んだのに。自動車の世界にいる僕にとって、なんと皮肉なことか。僕が育った境遇を知っているママが母親代りの心境なのか、

僕の手を取って故人の写真に触れさせ、リキがリキがと、僕と娘の名前を口にしながら語りかける。弟に、何て言ってるのと尋ねても、彼も黙ったままだ。でも僕には母親の言わんとすることが想像できる。

僕は愕然とした。日本の自動車生産が世界2位になったのと引き替えに自動車事故による年間の死者数が1万5千人を越え続けている実情だ。しかし僕は自動車の数が増えれば事故が増えるのは当然と思い、また、自動車レースなどというものや、スピードを煽るスポーツカーなども事故増加の一つとする社会風潮に反発していた。でも、身近な人の交通事故死によって、それは大きな考え違いではないのか、との自問自答に答が出ない。自動車の性能、経済性、安全性の発展に自動車レースは不可欠なもので、それに携わっていることを僕は誇りにもしてきた。そして事故は人間の運転力の欠如であって、自動車の発展課題とは別のものとの意識でいた。だが、レーシングテクニックが自動車操縦の限界技術を要求されるものであるならば、その実技、理論、思想などを解析し、それを一般路上運転の安全テクニックに応用する工夫ができるのではないだろうか、その啓蒙が不可欠なのを如実に感じるのだ。

フォーミュラカー中心へ

いたたまれない気持ちのままレース日程は進む。三菱のフォーミュラ2の参加は、ホンダがオートバイ世界GP制覇の次ぎの目標にF1レースを掲げたのとは異なり、日本でのフォーミュラカーレース普及作りのためには得がたい活動だ。F1とF2では規模もレベルも違うが国際車輌規定に基づき製作した純日本製フォーミュラカーでの日本人ドライバーによる海外レースはこれが初めてだ。

公開練習が進むにつれ、望月修と益子治2台の三菱コルトF2Bは好調のようだ。ポールポジションはコースレコードをさらに2分56秒3へと縮めたブラバムにアルファロメオの2・5ℓエンジンを積んだアルバート・プーンだ。アルバートを追うのはオーストラリアから参加して期待されたマックス・スチュアートだったが修理不能のエンジントラブルを抱え、代わって2番手につけたのは益子治、続いて望月修だ。それに、やはりアルファロメオTZ11のブランニング・ハウセン、S・ホーランドのロータス47、J・マクドナルドのロータス41、J・バッセルのブラバムなど2・5ℓエンジンのタスマンフォーミュラが突然のように増加した。それらフォーミュラカーグループの後列には英国製の珍しいエルバMK7やロータス・ヨーロッパ、エラン、ホンダS8、ポルシェ911S、それにマクランサなど日本のスピードショップ製レースカーなど15台が混じり、14台のフォーミュラカーとほぼ同数のスポーツカーが混走する。

僕のホンダワールドも公開練習に馴染んできたら、まあまあの走りになってきて29台中、ポルシェ911Sやマクランサ、ロータス・エランなどの先を行く17番手のスタート順位だから悪くはない。やはりS800市販状態の車重755kgから100kg以上軽量化したシャシーやボディーと791ccのシリンダーを限界までボアアップした排気量増大の効果は大きいようだ。今回の結果を基に、もっと熟成させていけば戦闘力が高まるだろう。

例年の如く、マカオ政庁総督がドライバーを激励するセレモニーが終わり、第15回GPがスタートすると、僕や松浦賢（20位ホンダS800）、鈴木八須男（22位マクランサ）、G・ウルフキル（14位ロー

タスヨーロッパ）、Ｈ・リー（16位ホンダＳ８）などのスポーツカーグループとフォーミュラカーグループの間がぽっかりと空いた状態で、最初の難所第1カーブ（スタチュウコーナー）を曲がっていく。望月修の三菱コルトは他車と接触し、ここを曲がれず、真っ直ぐ街の方へ！　スタートから僅か９００ｍの走行で終わった。一人になった益子は11周目に2分53秒６のコースレコードを出したようで好調だ。

小排気量車がラップされ出す11、12周目になって、トップはブラバムアルファのアルバート、２位益子治、60周から45周に短縮されたためか、トップグループの走りが前年までと違う速さだ。12番手からスタートした片桐はコルト１０００ccＯＨＶエンジンＦ３なりの性能で周回を重ねているようだ。13、4周目、1位のアルバートがメルリンに乗るＴ・ミッチェルを抜こうとしていたところ、ミッチェルがコーナー出口で速度を落としたため、アルバートがミッチェルの車体後部に乗り上げ、合体したまま３００ｍほど走行するのを横目に益子が抜き去っていった、正に漁夫の利だ。執拗で色気のない合体からやっと離れたプーンは、フロントカウルの脱落とギヤトラブルを抱えながら2位を守り、益子に奪われたトップ奪還に鬼神の走りで迫り、観客を沸かせたと聞く。

残り15周辺りになって、そろそろ益子にラップされるのを予想していると、何と猛烈に追い抜いていったのは車体前部がボロボロなアルバートのブラバムではないか。そうなると益子はどこかで停まっているかピットインしているのだろう。だが残り10周、ヘアピンカーブを抜け、直線先のカーブ手前で、フォーミュラカーを押し歩くのはアルバートではないか、彼も脱落だ。僕の方も左フロントタイヤがカウルをこするような重たさを感じ、ハンドルが若干取られるようだが何とかだましながらの走行だ。そ

して、益子、アルバートに代り、残り僅かな周回数のトップに立ち、ゴールラインを切ったのはブラバムコスワースを駆るマレーシアから参加のＪ・バッセルで、レース前の喧々な予想はどこに行ったかと思うような結末だ。

有力視されたメイドインジャパンのフォーミュラマシンも万全ではなかった。それと、スタートして最初のカーブは、大河から小川に流れ込むようなコース形状だから、日本のサーキットでは経験しえない難しさと危険性をはらんでいる。とくに僅かな接触でも大きなダメージになるフォーミュラカーでは、僕の師匠の望月修でさえ失敗するのだから、車造りもドライバー経験も国際レベルに達するには日本のフォーミュラカーレースを充実させるしかない。

レース結果の賞典では、エルバＭＫ７のＤ・ニールにＣクラス優勝を取られ僕は2位に甘んじた。僕のホンダワールドは、レースの終盤で左側前輪を支えるアームの付け根が曲がってタイヤが車体に接触するトラブル。軽量化と製作の容易さから通常の丸パイプでなく角形の鋼管で造った車体がマカオの悪路と左側に負担のかかるカーブが多いため、足回りの剛性不足だ。これも日本のサーキットでは考えにくい現象だ。

僕はメーカー以外が製作したレースカーはこのワールドが初めてだ。最初は、とくに２００km／h近いスピードへの安全性を心配しないわけではないが、街のスピードショップが見よう見まねで造った車体が結構良いレベルに達しているのを実感した。ロータス23に代表される軽量レースカーが欧州のスピードレースを牽引したように、街のコンストラクターが手懸けられる１３００、１５００ccなどのクラ

1968年マカオGP

三菱のコルトフォーミュラをはじめ6チームが出場。この年のマカオでは日本グランプリでも使ったホンダ・スポーツベースの「ホンダ・ワールド」で出場した大久保は13位。パーティでは香港の大富豪テディ・イップと。このレースでも随分と世話になった。

スを充実させれば日本のレースも層の厚いものになっていくのだろう。

開催15年になるマカオのレースは、来年もＧＴカー、レーシングスポーツカー、フォーミュラカー混走が続くのだろうが、もはやスタートポジションの最前列から真ん中まではフォーミュラが占め、それでなければ優勝も上位入賞も望めない内容が鮮明になってきた。この混走スタイルが悪いとか典型的な田舎レースということではなく、元々は多くのドライバーが走れるようにとの計らいで継続されているものだ。だから、路面の悪いコースを60周するにはジャガーＥタイプのような大型車が有利だ、燃費の良い軽量スポーツカーの方が良い、何回か給油しても一周速度が速いフォーミュラカーが強い、いや、足回りが弱すぎる、などなど、このコース攻略には正解なき作戦が続いてきた。

しかし周回数が45周に短縮され、多少は路面の補修も進み、レースカーも進歩してくれれば、自ずとポテンシャルの高い車種に固まってくる。今年がその節目であったようだ。今までのように〝あの車輌ならどうだろう、この車のエンジンをチューンすれば…〟などと迷うことはない。僕のマカオＧＰはこれで4度目になったが、次回も出場できるのか明確な考えも計画もないまま運良く参加の機会に恵まれてきただけだ。だから「また来年」と言う挨拶も後ろめたかった。それが、帰りがけに寄ったエリーゼの墓参りで「来年も必ず来るよ」と思ったのは、このレースに対する自分の考えが変化してきた実感だ。

多分、単にマカオを走ってみたいだけならば、もう飽きるくらい走った。それができたのは、金原オーナーやダイハツ、高岡など、毎年思いがけぬチャンスやスポンサーに恵まれたからで感謝以外の何も

のでもない。だが今までは〝マカオＧＰを制する〟という遠大な目標で参戦する体制ではなかった。良くてクラス優勝か上位入賞が果たせればスポンサーも満足してくれる立場だから、車もチーム体制もそれなりの内容でしかない。それでも、そのお陰で、このコースの危険性とその克服法、ドライバーが陥りやすい罠、車の適合性、参加スケジュール、マネージメント、遠征費用の目安と捻出方法など、自分なりの分析と個人的可能性も分かってきた。『勝つ』にはどういった車種でなければならないか、の目安もついてきた。それには、スポンサーからあてがわれる車でなく、僕自身が勝てる車で参加できるようにならなければ万年中堅ドライバーで終わってしまうということだ。僕は夢を当てもなしに追いかけることは嫌いだ。今まで、何かに迷い、失敗した時、その原因を振り返れば、最初にひらめいた自分なりの考えを推し進めなかったことが大きい。他人の意見に従って良かったことはあまりない。そして決めたら目標が遠くても進み続けられる自分も知った。ならば、マカオＧＰを制することも、今後のレース活動の一つの目標にしよう、という心境がはっきりと「来年も来るよ」に現れたのだ。

それともう一つ、日本ＧＰにおいて年間生産数25台以上、５０００ccエンジンのグループ４スポーツカーと、生産数無制限３０００ccエンジンのグループ６プロトタイプカー、エンジン排気量も生産数も無制限！　のグループ７カーなど、一部のメーカーとレースにあぶく銭をはたける一握りの人種しか参加出来なくなってしまったレースに振り回されたくないのだ。数年前、普及しだしたカラーＴＶに〝大きいことはいいことだ〟のコマーシャルが流れ、ダイナミックなものが成長日本を表わす風潮が増長し、自動車レースもそのに染まったようだ。まだ6年しか経たない日本の自動車レース界に必要なのは底辺

の拡大、できる限り多くが参加できるカテゴリーに力を入れるべきなのに、これでは弩迫力を売り物のスピード興行だ。仮に、僕が、瀧や酒井のような車輌を買えたとしても、米国市場進出に都合良いメーカーのレースシーンを盛り上げる道化役にはなりたくない。ならば、僕のエネルギーをここマカオや東南アジアのレースに向け、そこから将来の欧州F2遠征へステップアップしていきたいという答が明確になってきたのだ。

目標、進路を再考する

翌日、GPの喧噪が嘘のような静けさと三寒四温の冷気が降り始めた街を離れ、香港に戻った僕はハロルドの仲立ちで、フォーミュラカー探しを始めた。香港にはレースは出ないが、飛行場などのスピードトライアルで走らすのが楽しみでフォーミュラカーを所有するファンも結構いる。来年から始まるJAF・GPの中心は1・6ℓのF2クラスなので、結局はチームハーパーのS・ホーランドが所有するフォードコスワースエンジンのロータス41を買うことにした。これはホーランドがマカオでバリアに突っ込んで修理したのも承知の上だ。価格は200万円だが、トヨペット・クラウンが103万円だから、中古レースカーなら妥当な金額だろうし、今、僕が独立した立場でレースを続ける入り口には、これくらいの投資が限度なのだ。

日本でフォーミュラ中心の大会開催になったのは僕が先に述べたように、競争ならぬ狂走の日本GPへの批判がきっかけだ。特に多くの台頭著しいプライベーターからの抗議にJAFはフォーミュラカー

レース開催の草案を作成し、関係者からの意見を基に1969年（昭和44）5月に、日本GPと分離しての開催を決定したのだ。レースの名称に国名を付すのは、その国の最高格式のレースに限られ、すでに日本GPがあるのでJAFグランプリ（以後JAF・GPと記す）としたのだ。国際的にみればフォーミュラが日本GPで、化け物カーがJAF・GPであるべきだが、今までGPの付録的存在だったフォーミュラ部門が独立したのは大きな前進だ。鈴鹿サーキットでのGPが継続していれば、もっと早くに実現していただろう。

JAF・GPの開催は決まったが、課題はフォーミュラカーの存在が日本国内では20台に満たないことだ。今までフォーミュラレースはGPの補助的存在だったから、プライベートの製作車も少ない。JAF・GPが目指すカテゴリーはエンジン排気量1600ccのフォーミュラ2だが、これを満たしているのはメーカーの三菱だけで、他は日野ルノーの流れをくむデルコンテッサ、プライベートスバルの上州に、一番多いのは鈴鹿サーキットが保有していたフォーミュラを外部に売り出したブラバムBT16のF3（1000cc）くらいだ。そこでまた急場しのぎの内容がもたげ出し、FIA規定外のエンジン排気量3000cc以下のフォーミュラリブレに変更し、2500ccエンジンのオーストラリアのチームを招待して台数を増やすことにしたのだ。タスマンはマカオでお馴染みだが日本初登場だ。

僕にとっても待望のフォーミュラカーGPはマカオにも共通するカテゴリーなので有り難い。僕がスピードレースに出たいのは、基本的にそれが好きなのだが、日常生活の移動を自由にする自動車やオートバイがレースというスピードの極限の争いで進化していくプロセスに自分が関わっているやり甲斐や

自負心の方が大きい。だから、まだ数年間はメーカーチームがレース界を牽引していくものと思っていたが、早くもプライベートの台頭著しく、自己資金でレースに参加する傾向は一段と拡がってきた。５ℓエンジンのようなレースには半端な資金じゃ追いつかないが、自分の手の届くレベルのレースであればプライベート体制でも可能な環境になってきたということだ。

僕は相変わらず二輪、四輪専門誌の試乗や原稿の仕事は続いているのだが、ＢＳタイヤテストの報酬がなくなったのは痛手だ。しかしレースは続けていきたい、それには自分の資金で進めなければならない。この状況の整合をどうするかが大きな課題だ。前に「俺のクルマに乗りたけりゃ、いくらの金をくれるんだ」と瀧から言われたけれど、そのようなレース活動のための金作りをする気はない。まして実家に金をせびれば世界のレースカーが買える御仁を相手に敵うわけがない。この結末はどちらが勝つか、人生の勝負として、ひとまず腹に収めるしかないのだ。そう結論すれば、ドライバーに雇ってくれる所もなく、スポンサーも望めないならレースなんか辞めちまった方が良いのだろう、という考えもぶり返ってくる。しかし僕には二輪から四輪レースの世界に入り、いろいろなドライバーの経験をさせてもらい、いずれはスピードレースの真髄であるフォーミュラカーレースで活躍する希望が捨てられないのだ。フォーミュラといっても、今の日本の現状では３０００ccのＦ１は無理だが１６００ccのＦ２や１０００ccのＦ３ならば夢ではない。やはり迷走してはいられない。

これからのレース活動を考えれば、当然フォーミュラカーでの参加と、出来れば軽量グループ７レー

シングカーなどの製作も手懸けてみたい。それには僕自身の生き様も思い切って変えなければ実現しないだろうし、よそ様から報酬を頂くのではなく、自分の目標を叶えるための資金をまず作り出す計画をしなくてはならないのだ。今の日本GPの流れに惑わされず、自分が目指すレース活動を遂行する資金作りがどこまで出来るか取り組んでみることだ。

いつかはこうなる、いや、そうしなければならない時期がくるのは分かっていた。でも、自分のドライビングテクニックや分析能力が売れるなら買ってもらいたい気持ちは付いて回る。しかし動きの早い世の中の優秀な後輩は次から次に先輩を追い抜いていく。もう彼らと同じ土俵で勝負したら敵わないかもしれない、僕の後釜なんかいくらでもいる。そうだからといって、何かの目標に進まなければ、もの凄く早い時代の流れに乗れず、横切れず、さりとて流されないように踏ん張っても河原の小石のように流されてしまうだけではないか。そんな焦燥感を断ち切るには、僕でなければできない手段で自らに懸けなくては先が開けないのかもしれない。

元々自動車レースは欧州の貴族や富豪の趣味や冒険心、名誉などから始まり、自動車産業の興隆でメーカー間の技術競争、宣伝としてのレースが台頭してきた。だがレースの底辺はアマチュアであって、それなりの費用は掛るものの欧米でも一部の裕福な人達のものではなくなっている。ところが日本では自動車レースが貴族階級から始まったいきさつの先入観が強いから、大金持ちでないと参加できないと思われてしまったところへポルシェだローラだのが話題になったから余計に始末が悪い。大体がソ連や中国の社会主義国より平等な社会構造になった日本で大富豪などいないから、レースに大金つぎ込む人

はいても、その活動は一過性でレース界をかきまわすだけだ。そんな状態を続けていたら日本のレース界の先行きなんか期待できない。

そして、カーレース＝大金持ちの風潮を是正しないと今後の普及もおぼつかない。そういった見方が強まったことに思い当たるふしがある。初のＧＰレース開催に際し、ドライバーへの教本が配られ、レースとは何か、コースの走り方などの基本講習から日本の自動車レースがスタートした。その時に使った教本は、初レースの運営指導に当たった、前出のピエロ・タルッフィ氏の著書『The technique of Motor Racing』の日本語訳本だ。氏の哲学を交えたスピードレースを説く教本はすばらしいが、その冒頭にレーシングドライバーを目指す者への五つの要件が記されている。それらは、情熱を持ち続ける・豪胆と冷静さを併せ持つ精神力・健全な肉体と精神・健康であふれるスタミナ、など、入門者に大きな目的に挑まんとさせるぞくぞく感があるのだが、加えてお金に関する表現で〝莫大な銀行貯金〟という記述があるのだ。

要するにマラソンでもランニングパンツやシューズ、野球ならグローブくらい持っていなければ入れない物理的条件で、カーレースは他の競技以上の金がかかることを言っている。それは正しいのだが、あたかも、その莫大な貯金の意味が〝レース界に入る資格〟のような曲解が一人歩きしたきらいが否めない。僕への質問にも「レースに出るには幾ら以上の貯金が必要なんでしょうか?」に「えっ、えええ…何のこと?」愕然としたことがあるほどだ。タルッフィさんは、その著書で「かつては貴族階級や大富豪がレースに興じたように、金がかかる競技だが、自分もタツィオ・ヌボラーリやヴァッジの二輪レ

ーサー時代に弟子になり、小さなレースへのチャンスから上がっていった。レース運営団体や事業者がもっと経済的なレーシングマシンを開発して若者にチャンスを与えることがF２やFJにつながる」と述べている。それが、莫大な貯金が入門条件のように翻訳されてしまったように思えてならないのだ。まっ、レースのレの字も知らずに始まった日本だから仕方がないが、世界的なレースカーを買ってくれるパパ、ママがいる人は別として、自分の境遇や力量、現況をベースに、何を、どうすれば出来るか、熟考を重ねるしかない。可能性のあるレベルを間違わなければ意外と道筋がつけられるのではないかと思うのだ。

僕にしろ、クニ（高橋国光）や北野（北野元）、ヨッチャン（砂子義一）ケンさん（田中健二郎）、最近台頭し出した長谷見（長谷見昌弘）にしたって、最初から裕福な自動車クラブ出身の四輪ドライバーからは二輪上がり、と陰口叩かれているのも知っている。この世界に入る前には自動車なんか縁遠かったライダーが、二輪の経験や技量、環境を活かして一目も二目もおかれるようになったことを考えれば人それぞれの得意技があるのだろう。そうならば僕の新たなレース活動の取り組みも僕なりの方法がある筈だ。そして、レース界を目指す次世代に何か参考になれるようなことが出来ればいいと思っているのだが…。

やはりフォーミュラカーは厄介だ

迷いや想いが交錯しながらも、５月のフォーミュラカーレースJAF・GPが迫り、香港から輸入の

中古ロータス41が横浜に着いたのは2月。この時期、レース界を揺るがしたのは、トヨタチームの福澤幸雄がヤマハ袋井のテストコースで事故死した事件だ。元々は5月に行われる予定だった日本GPにトヨタは従来の3ℓエンジンからヤマハ発動機と共同開発の5ℓに拡大したプロトタイプカーのトヨタ7を製作していた、そのテスト中に起きた事故だ。福澤諭吉の曾孫でモデル業もしているエリートでファッショナブルな男の代表的存在であっただけに惜しい人材がまた一人消えた。数年前、マカオGP出場のジャズピアニスト三保敬太郎の応援に来て、僕と三保、幸雄で香港のナイトクラブに行き、三保が客の求めに応じたピアノ演奏を披露し、フルバンドの演奏にのって中国女性と踊り、スピード話に興じた至福の時間を過ごしたことを想いだす。

そういった事件を重く感じながらも、ロータスの輸入手続きやGP参加準備に追われ、友人の悲劇が遠のくのを感じながら、何もかも自前で参加体制を作り上げることは、こんなにも大変なことかを思い知らされる。オートバイレースも含め、今まで10年もの間、メーカーやスポンサーのお陰で車輌・メカニック、お金、旅費などすべてお任せで、神経を使うのは体調管理や責任への不安などであって、自らの労力も時間も費やしたことがなかったからである。

それとフォーミュラカーレースへの憧れが先走り、この厄介な競争車を余りにも知らなすぎることも思い知らされた。即ちレースに不可欠なメカニックでさえ、誰がフォーミュラに精通しているのかも分からず、ただ僕に憧れ、僕を手伝いたいという車好きの集まりでは満足な整備などおぼつかない。とくにマカオでS・フォーランドがクラッシュして修復した車体を承知で購入したのだが、とにかく真っ直

ぐ走らない、ハンドルはとられる、エンジンはヒートする…どこをどうすれば良いのか手探り状態だ。要するに、パイプフレームにむき出しの車輪とエンジンを組合わせたフォーミュラカーの構造は、一見すれば簡単そのものだが、地上を速く走り、曲がり、止まるために不必要なものを一切省いた構造で、どんな小さな部品でもおろそかにできない精密で神経質過ぎるものだ。

それは富士ＳＷのコースを初めてフォーミュラカーで走ってみて直ぐに分かった。どんなに改造したツーリングカーやＧＴ、それにゴーカートとも違う。一口に言えば〝すべてが敏感すぎる乗り物〟だ、やはりクルマでなくマシンだ。

まず、運転席、いや、レーシングカーでは飛行機の操縦室と同じコクピット（ｃｏｃｋｐｉｔ）と呼ぶが、そこに座るのが大変。軽量と空気抵抗を追求した車体構造はドライバーの座る容積も犠牲にしたような狭さだから、シートに立った両足を足元奥に延ばしながら、両腕を上げて肩幅を縮め、パイプの車体に挟まれるように上半身をねじこむのである。足元は、右からスロットル、ブレーキ、クラッチのペダルに並んで、カーブを曲がる時や急ブレーキの時に、身体にかかる大きな重力で不自然な姿勢にならないよう左足で踏ん張るための固定されたペダルがあって、ドライバーの足の位置にセンチメートル単位で調整する。そうやって着座位置をきめたドライバーの身体は、頭の後部からの２本のベルトで両肩を、次にシート両側から２本のベルトで腰の辺りを、最後に車体の床から２本のベルトで両足の付け根部分に、６本のベルトを一つにロックして上半身を固定する。したがって自由に動く身体の部位は、両腕、頭部、両足だから身体の動きを束縛された状態でのドライビングはフォーミュラカー独自のもの

だ。ただ、それだけガンジがらめのベルトが万が一の事故でドライバーの脱出をジャマしないようベルト金具のロックは瞬時に解除される構造だ。

そこまで身体を固定するようになったのは、直線、カーブ問わず、マシンの速度が急速に高まり、衝突事故などの際、ボディに覆われた車体では、シートから外れた身体は室内ではじかれ、何の覆いもないフォーミュラでは表に飛び出してしまう事故が多くなってからのようだ。日本では、まだベルトが1本か2本で、僕がマカオGPに行きだした頃は英国のレース規制を準用した〝シートベルト禁止〟があって、その理由が〝シートベルトで身体を固定させることによって、ドライバーは必要以上の危険な運転をする〟とあった。確かに、身体をシートにガチッと固定すると〝よしっ、やってやろーじゃねーか、それっ行けーっ〟戦闘意欲が向上する。しかし、その精神論的な安全策より物理的構造での事故対応が今や主流になったのだ。

とくに車輪むき出しのフォーミュラカーで、何かにぶつかれば、ドライバーの身体は空中に投げ出されるだろうが、反対に6本のベルトがロックしたまま、ひしゃげた車体に身体が挟まれるケースもある。要は最悪時のベルト効果云々でなく、身体が束縛されず、快適で余裕充分な着座状態では、カーブで身体が外側に押しつけられる、急制動で前方へのGに逆らい、意図する方向にマシンを走らす操作はできないのである。

フォーミュラカーの旋回・加速・制動能力は格段に高く、とくに旋回能力が、仮にツーリングカーのカーブを曲がる限界速度が80km／hとすれば110～120km／hとなり、その時に身体がズルズル動

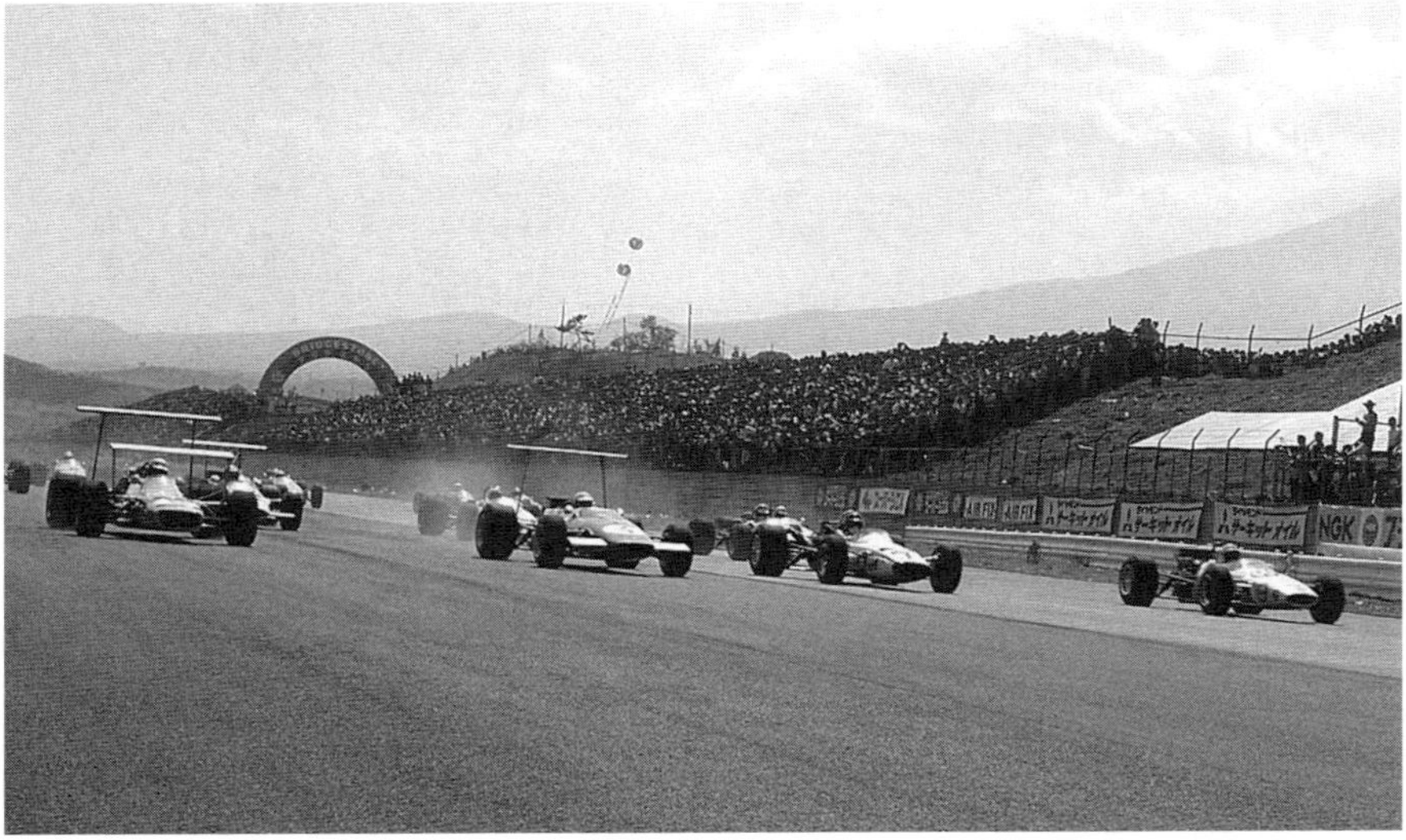

JAF日本グランプリ　1969年5月3日　富士スピードウェイ／40周

日本グランプリが10月に移動し、5月3日にはフォーミュラカーによるグランプリが開催された。このグランプリは日本グランプリと区別するため「JAFグランプリ」として開催された。JAFは、グランプリにニュージーランド、オーストラリアの「タスマンシリーズ」参加ドライバーを招聘した。大久保も中古のロータス41・フォードを用意し臨んだが公式練習中のスピンで打撲。ドクターストップが出たため決勝レースはスタートできなかった。

いたら微妙なマシンコントロールはできないのだ。それと、抜群に高い旋回能力にも当然の限界があって、その限界までは四つの車輪がガチッと力強く路面にグリップしているものの、限界を少しでも超えた速度になると、いきなりタイヤが路面を掴むのをあきらめたように瞬時にグリップを失う。それでも、ドライバーは四輪がヌルヌルと氷上スケートのような状態とグリップが利いている限界状態との狭間で、もっと速く走りたい衝動にかられる。その衝動を打ち負かすだけのテクニックとマシンの性能が秀でていれば、そのカーブの理論上限界速度を超えたスピードで曲がれるが、大方は制御不能なマシンの挙動に負け、瞬時にスピンかコース外にはじき飛ばされてしまう。また、他車との僅かな接触や路面の段差、コース端の縁石などの障害物に当たったりすれば、まず車輪へのダメージは免れない。

かようにフォーミュラカーというのは、限界以下で走る分には水面のアメンボのようにスイスイと誠に快適だ。フォーミュラカーという地上を最速に走れる構造のマシンは、実に神経質でキャシャで気難しいからすべての操作はソフトに、穏やかに、ある時には強引に、コースの状態、場面において硬軟両様のドライビングテクニックのバランスが難し過ぎる。そういった初めてづくしの情況だから最初から失敗の連続だ。いや、その時はフォーミュラカーというのはこういうものかと思っていたのだ。例えば「まあ、衝突したこともある中古車だから、車体が狂っているんだろう」で、シャシーを強引に引っ張って修正する工場に持ち込んで、余計ガタガタにしちゃったり、フォードコスワースＤＯＨＣ１６００ccのＷウエーバーキャブレターの調整も分からない、エンジンオイルの潤滑が日本の自動車にはないド

ライサンプ構造で修理が出来ず、ベタベタのオイル漏れなど枚挙にいとまがない。

そのくせ、チームとはいえない車好き素人の集まりながら、前年に創刊した自動車誌『カートップ』の富田一夫編集長が、僕のプライベート出場の第一歩だというので大きな後援をして下さる。富田編集長は以前に僕のマカオ行きを勧めてくれたり、僕もその誌面の原稿を書いたりする関係上、今後の活動の相談にものってくれる有難い存在だ。このレースにも、ケミカルオイルのスポンサーを世話して頂き、その上、ＴＶの人気ドラマ、ザ・ガードマンにも出演のカーマニアで知られる俳優の藤巻潤さんをチーム監督にお願いして盛り上げる企画までしてくれたのだ。この企画を快諾してくれた藤巻さんは、映画撮影が休みの時などは愛車ポルシェ３５６で僕らのテストに付き合ってくれたり、チームの話題づくりは盛り上がった。

あ、、それにもかかわらず、公式練習になっても中古のロータスは真っ直ぐ走らないわ、コース上にはオイルを撒き散らして多くのドライバーに大迷惑をかけたり散々な有り様だ。おまけに、自分の漏らしたオイルに後輪を取られ、30度バンクの上から真っ逆さまに8の字を描くように転落だ！ 怖かった。富士ＳＷ最初のＧＰでダイハツのウインドウが割れた事故もここだ。どうもこのバンクはツイていない。幸いに転倒は免れ、大事に至らなかったが、それでも重いムチウチ症で首を痛め、右大腿骨打撲でドクターストップ、出場不可ときた…、なんてことだ。

結局はレース活動継続への焦りやフォーミュラカーへの憧れが先走った付け焼刃だったのだ。監督役の藤巻さんに迷惑をかけたり、スポンサーにも約束が果たせず、誌面に協賛記事を載せることや契約金

の一部返還で折り合いをつけて頂いたが、先行きは決して明るくない。

最初のＪＡＦ・ＧＰはオーストラリア・タスマンシリーズから６台を招待し、彼らの２５００ccに日本からＦ２、Ｆ３を交え、ロータス39レプコ２５００ccのレオ・ゲオゲーガンが優勝。２位にはＲ・レビス（ブラバムＢＴ23）、続いて３位加藤爽平（三菱コルトＦ２Ｃ）という結果となった。

香港のディーラーチームに

１９６９ＪＡＦ・ＧＰの惨憺たる結果を悔やんでいる余裕は僕にはなかった。なぜなら二週間後にマカオで開催のレースに香港のホンダディーラーから出場の招待を受けていたからだ。この新しいレースは、加熱し過ぎてきたマカオＧＰとは別に、多くの参加者が走れる企画で始めた耐久レースだ。５月末に開催のレースはギア１０１（ギア・ワンオーワン）という名称の如く、ギアコースを二人のドライバーが交代で１０１周（約６１８㎞）走る６時間近くかかるレースという。そこで盟友のハロルドから彼の勤務するディーラーチームに迎えられたのだ。

車はホンダＳ８００を新たに鈴鹿ＲＳＣでチューンしたものだからお手の物だ。参加車輌はホンダＳ６００やＮ６００、ミニクーパー群、ロータスコルチナ、ＢＭＷ２００２、アルファロメオｅｔｃ．最大はメルセデス・ベンツＷ１００・６００プルマンまで、ＦＩＡ規定に準じたプロダクション、ＧＴ、特殊ツーリングカーなど一般市販車をベースにした９クラスの52台が参加する。これだけ多くのクラブマンの参加はホビーとしてのイベントなのだろうが、マカオＧＰ同様、ここにもコマーシャル性の強い

ディーラーチームが入り込んでくるのは仕方がない。といっても僕もその立場だから批判は出来ないが、メルセデス６００などはバリバリのメーカーチューンだ。これも例外なく輸入元ＺＦ社のＷ・スルケ氏が招請したもので、数ヶ月前にブラジルのツーリングカーレースで優勝した車だという。ドライバーもそのレースを制したＥ・バクゼンベルガーとアルバートプーンのコンビで、さらにＧＰ常連のＪ・バッセルがもう一台の６００に乗る。

このレースの開催を僕はまったく知らなかった。まして5月中旬のベタベタに暑い気候はＪＡＦ・ＧＰ公式練習での打撲後遺症を悪化させる診断もあって、参加を断るつもりだった。盟友ハロルドやホンダ、日産、ライレーなど欧州車の輸入販売も手がける彼の公司を束ねるボスのラム（林）氏からも電報連絡が入ってくる。ラムさんもハロルドも、マカオの危なっかしい公道コースを堅実に走れるドライバーとして僕を評価してくれているのだ。とくにラムさんは香港大手銀行創始者の家系で、香港代表の青年実業家だから手厚く招待されればとても断れない。それゆえに体調が万全でないのに、期待される仕事が出来るか不安なのだ。

こういった状況を、たまに行く赤坂のナイトクラブで話しているとママの妹が「それじゃあ、アタシが通訳代わりについて行ってあげる」ということになってしまった。小柄ながら京マチ子ばりな妹のジュリアは広東語、北京語、英語、日本語が堪能で、とにかく器用な上に色気もある女性だ。年齢も素性も分からない、パスポートの名前も違うけれど、僕も詮索はしない。その彼女も香港の親戚に行く用事があるというので、一緒に行くことになって大助かりだ。

不審な女性とランデブーの僕に、最初は「あっりゃ、しょうがねーリキだなー」の様子ありありのハロルドや友人達も彼女が中国人と知ってびっくり。怪訝な雰囲気は、たちまち僕と何不自由ないコミュニケーションの喜びに変わり、こちらも〝ほっ〟。僕の進駐軍英語でＪＡＦ・ＧＰのこと、ロータスの故障、事故など、とくに僕の体調情況を正確に伝えるのは難しいが、これも彼女が広東語で説明してくれるから良ーく理解され安心出来て、最初の後ろめたさもカバーできる…。

それにしても5月の香港やマカオは、温度も湿度もグアム島並みでムシムシベタベタ、身体に悪すぎる。生水を飲んで何回か下痢に苦しんだ経験から水分補給には気を使い食欲も落ちる。レースも昼間の厳しい時間帯を避け、公式予選は16時から18時、公式練習も22時からの夜間だから助かる。それでも、やはり体調が良くないのが公式練習のタイムにも現れ、ハロルドの負担が大きくなって申し訳ない。ＲＳＣで完全整備したＳ８００は抜群に調子がいい。ただクラッチのつながりが極端に狭く、クラッチが滑るので応急の調整をする。Ｓ８での耐久レースは富士で何回も経験済だから、この車のウイークポイントもジュリアの通訳で説明できるのは有難い。これから先、外国でのレースも多くなることを考えると、余計に言葉の習得が欠かせないことを痛感する。

夕方からの公式予選が始まる。黒色4ドア、全長５・５ｍのでっかい車体がＶ８・６３００㏄エンジンで引っ張られるように走るメルセデス６００プルマンは、正に路上のドレッドノートだ。当然のように、その圧倒的な迫力の速さは優勝が決まったような感じだが、車重１・８トンを最高速度２２０㎞／ｈ、０→１００ｍを６・５秒で走るスポーツカー以上の性能に誰もが目を見張る。さらに、この超高級

サルーンがレーシングエラン並みの3分15秒のタイムで走るスピードへの取り組みと、世界の大メーカーが関わるレース体制に初めて接した僕には驚くことばかりだ。たまたま僕らのピットの隣が彼らなので一部始終が見えるが、チーフメカやメカニック、ヘルパー達の行動パターンが映画で見る外科医の手術光景と重なる。勝つのが当然だから秘密も何もないのかボンネットを開けたのを覗けばパワーステアリングやエアコンの装置もついたままだ。経験の浅い日本ではスピードを上げるため真っ先に外してしまうだろう。そこで年輩のチーフメカに、そのことを聞けばムッとしたように「我がベンツはパワフルである、そんな必要はない。ドライバーには必要な装置だ」って一蹴された、クッシュン…。ピット内は常に清掃され、揃った工具はまるで図面に基づき配置したような整頓だ。ゲルマン民族の理路整然の清潔好みは我ら日本人の綺麗好きに相通ずるのだろうが、何か似て非なるものかもしれない。

決勝レースは15時スタートだから1時間程の酷暑を過ぎれば海風が吹き始める夕方になり、ゴールは、ようやく日暮れになる21時頃だ。ローリングスタートした43台はGPレースのような第1カーブの混乱もなく、コース上はすぐに性能が同じグループに分離して長いレースが続く。ドライバーに課せられた制限は1ドライバーの連続走行は40周以内、レース中のピットインは2回以上で、僕の調子が悪い時は2周後にピットインする合図を決め、ドライバー交代をしてもらう。

最初を受け持つハロルドとS800の調子は抜群で、あまりの張り切りに監督役のラムさんが度々ペースダウンの指示を出すほどだ。ハロルドがきっちりと40周をこなし、燃料補給とともに僕がドライブ。

スタートから2時間半以上経過した18時近くなので暑さは遠のき、心地よい夕風に変わってきたが、今回のＳ８は空気抵抗を考慮のハードトップ仕様だから窓を全開というわけにはいかない。山側はウインドウを開けても7割の走行区間は閉めっ放しだからレーシングスーツの車内は蒸し風呂状態で、やはりこたえる。中半過ぎから心配していたクラッチが滑り出し、ギヤチェンジの度に加速ロスが出る。２回の給油を終え、車も僕の体調もだましながら、チームに迷惑をかけながらゴールしたのは、ようやくヘッドライトの点灯が必要になりだした21時過ぎだ。

レース結果は予想通りＥ・バクゼンベルガー&Ａ・プーンが１０１周を5時間57分で走破して優勝。2位にＨ・アダムチック&Ｋ・ドエルのポルシェ９１１Ｓ、３位Ｊ・バッセル&Ｔ・ムーラのもう1台のメルセデス６００、以下９１１Ｓ、ランチャ・フルヴィア、ミニクーパーと続く。出走43台、完走26台は60%の完走率だが、条件の悪い公道コースを１０１周となればこんなところか。その完走車26台の中、僕らは15位、ＦＩＡクラス５の1位だから、まず上出来というところか。ホンダディーラーも目論見通りのコマーシャルになったのか、貢献度の薄い僕にも過分な手当てが出て恐縮だ。

今回、にわか通訳のおかげで、外国でのコミュニケーションに困らないのは、こんなにも楽なものなのか、理解され理解するのは、こんなにもスムーズにことが運ぶということを痛感した。それと来年も出場するならば、まず第一に人間の冷却課題（?）だ。ホンダのエンジンは赤道直下でもオーバーヒートすることはないだろうが、車内温度は優に40度を超えるからドライバーには酷だ。いずれはシンガポールＧＰなどにも出場するようになるだろうが、コクピットへの風の取り入れや、近年の火災事故多発

に対し、製品化されだした耐火レーシングスーツやヘルメットの通気性向上も研究課題だし、ドライブ中の水分補給装置なども必要だ。それとも高温の地域や季節に自動車レース自体がなじむものなのか、それが先決なようにも思えるのだが。

こうした思いがけぬ耐久レースへの参加も終わり、次のマカオＧＰは11月だ。ロータスを日本で修復するのは難しく、香港で整備する段取りをつけて帰国すると、ＪＡＦ・ＧＰが終わってまだ二ヶ月も経たないというのに、レース界の話題は早くも秋の日本ＧＰに移っていた。

第3章 レーシングビジネスと世界情勢

東京オリンピックを成功裡に終え、経済成長を続ける日本。自動車産業も発展し、１９６６年（昭和41）辺りからクルマは急増、１９７０年（昭和45）には全国の車両数は3千万台を超えた。それにつれ交通事故は鰻登りになり、年間交通事故死者数は1万7千人にまで達した。

一方、１９７０年7月には東京杉並区の高校のグランドで運動中の生徒が次々と目の痛みや頭痛、吐き気などをもよおし救急病院へ運ばれる事件がおこる。これが日本で初の光化学スモッグと分かり、原因は空気中に工場の排煙や自動車の排気ガスが溜まって起こるとされた。杉並で確認された公害問題は次々と広がり、１９７３年には光化学スモッグ注意報が年間３００日にも及んだ。特に工場地帯に隣接する大都市にその傾向が顕著なことから、工場排煙にも大きな問題があるはずなのに、世論は一気にクルマ悪玉論へと傾斜しだすのである。

米国では１９７０年にマスキー法案による自動車排出ガス規制が制定された。それにホンダがいち早く対応し低公害のエンジンＣＶＣＣを開発。トヨタ、日産、他社も一丸となって排気ガス浄化と燃費向上達成に向かった。１９７０年代は交通事故軽減と排気ガス浄化という大きな課題の出発点になった。

また、１９７３年には世界的な原油危機、オイルショックが日本社会にも打撃を与えた。これは第二次世界大戦後１９４８年、中近東にユダヤ人国家を建設したイスラエルとすでにそこに住んでいたパレスチナ人との度重なる戦闘、中東戦争が原因だ。パレスチナを支持するアラブ諸国が、イスラエル支持の米英側に原油輸出の経済制裁を行使し、それが日本にも波及したのだ。国内では物価の上昇や日用品不足などを引き起こし、石油不足からエネルギー節約が叫ばれた。まさに自動車レースにとって逆風の世相である。

それでもスピードを追求する人種はいるもので、ガソリンを使ってはいけないのならアルコール燃料でレースをしようという提案や、実際にテストランを試みるグループも現れた。レース界にとっては実に辛い時代だが、それでもレースが完全に姿を消すことはなく、少ない燃料で長距離を走る耐久レースや一定量の燃料しか使えない規定など、様々な工夫でモーターレーシングは継続し、自動車燃費向上の魁《さきがけ》でもあった。

ゼロリセットからの出発

春はフォーミュラーカー、秋は２座席プロトタイプスポーツカーと、どうにか二つのＧＰレースの路線が明確になりだしたのは良いが、２座席プロトのエンジンはますます大排気量化する噂がもっぱらだ。しかし、レースカー規定の自由度が大きいこともあって、街のコンストラクターやプライベートが製作し易くレースへの普及効果は大きい。このような環境の変化は、僕の新たなレース活動への意欲を増進させ、秋のＧＰを目標にマシンの共同製作も出始めるのだが。

新たなレース活動といっても、サンデーレースも多くなり、ポケットマネーでまかなえる程度のレースを楽しむのも一つで、それが底辺の拡大になるのだが、僕は既に楽しむためのレースは通り越してしまい、レースで遊ぶ気はしないのである。やはり、二つの輪っかで競争していた僕が、唐突に四輪自動車レースの世界に入り、それも、ちっぽけな軽自動車からスポーツカー、レーシングカーへ、日本のレース界の迷走に惑わされながら、ステップアップしてきたことを思えば、もはや遊びごとで済ませたくないのである。新たな活動は、多少なりとも今後のレース界の指針になるようなことが出来ないかなーと思うのだ。

しかし、契約ドライバーや、誰かの何かの援助があって今日まで続けられた僕が自立するとなれば、まず、カネ、場所、人、の物理的要件が整わなくてはならない。中でも場所となれば、生まれ育った祖

父母の家屋敷地の一部が使えないことはないのだが、その場所で何かをすることへの踏ん切りがつかない気持ちがあるのだ。

ここ数年、レースを続けたい焦りから、自分を見失う恐れを自堕落な同棲生活でごまかし、自己中心的な生活を送りながら、たまには会いに行く祖母（養母）の老いた姿に苛《さいな》まれ、気兼ねもある。僕と姉を育ててくれたのに、何一つ孝行もできない。ただレースに執着する僕に「レースなんかやめろ」とは言わない。むしろ、僕がオートバイのサンデーレースを始めた頃、何でそんなものに夢中になり、レースってどんなものだろうと思ったのだろう、全日本モトクロスを観に来たほどだ。そして、レースに対して祖母なりの受け止め方をしたようだ。もっとも最初に40ccの原付自転車オートバイを買ってくれたのは祖父であるし、狩猟好きな祖父は僕が中学生になった頃には銃の組み立てや、敷地内での射撃から銃の危険性、注意など手ほどきもしてくれた。そんな、祖父と連れ添ってきた祖母の気丈さもあるのだろう。

しかし祖母の心情が、〝せめて生まれ育った所を落ち着き場所に居てほしい〟であるのは強く分かっていた。それでも、高校卒業後は商船学校に入る勉強をしている僕に激怒し、海がだめなら米国に留学の話が進むと、行かせたくない心情を露わにしながらも、米軍人を英語教師に雇ってくれた心の強い人だ。小学校のとき、米国の風習である母の日というのが入ってきて、教師が親のいない子は服に白い花をつけるよう言うのを聞かず、赤い花をつけての帰り道、悪ガキから「お前は嘘つきだ、わーい、親無しっ子、やーい」といじめられ大泣きで帰宅した。そんな僕に「親がいないのはお前だけじゃない、戦

争で何人もの子が同じなんだ、この意気地なしがっ」涙ながらに僕を叩き叱った祖母もすっかり変わった。

祖父が他界し江戸時代からの旧家を支える祖母の下に、いつの間にか父親が舞い戻った、それも女を連れて。事業家ぶって旧家の資産を好き勝手にいじりだした父親と女の振る舞いへのいさかいか心労か、祖母は服毒自殺を図った。幸いにも助かったが、すっかり弱まった。「このままでは、この家はバラバラにされてしまう、せめて長男のお前がしっかりしてくれなくては。家業を継ぐことはないが、せめてここに居てくれ」。たまに会う祖母の口癖に彼女の心情や惣領としてのわきまえは分かっていても、レース活動を続ける信条と何か噛み合わないのである。

僕が雑談の中で、レース活動を続けるには、独立するしかない状況やその実現への構想を話したとき、「お前がそうしたいのなら、ここでやればいいじゃないか」と静かに言う。それは僕の考えに同調するのではなく、何をやっても良いから、側に居てくれという切ない願いなのは分かっている。でもこの場所は、僕にとっては何一つ楽しかったこと、心から笑えたこともない幼少期の記憶や、父親に暴力的に閉じ込められた現存の倉庫を目にするたびに何とも言えない怒りや悲しみの痕跡があるばかりだ。三百年の旧家といったって体裁ばかりのおんぼろ屋敷でゼニなんかまったくない。とにかく僕は家でも何でも、ここが大っ嫌いなのだ。

しかし祖母の希望を叶えてやることで、親孝行のまねごとや、気持ちの整理がつくならばその代償を考えれば良い。

現に落ち着き先を確立しなければ何も進まない。かねてから自立するならサーキットの近くや工場作業に便利な地域を想定していたが、自分の感情を殺して功利的な考えを優先させるのも一つの手段だ。それから数ヶ月して祖母に会った僕は、一年後にはここを本拠地としてレース活動をしたいということを話すと「それだけで充分さ」と納得の意向だ。同時に、生家を居場所にするならば今度こそ本当の結婚を考え、僕の育った家庭環境もレースもかつての同棲生活も全部分かっているパートナーと一緒になった。そうこうするうちに、通常な親子関係の距離感との違いから生じた祖母との長年のわだかまりも薄らいできた。

自分の落ち着き先を決め、それまでの構想をゼロにリセットすると、意外な考えも出る。レースや車との縁なんかまったくない生家で、時代の先端を行く車やモーターレーシングを演出するビジネスを展開し、レース活動への手段にしてみよう。レースチームを立ち上げ、僕なりのビジネスを確立させてみたい。レーシングドライバー兼オーナーとして何ができるのか、僕自身の新たなるスタートだ。

ビジネス体制を整える

モーターレーシングをビッグビジネスに…。かねてから僕の周りの一人でスナックをやってみたいという者が、この考えにいたく惚れ込んだ。幸いに義兄の家作で内装工事だけで済む空き店舗があり、僕の僅かな貯金と祖母がいくばくかの面倒をみてくれたお金に銀行借り入れを含め計画は進んだ。それに続き、日本での販売を始めた英国のＢＰオイル輸入元の志村行勇君から、この地域の卸元を任され、こ

れも動き始めた。スナックの店内も鈴鹿サーキットや富士のコースを彫り込んだ特注のテーブル、レーシングタイヤとホイールを利用したグラステーブル、バケットシートばりの客席、壁面いっぱいのフォーミュラカーの写真パネルなど、臆面もなくレース関係のデザインや設備を施し、店名も『ペトロール』(ガソリンの英語名)とまで踏み込んでみた。これらのアイデアや造作費用も、僕のレースを手伝ってくれる友人達がそれぞれのツテで格安に仕上げてくれたものだ。

結果は上々、いろいろな雑誌の取材対象ともなり、最初はレースなんか興味もなく、冷やかし半分だった顧客が段々と車やレースのことに興味を持ってくれた。少しでも理解者が増えてくれるのは嬉しいことだ。

志村君の手ほどきでBPオイルの卸商売も日ごとに数が増え、ポルシェ910などのマシンが買えるほどではないが、レース活動や軽量グループ7カー開発への見通しもついてきたところで『リキレーシング・ディヴェロップメント』を発足させた。1969年(昭和44)7月のことだ。これを機に、僕が月刊『モーターサイクリスト』誌から離れた後に入社し、新車リポートを担当していた長島英彦君をチームのマネージャーに、マツダの販売店で整備士をしていた鴨下浩己君をチーフメカニックに迎え正式な活動が動き出した。

日銭収入の目処がついたことで、肝心のレースカーの整備や製作に、祖父が戦中戦後の食料補給の足しに何十羽かのニワトリを飼育していた鶏舎を取り壊し、これも友人が数十万円の格安で鉄骨スレート葺きのガレージを造ってくれた。さて、そこまでの段取りが出来たものの、ロータスは香港に置きっぱ

なしだから肝心のレースマシンは1台もない。そこへ僕が軽量グループ7カーに関心をもっていることを知った片桐昌夫君から一つのニュースが入る。

ホンダ１３００と初のレーシングカー造り

前年に、僕のマカオＧＰについてきてフォーミュラコルトＦ３で出場した片桐が、エバカーズというプライベートのレーシングカーコンストラクターが本格的な活動を始めたので、共同開発をしたらどうかと言う。三村信昭、健治兄弟を中心に林みのる、小野昌朗両氏などが新しいプロジェクトに取り組む意気込みに共鳴した僕は、秋の日本ＧＰはエバカーズ製作のエヴァカンナム1号車に大久保力・片桐昌夫、2号車にチームカタギリの若手ドライバー、杉山武・三富嗣充の2台で出場となった。

この年の5月、二輪では世界的になったものの、四輪ではＮ３６０の軽自動車やＳ８００スポーツカーなど限定的でしかなかったホンダが本格的な乗用車市場への参入の第1弾としてホンダ１３００・77セダンの市販を開始した。僕もマネージャー兼メカニカルデザイナーでもある長島も、かねてからこの新型車には興味を持っていた。僕らの興味は、空冷式4気筒・ＯＨＣ・１３００cc・4連キャブレター・前輪駆動のレイアウト、とくにエンジン・ギヤボックスの駆動構造、いわゆる車の動力部分だけだ。一番安価な48・8万円の新車を買ってフロントボンネットの中身だけを取り出し、他のシャシーと組み合わせれば立派なレーシングカーが出来る筈だ。すでにウチ独自の7カー製作プランが始まっていたがエバカーズのシャシーに代えることで一致し、エンジンを取り外した真っ新な車体は必ず買い手がつく

筈と、綺麗に保管だ。

エバの三村君も同じようにホンダ１３００への興味を持っていたので企画はどんどん進んだ。しかし市販したばかりのセダンを、それも完成車の前方部分だけを取り外してレース用に転用するなんて、メーカーにとっては、はた迷惑な話だろう、チューニングパーツなんかあるわけもない。シャシーとパワープラントのレイアウトは、ばっちり上手くいくもののエンジンが市販のままではどうにもならない。ところが早くも鈴鹿のＲＳＣがこのエンジン構造でレーシングカーを製作するらしいとの噂が入り、エンジンのチューニングも始まっているようだという。

この前輪駆動の動力部分への興味を持つ人は結構いるもので、以前からオートバイ仲間の本田博俊君もその一人だ。本田宗一郎氏の長男といってもホンダの社員ではないし、彼の立場もあるからスピード仲間として相談にのってもらうと、確かにＲＳＣでもコードネーム：Ｈ１３００のグループ７カーの開発をしているのは本当だった。そこで、博《ひろ》さんからＲＳＣに僕らの計画を説明して頂き、ＲＳＣの所長さんやチーフエンジニアの木村昌夫さんに、空冷１３００エンジンの基本的なチューニングの要点を指導してもらうお願いをした。僕らの計画に木村さんが並々ならぬ尽力をして下さり、ウチのデータにもなるから研究実験ということでＲＳＣから開発途上のエンジン２基を貸与され、鈴鹿サーキットでのテスト走行もすることができた。

ＧＰが迫るものの、改造・手直し・補強・修理等々、やることの50％も達成出来ない状態で富士ＳＷにマシンを持ち込む。生産台数に制限のないグループ7に属するエバカンナムは2シーターのオープン

カーで、横列4気筒の空冷ＯＨＣエンジンと一体のギヤボックスと車輪駆動部分をそのままミッドシップに搭載し、後輪を駆動させる今どきのレーシングカーでは標準的な構造だ。ただ、エンジンが空冷だから簡潔な構造・小型・軽量のイメージは大誤算だった。何が何でも空冷構造に固執した冷却ファン・ダクトに覆われたエンジンは大きく、重く、軽量レーシングカーのシャシーには載せ切れず、当初の設計とは違った大柄になってしまった。さらに市販車ギヤボックスのチェンジレバーがスムーズに働かないなどの未解決部分はまだまだ多く、戦闘力では成熟しきったＳ８００と同レベル程度だ。それでも市販から半年も経っていない１００馬力・７２００ｒｐｍ・１７５㎞／ｈの乗用車エンジンを１４０馬力超・８５００ｒｐｍ超に改造してしまうＲＳＣのチューニングは凄い。

何もかも初の試みながら、結構まともな操縦性能に仕上がったマシンに、僅か3、4年しか経っていない日本のコンストラクターの進歩には一日の長を見る思いだ。やはり〝走る場所・走れるコース〟が出来たことが、こんなにも自動車造りを変えることを改めて感じる。四、五日後に控えた１９６９年（昭和44）の日本ＧＰも、その流れに拍車を掛けるのだろう。

ドライバー一揆

富士でのマシン調整が続く中、僕はテスト走行の時間もとれない大きな問題に巻き込まれた。レース運営を巡るドライバーと組織委員会の対立だ。毎年、日本ＧＰは多くの反省やレース内容の課題を抱えながら、今回も大排気量中心の方針は変わらず、エンジン排気量５ℓ以下のグループ４スポーツカー、

3ℓ以下のグループ6プロトタイプスポーツカー、生産台数規定なし排気量無制限のグループ7でレース周回数120周（720㎞）、最低予選タイム2分20秒（平均時速約154㎞／h）で行うこととなった。発表されたのはGP二ヶ月前の8月1日で、この規定で参加申し込みをしたのは56台だ。ところが決勝四日前になって突然、予選通過順位の規定を予選走行トップタイムの20％より遅い者は決勝進出不可との改訂を通告してきたのだ。要するに最小排気量850㏄から最大7000㏄超のマシンが混走するのは危険なので軽排気量車を排除し、決勝前日に特別枠のレースを組むというか〝組んでやる〟という態度だ。参加申込者の40％が激怒したのは当然だ。排気量が異なることを承知でレース内容を決定し、その内容を承知で参加申し込みをした者を危険の憶測だけで一方的に規定を変更する組織委員会、主催者JAFに対し猛省を促す交渉が連日続き、僕や木下昇君がそのリーダー役になってしまったのだ。もうマシンの整備、テスト走行など出来ない状態だ。

このGPだけでなく、毎回のレース運営に問題が発生しながら是正への努力もしない主催者の理不尽な行為を野放しにしておけば日本のレース界は崩壊するに決まっている。大排気量クラスも軽量クラスの立場を尊重する支援をしなければならないのに、軽量車との混走は危ないとばかりに、知らぬ半兵衛をきめこむ重量車ドライバーの態度も問題だ。こういったドライバー、レース界の人間レベルでは社会的認知を得るのは遠い話だ。大きな問題をはらんでいるのも分からないのだろう、のらりくらり逃げ回る主催者側に業を煮やした僕らは、規定を元に戻さないならばGP決勝レースを実力でぶち壊す暴動計画を準備する、百姓一揆ならぬドライバー一揆だ。計画の概要は、交渉が決裂した場合、一・主催者の

横暴な予選通過規定をクリアしても決勝をボイコットする。二・コントロールタワーを占拠し、競技役員の業務を封鎖する。三・放送室から、この事態に至った経緯をスピーカーで観客に説明する。四・同じくこの事態に至った内容のビラを観客席に配布する。という実力行使だ。そして、この行動が刑事事件、関係機関の査問問題となった場合、すべての責任は僕と木下が負うことで抗議グループの一任を取り付け、この覚悟で再々々度の交渉に臨んだのだ。レースの実績もないが同然の組織委員らの妄議に真っ向から対立する僕らの交渉は、8日の夕刻から夜半に至る有様だ。結局、僕らの強固な姿勢が効をなしたのか、あるいは実力行使の謀議が漏れたのか、9日、公式予選日の未明4時！　になって、組織委員会は渋々ながら彼らの高慢な変更規定を撤回し、当初の予選通過基準を遵守することになった。これによって、軽量マシンが大幅に決勝進出できるものではないが、一方的に規定変更を当然のように行う無知な組織委員会へ鉄槌を下したのだ。

巨大化したレースと灰色の色

睡眠もとれない闘争が予選日の早朝まで続いた僕では満足なドライブが出来るわけがない。殆どの周回は片桐の走りに委ねるのだが、どうにも予想通りのタイムが出ない。エンジンは８５００ｒｐｍを優に越え、小気味よいくらいに走るのだが、突然にバババッ、ブスブスッブスッ、燃料が途切れてしまうのだ。杉山・三富の2号車は僕らの1号車をベースに改良した効果か同様の現象は見られない。当初はタイムアップのため、少ない燃料で走行したことから、とくにヘアピンを立ち上がって３００Ｒ、２５

０Rと続く大きな右コーナーでは車体が左側に傾く横Ｇでタンク内の燃料が片寄りして、給油パイプの取り出し口が空になるのではないかと推察された。しかし燃料を満タンにしても解消しない。何が原因なのか分からない、のではなく、見つけられないことの方が多い。片桐が何となくタンクからキャブレターに燃料を送るパイプの中間にある濾過器（ストレーナー）に白い粉状のものが詰まっているのを発見、まったく意外なトラブルだ。家庭用品やスバルのルーフには早くから使われ、今では自動車部品にも多用され始めたプラスチックが原因だ。軽量堅牢で加工がしやすい新素材はレーシングカーにはうってつけで、エバのシャシーも主要構造部以外はプラスチック加工だ。ドライバーシートの両サイドに抱える50ℓずつの燃料タンクも樹脂製だが、成型した時の削り粉が残っていたか、あるいは、樹脂がガソリンで溶け出したのか、新素材につきものの現象でよく分からない。結局、予選は走っているよりもピットストップの方が多く、杉山・三富の２号車が最後尾ながら決勝に進出できたものの、僕らのマシンは予選落ちの惨憺たる結果だ。

決勝はＶ12気筒・６０００㏄の日産Ｒ３８２とＶ８・５０００㏄のトヨタ7、タキレーシングのポルシェ９１７、ヤスダチームのローラＴ１６０の上位10台の大排気量車が中心のレースとなった。１台２人ドライバーの１２０周・７２０㎞のレースを制したのは給油１回、ドライバー交代なしに平均時速１９４㎞で優勝した黒澤元治、２位・北野元、ともに日産Ｒ３８２は３位以下を周遅れにする速さだが、傷みだしたタイヤ交換もせず、燃料もぎりぎり間に合ったという危うい結果だった。

日産が公式予選前日に突然５ℓから６ℓへのエンジン変更をしたり、福澤幸雄の非業な死を乗り越え

日本グランプリ　1969年10月10日
富士スピードウェイ／120周

世紀のグランプリ「日本グランプリ」には10万人もの観客が押し寄せ関心の高さをうかがわせた。大久保も新興コンストラクター「エバ」のマシンにホンダ空冷1300ccエンジンを搭載して臨んだ。

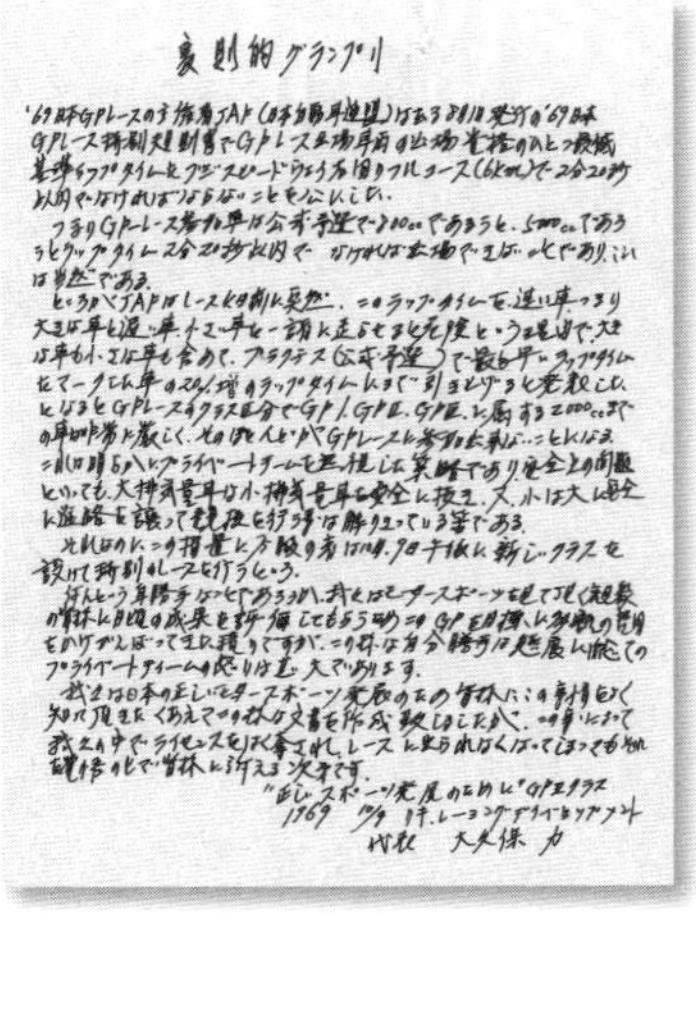

変則的グランプリ

"正しいスポーツ発展のために"GPⅡクラス
1969 10/9 ……レーシングドライバー……
代表　大久保 力

1969年日本グランプリ開催クーデターの檄文

主催者側はマシンの性能差が事故を誘発しかねないと、プライベートチームの一部を「前座レース」として走らせることをミーティングで発表。それに対してプライベートチームが大反発。大久保はその代表として抗議文を提出した。

て5ℓのトヨタ7を完成させ、タキがポルシェワークスの支援をうけて917（4・5ℓ）908（3ℓ）と手持ちのローラT70、ポルシェ910の4台を、いすゞは5ℓシボレーエンジンを搭載したR7、同じくシボレー7ℓ（！）のマクラーレンM12などのマシンと、B・エルフォード、J・シフェール、H・ヘルマン、M・ヘイルウッドなどのドライバーも出場の国際色豊かで迫力あるGPレースであった評価は高い。それとタキレーシングの招待で参戦したJ・シフェール、D・パイパーのポルシェ917（グループ4、4・5ℓ）、H・ヘルマンの908／02（グループ6、3ℓ）のポルシェワークスでも日産、トヨタが総力を注ぎ込んだ日本製レーシングマシンの後塵を拝する結果になったのは日本の自動車技術の著しい進化を象徴するものだ。それに対し、チッポケなやつが一緒じゃジャマだ、と予選通過基準を強引に変更し、小排気量車を平気で排除する横暴なレース運営体制、組織委員らの低俗な資質はまったく進化していない。それはロータス47GTをドライブした高野ルイ・吉田隆郎が9位、大塚光博のフェアレディーが11位、ホンダS800改の黒須隆一が12位などの立派な順位を見れば、参加者の意向も聞かずに公式規定を突然に変えてしまおうとした稚拙で横しまな組織委員会の行為は大きな恥として残るだろう。

日本のトップレースが僅か6年にして巨大化した姿は、この年、日本のGNPが世界第2位に、東名高速道路の全線開通（346・7㎞）と、日本の異常な高度経済成長そのものを象徴しているようだ。通産省の経済白書も『豊かさへの挑戦』と題する反面、トラック、バスより生産が上になった乗用車の大幅増による排気ガス問題が浮上し、運輸省は排出ガス規制の強化に乗り出す。そういえば、最近ワイ

シャツの襟がやけに汚れるなーと気づき、原因は主に排気ガスによるものと言う。東京には空がない、と詠った智恵子抄の現代版か。東京都心の空から青空が消え、子供たちが描く空はグレーカラーでは空恐ろしい。三日に一回は富士山が見えたという明治時代の東京から、今や6分の1しか見えなくなってしまった統計などが話題になるたびに、車の先端分野に関わっている立場からすれば複雑な思いだ。

心機一転マカオGP

日本ＧＰでの大きな失敗を悔やむ間もなく１９６９年（昭和44）のマカオＧＰに向かう。今年のマカオは香港で整備中のロータス47の調子が思わしくないとの連絡をハロルドから聞いているので、急遽、前年に片桐が乗ったブラバムコルトＦ３を借用しての参加だ。春のＪＡＦ・ＧＰでは不完全なマシン、打撲傷、スポンサーへの迷惑など散々な失敗を重ねてしまったのだが、マカオのコースをフォーミュラカーで走るのは初めての経験だ。前年に優勝できなかった三菱は捲土《けんど》重来《ちょうらい》を期して改良した三菱コルトＦ２Ｃを２台、ドライバーは益子治と加藤爽平の参戦だ。ＧＰクラスに日本から参加のもう1台は真田睦明。通称ムッちゃんだが、彼が持ち込んだ日産フェアレディーＺ４３２は発売されたばかりの新型車。まだＦＩＡのホモロゲーション（公式レース出場車輌型式認定）に登録されていないので組織委員会の出場許可が出ないようだ。

真田のＺやロータス47、ポルシェ９１１、マーコスなどのＧＴカーは今や参加者の3割に留まり、２年前からフォーミュラカーが主体のＧＰになってきた。これは前年からレースの周回数がそれまでの60周から45周に短縮されたことと無関係ではない。車種を問わないマカオ独特のレースは１９５０年代後半には77周！　の時代もあったが60周が定着して10年が経過した。この60周を走りきるのに有利なのは性能上のハンデはあっても給油なしで走れるスポーツカーか、それとも必ず1回は燃料を補給してもフ

ォーミュラカーやレーシングスポーツカーか、レース談義のネタと賭けの対象でもあった。それが2年前のラウレルの大惨事も影響したのだろう、燃料補給が必要ない45周になればフォーミュラカーというレース専門マシンが主流になって、それならばと、前年からオーストラリアの強豪・タスマンのドライバーやマシンが入り込んできた。だがマカオ独特のコースと路面に閉口したのか、思うような結果は残せないでいる。

マカオＧＰの転機

しかし今回は、欧州のＦ１の隆盛に劣らない南半球のオーストラリア、ニュージランドのタスマンシリーズレースの面目をかけて、充分な準備を施しての参戦だ。タスマンレースの２・５ℓエンジンにはコベントリー・クライマックスやコスワースＤＦＷ、マセラティＶ12、フェラーリ・ティーポ２２８Ｃなど欧州のメーカーの協力を得たものやレーシングパーツを扱うオーストラリアのレプコ社がオールズモビルＶ８をチューニングしたものなど種類も多く、当然ながらレース全般への経験も豊富だ。なかでもアルファロメオの輸入元を始め実業家のアレック・ミルドレンが率いるレーシングチームは大きな存在で、１９６８年に続き今年もオーストラリア・ゴールドスターチャンピオンシップを獲得したケヴィン・バートレットがマカオへの参戦を表明した。ミルドレンはそれまで使用していたブラバムＢＴ23Ｄのシャシーを参考に自らのミルドレンＬＢＩを製作し、これにアルファロメオ・ティーポ33のＶ８エンジンを２・５ℓにチューンした想定３００馬力を搭載し、万全の構えだ。ケヴィンの２・５ℓエンジン

に対抗するのはエルフィン・レプコV8に乗る香港チームハーパーのS・ホーランドだけで、三菱コルト始め他の多くはF2クラスの1・6ℓだから順当にいけば勝負は見えたのも同然だ。

そういった強豪だらけの中に、僕の出場車は三菱が初のフォーミュラカー用に、同社の乗用車コルト1000のエンジン（OHV・4気筒998cc）を90馬力にチューンして、ブラバムBT16のシャシーに載せた純粋のF3だから入門レベルのマシンだ。JAF・GPで不本意な結果に終わったものの、ロータス47で富士を走っているからフォーミュラカーの特性は分かっているつもりだったが、ここマカオのコースを走ってみると感覚がまったく違う。

一番の違いは視野、とにかく視線だ。富士SWではグリーンゾーンに囲まれた広いコースだから、低いシートからの視線は遠くのコーナーを見通せるが、マカオのコースでのS字やクランク、上り下りが続くマウンテンコースでは勝手が違う。今までもセダンに比べれば圧倒的に車高の低いスポーツカーばかり乗ってきたから、低い位置からの視界には慣れている。それでも地べたに両足を投げ出して座るようなシートポジションのフォーミュラは、目の高さがもっと低いので、その目線からは全体像が掴みにくいのだ。ドライバーからは露出した四つの車輪が全部見えそうだが、実際に把握出来るのは前輪だけ、コーナーを曲がる時のハンドル角と幅の広い後輪の位置、内輪差はとても大きいので、路肩ギリギリに寄せがちの失敗が多い。ベテランでも富士や鈴鹿には絶対に無い石垣やガードレールにぶち当たることが度々ある。これが車輪もどこも覆われたクローズドボディーだと、多少の接触を承知でブロック塀でも石畳でもギリギリに寄っていくが、何の防御もないフォーミュラカーは、どんなに小さな、ちょっと

の接触や衝撃も、たちどころにマシンの破損とリタイヤにつながる繊細でキャシャな構造だ。

こういったマシンで、走るラインも慣れているコースを走る時に迷うのは、ちょっとぶつかっただけでも致命的なダメージを受けるマシンでは、〝これ以下の走りに落とせない下限と、これ以上は危険すぎる上限の幅がコース状態で大きく変わる〟ことだ。殆ど遊びのないハンドルやスロットルをミリ単位で操作することで俊敏な動きをするフォーミュラカーは腕力や豪放な扱いをするドライバーが嫌いなようだ。

やはりフォーミュラカーというのは特殊なものだ、満足な練習もできないまま1969年マカオGP45周の決勝を迎える。スタート順位は1位K・バートレット、J・マクドナルド、益子治、A・プーン、加藤爽平と並んでいき、幸いにどのチームからも車輌違反のクレームがつかず出走の許可が出たフェアレディーの真田はフォーミュラカー群の中、8番手に割り込むのだからしぶといものだ。それに対し僕は25台出走の19番手だから、1000cc・90馬力のF3ではこんなもの、三菱F2やタスマンの2・5ℓマシンが相手ではレースになるわけがない。

結局のところ、マカオのコースには自信を持っていても、それはツーリングカーやスポーツカーで、ガードレールや石塀に多少はぶつかるかもしれないコースの攻め方に慣れていただけのことだった。ちょっとの接触もダメージになるフォーミュラカーのシビアな走り方、コツも掴めないまま、迷いっぱなしの決勝スタートだから、案の定ろくなことはない。2台前のロータス47と並んだ時、僕の右後輪が前車の左前輪にぶちあたり、ベーゴマがはじける様に2台が両側に逃げる。危険を感じた周りが退いた隙間を狙って運よく第1カーブに飛び込んだ。山側の入り口になるホスピタルヒルを駆け上がるまでに何台かをパスし、19番手からのスタートが一挙に10位に上がった。山には入ればＦ２もＦ３もない、チョコマカ走れるＦ３に具合がいい箇所もある。しかしヘアピンを抜けストレートと90Ｒカーブの海側に出ると、もうダメだ、無益の抵抗に悲哀を感じる。やはりレースは強い武器をもたねば人間のテクニックだけではどうすることも出来ない。

それでもレースに出たからにはタナボタでもいい、とにかく順位を一つでも上げたいのだ。その無理が祟ったのか、5周目の第1カーブにかかる所で突然エンジンの出力がなくなりスロー走行になってストップ。原因はエンジンのシリンダーヘッドガスケットの吹き抜け（破損による圧縮漏れ）だ。ガスケット破損はファンベルト劣化の切断によるオーバーヒートが招いたのか良く分からないが、まったく不運なことばかり続く。でも不運というのは、自分の焦り、準備不足、余裕のなさが招く失態なのだろう。

リタイヤしたピットでドライバーから観戦者側になってみると、このレースはミルドレンチームの完璧な参戦体制に保障されたＫ・バートレットの独り舞台であることが良く分かる。予選走行の時に、この常連ドライバーも初めて目にするコックピット計器盤のタイヤ温度計を見ながらタイヤを点検し、その度に走行タイムが変わるトップクラスのメカニズムに、新たな脅威とレベルの遅れを認めたようだ。

従来のレース参戦体制とは違った成果は、それまでのラップレコードをいきなり13秒も縮めたことに示される。その勢いはスタートをトップで飛び出したまま続き、3周目にはブラバムＦＶＡ（1・6ℓ）のマクドナルド、三菱コルトＦ２（1・6ℓ）加藤爽平の2位グループに14、5秒の差をつけてしまうのはバートレットと２・５ℓエンジンのタスマンマシンの凄さだ。３番手からスタートしたコルトの益子は、加藤のリアに乗り上げる追突事故を起こしたようで、修理が長引くピットから復帰しても望みはない。バートレットの速さは１９６６年のモウロ・ビアンキ以来の勢いで15周を過ぎる頃には２位グループをラップする。デモンストレーションさながらの走りで２分39秒03のラップレコードを立てて優勝する。

1位ケビン・バートレット：ミルドレンワゴット（アルファロメオＶ８・２・５ℓエンジン・タスマン仕様）２時間２分29秒　45周、２位アルバート・プーン：ブラバムＢＴ30（フォードＶ８・３ℓ・Ｆ１仕様）43周、３位加藤爽平：三菱コルトＦ２Ｃ（１・６ℓ）43周。

他を圧倒するバートレットの優勝は観客の大歓迎を受けたものの、レース自体を盛り上げたわけではない。このような突出した優勝の在り方が出来るレースレギュレーションを是正しなければ、マカオＧＰの存続に関わるのではないかという議論が急浮上する。元々、マカオＧＰは色々なマシンやドライバーがホビーで参加出来るようにとの趣旨で、エンジン排気量に関係なくスポーツカーでもフォーミュラカーでも何でもありで続いてきた。そして他の国から優れたマシンやドライバーが参加してくれることで地元の発展成長が促されるとする解釈が支配的だった。

第1回の優勝者エディー・カルヴァルホは「限られた資金でスポンサーもない地元のドライバーには余りにも金が掛かり過ぎ、最高のマシンと、トップクラスのメカニックチームに支持されたドライバーに太刀打ちできるわけがない。レースの始まる前に敗北している。ひどく不均衡な内容になってしまった」とコメントした。僕も、このレースに参加し始めた頃は車種、大小のエンジン、何でもありーの内容に、時には１０００ccのライトスポーツカーが４０００ccのジャガーやアストンを打ち負かす予想外の展開やチャンスに興味を持っていたのだが…。

しかし初回から16年も経つと一部の自動車愛好家のお祭りから、観光客誘致・自動車販売戦略・商品宣伝目的の商業化が進み、レース内容も過熱する。そこにホビーとしてのスピード競技ならではの、豊かさやノスタルジア、参加者同士のハーモニー、冒険心、友情などのユニークな雰囲気を、どう相乗させたら良いのか、ＧＰ改革への模索、レース規定を見直す時期になってきたようだ。

転機は日本にも

慌しい年末に帰国するのが恒例になって数年、今年もツイていなかった悔しさばかりが残るが、それにしても色々な経験をさせられたものだ。中でも日本ＧＰのグループ7カー製作から学んだことも大きいし、とくにフォーミュラカーではしっかりしたシャシーがなければ何ごとも始まらないことも痛感した。そこでタキレーシングがトヨタ7の3ℓエンジンを載せようとしたマシンを思い出し、そのシャシーがどうなっているのか瀧に尋ねることにした。

１９７０年（昭和45）の正月明け、麻布台のキャンティで落ち合った瀧は日本ＧＰから三ヶ月が過ぎ、大金かけて手持ちのマシンすべてを再整備した上に、ポルシェワークスを招待してまでの闘いも、思うような結果も残せず大企業に屈し、かなり疲れ気味のようだ。話は簡単だった。Ｆ２用シャシーで定評あるブラバムBT23Cの新古品は箱詰めのまま保管してあって、僕が必要なら喜んで譲ると言う、値段は300万円だ。瀧もフォーミュラカーへの興味を持ち出したものの、今のチーム力ではとても手を広げられない様子だ。ただ、金の算段もしていない僕も、即金は無理なので2ヵ月ごと計3回の約束手形で譲ってもらうことにした。それとブラバムBT16コスワースがあるので、それもひとまず借り受けることも出来た。これでやっと、まともなシャシーを入手し、あとはどんなエンジンを使うかだ。僕が現物を受け取って間もなく、タキレーシングは活動休止の発表をする、派手な話題を振りまいて僅か3年しか経っていない。理由は10月の日本GPのレギュレーションが、排気量無制限のグループ7も走れる距離数1000kmの耐久レース的内容では、ポルシェでもローラでもまともに勝負できるわけもなく、もはやプライベートチームの出番はなくなったということと、さらに大金を捻出する術もなくなったWパンチなのだろう。タキチームと同じくマクラーレンやローラを所有するクロサワレーシングや他の大排気量マシンのチームも同調するほど肥大化するGPが日本のレース界にどんな影響を与えるのか、もはやJAFのスポーツ委員会にはその判断力もなくなってきた。

さらに5月のJAF・GP開催に際し、主要公認クラブと全国のクラブ連合会が一切の協力をしないという声明を出したのだ。これは前年秋の日本GPで僕らが起こしたドライバー一揆騒動の原因が、GP組織委員会指名の委員やメーカー代表委員に限られた体制が招いたものであることへの反発だ。JAFはクラブの意見を反映させる機関の設置、クラブ側からの代表者を運営組織に加える等の改革を約束したにも拘わらず、何らの進展もなく、旧態のままJAF・GPが行われることへの大きな抗議をクラブメンバーたちは形で表したのだ。レースに詳しい一部の委員による運営と、ＧＰ主催の莫大な収入をさらに太らせるには観客が喜ぶ迫力第一の興行志向はどんどん肥大化し、ついに日本独自のレギュレーションによる強大弩級な日本ＧＰへの批判がＪＡＦ・ＧＰへの協力拒否という形で表れたのだ。

２台のフォーミュラカーとドライバーの造反

ＪＡＦ・ＧＰを２ヵ月後に控え、前年と同じくタスマン勢以外にもＦ１世界チャンピオンを３回も獲得した英国のジャッキー・スチュアートまでも招待する手配を済ませたＪＡＦは、何回もクラブ側との話し合いを持ち、今度こそは本当です、とばかりにクラブメンバーが参加できるよう現行の体制を全面的に見直すことで一応の打開策を図るのだが…。

しかし、今更口を出したって一朝にして改革など出来るわけがない。まず１９７０年（昭和45）５月のＪＡＦ・ＧＰを円滑に開催されることを望むだけだ。このＧＰは前年と同じエンジン排気量３０００ccまでのフォーミュラリブレ《ＦＬ》（50周）にＧＴカー（20周）、ツーリングカー（20周）クラスが併設されるが、もう一つ新たに排気量６００ccまでのフォーミュラジュニア《ＦＪ》（15周）が新設された。ようやくフォーミュラカーレースに本格的な取り組みが始まったようで、この部門の底辺普及に効果的なクラスが出来たのは喜ばしいことだ。ＦＪクラスは１９６７年にホンダが発売した軽自動車・Ｎ３６０のスポーツ性に目をつけたマニアがレースを始めたのがきっかけで、軽自動車のエンジンをベースにしたフォーミュラカーが考え出されたものだ。

そこで僕らはメインクラスのFLとFJの双方に参加することになった。まずはFLのエンジン探しだ。瀧に譲って貰ったシャシーはF2用のしっかりしたものだから心配ないが、前年のJAF・GPやそれまでのエキジビションのフォーミュラレースでは、三菱コルトF2の完全なメーカーマシン以外は、デルMK3、アロー、上州F3などの国産手作りのシャシーに、国産車のエンジンやギヤボックスをチューニングして組合わせたものが多い。これからは日産、マツダ他、フォーミュラに使えそうな国産車エンジンを搭載するのが多くなるだろうが、どのエンジンが適するのか難しい。僕の方もお金さえ充分ならばコスワースチューンのF2用エンジンが買えるのだが、とてもとても。そこで今やGTカーレースを席捲するフェアレディーのエンジン、それも旧型の1・6ℓを探すことになった。幸いに同僚でもありライバルでもあった鈴木誠一が2年程前に日産車のレースマシンを扱う東名自動車を開店したことから相談にのってもらった。鈴木のスタッフでもあり、モトクロス元チャンピオンの久保和夫君が全面的に面倒を見てくれ、F2製作への見通しも立った。

一方FJの方は瀧から借り受けたBT16シャシーに、ホンダS600のエンジンが搭載可能なのが解ったが、S6は606ccだから僅か6ccの規定オーバーだ。さりとてMK5のギヤボックスも取付け可能なS6エンジンを諦めきれずにいると、浅間火山レースのライダーでもあり本田技研実験課の神谷忠君が何とかなると言う。マネージャーの長島やメカの鴨下がチュウさん（神谷）知り合いの町工場につきっきりでエンジンのスケールダウン（排気量を小さくする）と馬力アップをしてもらった結果は上々だ。市販状態の606ccを598ccに小さくした程度では回転・馬力とも大きな違いはなく期待できるマシンに仕上がった。

公開練習が始まり、ブラバムシャシーとS6（改）エンジンとの相性は抜群に良い、久しぶりに快適なマシンに巡り会えた感じだ。このクラスの殆どは軽自動車360ccのエンジンを排気量アップして、成長著しいプライベートコンストラクター製作のシャシーを組み合わせたものだ。本格的シャシーは僕の他にもう一台、やはりブラバムにヨシムラチューンのS6エンジンを積んだものがあって、ドライバーは田中健二郎だ、相手にとって不足はない。俄然面白くなってきた。

FJクラスはギヤレシオの選択に迷う程度で決勝を待つばかりだが問題はF2の方だ。シャシーもエンジン馬力もまあまあのレベルにあるものの、エンジンの冷却にムラがあって、タイムを上げるにつれ温度が上昇、度々焼き付きを起こしてしまう。その度に東名自動車の久保君が懸命に面倒を見てくれるのだが結果は同じだ。技術的な推測はエンジンオイル潤滑のウエットサンプの構造にあるらしい。即ち急激なコーナリングが可能なフォーミュラカーでは、コーナーで車体が外側に寄せられる力が（横G）とてつもなく大きい。ヘルメットの頭がグーンと傾く位だからエンジン下部のオイルパンの潤滑油が片側に寄せられ、これが右左の連続コーナーでは潤滑が途切れてしまうらしい。結局エンジンを何度も修理し、オイルパン容量を増やしたりしても結果は同じ、予選にも間に合わない始末だ。やはりF2クラスのフォーミュラカーには別体のオイルタンクから強力なポンプでエンジンにオイルを送るドライサンプ構造が必要なことも始めて分かった。幸いにFJのS6は問題が起こらなかったが、改めてフォーミュラカーには緻密なメカニズムが要求されることを勉強させられた思いだ。

折角のF2シャシーも実力を発揮できずに決勝日になったが、この日、JAF・GPへの協力をボイコットした騒動が取りあえず収まり、無事に決勝日を迎えて安堵した主催者がまたもや仰天する騒動が起こってしまう。コース上で開会式が粛々と進み、大会名誉総裁・高松宮殿下の前で整列したドライバーを代表して生沢徹君の選手宣誓になった。マイク前に立った生沢は事務局が用意した宣誓書を突然握りつぶし、宣誓を拒否する言葉とともに「交通宿泊費、出場料まで主催者が負担する外国からのドライバーと日本のドライバーとが余りにも違う待遇」を訴え始めたのだ。何が起こったのか慌てふためく主催者と好対照なのは観客席だ。初めは騒然とした観客も生沢の訴えを歓迎の拍手で応えだす。右往左往するオフィシャルの中には騒動に慣れた狡猾な知恵者がいるのかスタートラインに並んだ第1レースのエンジン始動を開始させ、うやむやの内にJAF・GPは始まった。

幻の優勝

メインレースに出られない僕はFJに集中した。幸いに1位田中健二郎のスタートポジションに次ぐのは僕だ。3位は自作のマシンで挑む仲間の堀雄登吉《ほりおときち》だ。4位に風戸裕、5位津々見友彦と続き19台が出走、周回数は15周だ。

青のスタートシグナルで飛び出したのは3位の堀、田中、僕と続く。S6エンジンとブラバムシャシーの組み合わせは本格的なレーシングマシンだが、ブラバムBT16は元々1000〜1600ccのエンジンを想定しているから600ccのエンジンには車体が重すぎ、非力な軽自動車エンジンをカバーする堀の軽量車体には出足で負ける。しかし30度。バンクに入る頃にはS６四気筒エンジンが持ち前の高回転の威力を発揮し堀を抜き去り、田中と僕がバンクを下っていく。直線スピードに劣る後方の堀は、バンクの最上部から右斜め下方へ一気に落下するようにラインを変更し、僕の右側から前に出ようとする。非力なマシンがバンクの下りを利用して速度を稼ごうとする俗に〝須走り落とし〟という危険な走法だ。しかし大きなコーナーが続きヘアピンにかかる頃には、やはり田中と僕が先行する。さて、後方から健さんを追う僕は、どこで彼の弱点が出るか狙うが５０００ccのローラT70も６００ccのFJも器用に乗りこなす彼のドライビングには隙がない。２周目になって戦列が落ち着くと田中は走行ラインを変え出した。だだっ広いフジのコースをアウトインアウトでなく、真ん中からインへ、そして真ん中へとタイトなコーナリングが可能な軽量フォーミュラカーの特性を活かした近道走法で僕を引き離そうとの作戦だ。しかしエンジン回転のハイ・ローを頻繁に繰り返す近道作戦の無理が祟ったのか4周目には田中のマフラーから白煙が噴き出し、それは煙幕の如く尾を引きながらピットレーンへ移っていった。やったー！　今度は久しぶりにトップに躍り出た僕が追い着いてくる堀を引き離す番だ。幸いに1万回転は回るエンジンもすこぶる調子が良い。何かと僕のバックミラーに入る堀は正にうるさいハエだが勝利は見えたも同じだ。どんどん引き離しに入った5周目の終わりだ、フラッグマーシャルが僕のゼッケン14の数字がある黒のボードを示し、チームのサインボードもピットに入れ。何ごとかとピットに寄れば、僕のスタートが審査委員会の裁定でフライングだという、ペナルティーは1周の減算だ。正に青天の霹靂とはこのことを言うのか、自分ではまったく身に覚えがない。コントロールタワーから雑談交じりの競

JAF日本グランプリ　1970年5月3日　富士スピードウェイ／50周

1970年JAFグランプリにブラバム・ニッサンでエントリーするも、エンジントラブルが解消できず、参戦を断念した。

JAF日本グランプリ　FJレース
1970年5月3日　富士スピードウェイ／15周

ホンダS600（606cc）のエンジンを600ccにしてブラバムに搭載したフォーミュラ・ジュニアだったが、スタートでフライングの判定を取られ、トップ快走中にピットインの指示。一周減算で13位フィニッシュの結果に。

技役員が目視で判断するのだから分かったもんじゃない、くそっ！　写真判定があれば文句ないが、明らかなフライングかどうか観客に聞いてみたいくらいだ。スピード違反のねずみ取りみたいに、何かにつけアラを探し、オフィシャル風を吹かすのが生き甲斐のような偉いサンと争っても、もう遅いか…何とも釈然としないままコースに戻り戦列に加わるが、すでに広いコースに車間が開いた後方グループの1台2台を抜いてもトップの堀は遙か先だ、もう残り2周や3周ではとても追いつかない。それでも〝俺はフライングなんかしてないぞっ、どーだ、俺をちゃんとしたマシンに乗せれば性能以上の走りが出来るんだぞ、今一番速く走っているのはこのオレだっ！〟を見せつける渾身の走りに自分自身が酔いながらも、虚しさ、情けなさは引き離せない。トップを走り、優勝を目前にしながら1周減算の結果は何と13位のお粗末だ、しかし次回のＦＪレースでは充分な戦闘力を出せる手応えが掴めたのは大きな収穫だ。結果は1位：堀雄登吉・36分22秒、平均時速１４８・47km／h。ＧＰクラスはブラバムＢＴ30・ＦＣＶのジャッキー・スチュアートが1時間33分00秒、平均時速１９３・51km／hで優勝。

なお、開会式の選手宣誓を拒否した生沢君はＧＰ終了後直ちにＪＡＦレースドライバーライセンスの剥奪と一年間の国内レース出場禁止の処分を受け、闘いの場を欧州に求め日本を発った。

モンスターマシンの終焉、時代はフォーミュラカーへ

7万人の観客を集めたJAF・GPも成功のように終わったものの、今後の日本のレース界の方針も定まらない状況だ。もはやJAF主導型のビッグイベントに見切りをつけるように富士SW自らがレースを主催する話も出始めた。その流れは秋に開催予定の日本GP中止に行き着くが、中止の理由が富士SWのコース使用料にあるというが、それは表面的な繕いであって本筋は、どうすれば良いのか出す答が無いのである。今後もモンスターマシンのレースを続ければ、行く末はメーカーだけの闘いになることは目に見えており、僅か3年で活動を停止した瀧レーシングの後を追うチームが増えれば日本のレースは成り立たないからだ。

このJAFの方針変更がメーカー側の意向を反映してのことか、それともメーカー側の意向が働いたのか闇の中だが、まず日産が過熱化したプロトタイプカーの技術開発路線を市販GTやツーリングカーのレースを中心にした技術支援に転向することを発表する。これにトヨタも素早く対応し、日本GPへの不出場を決定するのである。要するに、リミッターの壊れた日本GPを、どうやって、誰が、どこが修正を言い出すか密かに期待していただけのことなのだ。この決定からJAFは翌1971年（昭和46）5月のJAF・GPを『日本GP』との名称に変え、ようやく国際基準のフォーミュラカー路線を敷くのである。

この新規ＧＰ発表後まもなくして、日産は開発してきた大排気量プロトタイプスポーツカーで、米国、カナダで人気を博す本場のＣＡＮ－ＡＭシリーズへの参戦を発表する。だが折しも米国での自動車排気ガスクリーン化の運動が急騰し、厳しい排気ガス規制法案『マスキー法』が制定され、これをクリアできない自動車は米国市場に入り込めない事態となった。それに伴い各メーカーは排ガス対策に技術資産を集中しなければならなくなり、もはやレースどころではない。一方、ＣＡＮ－ＡＭ参戦の計画を進めていたトヨタは、新型トヨタ７ターボを富士１０００kmレースでデモ走行を披露した後、鈴鹿のテストで川合稔君がコースアウトをし、ヘアピン手前の土堤のバリアーに激突、死亡事故を起こしてしまう。この思いがけぬ悲劇はＣＡＮ－ＡＭ計画にブレーキをかけるのだが、やはり排気ガス対策のためとされ、事故が原因ではないとしている。いずれにしろ日産Ｒ３８３の開発もトヨタもＣＡＮ－ＡＭ中止を打ち出し、もはや二大メーカーの大規模なレース活動は終焉を迎えた。

こうなってくるとＧＰが肥大化する前の状況、即ちメーカーのサポートを受けるドライバーと成長著しいコンストラクターチームや純粋なプライベートなど、バラエティー豊かなレース形態に戻す傾向が出始める。一方において、マイカー社会への批判も強くなり、その中心は米国と同じく排気ガスの公害問題と多発する交通事故だ。つい昨日まで、自動車の発展は社会も個人生活も豊かにする、ともてはやされたのが、一転して車不要論まで飛び出す世相になってきた。

完璧なフォーミュラカー造りで雪辱戦へ

どうにかマイカー社会が根付きだしたら事故、排ガス、自動車要らない等、誠に目まぐるしい世相だ。レース界も新たな路線への期待があるものの、じきにどうなるか分からない危うさだ。ＣＡＮ・ＡＭ参戦の話題も僅か一、二ヶ月で中止に一変し、何もどこも落ち着かぬ時代だ。しかし僕らはＪＡＦが打ち出したフォーミュラカーでの日本ＧＰ路線を信用しなければ何ごとも進まないではないか。

川合稔のトヨタ7悲劇が週刊誌を賑わす頃、僕は林みのる君（マクランサカーズ代表）から「アルファロメオのエンジンを使ってみないか」の提案を受ける。アルファロメオのレーシングチューンで名高いイタリアのヴィルジリオ・コンレロが手がけたＤＯＨＣ・４気筒・１６００cc・ウエーバーツインキャブレター・Ｗスパーク（１気筒に２本のプラグ）だ。

フォーミュラカーのエンジンとはどういうものか、やっと分かり始めた僕にコスワースを勧める話が多いのだが、値段は最低でも２５０万円はするというので諦めていたところだ。それに対しアルファは約１４０万円位。何とかなるとの考えと、みのる君から、コスワースの高出力には劣るがエンジン重量の軽さはコスワースに勝ること、それにエンジン回転の滑らかさ、などの特徴を聞いて購入に踏み切った。

車に乗り始めた頃、とてもアルファロメオなんて買えない憧れだったのが、エンジンだけ購入出来る立場になって、どうも妙な感じだ。もう少し早くに入手していれば大変な苦労もせずに済んだものを…。

でも、マカオを制すにはフォーミュラカーに乗れるようにならなくては、と心に決めて3年。日本で初めてフォーミュラカーレースが開催された第2回GPで、将来はこういうのでレースに出られるようになりたいと憧れてから5年。やっと念願が叶うマシンでのレース活動が出来るようになったのだ。よしっ、今年のマカオと次の日本GPはこれでいこう！　昔のメーカーチームのように専門技術者もいない素人の手探り状態から、どうにかフォーミュラマシンの何たるかが見えてきた。ヒューランドギヤボックスのMK6とFT200の違いも分からなかったメカニックが、今やアルファエンジンの調整やコンレロに指示された複雑な図形通りの排気管も作れるまでに成長してくれた。それでも11月のマカオへの船便に向けた深夜に亘る作業と富士でのテストが続く。

タイミングというのは待っていても来ない、作れもしない。数年前から富士SWに定着したNETテレビ（現テレビ朝日）主催のNETスピードカップレースに、今年からJAF・GPに新設されたFJクラスが加わった。真夏のスピード祭典を盛り上げる8月初旬の開催だ。F2製作に追われる最中の僕に、JAF・GPでまったく嫌な思いをしたFJブラバムBT16での出場依頼が舞い込む。

レース二日前から富士に入りマシン調整が続くが、真夏の気温と気圧は未経験なことだ。エンジン温度の上昇と回転のバラツキに悩まされる中をRQアウグスタ（レーシングクオータリー）の解良喜久雄《かいらきくお》君や風戸裕君などの軽量な500ccベース車に追い回され、今回もダメかの思いが襲う。決勝前日、試作した何本かの排気管を東京に取りに行かせ、構造の違う排気管に代えるとドンピシャ、GPの時と同

NETスピードカップ　MINIカップ
1970年8月5日
富士スピードウェイ／15周

NETスピードカップは富士逆回り4.3㎞でのレース。PPの大久保はフライングに注意しながらスタート。優勝でグランプリの雪辱を晴らした。

ウイナーともなるとレースクィーンとのパレードも。（写真右下）表彰台は左から2位の掘雄登吉、優勝の大久保力、3位の解良喜久雄。

日本オールスターレース　FJレース1970年10月10日
富士スピードウェイ／10周

中止になった日本グランプリの代替イベントとして開催された日本オールスターレース。FJクラスに出場したが、ブラバムの車重には不向きな排気量変更規定が響き、他の軽フォーミュラベースのマシンに優勝をさらわれた。

じ走りが戻ってきた。

通常のレースは６kmのコースを右回りするが、ＮＥＴスピードカップは左回りの４・３kmを15周だから30度バンクは使わない。決勝のスタートラインに並び、ＧＰ以来、二度とフライングはしないと心に決めてはいるが、今でもあれは審判員の見間違いだったと思っているのだ。とにかく、堀の手作りカーがメーカーマシンを負かした、と騒ぎ立てる報道記事にはあきれるのだ。マシンもドライブも健在な状態で互角の競い合いの結果ならまだしも、僕の失格での勝利に対し、マシンの性能や製作の要素などあろう筈がない。そういった根本的な分析も出来ない記者の記事を鵜呑みにさせられる読者は気の毒だ。

そのあと味の悪さを消し去るには、今度こそ見事なスタートを切って見せる、と慎重になりすぎたせいか一瞬のミスが出足を鈍らせた。僕の前に解良と風戸が出て、３番手のままヘアピンを抜け、３００Ｒから２５０Ｒにかかる大きな左コーナーへと続く。人気クラスになったＦＪは馬力上で優れるホンダＳ６００のエンジンとやや大柄なブラバムのシャシーを組合わせたマシンと、小型で車重の軽いシャシーに、馬力は低いが軽量な２気筒５００ccエンジンの組合せとでは、どちらが有利かの論争がかまびすしい。手作りでも操縦性に優れたシャシーなら５００に軍配が上がるかもしれない。とくにこの６月に竣工した筑波サーキットの短い２・07kmコースやコーナーの多い鈴鹿では有利だろう。だが単調で直線の多い富士では、高回転エンジンをぶん回し、重いマシンを高い速度に上げる時間がかかっても、スピードにのってくれれば不利ではない。

その計算で２、３周、前方の２車を追いながら、じっと我慢していると、案の定スピードがのり始めた分、コーナリングもきつくなる。それでもエンジンの高回転を維持し続けるドライビングで前車を追い詰め、やっとトップに立てた。そして…今度こそ楽勝だと思った慢心は即座に失せた。今や脚光のクラスになったＦＪの５００はコーナーの立ち上がりも速くなり確実に進歩しているのだ。ほんの僅か気を緩めれば直ぐにバックミラーに後車が入り込み横に接近してくる。この状態を何周も繰り返す内に５００の疲労が見えだしたのか最後の２周は安全圏内に入り、トップのまま15周を26分49秒、平均時速１４４・31㎞／ｈで走りきり、久々の優勝だ。これで、どうにかフォーミュラカーレースの入り口に達することが出来たような喜びは大きい。

マカオＧＰのレース車輌規定紛争

ＮＥＴスピードカップの成功は11月のマカオに向けての準備を加速させた。ブラバムとアルファの組み合わせマシンの名前をどうするかで、マネージャーの長島らと、この９月に生まれた長男の名、成（ナル）、でもいいんじゃねーの、咄嗟の冗談がホントになった。そういえば、エンツォ・フェラーリが若くして亡くなった子息の名前ディーノを小型スポーツカーに冠した例もあり、お恐れながら真似たのだ。でも、赤子が歩き始め、成長後も僕がレースをやっているか、それとも生き長らえるか分からないが、親父はこんなことをしていたんだ、の証しぐらいにはなるのだろう。

ナル・ブラバムになったマシンのテストも充分ではないが、春のＧＰで１・６ℓ三菱のタイムに近い走りが出来るまでになったところで船積みの時間が迫る。従来のツーリングやＧＴカーなら車そのものを乙仲《おつなか》に（海運仲立業）持ち込めば梱包無しに送れたが、裸状態のフォーミュラカーでは木枠を組まないと輸送出来ない手間もかかる。多くの人達は、レースとは単に速く走れば良いものと思っているようだが、スタートラインに並ぶこと、それまでが大仕事なのだ。それの準備は国内レースも同じだが、海外となれば、貨物梱包から通関手続き、外貨申請、貨物船日程調べ、渡航手続き等時間も金も労力も大変なのである。それと、今やマカオGPとなれば、ウチのチームが遠征代理店みたいになってしまい、毎年必ず誰かが一緒に行かせてくれとなる。まあ一人でも日本とは違うレースを体験できれば、将来のレース界に役立ってくれるだろうと思うから面倒みるが、今回はロータス41・フォード1・6ℓで漆原徳光君がチームに加わった。

2台のマシンの輸送手続きを終えたものの、前年に参加して優勝したオーストラリア・タスマングループの強さは様々な反応を引き起こしていた。僕が初めてこのレースに参加した頃は、車輌への広告も禁止だったが、数年前から大会全体に冠スポンサーがつくようになって、各種のPRがレースに入り込んできた。そうなると、多くの観客を集められる話題性の高いレース内容が要求されてくる。その結果は賞金の引き上げや、トップクラスチームが参加し易い条件など色々で、オーストラリア側の要望も強くなってきたらしい。即ち2500ccエンジンのタスマンシリーズが70年からは5000ccになることから、マカオも同じにすることや、それが難しいなら、71年からFIMフォーミュラ2規定が現行の1600ccから2000ccに変わるのを前倒しで2ℓにする要望が強かったようだ。そんな情報は日本には入ってこない。

マカオや東南アジアの常連ドライバー、チーム間にも大きな論争があったようで、いずれは２０００ccになるのは承知でも、現実に２ℓエンジンを購入できるのは一部のメーカー系列でしかない。よって、多くのチームが２ℓエンジンを確保できるようになるまでは現行の１・６ℓを存続させるべきだとの意見が大勢を占めたと聞いている。

それでも70年からエンジン排気量上限を『２ℓ』にする主催者組織委員会の強引な決定は破れなかったと言う。主催者の方針は、純粋に将来を見通しての判断か、それとも何かの〝黒いパワー〟が働いたのか知らないが、２６０馬力を優に超すという最新鋭の２ℓエンジンで参加できる唯一のドライバーはフォーミュラ２・ＢＭＷに乗るオーストラリアのディーター・クェスターだけだ。来年はＦ１に乗る噂のクェスターと同じくオーストラリアから参加する前年の優勝者Ｋ・バートレットもタスマン仕様の２・５ℓが使えなくなり、友人のＡ・プーンやＪ・マクドナルドなども１・６ℓエンジンのまま参加せざるを得ない。こうした不均衡と車輌規定を巡る論争が荒れたままＧＰの開催が近づいていく。

前年、一昨年と続いた三菱も２ℓエンジンになるとは露知らず不参加となった。こうなると遅かれ早かれ世界的にＦ２は２ℓエンジンになるのだろうが、やっとの思いで手に入れたアルファの１・６ℓエンジンがいつまで通用するか分からないのは新たな不安だ。日本には、とくにプライベートチームにはこういった国際規定の情報がなかなか入らないのは困ったことだ。

車輌規定のみならず、時としてレースの諸規定が突然変わるのはマカオＧＰの慣習？　だろうが、マシンを送ってしまった僕らは限られた工具、設備、持参部品、それと少ない人力でマシン整備も何もかも行いスタートラインに並ぶ準備をしなければならないのだ。そんな弱小チームでも今回は、僕のブラバムＢＴ23Ｃアルファと漆原君のロータス41フォードの２台が偉っらそうにパドックに陣取っていると、結構サマになるもので、長年の友人達が何かと覗きにくる。そして「リキも、ようやくマカオのドライバーらしくなってきたなー」と、僕が新しいフォーミュラカーで参加するまでになったことを喜んではくれるのだが…。今までのトモダチに対する表情とは違った〝警戒心〟のような感覚だ。それはレースを離れればいつも通り親友なのだが、僕もいっぱしのライバルに見られるようになったようで悪い気はしない。

公開練習、予選走行が始まり、多くの常連ドライバーやチームは、Ｄ・クェスターとＢＭＷのメーカーチームにどう対処すれば良いのか苦悩ありありだ。前年に２・５ℓタスマンマシンを持ち込み、１周を２分40秒台で走り抜き優勝したＫ・バートレットは今年の日本でのＪＡＦ・ＧＰ２位のＭ・スチュワートが乗ったマシンでクェスターを追うものの、彼の２分34秒には及ばず２分39秒が限界だ。Ａ・プーンもブラバムＢＴ30・コスワース１・６ℓＦＶＡのリアサスペンションが壊れ海岸壁に激突、旧型のブラバムＢＴ21に乗り換える災難だ。災難と言えば、災難ならぬ悲劇か喜劇か、ＢＭＷには敵わないもののブラバム・ＦＶＡで予選３位の好位置を獲得したＪ・マクドナルドはＧＰ決勝前日のオートバイＧＰに出て２位を走りながらクラッシュ、病院のベッドだ。ジョンが「来年は二輪も出るぜー」って言っていたけど、オートバイも大好きな本人の勝手だから仕方がない。

とにもかくにも僕らはスタートラインに着くことだけに没頭だ。とくにレースを始めてまだ一年の漆原君は寝る間もなくコースをレンタカーで走り回り、公開練習で土嚢にぶつかったシャシーの曲がりを直すのに忙しい。公式予選になって、競技役員が僕に「リキ、漆原のマシンは斜めに走っているように見えるが大丈夫か?」と聞きにくる。そう言われれば、直線を走る形が少し右斜めのようにも見える。漆原をピットインさせ、聞けば「大丈夫です、まっすぐ走るようにハンドル押さえていますから…」やはり斜めに走っているんだ、まっいいか。オフィシャルに問題ないことを説明して漆原は12番手のスタート位置を獲得。トップはD・クェスター:BMW・F2 次いでK・バートレット:ミルドレン1850W…と続き、僕は7番手のスタートラインだ。

サイコロ車の勝負なのか!?

1970年(昭和45)、第17回マカオGPは例年より遅い11月末だが気温は22度。モーターレーシングには最適な気候だ。スタートシグナルが点灯して、第1コーナーに飛び込む先陣争いは相変わらず凄まじい。しかし予想通りの順番でD・クェスター(BMW:2ℓ)、K・バートレット(1・8ℓ)、M・ラムゼイ(エルフィン1・6ℓ)のタスマン勢がマウンテンコースに消えていく。その後ろ、4番手は何と僕だ。クェスターとバートレットはかなり先だが、オーストラリア製のフォーミュラカー・エルフィンに乗るラムゼイはすぐ前だから、いずれはパスできるチャンスがあるだろう。富士のコースでは分からなかったが、ブラバムBT23の操縦性はすこぶる良い。とくに路面の悪さを考慮して、かなり柔らかめのスプリングへの調整とハードなショックアブソーバとの組み合わせが上手くいっているのだろう。フォーミュラカーにしては車体の傾きが少し大きいかもしれないが、このコースでは最大横Gがかかるようなコーナーはないし、そのような走りも出来ないから、僕の経験での設定はOKだ。アルファロメオのエンジンも悪くはない。ただ、アルバートも言っていたように、エンジン回転が気持ちよく吹き上がるものの、コスワースに比べると若干非力だ、その分エンジンの軽量で補える…と思っているのだが…。確かにホームストレッチでの最高速度は落ちるが、山側は遜色ない。

とにかく前を行くラムゼイを抜かなければならない、と思って5周目にかかる海岸の直線コース脇でエンジンから白煙を上げる黄色のミルドレンが停まっている。バートレットだっ！　しめたっ！　思いがけないタスマンの贈り物だ。〝よっし、3番手だ、これで前を行くエルフィン600Wのラムゼイを抜いたとしたら、えっ、クェスターの次がオレ？〟。だが前方も同じことを考えているのか簡単には抜かせてくれない。この状態が4周ほど続く間に古いブラバムBT21のA・プーンがミラーに入ってくる、僕はエルフィン600Wのラムゼイを早くパスしたい。何周かする内に彼の走りが鈍りだし、直線ならば抜けそうなくらいにつまりだすが、山側へ入ってしまい、だらだらと追走する間にプーンがすぐ後ろになってしまう。エルフィンがわざと僕を押さえていると勘ぐりたいままヘアピンに達し、ついに立ち上がり加速でプーンが僕の前に出る。13周にかかり始めるホームストレッチでアルバートの前を行くエルフィンの速度が落ち、ピットに入る合図とともに右車線に進路を変える。僕がまた3番手に戻ったが相手はプーンだ。彼のシャシーは古くてもエンジンは現行F2レースの定番コスワースFVA（フォーバルブタイプA）だから簡単には侮れない。プーンもトップを独走するBMWのクェスターが失敗するかマシントラブルを起こさない限り彼の前に出ることは不可能と悟っているだろう。だから僕を抜かせないことに集中するだろうし、僕もマカオに来てようやく、馬力ではＦＶＡエンジンに敵わないアルファの馬力不足を認めざるを得ないから、これ以上の走りも出来ない。そういった状況下の1、2、3位が延々と決勝周回数45周の33周が終わり、34周目のヘアピンにかかった時だ、突然、背中合わせのエンジンから噴き出した白煙が新型フルフェイスヘルメットの首筋から入り込み、透明なシールドが濃霧のように視界を遮った。数分の1秒前に視覚が記憶していたヘアピン左側の避難路にハンドルを向ける。3年前、火焔に包まれ焼死したラウレルと同じようになるかもしれない自分の姿が頭をよぎる中、マシンから飛び降りる。駆けつけたオフィシャルの消火で火災こそ起こさないが、オイルフィルターから外れたパイプが熱いオイルをじゃんじゃん噴き上げる。

幸いにエンジンが焼き付いてはいないし、他はどこも壊れていない安堵が失望と脱力感に変わり、地べたにへたりこむ。その光景を無神経に撮りまくるカメラの無情なシャッター音が無性に腹立たしい。気をとり直してエンジンを見れば、いとも簡単に発見できるトラブルだ。原因はエンジン脇のシャシーパイプに取り付けたオイルの異物を除去するフィルターを固定するビスが折れ、ぶらつくフィルターからオイルパイプが外れてしまったのだ。それも価格にすれば10円にも満たないビス1本だ！…。

広東語でレーシングカーはサイコロの『賽《チョイ》』と『車《チェ》』を併せて賽車《チョイチェ》、自動車レースの核心を衝く絶妙な訳語だ。そう、サイコロを振るように振られるような車に僕は乗っている…のだ、まさに賽車だ。

そのサイコロ車が嫌ならヤメればいいんだ、どこからかそんな声が聞こえる眼前をスペシャルバージヨンのポルシェ911Sが通過し、すぐ後にロータス41の漆原がヘアピンに入ってくる。「リキさん、どうしたんですか?」と言いたげにヘルメットの奥の眼鏡が光る漆原が4番手だ。〝そのまま行けーっ〟と両手でエールを送る僕に手をあげてヘアピンを下って行く。彼が4位についた後は相変わらずBMWが何ら心配のない排気音を立てて、ゴールまでの10周をクェスターの独走が続き、2位のアルバートさえも3周、漆原を7周もラップする速さで優勝。彼のラップタイムは前年のバートレットが立てた新記録を3秒28上回る2分35・75秒、またもや記録は更新された。因みに33周で脱落した僕が10位だから、いかに完走率が悪いかということだ。

この夜の表彰パーティーは優勝のD・クェスターと、A・プーンらの2位以下がまるっきり別のレースであったかのような静けさ、というより冷ややかな雰囲気だ。それを取りなすような着飾った夫人達の振る舞いも、ここかしこのヒソヒソ話になじまない。僕らは日本からの取材記者とレースの敗因や次回への話ばかりだが、その間に漏れ聞こえるのは、このGPの車輌規定や運営をけなし、そしる会話ばかりだ。その多くの憤懣は「こんなレースが続くなら、もう出ない!」。日本のレース界だけでなくマカオも同じような問題を抱えていたのだ。

シンガポールGP

今年も師走が深まる時期の帰国、飛行機内ではメカニックの鴨下が今回のつまらない敗因をグチってばかりいる。ドライバーとメカの考えが違うのは当然だが、僕とすれば、初めてまともなマシンと、ようやく整い出したチームで先行きが見え始めた成果の方が大きい。しかしマカオのエンジン規定が2ℓに限定されるのは頭が痛いが、それより来年から旧JAF・GPが正規に日本GPとなる5月が迫っている。

新たな日本GPも1972年（昭和47）からのF2規定改正に合わせた2000ccが中心になるようだが、新エンジンの供給が足りない状況から、1600ccのGPIクラス、2000ccのGPⅡクラスの混走になった。それでもマカオの経験から同じ1・6ℓでも明らかにアルファの軽量エンジンの利点だけでは負けるコスワースFVAの強さを知ったからには馬力向上の対策が急務だ。

マネージャーの長島がイタリアに問い合わせ、圧縮比を高めるハイコンプレッションのピストンを組み込んでみることにするが、その作業が進む中で勇猛（?）なメンバーが多い105マイルク

第11回マカオグランプリ
1970年11月29日
マカオ・ギアサーキット

F2仕様のブラバムBT28・アルファで参加したマカオGP。なけなしの資金をはたいて購入したエンジンだったがパワー不足に悩まされた。

ラブ会長の塩沢進午さんから意外な連絡が入る、3月初旬だ。話の骨子は4月のシンガポールGPに参加してくれというのだ。5月の日本GPを前にして土台無理な話で。有難い話だが丁重に断るしかない。塩沢さんから再度の連絡で「それでは見崎清志君を一時的にリキさんのチームということでフォーミュラカーに乗せてもらえないだろうか」と言う。往復のマシン輸送は日本GPに支障なくMSA航空便にする、チームの交通、滞在費は現地主催者のギャランティーという条件だ。そこまで塩沢さんに頼み込まれると無下にも断れず、瀧レーシングから借りっぱなしのブラバムF3ロータスフォードで見崎君のシンガポールGP出場がきまる。

東南アジアのマレー半島と現シンガポールの間のジョホール海峡に面した大都市・ジョホールで1940年（昭和15）には自動車レースが開催されていた。当時、戦争勃発が濃厚になってきた情勢に、その地域を植民地化していた英国が戦争への募金協力を目的としたWar Effort Grand Prix（戦争協力GPとでも訳すのか？）まで開催していた歴史がある。太平洋戦争が終結し、英国から独立したマレーシア連邦は1961年（昭和36）6月に早くもジョホールGPを再開させた。日本では鈴鹿ができる前だ。これに続き、9月にはシンガポール地方でマレーシアGPが始まったが、民族や経済問題から1965年（昭和40）にはマレーシア連邦から分離独立したシンガポール共和国が成立する。

それにより1966年（昭和41）からシンガポールGPとマレーシアGPは独立した別個の開催になるのだが、国の勢いをモーターレーシングで張り合っているみたいで、英国は良い文化を植えつけたものだ。それを象徴するように毎回のGPにはジャック・ブラバムやスターリング・モスなどの大御所が激励に訪れる盛況さだ。併催されるオートバイクラスには初期からホンダの鈴木義一、ヤマハから伊藤史朗等が参加し、日本人ライダーも多いレースだ。

シンガポールＧＰのコースは同国北部の一般公道と公園内道路を組み合わせた1周４・８㎞の椰子の木や熱帯樹木に囲まれたトムソンロードサーキットだが、赤道直下の気候は、およそモーターレーシングには不向きだと断言できるクソ暑さだ。朝っぱらから32、３度の気温に、イースターの時期だから水道管が破裂したような突然のスコールも一緒だ。

見崎君に貸与したマシンのエンジン、ロータスフォードはオーバーヒートやブレーキオイルの沸騰、燃料噴射のテカルミットインジェクションのベーパーロック（高温で液体が気泡化する）等々、赤道直下の高温トラブルにメカニック役で参加した堀が奮闘する。見崎君の海外レース初陣の結果は、まあ上出来の入賞だ。レース主催者に、次回は僕も参加することを約束する。「日本でもモーターレーシングが始まったから、シンガポール、マレーシア、ペナン、マカオ、フィリピン、オーストラリア、ニュージーランド、日本、それと近い内に、ジャワも始めるからパシフィックシリーズが出来ればいいのだが」と抱負を述べる。東南アジア、環太平洋規模でスケールを大きくＧＰを開きたい。ＪＡＦとは大きな違いだ。

巨大ビジネスと化すレーシング界で

4月中旬の帰国数日後、送り返してきたＢＴ16にホッとするも、5月の日本ＧＰを前にして大きなトラブル発生だ。イタリアから送ってきた特殊ピストンのサイズが違っている、まさに頭ガーンッ。即座に返品交換の航空便を出すが、上手くいってＧＰギリギリだろう…が、期待はできない。多くの友人が、外国でもあそこの国はいい加減だからねー、の話は本当だった。結局、マカオのオイル漏れで傷ついたエンジンを修復してみるが、四つの気筒の温度差が大きく、原因は良く分からないままで出場。

曇り空の下、富士ＳＷを35周する刷新日本ＧＰは、オーストラリアからの招待ドライバー6人を交えたＧＰⅠクラス10台、ＧＰⅡ・10台の参加で、どうにかフォーミュラカーＧＰの体裁が整った。

レース結果は新開発のコルトＦ２０００の永松邦臣が1時間04分31秒、次いで益子治の三菱勢が圧倒的な速さで1、2フィニッシュ。永松も三菱もフォーミュラカーレースがメインになってから初めての快挙に、ようやくこの種目の見通しも明るくなってきた感じだ。ただ日本ＧＰが新たな方針で進み出したのは歓迎だが、エンジン排気量2ℓの規定はＧＰの半年前にも満たない時期に決定されたこともあり、これが可能なのはメーカーの三菱と規定改正を先取ったように2ℓエンジンの製作に乗り出したオーストラリアのワゴットが手に入るタスマン勢だけだ。日本を追われ闘いの場を欧州に求めたテッチャン（生沢徹）も一時帰国で参加だが、彼でさえコスワース1・6ℓＦＶＡをベースに1・8ℓに排気量アップしたＦＶＣエンジンしかなく、三菱との２００ccの差は大き過ぎるハンディだ。それと富士ＳＷ名物の30度バンクそのものは良いとしても、平面な舗装が整っていない路面は地上高が極端に低いフォーミュラカーには向いていない。タスマンドライバーの一人は後輪が外れる目に会ったほどだ。

一方、前年のＪＡＦ・ＧＰから始まったＦＪ６００クラスはフォーミュラカーの普及に大きな影響を与え、早くからこのジャンルを手がけてきたレーシングクォータリー（ＲＱ）、ハヤシ、アロー、エバ、ベルコなどにワールド、東京技研、ファントム、ファルコンなどの新たなコンストラクターが参入する。そして６００ccよりも安価な軽自動車の３６０ccエンジンや部品が流用できるＦＪ３６０クラスが新設された。

ツキに見放されたか！

それは手軽にレースが楽しめる道をさらに広げるのは結構なことだが、昨年に始めたＦＪ６００を早くも５００ccに変更したように規定が猫の目以上に変わる。一体どうするのだ。せっかく造ったシャシーが僅かな排気量変更で使えなくなるのだ。３６０を限界近くに大きくした５００と３６０であれば軽自動車との共通部品が多く、経済面でも普及し易い。ＦＪの中核としていくならば、何年間は規定変更なしに続ける方針を明確にしてもらいたいものだ。ＪＡＦスポーツ委員会の当てずっぽうな方針に翻弄されるのはごめんだ。ＦＪの規定が定まるまでは危なっかしくてマシンの製作もできず、僕のチームはこのクラスへは参加断念だ。

昨年のＦＪ６００で僕のフライングと田中健二郎のエンジンブローで漁夫の利を占めた堀雄登吉は、僕らの整備ガレージで何かと手伝ってくれる良きスタッフ&ライバルだ。自動車板金業の彼とはそういった間柄なので、見崎のシンガポール出場にはメカニックで同行してもらったのだが、堀も新設ＦＪにはマシン製作が間に合わず不出場だ。

そこで見崎の乗ったブラバムに堀を乗せることで2台参加になるのだが…またもや、とんでもない結果になってしまった。アルファのパワーアップパーツがイタリアから届かないので前年にマカオを走ったエンジンを再整備するしかない。分解で判明したのは、マカオでオイルが噴いてしまったけれどピストンの焼き付きは無いものと思っていたら、ピストンリングが膠着している。やむなく代替品を探し回って組み付けたが、どうにもエンジンの回転が上がらない。エンジン温度の変化も激しく、何とか予選だけは通過するが20台中ぶざまな16番手だ。

徹夜のエンジン分解、チェックが続き、決勝当日朝のフリー走行でも同じ現象だ。7万人と言われる観客がコースを囲み、第1レースが始まるのに、こちらはエンジンばらしの始まりだ。エンジンヘッドを外すとシリンダーガスケットが吹き抜け、何本かのピストンリングも怪しく一本は完全に膠着だ。代替のリングのサイズは合っているのだが、原因は国産リングの材質がピストンやシリンダーの熱膨張に合わない、材質の違いかもしれないという推測でしかない。僕が見たってどうなるものでもない、決勝の14時までの5時間でやれることをメカニックに任せるしかない。もう一台の堀のブラバムロータスも似たような現象で、僕はマカオの、堀はシンガポールの何かが祟ったか、2台とも重傷だ。とくに堀は

日本グランプリ1971年5月3日　富士スピードウェイ／35周

ブラバムBT23にコンレロチューンのアルファロメオ1.6ℓを搭載して臨んだ日本グランプリは予選16位、決勝13位。1.6ℓエンジンまでのクラス1では7位。クラス1優勝は風戸裕（ブラバムBT30・コルト）だった。

日本オールスターレース
1971年11月3日
富士スピードウェイ／20周

エンジンをアルファロメオからロータスに変更して臨んだオールスターレース。予選／決勝とも3位でフィニッシュ（写真左、3番）。とはいえマシンの性能差を見せつけらた。

予選中にバンクで車輪を留めるスタッドが破損し、恐ろしい目に会っている。昨年のタスマンマシンが車輪の脱落を起こしたように、堀以外にもバンクの路面状態によるトラブルは多い。堀のエンジントラブルの原因であるガスケット交換は何とかなったが、イタリア製の正規品ガスケットに交換したアルファは試運転しただけで破損、やはりアテにならない。

仕方なくガスケットの破損はシール材でごまかし、ピストンリングが1本なくてもエンジンは回るから決勝のスタートラインに並ぶ。とにかく度重なるノンスタートだけは避けたいのだ。安友義治競技長が振り下ろすスタートの日の丸が遠くに見える。最後列からのスタートは左横の堀が先に出る。第1コーナーをブービーで入って早くもピットイン、オイルキャッチタンクから白煙が出ているようだ。オイル補給後、再走行に入りどうにか12位辺りまで上がるが25周で再びピットイン。これ以上の走行はエンジンの修理が不能になるとのメカニックの判断に従い27周目にリタイヤし、総合順位は13位で終わった。一方の堀もエンジン温度の上昇に悩まされたようで11周でリタイヤする散々な結果だ。

商いはむずかしい

1969年（昭和44）に始まったJAF・GP（フォーミュラカーGP）のときも、翌70年も決勝に出られず、やっとフォーミュラカーで富士SWのGPにスタートできるようになったけれど、事前に描いた構図は消し飛んだ。愚痴や悔恨でもなく、アルファロメオに期待した思いが涙に変わる自分が情け無くて仕方がない。「やはりコスワースは強いなー、早いとこ2ℓに変えなきゃダメかなー」僕の問いかけに、会社の内情を知るマネージャーもチーフメカも「そうしましょう」と言いたいのを我慢しているのが良く分かる。

スナックの営業は安定でも急激な増収なんてあるわけがない。ＢＰオイルの問屋も悪くない、自動車整備の注文もある、二輪車メーカーから東京モーターショーに展示するカスタムオートバイ製作や自動車用品試作の仕事も頂いている。ＪＡＦのＢ級ライセンス講習会やオートクロス競技会の主催も収入源になっている、日本初の第1回東京モーターサイクルショーの開催に踏み切った将来も期待できそうだ。ビジネスと呼ぶにはおこがましいが、レース活動中心で始めた数種の営業は給料遅配もなく、まあ機能している。それでも現有のブラバムＢＴ23とＢＴ16のシャシー2台、アルファロメオ、ロータスの１・６ℓ、ＦＪ６００のエンジンやラリー車の維持と活動には、最低でも運搬用トラック、乗用車2台、貨客車は必要だ。一番大きな消耗品であるタイヤは幸いにＢＳとの関係で面倒を見てもらえるので有り難いが、エンジン、ブレーキなどのシャシー関係の整備、維持費はすべて営業からの利益や、カネのやりくりで賄わなければならない。これがレースとは無関係の商売で、社長が道楽で車やレースに浪費するのであれば従業員から文句も出ようし、倒産することもあるだろう。だがウチはそうでなく、レースをするために、また、レース活動を看板に、気持ちを同じくするスタッフで収益事業をしているのだから、オイルの売り上げを、水割りウイスキーの儲けをレースに使ったって問題はない。だからといって、希望のエンジンがシャシーが、おいそれと買えるものではない。つくづく、まともな商いとはこうも儲からないものかと改めて実感する。僕がメーカーやスポンサーのお世話になっていた当時は、個人が高価な車輌をレースに持ち出すのを見て、商売をしていれば、ああいうことが出来るんだ、と思ったのは大間違いだ。中には、こつこつと商いの成功の下にプライベート参加している人もいるが極めて希だ。殆どは、元々から裕福な環境におんぶしてのことだ。本当にレースの世界に入りたいのなら、そのような環境でなくても参加できる体制にしたくて今を過ごしているのだが、正直ラクではない。しかし自分が好きでも得意でもない仕事に就いて、それで金儲けが上手くいったとしても、そこにはどんな価値があるのだろう。やはり、自らが選んだ道を進み続けるために、何としても自分の方法で拓いていくエネルギーを僕は燃やしたいのだ。

僕には「新しいエンジンを買ってよー」とすがれる実家も親もない。とくに祖父母が亡くなった旧家に、20年近くも疎遠の父親が何人目かの女房を連れて住み込み始めた間柄に、世間並みの甘えた会話などあるわけがない。まして僕のレース活動に、近所の気を惹かんばかりに「いつ棺桶に入って帰るか分からない」と陰口叩く父親の女が一緒じゃ尚更だ。金銭的にも祖父母が残した資産を担保に、やたらな商いに手を出す出戻りの父親の下、旧家の名ばかり後継者の僕には無縁の資産でしかないのだが、周りからはそう見られないのはすごく辛いものだ。

幸いにレーシングカーの整備ガレージや倉庫などは祖母が存命な内に確保しといたので場所だけは問題ない。子供の時から僕と同じ境遇で育った姉と旦那（義兄）もスナックの店舗を面倒見てくれたり、何かと陰の援助のお陰で、無一文からの出発ということではないから、その辺、恵まれたのは事実だ。そういった事情をスタッフも理解しているから気持ちが一つになるのだろうが、正直言って希望のエンジンぐらいポンと買える環境にいる人は羨ましい。でも僕は今できる手段、範囲で全力を尽くしたいのだ。

とは言うものの、巨大な自動車産業との結びつき、企業事情、利益関係、大きな興行収入、大規模な設備、参加費用などあまりにも多くの構成要素で成り立つモーターレーシングというものは、根性とか意気込みだけでは何とも出来ないものが多すぎる。だからこそ挑戦のしがいがあるのかもしれないが、それにしてもレース規定、とくにエンジンを中心とする車輌規定が目まぐるしく変更するのはまったく困りものだ。こんなレース界の状態が続けば参加者が減るのは当たり前だろう。

多分にモーターレーシングは、メーカー、コンストラクター、用部品サプライヤー、サーキット、実力クラブ、レース主催者など、多くの立場や利権と力関係が絡むのだろうが、自動車そのものと関連産業の進歩があまりにも早く、次々に出る製品、材料、製作技術、アイデア等々もそれに拍車をかけているのも否めない。とくに1964年（昭和39）以前に最高速度120km／h程度の乗用車を造っていたメーカーが4、5年後には200km／hも出る市販車を市場に出すのだから、この10年に満たない変わり様は、レースという自動車業界の先端に居る者でも異常に感じるのだ。

その進化の姿を大衆の面前で披露し、技術力を競うのが基盤にあるレースだが、日本ではCan-Amに刺激され、それを具現出来る富士SWという施設が輪をかけて、排気量5、6ℓの狂気的スピードごっこになり、自ら墓穴を掘ることになったのは偶然ではない。要するにモーターレーシングは自動車産業に深く結びついたものではあるが〝人間の思考、叡智結集のマシンと人間能力が合わさった限界を競い合うもの〟という人間の根底にあるスピードへの原理を、高遠な理想を捉えられないまま描き、進んできてしまったのだ。

その傾向はマカオだって同じだ。毎年のようにレース規定が変わり、エントラントやドライバーの怒りを買い、その陰で密かに笑みを浮かべる者もいるのである。ならば僕らも大金持ちに媚び、あるいは大言壮語でスポンサーを掴むかだが、結果への責任を先に考えてしまう僕には、とても出来ない。でも、もっと強力なエンジンが欲しいものだ…。

もう一度アルファロメオに喝を！

国際フォーミュラ2が来年から2ℓになるのなら当然、新しいエンジンに換えなければならないが、それにしても何の成果も出していないアルファロメオをこのまま捨て去るのは何とも忍びない。それは金銭上の浪費に終わってしまう無念さでもある…が、自分の持てるスピードへのテクニックを〝よしっ、これに懸けてみよう！〟の決断で選んだエンジンだ。そして日本では成果を見ないが前年のマカオでは、僅か10円に満たないビス1本の破損で、残り10周のリタイヤに終わったけれど、2位のA・プーンと激闘まで繰り広げたエンジンではないか。BMW2ℓのクェスターには到底及ばないが、1・6ℓ同士なら、30周近くも観客を沸かすシーンを演じたではないか。まだ、たった1回の見せ場しか作っていないのに、このエンジンを見捨てることは出来ないのだ。こまぎれに撮影した場面をつなぎ合わせ、感動や興奮を作り上げる映画のようにはいかないのだ。

第3回東京レーシングカーショー
1970年3月6~8日　晴海国際貿易センター

第３回東京レーシングカーショーには、リキ・レーシング・デベロップメントも出展。ホンダ空冷1300ccエンジンを搭載したリキ・レーシング1300、ブラバムF2とホンダ1300ラリーカーが展示された。リキ・レーシング1300はベースとなったエバ2BSを大幅に改造したもの。

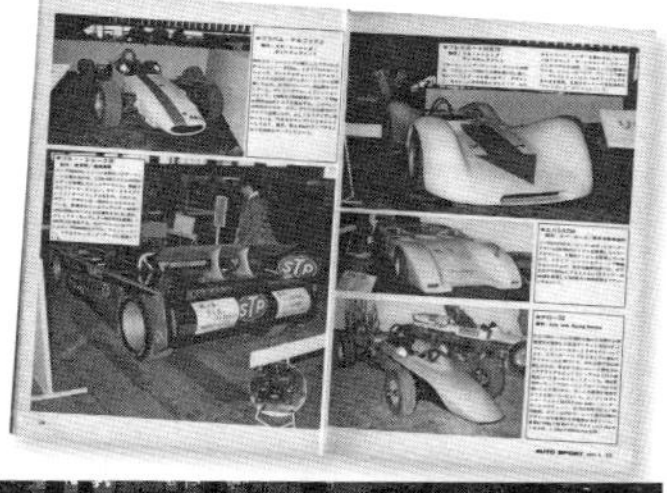

第4回東京レーシングカーショー
1971年3月27日　晴海国際貿易センター

第４回東京レーシングカーショーには、ブラバム・アルファF2と「プレイボーイMk70」を出品。プレイボーイMk70はパブリカ1200のエンジンを搭載したジュニア7、この後「Mk72パブリカ」の名前で富士グランチャンに出場。

ただ、もっと僕がフォーミュラカーに真っ当な知識があれば他のエンジンにも目がいったのだろうが、公務員平均初任給が3万6千円位の今、コスワースFVCの日本価格は250万円ほど…。とても僕には…140万のアルファがやっと買えて、これに夢を、希望を託したのだから。何とかなるものなら、再度、勝利も失敗もコイツと一緒に味わってみたいのだ。いずれは2ℓだけのレースになるのは確実だが、当面はGPⅠ、Ⅱの二本立てが続くだろうから、せめてGPⅠ（1・6ℓクラス）だけでも満足な結果が欲しい。

6月に入って送ってきたコンレロのピストンキットを手にしながら、これがどれほど期待できるのか不安だが、長島マネージャーの「もう1回、試してみましょう」に勇気づけられる。新しいハイコンプレッションピストンの形状や造り、とくにリングなども、今度こそ本物の確証を得るが、シリンダーガスケットはどうも信用できない。そこで何かと器用な友人の町工場に相談すれば「もっといいものが作れる」と言う。こうなればメイドインジャパンが頼りだ、アルファロメオを復活させよう。

だが来年の日本GPとその間の国内レースに出ることは出来るけれど、マカオは前年と同じ2ℓだろうから、総合優勝が狙えない1・6ℓでは、参加を断念せざるを得ないだろう。ただ、何ごとにも臨機応変というかチョロっぽいところもある香港の友人達のことだから、2ℓエンジンの出物でもあれば、レース後の整備料負担で借用する手もある。ダメもと承知で〝何かの策〟があるかもしれず、ハロルドに状況を知らせてもらう手紙を送る。

マカオＧＰの改革

半月もせずに届いた香港のハロルドからの分厚い返信を読み出して仰天した。今年のマカオは２ℓではなく１・６ℓに戻された。という手紙に付された新聞記事、正に好機到来の内容だ。その半信半疑も数日後に届いた主催者からの案内書類で、好機逸すべからずの内容であることを確認する。

今年１９７１年（昭和46）のＧＰクラスに出場の車輌とエンジン排気量は、・ＧＴカー、市販スポーツカー：３０００cc以下・プロトタイプスポーツカー：２０００cc以下・２座席レーシングカー：２０００cc以下・フォーミュラカー：１気筒の吸排気バルブが２個までの１６００cc以下。周回数45周と明確な区分けだ。

今まで、その年ごとに変更されていたのが右記のように細かい規定になったのは初めてだ。主催者が意図する高度のレース内容が有力ディーラーやタスマン勢に利用されたかのように振り回された常連チームやドライバーの猛反発があったに違いない。レース開催要綱の役員名簿には見なれない名前も多く、組織、運営委員などの執行部改革もあったのだろう。さらに、数年後には２０００ccのＦ２初め国際規定に準じた内容にするようだが、まずマカオＧＰ伝統の車種が入り乱れる異種ならぬ異車格闘技はそのままに、可能な限り性能の平準化を追求する〝原点の見直し〟から改革に入った姿勢は高く評価できる。それに対し日本のＪＡＦスポーツ委員会のやることは問題が起これば、その場限りの対症療法でしかない。もっともこれはレース界だけでなく、常に〝原点〟を注視する哲学なんか遠のき、その場その場を取り繕って先を急ぐ日本の社会と政治の姿そのものなのだろう。

その観点で見れば、フォーミュラカーの1・6ℓに対し、2座席レーシングカーの2ℓ、GTカーは3ℓ、まあ良く考えられているが4種ものマシンが混走するマカオの伝統を重んじた選択だ。では、どの車種が有利かとなれば難しい。さらにフォーミュラカーのエンジンを2ℓから1・6ℓにした上に、1気筒のバルブ数を2個に制限とは！ 思い切った平準化だ。これでは無敵のコスワースFVAエンジン（4バルブ）は使えず、困るドライバーチームもあるだろうが、まだ一部の者しか入手出来ない新しいF2規定の2ℓエンジンにするよりは、多くが所有する旧来のエンジン規定に戻すのを歓迎する意見が大勢を占めたようだ。ただ主催者の中には、この規定ではラップタイムも遅くなり、迫力に欠ける内容に観客の満足が得られない、というスピード第一のグループと、性能が伯仲したレース展開こそが本当の競技だとする意見の対立を残したまま、この規定に踏み切ったと聞く。

そうなるとアルファは規定通りだし、他に考えられる適格マシンとなれば、ロータスシャシー＋ロータスフォードエンジンMK12やブラバムBT21、30＋ロータスやエルフィンなどだろう。いずれも数年前のマシンであるし、エンジンも良くて170～190馬力位だから、ウチのアルファでも充分通用するのではないか。あるいは排気量の大きいGTや2ℓのプロトスポーツカーの方が有利かもしれない。いずれにしろ現地に行かないと顔ぶれも分からないし、また、マカオのレースはスタート前に突如、別のマシンに交換するのも出るので、頭から信用してかかれないのだ。

その辺りもマカオの特異なところだろうが、今年もまた臨時チーム員の遠征代理業兼任だ。今はクラブマンレースを楽しんでいるが、やがては政治家となる夢を抱く黒須隆一君は、ブラバムＢＴ16のシャシーを小型2シーターレーシングカー（グループ7）に改造し、ヨシムラチューンのホンダＡ８００Ｅ（８５０cc）のエンジンを搭載している。僕らとは別に、見崎清志君も僕が数年前に世話になった藤井璋美社長のワールドモーター製2シーターレーシングカーＪＲＭ　ＡＣ‐７でＧＰクラスに参加する。

悲劇の幕開け、レースカーはまさにサイコロ車だ。

第18回となる1971年（昭和46）11月の気候はいつになく暑い。火曜日からの車検が始まると、レース規定見直しのためか、とくに人気の高いGTカーのACPトロフィーレースには130台を越す参加だ。街中は毎年と変わらぬ賑わいになり、コースに詰めかけた観客はレースカーの排気音に一年ぶりに帰ってきたGPを実感する。しかし人々の喜々とする和やかな雰囲気は木曜日初日の公式練習が始まった僅か2時間後には沈黙に変わってしまう。それは4年前にラウレルが爆死した暗黒の日と同じ鎮魂の日の再現になった。

香港の実業家、そして地元のモーターレーシング界の重鎮で1964年からマカオGPにホビードライバーとして参加してきたデイビット・マがドライブするロータス47（ロータスヨーロッパ）が、第1コーナー手前の海岸遊歩道に立つ街路灯に激突、即死したのだ。彼の乗った華麗なFRP材質のボディーと軽快な走りで人気のある市販スポーツカーは、無残にもシートベルトで固定したドライバーの身体を三つ四つに切断するおぞましさだ。それも、陸から海へ流れる水路を跨ぐ遊歩道の小さな橋の名前が広東語表示で長命橋という場所の近くだから…何とも残酷な話だ。さらにそこは、1967年の事故現場から500m弱手前で、デイビットの親友でもあったラウレルが爆死へ突っ込んでいったコースラインであることを考えると、オカルティズムでない物理的な問題がありそうだ。

この悲劇的な事故は、予定されていたすべてのタイムスケジュールを狂わせ、レース開催に大きな影を落とした。いくつかのスケジュールが変更になり、土曜日には7クラスものレースを行う事態となって、主催者のみならずエントラント側の著しい混乱は自分が出るクラスさえ間違えるほどだ。

ギアサーキットはルーレット

2・5ℓエンジンのタスマン勢や抜け駆け2ℓF2で単調な疾走劇を演じた前年、前々年より接近したスリリングなレースになるのか。導入した新たな車輌規定がチーム、ドライバーに、どう受け入れられるか心配した主催者も、スタートラインに並ぶ22台のマシンに凄惨な事故の後遺症を晴らす期待を込めているようだ。観客の誰もが1周のタイムが、それまでのV8・2・5ℓや1気筒4バルブの220馬力を越える1・6ℓレーシングエンジンより15秒は遅いだろう、が共通話題だ。良く知っているのである。たった1台や2台が疾風のように走ることよりも、僅差の走りをする多数の上位グループによって、従来と異なる迫力のシーンが展開されるのを観客も期待しているようだ。

そのラインアップの1位は常連のジョン・マクドナルドで、マシンはブラバムBT10、タイムは2分47秒だ。2位はオーストラリアF2チャンピオンで今春のシンガポールGPに優勝し、エルフィンカーズ創立者、チーフコンストラクター&ドライバーのギャリー・クーパー：エルフィン600。3位に、やはり常連のアルバート・プーン：ブラバムBT30……と続き、8番手に何とブラバム改造2シーターにホンダAS800Eの黒須隆一が入り、次が僕：ナル・ブラバムBT23Cアルファロメオ。因みに僕の予選タイムは1位のジョンより5、6秒遅いが、今回は前年のタスマン、クェスターや前々年のバートレット達との15秒も20秒もの開きとは状況も違う。これが富士SWのような、だだっ広く直線の長いコースで5、6秒も違ったら、父ちゃんに買ってもらった強馬力のマシンで、きのう今日に走り始めた連中にも敵わない。だが、マカオというポルトに酔ってカジノで負けて、質屋でカネ借り、懲りないバクチ文化圏のレースは、筋書き通りにはいかない独特の偶然や技比べ、落とし穴、死へのコースライン等々、ドラマの筋書きには困らない展開がいくらでも繰り広げられるのだ。マシンの性能比べや超高速の狂走大会ではなく〝人間の智恵も勇気も体力も、ずるさや汚さも嫌らしさも、何もかも大衆の前にさらけ出されるのがマカオGPだ。それもサーキットのグランドスタンドのような遠くからでなく、声援の声が、激励の振る手がドライバーに届くコース脇の観客の面前でだ〟。

20年前に、3人のスピード好きなマカオ在住ポルトガル人が、この地形を6kmのルーレットに見立てたわけではないだろうが、直線も曲がり角も、見上げ見下ろす高低差も、路面の凹凸も、無防備で清掃もしない道路をレースコースにしてしまった。そこを、何のためでもない、ただ速く走るために、色々な車とスピードに魅せられた変わり者が、見物人を呆れかえらせる特別な場所に変えてしまったのだ。鈴鹿のように、走る場所の必要性から科学的に造られた人工コースとはまったく違い、人の運も力量も変えてしまう魔所がここにはいくらでもあるのだ。

だから僕のベッドの天井に大きく貼ってある鈴鹿、富士、それにマカオのコース図を仰向けに眺め、セックスの後もすぐに目がそこに向く習性で、ああしたらどうかこうしたらどうだろうと、考えても考えても、マカオのコースには納得できる攻略法が見つからないのだ。結局は前年の悔しいリタイヤから、トップタイムは出せなくてもジョンやアルバート達に大きく遅れないタイムで走り続けられるマシンに仕上げることが第一だ。今回そのようなマシンになっていれば、一定に保てるタイムの走りで、ねばりに粘ることが僕には出来る、単純なことだ。だが単純で当たり前のことを実践するのは単純に難しい。

ギヤレシオの選択

例年の如くマカオ総督の謁見が終わり、22台のマシンがスタートへのエンジン始動に入る。いつもの轟音と、エキゾーストからの排気に包まれながら、スタートまでのいやーな、健康に良くない瞬間が訪れる。前年辺りから普及しだしたフルフェイスのヘルメットを被るようになって、ジェット型ヘルメットとゴーグル、マスクの装備より轟音が低下したもののスクリーンを通した視野が狭く、スタートの合図が見にくいのが困る。スタートライン前方の、路上を横切る鉄線からぶらさがるシグナルの位置が高く、地べたに手が届くフォーミュラカーシートからは首を上げっぱなしだ。そしてスタートライン直前の右端で、マカオ総督がポルトガル国旗を振り下ろしてスタートするのだが、総督も一年に一回の儀式では、シグナルライトの青と旗が同調しないのだ。レース規定では電気信号が正規の合図なのだが、過去に総督の旗が降りる前にスタートして、フライング失格になった例があって、いつの間にか、シグナルも青で総督の国旗も振り降りた時が正規のようになってしまった。だから高い所の信号も背の低い総督が掲げた国旗が、両方への目配りは視線の角度が違いすぎ、まったく疲れるのだ。とくに前年のＪＡ

Ｆ・ＧＰでフライング減点を喰らった僕には大問題だ。ただあの時と違って、僅かなせり出しが目立つ一番前のラインではないから多少のことは、などと思っている内にシグナルは青に。いつも通りの第１コーナーへの乱戦が始まる。何台ものエンジンが全開で吐き出す高温の排気熱に暖まった空気とほこりで、前方のマシンがゆらいで見える。前後左右、何台のマシンに挟まれているのか、路上の小石、枯れ枝、紙くず、雑多なゴミが吹き上げられ容赦なくビシッビシッと顔面にあたる「うんっ、フルフェイスヘルメットは正解だ」。

マシン群の陣列が４台横列に変わり、そのまま第１コーナーへ飛び込む距離に誰も退こうとしない。誰かが退かねば共倒れになるのに〝退《ひ》くのはお前だっ！〟、誰もがそう思っているのだろう。だが第１コーナーへ２００ｍを過ぎた辺りで、フォーミュラカーより制動距離が長くなる左側のポルシェ９１１と、そのまた左の黒須の前に出た僕と、右のポルシェ９０６が同時に飛び込む。

カレラ６にインを取られたものの、僕が左からかぶせ気味になったか、近くの視界が悪いカレラ６自身のミスか、曲がり角に踏ん張るガジュマルの巨木にぶつかりそうになりポルシェが一瞬ひるむ。ギヤチェンジの失敗か、慌てたスロットル操作でエンジン回転がばらついたのか、聖フランシスヒルコーナーへの僅かな直線でカレラ６のアウト側から右コーナーに入り、ホスピタルウオールの上り坂入り口で前に出ることができた、成功だ。次は、早くにこのマウンテンコースのどの位置を占めるかが、もの凄く重要なのだ。仮にカレラ６の後ろになると、その前方集団とはさらに距離が開き、ヘアピンに達するまで、にっちもさっちも行かない。第１コーナーを先頭で入れないのなら、病院坂への入り口に早く達し、そのままのギヤで、坂の途中まで引っ張れる2速ギヤのレシオを選んでおいたのは正解だった。

僕の前に邪魔がいないマウンテンを快調に走り、自転車の速度並みになるヘアピンの渋滞でもたつく先頭グループを見れば、トップは自分がデザインしたエルフィン６００を駆るオーストラリアのギャリー・クーパーだ。次いでブラバムＢＴ10のジョン、マレーシアのラジャー（ロータス69）、アルバート（ブラバムＢＴ30）、バッセル（マクラーレンＭ４Ｃ）らのトップ集団から少し離れた僕がその次、６番手だ。後方はカレラ６だが、でっかい図体ではマウンテンで僕に接近するのは難しいだろう。

この右ヘアピンは、正に名前の通りの鋭角で、少しアウト側から大きく入らないと曲がりきれない。ところが時々、前車が左によって、右が空いたのを見て、インに突っ込みたい衝動にかられるが絶対に曲がりきれない。さらに、しめたっ！　とばかりに急ブレーキで飛び込むと、古い路面で滑りやすくなった下りを四輪ロックで制御不能だから１００％石垣に激突する。それが石垣ならまだしも、こちらにぶつかってきたら最悪だ。幸いに、このトップ集団には、そんなバカは居ないから良いが、要はインに入られそうな位に空けて曲がるしかないのだ。

ヘアピン全体が下り坂の一部だから、これを曲がり切ると、落差が30ｍ位あるのか、眼下に直線と四つのコーナーを合わせた３㎞強のホームストレッチへの始まりが広がる。その最初の下り直線を、強烈なジェットコースター同様に駆け下ると、前方の右１１０度のフィッシャーマンズベンド（漁師さんのカーブ）を行くトップ集団の最後尾が見える、マクラーレンのＪ・バッセルだ。彼がコーナーへ入りかけているということは、僕との距離は５００ｍ弱になる。

フィッシャーマンズからRベンド、リサーベイヤベンドへの3つのコーナーと直線は、右の貯水池を囲む道路で左は海岸だ。平らで広い道路は一見すれば人工レースコース並だが、その気になって、大きくハイスピードを保ちながらコーナーに進入すると、路面の小石や海からの砂にタイヤを取られ、大体がスピンして失敗する場所だ。かといって慎重すぎる速度では、コーナー立ち上がりの加速が鈍ってしまう。そしてスピンだけで済めば良いが、スピンから岸壁にぶち当たり、コースに跳ね返って後車が激突する事故も多い。いっそのこと、海へ飛び込んでくれた方が安全なのだが、前後のライバルの位置関係で調整しながら走るしかない。この貯水池べりの個所を抜けると、グランドスタンド前から第1コーナーへのホームストレッチは約1600mだ。そのストレートのちょうど中間辺りに150Rほどの右コーナーがあり、最高速度を落としたくないからスロットル全開で行きたがるが、それはマシンの性能次第であって、仮に240～50㎞に達するのであれば、少しはスロットルを緩めた方が賢明だ。いやっ俺なら平気だ、というのもいるだろうが、今回の公式練習中のデイビッドや67年GPで事故死したラウレルにしても、このコーナーのラインとマシンの扱いを僅かに誤ったのが大惨事の原因だ。それは、ここを抜ける速度が高くなればなるほど、コーナーの手前で、左端いっぱいに寄って、コーナー右外側のガジュマルの大木辺りをインのクリッピングポイントに定めて突っ込むのだが、僅か弓なりの、通称かまぼこ状の路面が均一でなく、曲面が不均衡な箇所に入ると、思わぬ方向にマシンが向かってしまう。最高速度になる1㎞以上の箇所が凹凸と湾曲の路面状態だから、どこかの、ほんの僅かなラインにマシンが入り込んでしまうと、左側の岸壁か、右側の竹垣で仕切っただけの観客席に向かってしまうと推測できるのだが…それがどの場所かは良く分からないのだ。なぜならば生活道路の傷んだ路面はそのつど補修され、毎年同じ状態ではないからである。したがって、ちょうど、川面で水きり遊びの石が跳ねるような直線で、ハンドルに異常な力が加わるようなら、すぐにライン修正をするしかないのだ。オートバイGPで優勝した本橋明泰君なども、この直線やコーナーでは、どんなサスペンションの設定も合わず、結局エンジンを積む位置を前後にずらしたりして調整するしかなかったという。マン島やシンガポールの公道コースを経験している本橋ほどのライダーでも手こずる路面なのである。

プロダクションカーで似たような事故が少ないのは速度の違いもあるが、フォーミュラカーやGTカーは路面状態に敏感で、さらにハンドルの切れがシャープだから、進路不安定になった時、マシンの扱い方一つで思わぬ方向に向かってしまうのだ。これ以上の惨事が起きないようにするには、そしてこのコースをギアサーキットと呼ぶなら、また再来年は20周年になるのだから、もう少しマシな路面整備をしなければ惨事は無くならないだろう。

何が速くて何が強いのか

そういったコース状況から、公式練習、予選では出来る限り最高速度が上がるギヤにしていたが、このヨットクラブベンドのかなり手前で4速から5速に入れて最高速度にもっていきながら危険を承知でコーナーに入っても、肝心の最高速度になるのは、ほんの一瞬の距離でしかない。さりとて4速にギヤダウンでは速度が落ちすぎる。結局、僅かに最高速度を下げても早くにマキシマムに達し、その速度を維持する方が得策だという理論になる。そこで僕のマシンは、他車の最高速度が概ね２５０km／h位のところ、それより若干遅くても、コーナーを早く抜け、早く高い速度に上げ、それを持続させる5速トップギヤの設定に変えて、この決勝に臨んでいるのだ。したがって予選のタイムと決勝では違う筈だ。

これが正解かどうかは1周目では分からないまま、2周目の第1コーナーに入る。混戦無しに自分ひとりだけで好きに入れる第1コーナーがこんなにも気持ち良く感じたのは初めてだ。そのまま聖フランシスヒルの左側にそそり立つ病院の石垣に、排気音を響かせ、一気に急坂を駆け上る。この坂も、約６５０ｍでの高低差が30ｍ位ある急坂で、空ばかりの視界に惑わされる。さらにブレーキングとギヤダウンしながら登り切って直角に左折する路面が凸状だから、ハンドルを左に切ると同時に後輪が浮き、ドスンッと四輪がしっかり地面に着いた途端、右直角のコーナーだ。そこからダラダラとマウンテンが続く。僕がその坂を駆け登り、右側にブレーキングの準備を始める目印のマツヤホテルが見え出す位置で前方にジョン・マクドナルドの姿を見る。いつものように、「あそこで制動に入って、2速にギヤダウンして…」との無意識な動作が始まろうとしている時に、まったく予想もしなかった場面に出くわすと人間の視覚や思考というのは、あらぬ判断をするのかもしれない。「あれっ、ジョン、何してるの？小便でもしてんの？」そんな、まったくありえない妄想は瞬時にジョンのリタイヤ確認となる。ヘルメットを被ったままのジョンが、僕に軽く手首を上げた姿が後方に消え去る。「そうか、ジョンがダメかー、まだ2周目なのに」。気の毒に思うとか、いたわる気持ちなどないけど、いつものような他車の脱落を喜びながら走り去る気持ちが湧かない。それは目の前に迫るブレーキング、コーナリングに集中しているせいもあろうが、今まで以上にこのレースに懸けている僕にも、人ごとでない、いつ自分に降りかかるか分からない災難への恐怖かもしれない。

ジョンのリタイヤは後輪のドライブシャフト破損が原因のようだが、以前にもこの坂を登りきった所で彼のロータス30が凹凸路面の振動に耐え切れず、マシン各部が破損し「コーリンチャップマンはこういうコースがあるのも分かっちゃいない！」と激怒していたのを思い出す。確かに路面が悪い急坂だか

START

③ Alvert Poon (66) Brabham BT30 | ② Gary Cooper (4) Elfin600 | ① John Macdon ald (79) Brabham BT10

⑤ Henly Lee (18) Porche 906 | ④ Sonny Rajah (21) Lotus 69

⑧ 黒須隆一 (5) Brabham Honda | ⑦ H.Adamczk (22) Porcshe 911 | ⑥ Jan Bussel (14) Mclaren M4C

⑩ Harold Lee (1) Honda RH800 | ⑨ 大久保力 (2) Naru Brabham BT23C Alfaromeo

⑬ D.Neal (13) Elva | ⑫ D.Coode (52) Tuppence F1600 | ⑪ Peter Chow (8) Brabham Bt21

⑮ H.Burmester (15) Lotus 23B | ⑭ KN.Suen (19) Lotus 22

⑱ W.Heinecke (128) Elva SMC | ⑰ Tony Maw (6) Elfin 600 | ⑯ J.Pray (16) Datsun 240Z

⑳ J.Bundalian (127) Elfin 600 | ⑲ A.Irons (7) Cooper Ford

㉒ 見崎清志 (24) JRM AC-7 | ㉑ N.White (25) Lotus Elan

ら、フルパワーで駆け登ると、跳ね上がった後輪が空転することもあって駆動シャフトに無理がかかる。ラリーカーではないのだから、これも繊細なフォーミュラカーのウイークポイントなのだろう。

マクドナルドが消え、2周目で早くも僕が5番手に上がり、依然としてトップはエルフィン600のギャリー・クーパーのようだ。そのままの周回が20周目ぐらい続いた頃だ。貯水池を囲む第2コーナーのRベンドを抜けた所で、クーパーが別のフォーミュラカーの横っ腹に突っ込んでいるではないか。どうも周遅れのテュッペンス1600がスピンしたのを避け切れなかったのではないか。ここの道幅は結構広いがアウト側の半分以上は砂や小砂利が多く、実質的には狭い部分しか使えない。仮にクーパーが追突を避けようとアウト側に逃げれば彼も大スピンを起こしただろう。鈴鹿や富士のようにセーフティゾーンが完備していれば、走行ライン上での衝突など滅多にないがここでは珍しくない。クーパーも、こんな所で無理せずとも、直線で簡単に抜けるのに…やはり、このコースでは抜ける時に抜いておかないと、何が起こるか分からない誘惑に惑わされるのだろう。ここのレースはサイコロの目か猫の目か、とにかく目まぐるしく変わる。だからカジノ文化のマカオにふさわしいのかもしれないが、ピットサインを見れば66、21が接近していて、その後が14、2だから、アルバートとラジャーのトップ争いから少し遅れてバッセルと僕のようだ。右図のようなスタートポジションから始まったレースは、何のための予選であったのか分からないほどの混戦になりだした。

混戦、不安、悪魔の期待

ギャリー・クーパーは脱落したが、一昨年から続いたタスマンパワーを削ぎ落とし、さらにマシン性能の平準化に1600cc・4気筒・一気筒2バルブ・自然吸気エンジンの規定に変更しても、オセアニア地域とレースレベルの差は大きい。クーパーのエンジンも同じ1・6ℓだが、東南アジアや日本より格段に多いレース回数やエンジン・パーツサプライヤーの発達、欧州との豊富な交流など、まざまざな違いを見せつけられた思いだ。

ただクーパーが脱落する前のサインボードには「④」「⑪」「㊻」「⑤」辺りの数字が記され、僕とNo.4クーパーとの差は11秒、第2グループのA・プーン（66）とは5秒遅れであることが分かっていた。だが毎回出る秒差に大きな変化はない。ということは、スタートして各マシンの居所が落ち着いてからの周回タイムは大方同じであって、僕と前車とのタイム差はスタートから第1コーナー争い、ヘアピンへの開きがそのまま続いていることになる。そうなると僕を含む4台は2分55秒から3分弱で周回しているわけで、何ごともなければタイム差は同じだ。そうなると、あと何秒かは縮められるが、もっとエンジンを酷使しなければならず、勝負はようやく中盤にかかったところだ。〝今、ここで最大のパワーを発揮して目前のバッセルに迫るか？　それとも早すぎか…？　第一にバッセルは目一杯なのかどうか？分からない…〟。躊躇を続けながら26、7周目になる。ただ、クーパーのリタイヤ後に出るサインボードの「㊻」と「㉑」の数字が毎回入れ替わるのを見ると、A・プーンとラジャーが烈しいトップ争いを

勿論ラジャーも必死だろうが、彼に迫る勢いがなければ目前のバッセルだって抜けやしない、このまま周をどう走るかが問題だ。ラジャーは僕の視界に入らないくらい離れているから追いつくかどうかだ。

〝そーかラジャーがトップかー、ラジャーがねー…〟何か意外な感じだがヘンに安心感が頭をよぎるのだ。自分でも経験のない感覚だ。いずれにしてもバッセルを抜いて、トップに迫るには残り周回数15

トップはラジャー、次いでバッセルに僕だ。

多分、S・ラジャー、ロータス69との激しい1位争いでマシンを痛めピットインしたのだろう。すると、「66」番が消えている。しかしコース上に停まっているプーンのマシン、ブラバムBT30が見えないから、

進展のない3位争いが続き、周回数が3分の2に達したサインボードは「㉑」がトップで、プーンの

ロ頼みはだめか。

れば、そこから二人のヨーイドンになれる。でも、こういう時に限って周遅れがいない、やはりサイコるか、あるいはマウンテンで僕とバッセルの前に周遅れが入って、ヘアピンまで数珠繋ぎになってくれ大きく引き離す余裕はないように見え、互角だ。そうなると、どちらかがミスするかトラブルで脱落すバッセルに迫れば彼も懸命に僕をブロックして自分を守る。彼を容易に抜ける隙なんかない、彼も僕をムラ回りだし、カーッと熱い蒸気が通気性最悪の耐火レーシングスーツ内にこもる。ジリッ、ジリッとてもらえない、しかし前車を抜かなければ1、2位に追いつけない。こうなると俄然身体中の血がムラ

マクラーレンのバッセルは4、50m前にいる、彼を抜けば僕は3番手になるが、そう簡単には抜かせ

しているのが分かる。

でいいや、と思ったら後ろからも抜かれてしまうのだ。とにかく1秒の何分の1の瞬間でコース上の動きがガラリと変わってしまうのがレースだ。

よしっ！　やってやろう。幸いに身体の両サイドに抱えた50ℓずつの燃料タンク残量も減って車重も軽く加速も良くなってきた。相変わらずバッセルの執拗なブロックに、執拗なアタックを仕掛けながらの周回が続く。

ラジャーはどの辺にいるのか、人工サーキットも公道コースも見境なく走るラジャーは、経済学の勉強で英国留学中にレースを始めたというから、どこでもサーキットばりに走るのかもしれない。チェ・ゲバラ風貌の髭もじゃ、全身スタミナの固まりのようなラジャーがトップと知って、ふいに浮かんだのは、まだレース歴の短い彼の元気な走りが、ひょっとすると裏目に出るかもしれないということ。いや、そうなってしまえの期待かもしれない。先にラジャーのトップを意外な感じとヘンな安心感で受け止めたのも、この期待への糸口だったかもしれない。仮に呪いなのか願望なのかが現実になったとしても、それは棚ボタでもオコボレでもない、レーサー同士の〝技の使い方〟の結果だ。

予想も期待も当たった。37周目のヘアピンを下り、貯水池を囲む直線コースの右90度。Rベンドを抜けホームストレッチに入った地点で左前輪を失くし、がっくり前のめりになったロータス69が岸壁に寄りかかっている。黄旗合図の徐行でマシンの周囲に車輪や細いパイプの散乱を見ると、右90度。コーナーの岸壁に車輪が当たったか、マシン左前輪に多大な荷重がかかり足回りが破損したかだ。多分、突然に前輪が吹き飛んで、恐ろしい目に合ったのではないか。以前にマクドナルドも他の右コーナーでF2

ロータスの足回りがバラバラになり、マシンを蹴飛ばして怒っていたが、操縦性を高める精細な軽量化構造と剛性の両立は難しいのかもしれない。以前から、ここのレースでは車輪が外れたり、車体がひん曲がったりのトラブルは当たり前のように起こる。あとで知れば、ラジャーはこの事故の2周前に後輪タイヤをパンクさせ、ゴム屑を撒き散らしながらピットインし、タイヤ交換で復帰した直後というから、かなり焦っていたことが推測できる。やはり僕が想像していたような結果になった。このレースは周回数が重なる度に新たなスタートが始まっているようなものだ。

本来、自動車レースというのは〝マシン&ドライバーの技術力に、企業利益・資金・期待・スピードへの欲望・生命・名声などを賭けたゲームであって、それにすべてを注ぎ込んだ者と、ゲームを楽しむ者、そしてゲームをあきらめた三つの人間が織り成すドラマなのだ〟それが、今このコース上にある。そのドラマの先頭に立ってしまったのが僕とバッセルだ。棚ボタか、それとも兎と亀か、いやどちらでもない、やはり異様なゲームが展開されているのだ。

一騎打ちへのスタート

黄旗の徐行が解除されるや、残り8周のバッセルと僕のトップ争いが始まった。徐行区間のお陰で、僕のフロントが前車のテールを突き飛ばせる距離に接近出来たのはラッキーだが、バッセルの怒りは相当なもののようだ。1960年以来、毎年参加しているバッセルは、三菱やタスマン勢が初めて参加した1968年に、コルトF2BやアルファロメオTZⅡなどの強敵が脱落する中、首尾良くトップに立ち、優勝した強運の持ち主だ。その強運に11回出場の経験が加わっているからレース運びは上手い、老獪なドライバーだ。オフィシャルからも観客も見えない、ドライバー同士でなければ分からない、ルール違反ともいえない、走路妨害でもない、とにかくすれすれの、こっちがイライラするブロックが上手いのだ。直線で一気に追い抜くだけの余力が無い僕を良いことに、かすかに蛇行にも見える走りで僕を牽制する。ここでイラッとして相手の策謀に引っかかったら僕の負けだ。残り周回数を考えれば焦らざるを得ないが、とにかく次の第1コーナーを取ることだ。

周回タイムが同一なら、両者が同時にゴールラインに達することが理論的にはあるけれど極めて稀だ。マシンを操作するのが人間である以上、プログラムされたロボットのようにはいかない。だから、人と機械が一体となった力のバランスが崩れるのだ。そのバランスを崩すには、マシンに能力がありながらドライバーの意思通りの操作ができない隙をつくか、隙を作らせるか、恫喝か、敢えて弱点を見せ安心させるか、増長させるか、わざとつけ上がらせて失敗させるか、僕の気力、根性、体力はすべてそこに集中する。

そういった状況下ではピットからマネージャーの長島もメカの鴨下も、もっとエンジンぶん回せの↑も、そのままを維持の←も出ない。いや、指示できないのだろう、こうなったらドライバーの思惑と行動に委ねるしかないと思っているに違いない。僕を見守るピットの連中は〝どうかマシンがゴールまで、この状態でいてくれー〟と祈るしかないのではないか。何といっても前年の小さな失敗で大きなチャンスを逃す苦い経験をしたのは僕よりメカニック達だ。それを百も承知の彼らが造り上げたマシンだから、絶対に今の調子のまま走り切れるに違いない、そう自分への暗示をかけるしかない。

基本的には、ここのレースのマシントラブルは路面の悪さによる振動が大きな原因だ。とくに最高速度に達する直線の後半はマッサージ器並みの振動を受け、１５０〜60㎞／h程度の速度だと、ガタガタビシビシ、そこらじゅうから振動や車体のきしみ音が出るが、２００、２１０㎞／hと速度が高まるとドライバーが感じる度合いを越えたビーッと聞こえる細かい振動に変わる。海岸壁に激突したり観客席に飛び込む死亡事故が絶えない最大速度の箇所だから路面補修すれば良いものを、と思うのは僕だけでなく、実際に路面工事はしているのだ。ところがこの直線道路は街の繁華街と水中翼船発着所を結ぶ幹線道路だから普段の交通量が多い。多くのタクシーにトラックやバスの重量車による道路の傷みが激しく、補修しても直ぐにガタガタになってしまう、と地元の友人が言う。そんな路面で3年前から周回数が45周になって、かなりスプリント形式になったからスピードも上がってきた。それを承知で、２時間以上も常に大小の衝撃と細かな振動にさらされるコース状態に耐え切れるマシンに仕上げるのだが、何が万全かは分からない、同時にその過酷なドライブを続けられる体力も必要だ。

そこで前年までは、どんな衝撃や振動にも〝ここまでやれば絶対ＯＫだろう〟と、ボルト一つゆるまず、破損しないようガチガチの防御を施してきたが、結果は10円に満たないビス一本の破損で1万ドル近い賞金と副賞がパーだ。そこで過酷な振動や衝撃から逃れられないなら、逆にそれらを受け入れてしまおう、の考えに変わった。僕が小学生の時から稽古に励んだ柔道と空手の柔能剛制、柔よく剛を制すだ。中国古代兵法・三略の一説が源とされる武術の奥義をメカニズム化するのだ。柔をもって剛を、いなす、あしらい、相手の力を殺いでしまえばいい。具体的にはフォーミュラカーのコーナリング性能がいかに高くても、汚れた路面ではいかに優れたタイヤだって充分な力は発揮できないし、そのつもりで走った者は大方失敗する。ならばサーキット並みのコーナリングを望まずに路面からの衝撃をソフトにかわしてしまうスプリング、ダンパーのセッティングにすれば良い。当然にフォーミュラカーには似付かない車体のロールも大きくなって、高速コーナーでの弱点はあるが、タイヤのキャンバー角度で補えば良い。エンジン個所に発生する振動ならば、シャシーに伝わる振動と切り離せば良い。要するに振動を軽減させながら分散させてしまえば良いのだ。ついでに薄っぺらなドライバーシートも座り心地良くしたいのだが、それはガマンするしかない。もっともドライバーは身体全体でマシンの調子や路面状態を把握する計器でもあるから、尻に伝わる振動も信号の一つだ。

そうして何十人もが仕上げてくれたマシンだから心配無用と自分に言い聞かせれば気は軽くなり、確実にバッセルを追い抜ける距離までできた。今や、どのコーナーでも、コース沿道の家々のバルコニーから身を乗り出した観客も、投げかける声援とどよめきがはっきりと見える、聞こえる。

7周、6周と残り周回数が減り、やむなく縦列でなければ入れないヘアピンからの立ち上がりで、二台並列の頭の出しっこが続くが、どうにもストレートで前に出るだけの余力がない。追われるトップの座を死守する辛さは、僕も第2回日本GPで大きな経験をしているから、バッセルの気持ちは良く分かるが、何が彼の弱みで、どこに隙があるのか、どうすればヤツが焦り出してヘマをするか、この2周の間に、どうしても掴めないのである。今や日常の座右の銘である平常心も危うくなり、逆に焦りだすのは自分かもしれない不安や、目の前で回転する車輪が外れたらどうなるのか、タイヤがパンクしたらなどなど、妄想とも思える不安との格闘が始まる。振動への対策は万全の自信でも、普段は何でもないことが気になりだす。視覚、聴覚、嗅覚、触覚、味覚の五感すべてがフル回転で不安への危険因子を探る。レーシングカーに嗅覚や味覚というのは奇異だけど、自分のエンジンから発する熱やオイルの焼ける匂い、焦げるブレーキやタイヤからの匂い、一番参考になるのは前を行くマシンが吐き出す排気の匂いだ。味覚にしても同じだ、自分が呑み込む唾液や、口の渇きの味は精神状態を暗に示す信号だ。

やはりツキがないのか、天罰か

特注のハイコンプレッションピストンや信頼性高い日本製パーツで組上げたアルファロメオのエンジンも８６００ｒｐｍの最大回転数のまま、どこまで持続できるか分からない不安もある。メーカーに居た時なら最大回転の％当り限界時間が試せたけれど、街のプライベートチームにじゃ不可能だ。まして、このエンジンで１レースを走り切れそうな自信になったのは初めてなのだ。だから今、８４００〜８５００ｒｐｍに抑えてきたのを、あと１００ｒｐｍプラスアルファ、目一杯ぶん回してトップに立てたとしても、今度は残り数周をエンジン回転最大で逃げ切れるのだろうか。それとも「この状態を保てば２位じゃないか、２位じゃいけないのかい？　それだって日本人初の銀メダルだぜ…の自制を促す囁きと思い切ってやって見ろよっ、リタイヤしたって、ここまでやったんだから次への可能性があるじゃないか」と煽る気持ち、またしてもファウストとメフィストが僕を取り込もうとしている。

日常の仕事や男女関係なら即断できるのに、こんなレース中に迷いが出るとは自分でも意外だ。端から見れば抜くこと。抜かれないことばかり考えて疾走しているように見えるだろうが、人間の強欲、恐怖、狡猾、卑怯、名声、欲望、あらゆる業《ごう》、性《さが》が噴出しているのだ。

だが一瞬の迷いもゴールが迫るにつれ、ついにチャンスが来たっ！　残り3周になった第1コーナー、思い切ってインに入り込もうとする僕をブロックしようと、さらにインに切り込み過ぎたバッセルがバランスを失い、充分な加速が出来ないまま聖フランシスヒルへの右コーナーに入った。ここでも、左側石畳の歩道へはみ出しながら、辛うじて曲がりきって坂を登り始めた瞬間、バッセルが大きくスピンし、縁石に後輪をぶつけたのか大きな音を発した。多分、第1コーナーをミスった遅れから、つるつる路面の坂道と減りだしたタイヤにも構わずスロットルを踏みすぎたのだろう。僕はこれに巻き込まれないよう、少し間を取ったのを逆手に取られ、ホスピタルヒルを登り切ったマタニティベンドに先入されてしまう。だが、戦意を消失したかのような前車の走りをチャンスと見た僕は、コース幅が広い左コーナーのドナ・マリアベンドでインを刺すが、30度、鋭角の内側からの立ち上がり加速は弱く、そのままヘアピンに入る。「ここから先はオレのものだ」との確信でヘアピンを並列で立ち上がる。

しかし、その確信はものの30秒と続かなかった。いま少しで僕が先にフィッシャーマンズベンドに入れる余裕が出た時だ、いきなりエンジン回転が、ほんの僅か、クッというかクスッというか、何分の1秒でもないヘンな感じが足から背中から伝わった。「えっ、なななんだっ⁇」計器に目をやると、温度計が異常に上がっているではないか。レーシングスーツにこもっていた熱い体温が一気に寒気に変わった。

「おかしいっ…何が起こったんだ？　冷却水漏れなら一気に温度が上がるだろうに…それもない」エンジン音も正常に戻ったし、もう適正温度に戻っている。ラジエーターの水不足か？　はたまた水パイプに錆やゴミが詰まったか？　いや、そんなことは絶対にない。この変調でスロットルをゆるめた隙に、またバッセルに引き離された。

エンジン温度はストレートに入っても同じ状況だ。今までの回転数8400～8500rpmにしても何ら異常はないのに直ぐ温度が上がってしまう。その最高回転数から僅か2、300rpm落とせば温度は安定するのだ。そのような僕に気づいたのか、トップは逃げに逃げまくる、チックショー、再び完全な2位になり、その差は20～30mと広がっていく。残り2周のサインボードを掲げる長島に少しでもエンジンの異常を知らせたい、右手の親指で後方のエンジンを指す。好事魔多しとはこのことだ。諦めたわけではない、勝負を投げ出したわけでもない、エンジン温度が上がれば回転を落とし、普通の温度になれば、また限界温度になるまで回転を上げて走る繰り返しだ。相手は何と強運なヤツだ、トップとの距離はどんどん開いていく。この悔しさ、もどかしさなんて観客には分からないだろう。「オレは一生懸命に走ってんだー‼」大声で叫びたい、シャクにさわる、スポーツでも勝負ごとでも、根性だ、気力が一番だ、なんて言うけれど、根性でエンジンが元に戻る術があるなら教えてもらいたい！　モーターレーシングは根性などの精神力だけでは通用しないし、時としていい加減な根性論は命取りだ。こうなったら、あと1周半をこのままで走りきるしかない、とにかくエンジンを騙し騙し走るしかないのだ。誰が3位か分からないが、幸いに他は全部周遅れだから抜かれる心配はない。それにしても何と1周の長いことか。

結局、マクラーレンM4Cのジャン・バッセルが45周を2時間19分16秒で走りきって優勝。僕が2時間20分8秒で2位、トップに52秒の差をつけられてしまったが、1、2位までが規定周回数を満たし、他は周回遅れの結果は68年以来3年ぶりのことだ。

トラブルの原因に、えっ!!

ゴールラインを通過しウイニングランの1周が、こんなにも悔しいのか、虚しいのか。嬉し涙も悔し涙も出ずに、ただ淡々と観客の拍手と口笛に手を振りながらパドックへ戻る気持ちは複雑だ。レース仲間やファンに囲まれる中をコクピットから立ち上がれば、新聞記者やTV記者の質問責めで身動きが取れない。その間にも長島が鴨下が「どこが悪かったんだろう?」マシンの各部をチェックする様子が気にかかる。入賞マシンの保管が終わり、チームメンバーに残り3周からの説明をしていると、見崎清志やハロルドが息せき切って僕にまくし立てる。「バッセルはルール違反をしているからリキさんが1位だ」と言う。そして抗議を出すから署名してくれ、ということだ。詳細を聞けば、何周目かにバッセルがヘアピンでコースアウトし、動けない所をコース監視員のポルトガル兵士に助けを求め、コースに復帰したという。すると、あちこちから僕も見た私も、の声が上がり彼らも抗議文書を出すことになってしまった。

僕は仮にそういう違反行為があったとしても、それを追求して優勝を得ることに積極的な気持ちになれないが署名に同調する。しかし結局は表彰式になっても組織委員会からは何らの回答も得られず、結果は変わらない。

1位　ジャン・バッセル（Jan Bussel）MacLaren M4C　2時間19分16秒　45周
2位　大久保力（Ricky Ohkubo）Naru Brabham Alfaromeo　2時間20分08秒　45周
3位　見崎清志（Kiyoshi Misaki）JRM-AC7　2時間22分12秒　44周
4位　ハロルド・リー（Harold Lee）Honda RH800　2時間21分08秒　42周
5位　H・アダムチック（H.Adamczyk）Porsche911　2時間21分22秒　41周

「良かった良かった、良くやった」の祝福に包まれる外側で、なんでオーバーヒートなんかしたのか?? 解せないメカニックの鴨下が、エンジンの周りを丹念に調べている。その表情は「オーバーヒートなんかするわけがないっ、ないっ！　絶対にないっ！　自信をもって仕上げたマシンだ」と言いたげだ。前年の失敗の責任を今回も晴らせなかった苦々しい悔しさ、情けなさがありありと彼の顔に出ている。「おーい、カモ、もういいよ、こっちへ来いよっ」マシンの下を横を眺めまわしている鴨下に大声で僕が呼びかける。「ええ…」と生返事のまま、ずんぐりしたブラバムの先端をのぞき込んだ鴨下が「これだっ！これが原因だっ！　チックショー…」あとは涙声で、マッコウクジラが口を開けたようなカウルの奥にあるラジエーターを指さすのだ。しゃがみ込んで覗いた僕も唖然として声が出ない。

僕は運、不運などというのは、人の性格や行動、思考、能力など、その者の生き様に連れ添うものと

第12回マカオグランプリ 1971年11月21日　ギアサーキット

惜しくも2位となった1971年マカオGP。実は優勝者がスピンした際に、オフィシャルの手助けで再スタートをしていた。主催者へ抗議文を提出したが、認められず逆転優勝ならず。レースを報じるのは週刊自動車誌「ザ・モーター」。

正々堂々と戦った末に、マカオGPで2位フィニッシュした大久保。チームスタッフと地元のファンに囲まれ早くも次の目標に燃えた。

の存念で、運命論的な見方なんか否定してきた。たかがスピードの出しっこのレースにしたって、経済的な裏付けが根底にあって、他より優秀なマシンが取得でき、優秀な人材が合理的な勝利への計算で製作整備したマシンの性能を、理論的に扱える者が勝者になると信じてきた。

仮にタイヤがパンクしたって、それは走り方や製品自体が引き起こしたことであって、運ではない。そういった考えで通してきた僕は、自分の失態を世間で言う運・不運で済ますことができないし、嫌いなのだ。

しかし薄暗いパドックで、全力を出し切って腹ばいになっているようなブラバム、そのカウルに奥まるラジエーターに張りついた古びた新聞紙を見て、見えざる力、考えようもないこと、何かのイタズラ、それらを運・不運と言うのか、それしか言いようがないものを見てしまった思いだ。

路上に散らかるゴミの新聞紙がカウルの空気口に飛び込み、スピードの加減でラジエーターを塞いだり剥がれたり、はためいていたのだ…。これじゃあ、オーバーヒートしたり、直ったりするわけだ。ここマカオGPは幸運も不運も、レースはまさに〝賽車《チョイチェ》〟なのだ。

本当の優勝を求めて

サイコロの目が変わるような賽車との激闘に疲れ果て、爆睡から覚めぬ耳にシルバパパの声。「グッドモーニン！　チャンピオン・リッキー！」相変わらず大声だ、目鼻を涙でクシャクシャにした大きな身体で僕への祝福を表す。ベッドテーブルに置いたいくつものトロフィーを指差し「娘に見せてやってくれ」エリーゼの墓参りだ。僕もそうしたいと思っていたところだ。少し肌寒くなったテラスレストランで彼とビカ（ポルトガルのエスプレッソコーヒー）で目を覚ましエリーゼの墓所参りで僕も何か小さな預かり物を返せたような、そうでないような複雑な思いがある。

僕はまだ本当のゴールラインに達してはいない。

ゴミ屑新聞紙のいたずらに翻弄されたミステリアスな結末よりも、数々の失敗を乗り越えた優勝！の方がカッコ良いのだろうが、そう上手くはいかない。ゴールもできず、リタイヤばかりではスポンサーの信頼も失い、結局は挫折、活動の終焉を迎えるしかない。不満足でも、この準優勝が次のスタートラインに立てる結果を残せたのは幸いだ。

レースと安全性、逆風を走る

翌1972年5月にはフォーミュラカーマシンが主役となった2度目の日本GP開催が決まった。その一ヶ月前のイースター時期に行われるシンガポールGP、その後のマレーシアGPからも招待を受け、立て続けのレースが重なった。フォーミュラカーにも慣れ、日本のレース方向も落ち着きだしたような雰囲気となり、これで新たな日本のモーターレーシングの道筋ができそうな期待がもてる。エンジン規定もヨーロッパF2選手権が2ℓへ改定するに伴い、日本もそれに合わせる計画だったが、まだF2の主流は1・6ℓの状態でもあり、前回GPと同じく1・6ℓのGPⅠクラス、2ℓのGPⅡクラス合同での開催となった。このレースで、GPⅡはジョン・サーティーズ（サーティーズTS15）が優勝し、GPⅠは僕がブラバム・アルファロメオで優勝した。1964年に続き僕は日本GPの名称のついたレースでの優勝は久しぶりのことだった。

そして同年11月のマカオGPは引き続き1・6ℓのまま開催されるようだ。ならば、たとえゴミ新聞がエンジン冷却口に飛び込んでオーバーヒートする前に独走できるくらいの強力なパワーが欲しいのは当然だ。それも日本製のエンジンで闘いたい。

しかし日本のレース界の実力は確かにレベルアップしてきたが、モンスターマシンのスピード重視の後遺症か、軽量エンジンの進化に見るべきものはない。ツーリングカークラスでは車輌全体のチューニ

日本グランプリ 1972年5月3日　富士スピードウェイ／50周

J.サーティースも出場した1972年日本グランプリ。最新マシンで迎え撃った日本勢は見事撃沈。ブラバムBT16・アルファロメオでグランプリに臨んだ大久保は、決勝最後尾からスタートして総合8位、クラス1優勝。

ング技術は進んできても、エンジン個体の性能や汎用を考えれば、欧州のレース用エンジンとは雲泥の差がある。第一にエンジン専門のコンストラクターもヨシムラやケン・マツウラなどがいるものの、幅広く育っている状態ではない。とくに車体からエンジンを取り出して使えそうな日本製の１・６ℓを探せば、従来一部のスポーツカーでしか採用していないＤＯＨＣエンジンの特性を一早く量産市販車に取り入れたトヨタ・セリカ、カローラレビンの２Ｔ‐Ｇエンジンしかない。ヤマハ発動機と共同開発の四気筒・ＤＯＨＣ・１・５８８ℓ・８バルブ・ソレックス２連キャブレターはマカオやシンガポールのレース規定に合致するから問題はない。が、果たして、これをフォーミュラカーに使えるのかどうかだ。今まで幾つかの市販車エンジンをレース用シャシーに搭載したことがあるが良い結果はない。それでも僕はできればこのクラスの主流であるコスワースに頼るのでなく、国産のエンジンで優勝を狙いたいのだ。

そこでトヨタ綱島工場特殊開発部の福島俊介さんを訪ね、僕らの構想を検討して頂いた。福島さんの部署はレース車開発の要だが、初めて尽くしのトヨタ製フォーミュラカーを造るようなもの。試行錯誤が続き、エンジンの搭載は何とかなるものの、問題はエンジンとミッションギヤ（ヒューランドＦＴ２００）の接合と１１５馬力／６４００ｒｐｍの基本出力をどのくらいに高められるかだ。何ぶんにも初めての試みだからトヨタの格別なサポートなしには完成しない。

そういった基本的な構造課題から取組んだ結果、ブラバム・トヨタ２ＴＧの完成に四ヶ月を費やし、１９７２年マカオＧＰへの船積みとなった。とくにフォーミュラカーではエンジンのエキゾーストの長さと形状が難しく、富士ＳＷでのテストランでは問題がなかったのにマカオではエンジン回転のバラツキが多く、本調子ではない。第19回マカオＧＰでは結局5位に甘んじなければならなかった。この年、津々見友彦君が初めてロータス41Ｃフォードで参戦し9位に入っているが、ツーリングカークラスではセリカＧＴで見崎清志君が念願の優勝、舘信秀君が2位を獲得した。彼らのセリカＧＴのエンジンも2

1972年シンガポールグランプリ

マカオGPでの実績が評価され、東南アジアでのグランプリレースに招待されるようになった。シンガポールにはサーキットがないので公道を使ったレースとなる。

Ｔ－Ｇだから基本的性能は高いのだろう。

車輌安全規定の強化

翌年、長年の使用で疲労も大きく補修箇所の増えたブラバムシャシーからロータス69に代えることにした。このシャシーは生沢徹君が欧州のＦ２レースで使用したのを漆原徳光君が購入し、彼が富士グランチャンピオンレース『グラチャン』に専念したいということで手放したものだ。

使い慣れたブラバムからロータス69に変えたのは新たな車輌の安全規定が強化されたこともある。年ごとに広まるモーターレーシング最大の課題は、クラッシュしたマシンから漏れた燃料に引火、爆発によるドライバーの火傷、死亡事故をいかに減らすかだ。車体の軽量化技術・タイヤ性能の向上・路面の整備・ハイスピードのコースデザインなどなど、スピードを高めるための技術、思考はドライバーの生命安全に関わりなく向上する。もともとスピードレースというものは危険が前提だという観念が一般的に定着しているから、安全なんか二の次の世界だ。危険を包有する競技や行為から危険を排除したり軽減し過ぎれば、競技そのものを否定することにもなる。健康への過度な指向で減塩食ばかりでは食欲不振になるのと同じだ。

だが、ますます盛んになってきた自動車レースの事故による火災が原因の死亡事故は、社会的な批判と顰蹙《ひんしゅく》の対象になり始めた。火災事故原因の燃料への引火は燃料パイプの破損や脱落によるのもあるが、殆どは破損したタンクの燃料がエンジンの排気熱や金属がすれあう火花に引火するもので、ものの数秒も経たぬ間に火の海になってしまう。僕はラウレルの事故で、その怖ろしさを目の当たりにした初めての日本人ドライバーだから、燃料タンクを両足の上に搭載する、あるいは身体の両脇に抱えるように取り付ける構造を見るたびに、ぶつかったら終わりだと分かっていながらスピードに挑む性との葛藤に悩むのだ。

要するに少々の衝撃では破損しないタンク構造なら良いのだが、フォーミュラにしろレーシングスポーツカーでも、鋼管パイプを組合わせた車体にアルミニュウム金属のタンクを取り付ける構造、それもエンジンを後輪の前部に置くミッドシップが主流だから、自ずとタンクの設置場所も前方になり、安全性の確保は難しい。その制約された構造で安全向上を図る工夫に、軽量で加工し易いアルミタンクを樹脂や新製品のゴム糊などで塗り固めたり、タンク内に粗目スポンジ状の緩衝材を詰めてタンクが破損しても燃料がガバッと流れ出ないようにしたりするのだが、充分な効果は期待できない。さらに燃料タンクをゴムやナイロンとゴムを組み合わせたような柔らかい素材で作り、それをアルミやプラスチックで覆う構造も出始める。

しかしいずれの構造でも鋼管パイプ製の車体のどこかに格納するのだから、タンクに直接響く衝撃は変わらない。要するにパイプフレームでは燃料タンクに工夫を凝らしても、格納の安全性は高まらないことからモノコック構造の車体が主流になり始めた。即ちアルミでも鋼板でも薄い板で箱状の車体にする応力外皮構造＝モノコック構造ならばクニャクニャなタンクを覆うことができることからの発想だ。

こういった構造上の変化は、パイプフレームを得意としブラバムシャシーの生産中止だけでなくレース活動からの撤退にもなっていく。１９７２年の日本ＧＰに来日したジャック・ブラバム氏は、講演で「燃料タンク始め車体の安全規定が次々と変わり、これらの条件をパイプフレームで満たすことは困難になってしまった」と語るほど大きな曲がり角にきたのだ。

僕らもパイプシャシーの構造を活かしながら、タンク構造の工夫や材質の検討を試みたが、タンク全体を覆うことは困難なことが分かり、やむなく疲労したブラバムの活かしようがなくなってしまったのだ。

燃料タンクの安全構造だけでなく、消火器の搭載、それもクラッシュの際に自動的に消火装置が働くことや、電気回路の切断構造など、次々と安全規定が増えてくる。すでに１９７０年のＪＡＦ・ＧＰで、大津維光救急安全委員長は全ドライバーへ以下の要望事項を示している。

＊発生した事故に対し、現在の通信網、施設では10秒以内に消火車、救急車の到着はまったく不可能であること＊後続車による第二次事故、火災発生を考慮しドライバーは独力で車輌から脱出すること＊最高の耐火性能を有するレーシングスーツを着用していても火炎に包まれたら17秒しか耐えられないこと＊スーツに火がついた場合、化学繊維の下着は重大な火傷を引き起こすので、靴下も含め木綿や純毛品を着用のこと＊車輌よりの脱出は必ず電源及び燃料供給スイッチを切ること、火災が発生しない場合も同じ・シートベルト、ヘルメットの正しい装着＊救急作業にヘリコプターを使用の場合、風圧による運転障害があること。

このように、事故への対応がますます大きくなってきた。

日本グランプリ　1973年5月3日　富士スピードウェイ／50周

ロータス69で臨んだ日本グランプリ。エンジンはセリカなどツーリングカーレースで実績のあるトヨタ2T-G。しかしフォーミュラ用のエンジンとしては開発途中のため重過ぎた。後にF3用として世界中で使われるようになるのは４～５年先の話だった。

レースの安全対策への変化はマシンの新しい構造が要求され、新たな視点で開発するマーチ、ラルト、シェブロン、ウイリアムズなどのコンストラクターが登場し始める。そういった新型車が入手できれば問題ないのだろうが、なにぶんにも先立つものが必要だから、中古シャシーで我慢するしかないが、代わって入手したロータスは安全性を先取っていたのだろう。それはドライバースペースをモノコックとし、両側に保護カバーした柔軟素材のタンクを取り付けるなど、安全規定を満たす構造だ。

そのロータス69にトヨタ2TGのマシンで1973年5月の日本GPの結果は9位に終わった。やはりアルファのエンジンより20kg強重いトヨタ2TGとロータスのバランスが掴みきれない。車体前後荷重の比率で微妙に走行性能が変わるロータスは気難しいシャシーだ。

この年からマカオGPは40周に短縮され、よりスプリントな内容になったので燃料も少なくて済む。全体的に軽量になった上に屈曲の多い場面では俊敏な走りをするロータスだが、この軽快なフットワークを過信しすぎた僕がいけなかった。前を行く3車に肉迫する4位でヘアピンの内側をギリギリに入った時だ。大したショックも感じなかったが、右後輪が石垣にぶつかったようで、いきなり後輪がない。車輪を支えるアップライトが破損してのリタイヤだ。アップライトもそうだが、ロータスは各所にマグネシュウム合金を使い軽量化していて、この素材は僅かなショックにも弱く簡単に割れてしまう。過去にも足回りを破損した例が多いロータスに、J・マクドナルドが〝コーリンチャップマンはマカオの過酷なコースを知らなすぎる〟と嘆いたことを思い出すが、まさにその通りだ。ただ、このレースで、やはり2TGを積むブラバムBT30トヨタの見崎が5位に入っているのでエンジンの潜在的ポテンシャルは高いようだ。同レースでは初参加の遠藤栄行君（サーティーズTS15ロータス）が6位で終わっている。

クルマは悪者

自分のミスでリタイヤに終わった1973年のマカオから帰国すると日本社会には暗い影が覆っていた、ガソリンがなくなるというオイルショック。まさにショックだ…。

敗戦から驚愕的な復興をとげた日本も蔭りだした。日本に入ってくる原油が極端に少なくなり、あらゆる生産物の原価上昇から狂乱物価と名付けられた消費者物価は23％も跳ね上がり、これを千載一遇のチャンスと全社一丸となって価格つり上げに狂奔した石油会社がバッシングされ、トイレットペーパーや麦粉に至る買い占め騒動や店頭から消える商品が続出した。石油が不足するとトイレペーパーがなくなるというのは意味が分からないが、通産大臣から後に首相になった御仁がTV番組で紙の節約を呼びかけたのがきっかけという。僕のチームでも、経営するスナックで麦粉がなくてはピザも作れない、その内に醤油や砂糖、石鹸などあらゆる日用品が品薄になった。それまで手もみして客の争奪に躍起となっていたガソリンスタンドのアンちゃんまでが「一円もまけねー、何リッター以上は売らねー」の売り惜しみや、この時とばかりに、もったいぶった悪徳商人がはびこる。終戦直後の食料買出しに、農家が法外な値段をふっかけたり、高価な着物と僅かな野菜の物々交換を強要したように、日本人は誠実で謙虚だなんていうけれど、とんでもない醜態だ。要するに平常でない社会情勢になると、すぐ、うろたえる国民性が買占めに踊らされ、作為的な非常事態を作り出すのだ。何かの弱みに便乗し、有利な立場をひけらかす薄汚い根性の輩がばっこするのだ。当然のように公共事業や企業の設備投資など産業への抑制政策がとられ、エネルギー節約が錦の御旗よろしく叫ばれる世相となった。

こういった風潮は真っ先に自動車に向けられ、ガソリン購入は数量限定、スポーツカーや大型乗用車などに乗っていれば冷たい視線に囲まれ、街中に駐車していれば蹴飛ばされるのが当たり前、マイカーは正に非国民扱いだ。米軍が焼夷弾で破壊したガレキの山を一つひとつ片づけるように人々が復興に燃え、近代スタイルの住宅に住み、電化製品に囲まれ、世間並み以上の生活に達した実感のシンボリックな存在になったマイカーも一転して社会悪の象徴だ。

慌てた政府は三木副総理がアラブ諸国を歴訪し、原油確保の挨拶回りに奔走する。国内では石油関連の緊急処置法律が制定され、夜の繁華街からはネオンが消え、ナイター野球をデイゲームに、ビルのエスカレーターは停止、TV深夜放送の休止、ガソリンスタンドの日曜休業などなど、様々な石油消費抑制策が取られる。

一方において、社会問題化した交通事故死者数が1975年からは1万人を割り始めた。全国の大都市に波及した光化学スモッグ注意報も徐々に減少し始めた。石油不足による車の使用制限で改善に向かうとは何とも皮肉で寂しい話だ。それはそれで結構なことなのだが「それ見たことか、クルマが悪いんだよっ！」と、鬼の首を取ったような批判勢力に反論できない立場は本当に苦しい。

レース存続の危機

こうなると「クルマなんかなくなっちゃうんじゃーない？」の問いに、僕は「移動する喜び、便利を知った人類は、石油がなくなったって、他の燃料や動力を考え出すさ」と反論する。しかしレースという自動車の最先端でその進化に僅かでも関わってきた自負が否定されるのはまったくやりきれない。

だが、フォーミュラカーでのGPや富士SWが主催することになった2ℓレーシングカーの富士グランチャンピオンレースなど、それまでの大排気量車による狂走から、ようやく本来の道筋が見え始めてきたように思ったのだが、その矢先のことだ。富士グラチャンで1973年に中野雅晴、1974年には風戸裕、鈴木誠一の度重なる事故死でレース存続に暗雲がたれこめ、数々のレースイベントが中止になってしまった。

石油を取り巻く環境の変化や節約の風潮が続く社会環境で、これからのレース活動をどうするか迷うチームやレースから撤退するグループも増える。僕のチームでも同じで、これといった答えも出ない。ただ、フォーミュラカーレースを続けるならばブラバムやロータスに代わる国産のシャシーとエンジンを使いたいと考えていた。時を同じくして、いつかは国産シャシーで欧州のF2に挑戦したいというMコンストラクターと意気投合し、まずM製作のFJシャシーから試してみようということになった。FJというのは、フォーミュラカー活性化策として日本独自のナショナルフォーミュラ・FJ1300がこの年（1973）から導入された新しいカテゴリーだ。

しかし国産シャシーの進歩は僕が期待するようなレベルには達していなかった。Mシャシーに無限チューンのシビック1300ccエンジンとヒューランド・ギヤボックスのレイアウトは正解なのだが、シャシーが不完全すぎた。レーシングカーは一つひとつ造り上げていくものだが、シャシーは土台となる最低限の構造があってこそ商品なのだ。それは空気抵抗や車重や、安定性がどうのという以前に、エンジンが搭載出来て、ハンドルを切れば曲がり、ブレーキペダルを踏めば制動する基本的な構造が確保されているのが市販シャシーの条件だ。そうあるべき注文したシャシーの完成も遅れ、オイルショックで中止となった1974年日本GPに代わるJAF・GP（F2000，FJ1300，FL500，TS）公式練習日の朝になって、ようやくすべてのパーツ搭載が完了する有様だ。

無限エンジンの調子良さに、それまでの苛立ちも消えかかったテスト走行だったのだが…僕はとんでもない場違いなテストをさせられてしまった。それは公式練習走行の何周目かのことだ。鈴鹿サーキットのメインストレートを全速で通過し、第1コーナー150m地点でブレーキングとギヤダウンに入った。その瞬間、ブレーキペダルを踏んだ足がスルッと何の抵抗もなく奥まで伸び速度が落ちない。とっさにハンドルを右に切ればガキッの音とともに動かない。あっと思った瞬間、そのまま真っ直ぐ、ガードレール前に並んだミカン色のバリアに激突した。恐怖を感じるもなく、自動的に作動した消火器の粉末がコクピットに充満し、それが首回りからフルフェイスヘルメットに入り込み、目から鼻に真っ白な粉が飛び込んで苦しい。6点ベルトの解除レバーを引き車外に飛び出す、幸いに発火はしなかった。

救護室の検査では打撲と鞭打ち症で済んだが、ホッとしたのは僕だけではなかった。まったく違う視

富士グランチャンシリーズ第2戦　富士グラン300マイル
1973年5月3日　富士スピードウェイ／50周

TOSCO（後年のTRD）協力でチューニングしたエンジンを搭載した「MK72パブリカ」で臨んだ富士GC。マシンは軽量だったがライバルは1.8〜2ℓレーシングエンジンを搭載、1.3ℓの小排気量のためパワー不足に悩まされた。

鈴鹿グレート20ドライバーズレース
1973年8月12日　鈴鹿サーキット／25周

国内フォーミュラ／富士グランチャンも最新マシン、最新エンジンを使わなければ入賞のみならず、予選通過すらも厳しくなってきた頃。F2格式のF2000と、1300ccTSエンジンを搭載したFJ1300のレースが組まれるようになった。さらに隆盛するかに見えた国内レースだったが、日本から遠い中東で発生した石油危機が引き金となり、世界的な不況、レース活動の縮小につながった。

点で安堵したのは、学校の同級生で鈴鹿サーキット副支配人の江端良昭君や高桑元君らの面々だ。僕の身体を気遣いながらもバリアの効果が予想以上に有効なことが分かったのだ。スピードの向上とともにサーキット側の安全対策も次々と改善され、コースアウトの衝突に麦わらや古タイヤで防御していたものから、スポンジの切れ端を四角い大きな袋に詰めた新しいバリアに代えた最初のレースで、僕の激突で予想以上の効果を目の当たりにした。僕が最初の実験者だ。FJ1300といっても、直線では200km／hは出ているから、ノーブレーキでもセーフティゾーンの草地で速度は落ちるが、それでも140、50km／hのままバリアに突っ込んだ、どうも僕はテストドライバーに向いている。

この事故で僕は出走を取りやめ、後日、Mコンストラクターにマシンの買い戻しと責任賠償を求めた。だがMは「レーシングカーは造り上げていくものだから、こういった故障もありうる」と主張。対して、僕は「最低限度の車体の基本構造が整っているのがコンストラクターの責務であり製品だ」と考える。両者の言い分は真っ向から対立する。日本でレースが始まって10年、何かトラブルが起こると「レースは危険なものだから、危険を承知の上でやっているのだから、マシンは壊れるもの」で済ませてしまう風潮に、僕はかねがね疑問だったから司法の裁定に委ねた。その結果はMの敗訴に終わったが、僕の意見が正しいとか、勝ったという気持ちではない。何かにつけ「レースは特殊なものだから」と、危険という観念を都合良く利用した、一般社会常識とは違う特別な分野だ、という意識にこり固まった人種への問いかけでもある。

自動車レースが物珍しかった最初の頃を経て、二輪四輪レースへの参加が増えるのは嬉しいが、一般社会に受け入れられるまでにならないのはこういった独りよがりが一因のように思えるのだ。危険を伴う競技は標準以上の社会常識と安全意識を前提に成り立つべきだが、その意識がまだまだ軽いのではないか。走る者もマシンを造り整備する者も、こういったレベルでは先が寂しい。

混迷するマカオGP、異種格闘技の終焉

この頃、マカオもオイルショックの波を被り参加者は激減、メインのGPも11台では絵にならず、急遽プロダクションカークラスから4人のドライバーを参加させる有様だ。

またフォーミュラカーも、ヨーロッパF2選手権のエンジン規定が1972年から量産市販の2ℓ以下・NA6気筒以下だったのが、1976年からは少量生産のレーシングモデルも可能になるなど複雑で、マカオもこの規定でいこうと言う自動車輸入元側の賛成論も説得力に欠ける。要するに車輛規定が時々の状況や偏った商業主義に影響されながら続いたことが原因だから、1971年に原点見直しの修正に向かったものの、またもや混乱が始まった。

結局レース組織を1975年から3年間、FIAの管轄化に置き、コースの安全設備や施設を国際基準に改善し、GPクラスは1971年に英国で発足したフォーミュラ・アトランティックに倣うことに決定。そのFアトランティックは1・6ℓの量産車ベースエンジン・5速ギヤボックスで、F2より安価なコスト、F3より高い性能を目指したもので、米国のフォーミュラB、オーストラリアのFパシフィックに近似したマシンだ。燃料タンクも15ガロン（約68ℓ）に制限されることから、1974年から

は45周を40周へと、給油なしで走れる距離とした。

これでフォーミュラカー、レーシングスポーツカー、GTカーが混走の20年続いた勇猛果敢なマカオ独特のGPは1976年をもって終了し、翌年からFIA公認レースとなり、日本も加わるフォーミュラパシフィックシリーズのGPに変わっていくのである。

数年前から二輪四輪の競技が〝モータースポーツ〟と呼ばれ始めたようにレース形式の近代化は必要だ。マカオGPが何かにつけ東洋の草レースと言われた背景には、フォーミュラ、レーシングスポーツ、排気量無制限のGTがごちゃまぜに走る、およそ自動車が発明された当時の思想が現存するような光景への揶揄だろう。まさしく自動車の異種格闘技だ。確かに正常ではないが、その車種ごとの長所、短所が同一のコースで争われるのは面白い。例えば、速く俊敏なフォーミュラは石垣や他車と僅かな接触でも壊れてしまう。山側コースが苦手な車体の重いGTも長い直線は狂気のスピードですっ飛ばせる。同時に突入したコーナーを制すのは、押しなべてボディーが頑丈なクローズドカーだ。そういった各車持ち前の武器でドライバーは、勝つための作戦、推測、脅し、誤魔化し、冒険、深慮をコース上に展開できる豪快さや闘争心は独特なものがある。僕はこの特殊性が好きだが、勝てる車種（武器）を選択するに際し、車輌規定を都合よく解釈しているとしか思えないVIPや自動車ディーラーの影響力が露骨なのに閉口する。それほどボス達の勢力争いがマカオGPに及んでいるということだ。だが彼らの影響力も次第に1・6ℓフォーミュラ中心となり、自己に都合の良いマシンの選択も困難になってきた。そこで大富豪のテディー・イップ氏はタスマンの名手D・クェスターをマーチフォードに乗せ、自ら立ち上げたセオドール・レーシング・チームのドライバーにベン・シュパンを起用。チームハーパーはＦ１ドライバーのデヴィッド・パーレイやマックス・スチュアートなどの一流ドライバーと契約し、マシン選択の代わりがドライバーだ。彼らドライバーがスポンサーの意図する商業効果や権威拡大の役目を担うようになるのである。さらに木曜日の公式練習でタイヤがコース路面に合わないとなればゴム質の違うタイヤを緊急電話で要請し、土曜の朝にはロンドンから到着するＦ１並の整備力を発揮する。実力者の企業力やレース界に強いルートを張るチームオーナー、スポンサーの覇権争いが、従来の形を変えて顕著になっていくのである。

一方、アマチュアとファクトリーで増大するプロダクションクラスも整理の時期に入っていた。１９７０年にはシンガポールから参戦する常連の女性ドライバー、アニー・ウオンのミニクーパーが、メーカーＢＭＷのＤ・クェスターに後塵を浴びせ、唯一の女性チャンピオンになったものの、やはり上位はメーカー勢が占めるようになった。メーカー参加の増大に対しアマチュア、ホビードライバーのために従来の規定ではない新たなＡＣＰ杯クラスが設けられた。メーカーや特別の改造をしたプロダクションカーには、１９７２年からギア２００が始まった。さらに海外からの参加者と常連ドライバーの内、過去の入賞者や長い経験者をグレイテッドドライバーと位置づけ、ＧＰとギア２００以外のクラスには参加できない制度も作り、ホビードライバーが活躍できる範囲を広げたのである。このギア２００では舘信秀君が１９７４年に続く連続優勝を果たし、見崎清志君らのトヨタ勢、長谷見昌弘君らのニッサン勢、ＢＭＷ、ポルシェなどのメーカー、ディーラーサポートなどのチームが続々とギア２００レースに参戦し、数年間沈滞気味のマカオＧＰを活性化させ、やがて世界ツーリングカー選手権への地歩を固めていくのである。

レーサーの葛藤、パイオニアの決意

マカオＧＰクラスは数年後には新Ｆ３への統一を前提にフォーミュラパシフィック規定に整理されるのだが、その間にレース組織者は日本で１９７３年から導入されたＦＪ１３００にかなりの興味をもったようだ。事務局のＰ・テイラー氏からの、新ＦＪの規則書やイベントへの評価、概要などの問い合わせに応える内に、いつの間にか僕がＦＪ１３００をマカオに持ち込まざるを得ない状況になってしまった。しかし僕のＦＪは紛争中で手元にない。その事情を知るヨシムラホンダ支店の斉藤隆夫君の世話で、この年（１９７５年）のマカオは彼が手がけた無限ホンダ１３００ccエンジンを搭載したマーチ７４３で参戦することになった。これには、主催者から僕が日本の新しいＦＪで出場するならスポンサーをつけるとの好条件もあったからだ。だが、レースである以上、フォーミュラ・パシフィック規定の１・６ℓに対して、勝敗への躊躇もある。唯一の利点を探せば、馬力当たり重量が１・６ℓより格段に軽量なことだ。前年のＪＡＦ・ＧＰ公開練習で鈴鹿の第1コーナーに激突したものの、エンジンの性能は分かっているし、さらにマーチという近代型シャシーとを組み合わせたバランスの高さに期待してみようと思っての出場だ。

そのエンジンを製作する㈱無限は１９７３年に設立のエンジンコンストラクターで、創立者の本田博俊君とはオートバイ時代から親友でもあるし、ＲＳＣにいた木村昌夫チーフエンジニアも加わっている。

今までにS8や空冷1300エンジンでも面倒を見てもらったので彼らのエンジンなら無条件の信頼だ。このMF318と名づけたエンジンはホンダが本格的乗用車市場への参入に開発したシビック（1972年7月）のSOHC・直列4気筒1・2ℓ・60馬力／5500rpmエンジンをベースに、出力を130馬力強にチューンした無限初の市販レーシングエンジンで、デビューするや高性能とトラブルの少なさには定評がある。

斉藤君が完全に整備したマシンだけあって、たいした整備も必要なく1975年のマカオGP公式練習が始まる。案の定、A・プーンやJ・マクドナルドなどが興味深げに覗きにくる。彼らを筆頭に、前年の優勝者ベン・シュパン、タスマンの雄ケビン・バートレット、マックス・スチュアートなど17台のエントリーだ。マシンはラルト、ブラバムBT30，40、シェブロン、マーチ、エルフィン、モダス・アトランティックなど、最新のF2・3シャシーに1・6ℓエンジンのフォーミュラカーとポルシェ906、911などのレーシングスポーツカーが参戦する。これらのマシンに囲まれたマーチ1300は、コンパクトなSOHC1・3ℓエンジン。いかにも強そうなDOHCの1・6ℓに対して、とてもひ弱に見え、やけに小さな車体に感じる。それでも滅法速い。とくに山側の急坂を駆け上り、2km弱続くヘアピンまでのワインディングは水スマシのようにスイスイ曲がり、挙動が瞬時に変わる連続コーナーは今までのマシンで最高だ、やはり新進気鋭のシャシーは違う。

その優れたコーナリング性能と中低速トルクの強い無限エンジンは、1・6ℓのライバル車に難なく追従でき、さらに前車のテールにつまずくほどだから山側の区間タイム測定があれば僕が一番速いかもしれない。しかし全距離の30％強の区間がいくら速くても、ヘアピンの立ち上がりから4つしかないコーナーと、ストレートの70％部分の絶対速度は明らかに違いすぎる。ヘアピンや直線部のコーナーで追いついても、どんなに頑張ったって立ち上がりから置いていかれる。結局はブラバムBT40の見崎清志君に次ぐ入賞圏内ぎりぎりの6位でこのレースは終わった。だが、日本の新企画FJ1300への評価は予想以上に高かったといえる。

エントリー17台

①John Macdonald　Ralt RT1
②Kevin Bartlett　Brabham BT40
③Steve Millen　Chevron
④Ken Shirvington　March
⑤見崎　清志　Brabham BT40
⑥大久保　力　March743 Mugen

このレース終了後、1ヵ月後に開催されるフィリピンGPに招待され、マーチ無限を香港からマニラに送り僕らは一度帰国するのだが、僕がマカオGP始め東南アジアのレースに関して詳しく述べられるのはここまでである。

フィリピンGP。不安も恐怖もなくなってきた

マカオGPの一ヶ月後に開催されるフィリピンGPは1960年代初頭からカムレッカーズというクラブが一般公道でのレースを主催していたが、1967年マカオで悲壮な死を遂げたA・ラウレル亡き後は定期的な開催は行われていなかった。その後、数年前からGP再開計画が持ち上がり、首都マニラ西方のリサール州パラニャーケ市で第7回フィリピンGPの開催が決まり、僕はそれに招待されたのだ。

レースコースは市郊外の大規模な住宅造成地の舗装工事が終わったばかりの道路だ。やがて数百棟の大きな住宅街になればバス通りになる10m幅道路の脇にピットが、その裏側にパドックが仮設され、ピット前がスタート&ゴールラインとなる。このメイン道路と将来は買い物かごやベビーカーの家族連れが行き交う4〜6m幅位の生活道路の6つの90度、コーナーと一つのSコーナーを組み合わせた1周約2・8kmの宅地内（?）コースで、その発想も実現力も驚きだ。名前も凄い、エル・グランデ・サーキット（偉大なるサーキット）だ。

マニラ名物の真っ赤な夕日がここでも地平線に沈んでいく景色だから、コースの高低差はゼロ、仕上げたばかりのコンクリート舗装の凹凸も少なく路面は悪くない。そのコースの所々にスポンジ袋や古タイヤの衝突バリアが、こんなもんだろうレベルに設置してあるが、コースならぬ道路脇に鉄条網を張ったままの箇所もあり、いちいちクレームをつける気にもなれない。

安全設備もタイムスケジュールもまったくあてにならないまま、各クラスのレースが始まってしまう

1975年マカオグランプリ／1975年第7回フィリピングランプリ

この年のマカオは、無限がレース仕様に開発したシビックのエンジン「MF308」をヨシムラがチューンングし、マーチ743というF3マシンに搭載して出場。このマシンとエンジンは、当時日本でF3相当のレースであるFJ1300に使うものだった。1600ccエンジンを使うFP（フォーミュラ・パシフィック）より下のクラスになるが、バランスのいいマシンで総合６位に。また招待されたフィリピン・グランプリでは総合３位に入賞。

のだが、フォーミュラカーとなれば、さすがに国内だけでは10台にも満たない。マルコス大統領の強権と人口４７００万人強といわれる中の５％が国の経済を動かしているという社会構造ではモーターレーシングの普及は難しいだろう。結局、マカオ常連のＡ・プーンやＪ・マクドナルド他、香港などの参加で体裁がつく状態だから何のことはない、一ヶ月前のマカオを縮小して場所を移したようなものだ。

このレースへの招待話があった時、エル・グランデＧＰなんていう名称から、さぞかしスパニッシュな雰囲気のレースだろうと期待したのは大間違いだった。フォーミュラカークラスは50周だが、こんな殺風景なコースを何周もするのはまったくつまらないばかりか腹立たしくもある。幸いにマシンは絶好調だがスタートから4周目にＡ・プーンとＪ・マクドナルドに先を越された。直線は４００ｍほどだから僕の１・３ℓと彼らの１・６ℓと最高速度では大した差はない。しかし街路の曲がり角をくねくねとゴーカート並の徐行と加速の連続だと１・６ℓの立ち上がり加速が強く、前方に見えながらも少しずつ距離が開き追いつくまではいかない。それでも追いつこう、食らいついてやろうの気迫が落ちると、身体の動きは最大のドライビングをしているのに、少しずつ少しずつ車間差が広がっていく。気力や気迫というフォースが全身体の動き、働きの源なのが良く分かる。３位の位置を確保しなければ2位も１位もないのだから攻め続けるしかない。レースはもう、マクドナルドとプーンに僕、三人の追いかけっこだ。道路片側を鉄条網で仕切ったS字カーブなんか難なくぶっ飛ばせる。

レースは残り20周あるが、ピットサインは「↓」などのマークとメカニックが両手を上下に振って〝スピード落とせ！〟の指示が出っ放しだ。自分では物凄く調子が良いのだが、ひょっとすると有頂天になっているような僕への忠告かもしれない。この一年前ぐらいから同様の精神状態になるのが僕も気づいてはいる。とにかく、怖さを知らなくなった。鈍感になったのか、スピードはいくらでも欲しい、どんな馬力でも加速力でも制御してやるという自信や、過剰な高ぶりが出るのだ。それは僕の体力や僕自身が感じるテクニックの限界とは異質なものなのだが、一ヶ月前のマカオでも同じだった。

何も怖さがなくなってきたといっても、止まり切れない速度で突っ込んでスピンするとかコースアウトするなどの馬鹿げたドライブへの自制までも失ったわけではないのだが。

残り10周、それは偶然なのか、それとも僕の慢心をいさめる自然現象なのか抑えきれない気持ちが強制的に封じられた。直線から幾つかのコーナーを抜けたとき、突如視線が奪われ何も見えない！　目の前にギラギラの真っ赤な、それも、でっかい火の玉と化した夕日があるのだ。この場所は、とにかく遥か彼方の地平線が見える真っ平らだ。何しろ住宅用造成地だから、まだ植樹もなーんにもない。太陽が真上の1時頃にレースが始まってGPクラスのスタートは4時近くだったから、地平線に夕日がもぐり始める頃だ。とくにフォーミュラカーの座席は低く、頭の後ろのロールバーの高さは地面から90cmしかないから、目線の真正面に夕日が下がる時刻なのだ。ほんの何十分前まで斜め上からだった光線が、今度は水平から数分後は下方から舞台照明のように顔面を照らし上げる。フルフェイスヘルメットのスモークシールドなんかまったく役立たない。仕方なく片手で小手をかざし、瞬間的に数十m先までのコース状態を網膜に張り付けながらのドライブだから、スピードは一気に落ちる。おまけに東方に向かって夕日を背に走る距離が意地悪く短い。サーキット、公道問わず、まずこのようなロードコースはないだろうが、視界を奪われながら走る怖さは、あやふやな慢心へ自然現象の発した警告かもしれない。残りの数周、冷静な気持ちに戻りながらも、見えない視界に苦戦しながら3位のゴールラインを切った時、夕日も地平線に隠れかけていた。

夕焼けに染まる中、メカニックが「あまりにも勢い良く走りすぎるので、あのサイン（↓）を出したんですよ」その遠慮がちな口ごもりには、とてもレースコースとはいえない、どこでミスしても大事故は免れない僕を案じてのサインであるのを知っている。「うん、分かっている、少し自重しないといけないな、ありがとう」。

現役引退。複雑な心境

その晩の表彰式パーティー、1位は50周を1時間03分13秒で走りきったJ・マクドナルド（ラルト）、次いでA・プーン（ブラバム）、そして僕（マーチ743無限ホンダ1300）といった仲間同士だ。

南国特有の湿っぽく気だるい夜風が宿舎のベランダに流れてくる。パーティーで飲みすぎたサンミゲルの締めくくりに、カラマンシーの果汁をしぼったラム酒のカクテルを飲みながら、僕は何年も吸っていないタバコをマネージャーの長島からもらった。吸い込んだ煙をフーッと吐き出す、とてもうまい、2本続けて吸った。禁煙はマレーシアGPの猛暑で息も絶え絶えになった時、こんなことじゃ絶対に事故を起こすと思い、きっぱりとタバコを捨てて以来だ。僕が美味そうに吸うのを見て、マネージャーも何かを感じたのだろう。「いろいろなレースがありましたねー」「そうだなー、随分世話になったなー」。

僕はレース活動を辞めるわけではないが、レーシングドライバーはこれで終わりにすることを、この時はっきりと決めた。

ドライバーを辞める、こう決心する時は複雑な心境になるんだろうなーと思っていたのに、案外すんなりなのが何か寂しい。それは、解放された安堵感と「まだ走れるのに…」を強調したい自己満足な美学のつもりなのだが。

僕は自分も他人の年齢にも、まず無頓着というか興味が無くて、36歳になったからといって、生き方を変える特別な考えもない。一つの道を追求するなら家庭なんてものは邪魔なものと思っていた。しかし、いつか人恋しくもなり、幼い頃からの家庭への憧れが現実のものになると、また新たな生きがいが生まれる。だが長男が生まれても、もう危険なことはよそうとは思わなかった。それどころか、どこのサーキットに行くにも長男が一緒だし、もし子供がレース界に入りたいのなら誰よりも恵まれた理解と環境を提供してやりたいとの思いもあった。あるいは、そうなって欲しい願望と期待があったのかもしれない。そうした自分勝手な、跡継ぎがいるという安堵感は、不自然な落ち着きや自信、胆力がついたような気分になるものだ。それがドライビングに表れるのだろうか、このフィリピンでもマカオでも感じた〝危うい自信・年齢に反比例の自信過剰〟はどうしてなのか、もしかしたら次世代に託す希望ができた安堵感なのか、いや、そんな単純なことではない。多分、危険や警戒、攻撃や防御の野生的感覚が、家庭、家族というベールに中和され鈍感になったのではないか。

まして前年に生まれた長女が1歳半になって、二児の父親ともなれば、本能的に危険なことへの制御が芽生えるのだろうか。一方では、そんなひ弱な生き方を望んでいるのではない反抗心が心奥にあって、それへの反発が行動に表れるのか、自分でも分からない。しかし自分本意の危うい高ぶりを自覚しながらも、レーサーというスピードの勝負事に憑かれた性《さが》、それが時には破滅のゴールラインに向かうことも承知している。分かっていても命を落とし、または不具なままレース界を去った者は何人もいる。これまでに何度も聞いたレクイエムに一時の悲しみはあっても、自分がレクイエムを歌われることはない、という自負があったのに、なんだか良く分からなくなってきた。

それでも常に消えることのない上級クラスレースへの願望と同時に、家庭を持って子供ができたなら、僕が子供の時のような境遇には絶対にさせない、僕なら家庭第一の環境作りが出来る自信を、どうすれば両立できるのか、親の責任と男の野心が重くのしかかる。両者をどう折り合いをつけるのか、不惑の歳になろうというのに、初めて出会う異質の迷いだ。そういった家庭を中心とする諸々の感懐に日本のモーターレーシング界の混沌とした状況が入り込んでくる。

第一にオイルショックによる不況が仮に回復したとしても、原油輸入国の弱点をもろにさらけ出した日本で自動車レース自体が存続するのだろうか。マカオを中心とする東洋のフォーミュラカー規定にしても、本当に欧州基準の2ℓになるのかまったく分からない。それに対し日本では2ℓに移行する傾向が強い。いかにフォーミュラカー中心のレース活動を望んでいても両方のマシンを用意するだけの資金力もない。いっそのこと、マカオ関連のレースに終止符を打ち、その分を日本製シャシーを開発するMコンストラクターと欧州のF2進出への投資にする一考に傾いた矢先、FJ車体の瑕疵《かし》に対する法廷闘争で早くも挫折だ。こういったレースに直接関わる案件を抱えながら僕自身が、この先もレーシングドライバーでいられるのか、の自問自答が絶えないのだ。

レーシング界に身をおく者としての迷いや、この先の道筋と、親になった責任と願望を混沌とさせながら走ってきた。だが、不安も恐怖も感じなくなったまま走り続けることの危険が、子供、とくに娘にまでも及ぶかもしれない不安はやはり大きい。理屈では今までも跳ねのけてきたスピードレースの不安や怖さがなくなれば強くなれるのだろうが、視力、体力、メンタル、テクニックの低下を感じながらの強気であるならば、自らの限界ラインに鈍感になった現われでしかない。

一年ほど前から、そして一ヶ月前のマカオでも今度のフィリピンでも、マネージャーやメカ達のもっとセーブすべき、オーバースピードが目立つなどの指摘は、まさに僕の限界への感覚が鈍感になったことを意味しているのだろう。この先々、レーシング界への課題もあるが、36歳の今、僕のレーシングドライバー生活に終止符を打つ時期がきたのだ。気だるい南国の夜風とラム酒、禁煙をやめたタバコが気持の転換を助けてくれたようだ。

ただ、オートバイから初の自動車レースにメーカーチームで走り始め、今日までスピードの世界だけに没頭した僕が、レース以外に通用すること、出来ることって何があるのだろうか。それに、日常生活には無縁で、今までの数々の経験や知識、思考が何かで役立つことがあるのだろうか。とにかく何を目指していくのかが大きな課題だ。人生、目的があるというのは良いものだ、いや目的を持たなければいけないのだ。今まで、それで突っ走って来た者が、当面の目的が定まらないのはとても寂しい。メーカー所属のドライバー時代なら、誰よりも速く走る体力、気力、知力の鍛錬と結果への責任に追われる毎日があった。さらにドライバー兼チームオーナーとなれば、レース出場に向けて、いくらあっても足りない時間、労力、お金のやりくりに追われる凝縮の日々が重なる。毎年、年が明ければ5月のGPしか眼中になかった。

桜の花がこんなにも綺麗で、木々の緑がとても新鮮なのを感じたのは十数年ぶりかもしれない。今までの凝縮した日々からの開放は清々しくも、やはり物足りないものだ…。しかし、こうなったからには新たな基盤造りが先決だ、僕は今後の方針探しもあって、春から夜間の専門学校に通い始めた。

香港自動車協会と中国ラリー

レーシングドライバーにひとまず終止符を打ったとはいえ、僕が完全にモーターレーシング、オートバイと無縁になったわけではない。東京モーターサイクルショーの主催、競技役員、執筆、各種団体の役務など二輪四輪の仕事は却って増えた。マカオも、レースへの参加こそないが主催者から何だかんだの連絡が絶えない。

とくにＨＫＡＡ（香港自動車協会）のＧＰ運営担当に就いたＰ・テイラー氏からは、オートバイＧＰに日本トップライダー参加の要請もあって、平忠彦君を連れていったこともあった。１９８１、８２年には、香港で太平洋諸国の国別モトクロス大会を開くのでチームジャパンを結成してほしいという無茶な注文に、ホンダとヤマハを説得し、鈴木忠男、鈴木秀明、唐沢栄三郎、川崎利夫、原口衛君らのチーム監督で遠征、優勝もした。

その1982年には、香港を中国に返還する交渉が中国側の強い要請で急速に進み1997年7月の領土返還が決まった。さらに中国はポルトガルとの交渉でマカオも1999年の返還となり、この政治体制の変化はGPにも及んだ。即ちマカオGPは1954年の発祥からACP（ポルトガル自動車協会）が主催者であるものの、実質的な運営は香港のモータースポーツクラブやHKAAのメンバーに委ねられていた。香港返還後50年間は現状の自由主義経済を堅持するという中国政府の約束も、香港の英国系住民や企業にとって不安は当然だ。もはやGPどころではない。

香港より中国の影響が強いマカオも領土返還となれば、マカオの社会構造に根深い中国勢力が頭をもたげるのは自明の理であって、早くも

1985年　555香港〜北京ラリー

10年ぶりに出場した競技が「香港〜北京ラリー」。ラリー仕様のホンダCR-Xで香港から天安門前までの3400kmを走りクラス優勝。翌年も出場して2年連続でクラス優勝した。当時は優勝記念のポスターが製作され全国のホンダディーラーに貼られた。

１９８５年からのマカオＧＰはＡＡＭＣ（中国‐マカオ自動車協会）の主催となり、31年続いた香港勢力の関与は急速に薄くなっていった。

もっとも、僕がこれらの変遷を知ったのは１９８５年9月に開催された『香港～北京自動車ラリー』への参加要請が発端だ。このイベントは、やはりＨＫＡＡと中国モータースポーツ協会、中国体育協会の協力で実現したものだ。何しろ三千年とも五千年ともいわれる中国の歴史上、香港から北京への陸路４０００㎞を60台からの自動車が走破するなんて前代未聞のイベントだ。正に近代文明の象徴、自動車の長征だ。自動車といってもアウディワークスチームを筆頭に、パワーアップしたラリーカーが、場所によっては２００㎞／ｈの速度で走り抜けるのだから、奥地の農民から見れば地球上にこんな速い乗り物があったのか、の光景だろう。中国初の自動車競技というので欧米の関心は高く、日本のモータースポーツ関連誌の殆どが取材班を送った。

僕はこのラリーに、ナビゲーターの『ミスターバイク』誌の東京エディターズ社長・渡辺靖彰君とホンダＣＲ－Ｘで参加することになった。ロードレースではないものの、競技参加は実に十年ぶりだ。ホンダ車はラリーには向かないと言われる中で、ＣＲ－Ｘの高い運動性能に期待した。ホンダロデオ（杉田皓生氏のチューニングショップ）のボディーワーク、無限チューンのエンジン、ＢＳタイヤ、本田技研などの協力体制のお陰でＳクラス（改造スポーツカー）での優勝だ。翌年も瀧進太郎君をナビゲーターに、さらにパワーアップしたＣＲ－Ｘで連続優勝してしまった。３年連続優勝を狙って、次は世界初の四輪操舵技術を採用のプレリュードで挑んだがオイルフィルターがパンクしてのリタイヤだった。

タバコの555が冠スポンサーであるこのラリーは、1989年に学生運動から広がった民主化運動弾圧の天安門事件がきっかけで、その後の継続はできなかったが、中国の自動車普及を一気に高める引き金になったのはいうまでもない。ラリー運営に携わったオフィシャルの多くはマカオGP関係者だから、マカオに近い珠海市にはサーキットが出来、ロードレースも開催する話も聞いた。当然ながら歴史あるマカオGPは中国政府関連団体の後援を得て、マカオ在住の人達による運営に変わっていった。

新たな組織のマカオGPも、あと僅か数年でポルトガル領土ではなくなってしまう。香港でも殆どの友人が英国、カナダ、オーストラリアなどの英連邦国へ移住してしまい、大きな変遷を身近に感じると、マカオGPそのものが縁遠い存在になったようで仕方がない。僕自身のマカオ挑戦も一気に昔話になった。

しかし僕が引退した後、日本からマカオGPへの参加が多くなってもGPクラスには見るべき成果もない。やはり日本の初期レース界の方向づけの影響が悪い方に出ているような残念な思いがあった。

それでも、ようやく僕らが耕してきたモーターレーシングの土壌から若い芽が育つようになったようだ。僕が準優勝した1971年から30年が経った2001年に佐藤琢磨君が日本人初の優勝をし、さらに2008年には国本京佑君が優勝、若い世代が育ったことを実感をした。そういった成果が僕や舘信秀君、見崎清志君らパイオニアの存在価値を高めてくれたのには感謝したい。

第4章 ― 明日へのクルマ、レース、そして挑戦

日本においてレースがようやく定着しだした頃、1978年（昭和53）に再び起こった第二次オイルショックで、またもやレースの存続があやしくなってきた。イラン王国が革命で崩壊し、石油流通が混乱したオイルショックが再び日本を襲ったのだ。それにより、経済の先行きに暗雲が垂れ込めたのだが、5年前の社会混乱を学習した国民は、動揺することなく事態を見守り、消え去るかに見えたスーパーカーブームも根強いまま1980年代に入っていった。

1960年代の高度成長で、いっきに自動車社会になった日本だが、交通事故、排気ガス公害、オイルショックで自動車への関心や需要が落ち着き始めると、それまでに築いた社会基盤を基に〝質の向上〟への関心が高まってきた。すでに自動車が富裕層の特別な存在ではなくなって、セダンでもワゴンでも単にクルマであれば良しとした傾向も大きく変わっていった。1980年代に入ると日本の総人口はいっきに増え、とくに戦後のベビーブーム世代が社会中枢の30、40代となり、その多くは自動車のある生活で育ってきた。彼らが大人になって、自己の生活スタイルに合う自動車とその行動力を利用した生活設計へと進み、衣・食・住・車が生活の標準に変わっていった。自動車メーカーが考えるデザイン、性能、価格の押し付け的製品からユーザーが望む自動車造りへと大きな変革が始まる。日本の自動車が、鈴鹿で突如始まったスピードレースの洗礼を受けてたかだか二十数年だ。

1987年には鈴鹿サーキットでF1日本グランプリレースが開催され、世界のF1仲間に加わり、それに伴い国内のレース活動も一定のレベルに普及してきた。だが、もはやレースが市販自動車造りにどれだけのメリットがあるのか疑問

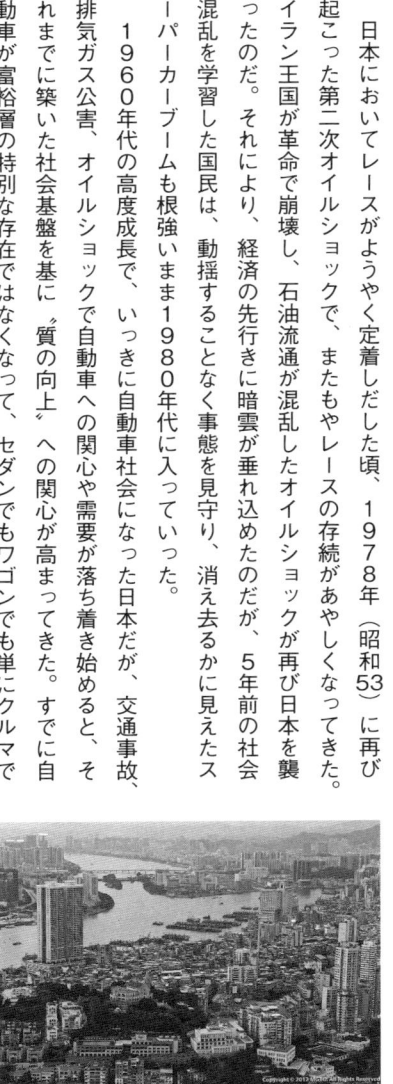

に思うくらい自動車そのものの変わりようは驚き以外にない。

格好良くスポーティで速く力強いクルマ造りの競争は、ファミリーセダンではなく、家族全員が荷物とともに移動できるボックスカーに凱歌があがった。株や不動産への投資ブームからバブル経済を引き起こし、一部のエセ億万長者のスーパーカーへの視線も冷ややかに、日本の自動車産業は日本ならではのファミリーカーを生み、自動車先進国のメーカーにも真似されだした。さらにバブル崩壊後の１９９７年に地球温暖化対策の国際会議で京都議定書が策定され、これに呼応するように自動車排気ガス低減を謳うトヨタのハイブリッド車が登場し、今や省エネ自動車が世界の自動車造りの主流になってしまった。

自動車が実用的な道具になって１３０年余、途切れることのない発展は、石油燃料中心の動力から、電気、天然ガス、水素、ソーラーパワーなど、あらゆる資源利用への試みが進んでいる。

速くもスピードレースを代表するＦ１や米国のインディカーなどをはじめ数々のレースマシンのエンジンにも将来の自動車動力への実験とも言える先進技術が導入されてきた。インディカーでは２０１２年からガソリン15%、エタノール85%の燃料に、Ｆ１は99%市販品に近いガソリンの内燃機関＝エンジンに電気モーターを組み合わせ、なおかつエンジンやモーターなどから放出される熱、排気の熱、およそ動力機関が派するあらゆる高熱をエネルギーに回生して出力に加えて動力とする方式が採用されている。したがって、ハイブリッドを超えた複合動力であることから、エンジンとは呼ばずパワーユニットという新たな名称まで生まれてきた。

再びのマカオGP、めぐり会い

ここまで、現代の注釈も言い訳も入れず、当時の状況のままセピアカラーの場面を綴ってきたところで本著の結びにしようとの矢先だった。２０１３年（平成25）の初夏、未知の人物から受け取った一通のメールはまったく予期していなかった内容であった。

メールの送り主は、現マカオグランプリレース主催者チョン・コック・ベン会長で、その内容は「マカオＧＰは今年で60周年を迎える。それを記念するＯＢドライバーのレースを行うので参加されたし」とある。前年だったか、今のマカオに出ている人から、何か記念イベントがあるように聞いてはいたが、懐かしさはあっても、わざわざ出向く気もなかった。しかし、主催者会長自らの丁重な招請には心惹かれながらも躊躇していると、見崎清志君からも「行きましょうよ！」のメール。

よしっ決めたっ、行ってみよう！　イベントの詳しい内容も確かめず、招請に応じる返信をしたけれど、古いレーシングスーツは小さくて着られない、ヘルメットも現在の規格品ではない。何もかも新調しなくては、それに旅費やら何やら数十万円はかかる、ふーっ…。

だがＧＰ事務局から早速届いた参加への礼状と招待内容にびっくりした。イベント名は『シロッコＲチャイナ・マスターズ・チャレンジレース』とあり、フォルクスワーゲンのスポーツクーペ・シロッコの標準型ＴＳＩ・ＤＯＨＣ４気筒２ℓエンジンをターボとスーパーチャージャーで２５６馬力に高めた

Rタイプの車24台で8周のレース。欧州や中国、東南アジアで行われているシリーズ戦と同じ内容らしい。それにFIA規格のレーシングスーツ・グローブ・マスク・シューズ・インナーの支給、ビジネスクラス航空券二人分、一週間のホテル宿泊、香港マカオのフェリー他の送迎を保証するとある。僕らが持参するのは現代規格のヘルメットとハンスディバイス（U字形の首の保護具）のみで良いと記されている。しかし、いくら往年に活躍したOBといったって、これだけの厚意に応えられる走りができるのか…、そっちが大問題だ。

第一にVWシロッコRという車も見たことがない。FFでのロードレースは1967年に借り物のDKWで走った経験があるだけ。他にFFでの走行は香港～北京ラリーのホンダCR－Xとオーストラリアラリーに参加した時のプレリュードがあるけれど、これはダートコースでの話。さらに変速機の6速ギヤはパドルシフトというハンドル両端のレバー操作、そして左ハンドル、2ペダルときた。エンジンは200馬力だろうが300馬力だろうが構わないが、運転操作は全部初めて、それでレースときた！ましてフォーミュラカーばかりだった僕はツーリングカーの運転のコツも忘れている。しかもマカオのコースを走るのが正式には38年ぶりだ。さーて、えらいことをOKしちまった。

レーシングドライバーというのは引退しても〝走れるなら、今だって〟と、虚勢をはる性《さが》が抜けない。すぐにコース上の自分と、昔ながらの疾走シーンを思い描いてしまうものだ。さらに、落ち着けば僕には大問題があった。国際競技出場にはメディカルカードという医師の健康診断証明書が必要なのだ。

メディカルチェック

２０１１年（平成23）に僕は心筋梗塞で2回も救急搬送された身体だ。それでも微に入り細を穿《うが》つ医師の治療で二年経過の状態は上々、酒も美味い。だがメディカルチェックはどうなるか分からない。僕は思った、マスターズレースという以上、どう考えたって50歳以上のドライバーの参加を想定している筈だ。そうなると年令的にもバリバリの健康者ばかりじゃないし、レースといったって大して過酷な内容ではないだろう。まったくの自己解釈だ。担当医師に事情を説明し、治療の経過と体調、服薬の種類などを記した診断書を持参で、あとは現地の判断だ。

自分勝手な荒っぽいゴリ押しだが、少し駆け出すと息切れや動悸が出る体調をレースまでの三ヶ月間で、どこまで回復させられるかが問題だ。それと、どんな身体の動きをしたら血圧や脈拍の安全ラインを越えてしまうのか、これらを把握できて、安全圏内の運動力が自覚できれば、どの程度のドライビングなら大丈夫か分かる筈だ。もはや他人に頼れる話ではない。

しかし僕は自分の病気にとんでもない勘違いをしていた。医師によれば、2回の心筋梗塞、とくに2度目は心臓停止が長かったことが原因で心臓の筋肉が壊死し、残った部位で正常に機能するように服薬し、毎月の検査はそれを調べるのであって元の状態に回復することはないということだ。要するに健康な心臓の容量が２００ccのエンジンと仮定すれば、今の状態は１２０cc程度ということらしい。エンジンが小さければ同じ仕事量で多くの回転数が必要だ。治療担当の医師は無類のＦ１好き、分かりやすい説明だ。

そうか、俺は直ったんじゃなくて、小排気量になってしまったエンジンを上手く使わないといけない身体なのか。このレースの話がなかったら、知らずに過ごし、もっと悪い方向にいったかもしれない。ハンデの内容は良く分かった。試しにVWシロッコRでサーキット走行をしてみたい。が、この車は輸入元にもなくテストランも難しい。ならば身近に出来ることから始めるしかない。現地で初めてのハンドルを握った時に「よしっ、どれだけのことが出来るか、やってみようじゃないかっ」の闘争心と好奇心が湧き出る体調にならなければ…、今の状態ではとても無理だ。

そう考えた時、27年前の同じ気持ちが甦った。あれは最後のマカオから10年ぶりに香港北京ラリーに出場することになった時だ。あの時はシェイクダウンの機会もあったが、やはり久しぶりのドライブと47歳になった体力の衰えに不安を抱いたことがあった。その時に思ったのは、いくら頑張ったって10年前の体力に戻るわけがない、それより不惑の年齢を過ぎて気づいた精神の順応性と精神的持久力向上への基礎体力作りを図るしかないことを。今回もそれに習うことだ。

その程度のことでドライブテクニックが高まるものではないが、少なくとも体調不良や判断ミスが原因のコースアウトやクラッシュなど、みっともないヘマだけはしたくない。75歳だから仕方がない、トシだから無理だよ、なんて言い訳も嫌だ、なぐさめられるのも嫌いだ。これはワークスドライバーのパイオニアとして、自らが絶対に許せない精神基盤だ。

そんな横柄なことを言ったって、大きな失敗、大事故で多くの迷惑をかけるかもしれないし、それ見たことか、の冷笑に大恥をかくかもしれない。だから、そうならない最大の備えが必要なのだ。僕はこのチャンスに賭けてみたい。

何を賭けるのか？　身体のハンデある今の僕に、今できるベストの取り組みで、どこまでのことが出来るのか。現役時代に染み込んだスピードへの感覚や危険への対応力が残っているとすれば、どの程度発揮できるものなのか、初めて乗るマシンでレースに通用する何かが今でも残っているのか、自分で確かめてみたいのだ。

そう自分に言い聞かせても出来ることとなれば、まずは徹底禁酒、ワンちゃん散歩時のストレッチ体操、室内運動、夜の宴会欠席、オートバイライディング程度だが、反射神経やバランス感覚の回復には自動二輪車の操縦は効果が大きい。それに、その時々の動きに合わせて血圧と脈拍のチェックを欠かさない日課が始まった。だが身体はどこも痛いし、何よりも面白くないっ！　夕食が刺身なら日本酒が、チーズやベーコンならワインが欲しくなる。何だかんだ口実つけて夜の会合も失礼すれば「リキさん具合悪いんじゃねーの？」陰口が聞こえそうだ。こんなことしたって勝てるわけねーだろう、何を今さら、現役でもあるまいに、やめちゃえ、やめちゃえ、今にも言われそうな冷やかしや快楽への誘いに「いやっ、勝つとか負けるとかじゃないんだ、走るからには、遊び半分や、みっともないことはいやなんだ」の思いしかない。

僕だって不安はある、やはりケガはしたくない。それと家族には単なる記念パレードであって、レースとは言っていない、前年の鈴鹿50周年でＯＢが軽く走行したのと同じだと。だから、レースに向かって体力も精神力も過酷な現役当時のトレーニングを思えば、こんな軟弱な身体慣らしはラジオ体操前の準備運動に過ぎないが、普段とは違う何かありげな感じを家庭内に出さないよう気を遣っているのだ。それでもレースが近づくにつれ何もかも落ち着かない。スタート3分前の不安がシグナルで最高に達し、マシンがスタートした途端、冷静な精神状態になる現役当時のマインドサイクルとでもいうものが身体のどこかに残っているのだろう。現役時代、ピリピリした気持ちの高ぶりが部屋に落ちた髪の毛を拾い、汚れた鏡もすぐに拭く異常な仕草となり、それを忌み嫌った女房。せめて現役当時の、あれに似た素振りだけは見せたくないのだ。

どうにかそこまでの悪癖も出ずに、言い訳めいたトレーニングが二ヶ月も経つと、結構おっくうにはならないものだ。身体が極端に軽くなる実感は嬉しい。が、晩酌を断った食事はまったく味気ない。だがマカオに出発の期日が迫る頃には、その時の身体の運動量、精神状態で大体の脈拍数や血圧が勘で分かるようになってきた。何でも試してみる価値はある。

思い違いのマスターズと変貌したコース

2013年11月のマカオGP60周年記念マスターズレースには数カ国から総勢24人が集った。日本からのOB組は、舘信秀、見崎清志、津々見友彦、長坂尚樹、大久保力の5人と2008年のGPで優勝した国本京祐（24歳）が若手ながら特別参加だ。国本君を除くシニア5人組チームジャパンの平均年齢は何と68歳だ。

それに対し前年に、このマカオのツーリングカークラスに優勝したアラン・メニュ、１９８９年ＧＰ優勝でジャック・ブラバムの子息デヴィッド・ブラバム、Ｆ1や１９９７年ルマン優勝のステファン・ヨハンソンなど齢食った者でも40歳代ばかりではないか！　おいっ話が違うじゃねーか、といったって、マスターズは50歳以上と勝手な解釈をしたのは我らチームジャパンだけだったとは…。

とくに唖然としたのは僕だ。マカオのＯＢというから、てっきり、マクドナルドやホーランド、アルバート、バートレット、バッセル、アニーウオンなどなど、沢山たくさんの競い合った仲間やライバルが参加するものと思っていたのに誰もいない…。拍子抜けと寂しさが、どっと重くのしかかる。レースの主催者が１９８５年からマカオ＆中国に変わったことに関係があるのか、香港在住だったドライバーの知人は一人として見当たらない。当時のことを知るレース運営オフィシャルも殆どいない。カナダに移住した盟友のハロルド・リーがいれば一緒に走れたのに、彼も２０１０年に他界してしまった。誰々はオーストラリアで何々病で苦しんでいるとか、あれは何年に亡くなったようだなど、風の噂ばかりだ。〝今浦島〟という言葉があるけれど、まさに僕のことではないか、なんとも寂しいかぎりだ。

僕はチームメンバーより2日早く現地に着き、メインストレートに面したパドックに向かった。僕の時代には泥だらけの鶏や鴨の小屋が隣にあった、パドックはじめグランドスタンドは、近代競技にふさわしい大観覧席になり凄い変わりようだ。飛行場ターミナルばりのフェリーポート真向かいに移設したパドックは、日常は広大な駐車場だ。幅30ｍ長さ２００ｍはある地下2層の駐車場の地上がパドックになり、ホームストレッチになる道路に面して3階建のレース運営が並ぶ。その建物の階下がピットになり、その前面はピットロードとガードレールをはさんでメインストレートだ。階上はプレスルーム、スポンサーやオフィシャルルームだ。要するに、日常はフェリー利用者への駐車場がＧＰになるとパドック・ピットなどに転用する公共施設という。

通常は11月の第３か４週の一週間がレースウイークだが、60周年事業とあって二週間に亘って13クラスのレース開催だから、パドックの混雑もひどい。そのパドックのピット上から余りにも変わりすぎたコースを眺めていると、あの時のライバル、あの時の接戦、あそこでの悔しさ、快感が走馬灯の如く眼前に現れる。でも往年の話題が通じ合う者がまったく居ないのは生き残っているゆえの孤独感だ。

〝そーか、そういうことなのか、思い出探しのレースができるのが楽しみで来たのに、いつの間にか僕が最長老ドライバーになってしまったんだ。そうならば、４、50歳の連中に混じってどう走れば良いのか、いや、どのくらい走れるか試してみるっきゃない〟。この３ヵ月間、マカオに来るまでに抱いていた懐古の情はもう捨てた。それより今のコースがどうなっているのか。真っ先に気になるのは現役時代と変わらない。僕はコースになる道路端を歩きだした。

メインストレートから第1コーナー、上り坂、ヘアピンへと約半分の３㎞ほど歩いてみて、コースの基本的形状は40年前と変わらないが、今はこんな所に家が建つのかと思うスペースまで、道路に面して建物がぎっしりと並んでいる。わずかにその切れ目から外が垣間見えるかと思えば、２ｍ以上の鉄板で覆われた冷たさだ。どこもかしこも道路の両側は建物と無骨なガードレールでふさがれてしまった。マシンがコースを外れても表に飛び出すことはないけれど、あっちにドッカーン、こっちにガッチャンＷ

パンチだ。事故なくコースアウトできる（?）個所となれば、第1コーナーを曲がりきれずに真っ直ぐ行けるスペースか、大きく広がったヘアピン、ピットロード入り口になるRベンドくらいしかない。その他でのコースミスはガードレールや石垣が迎えてくれるか、幸いにスピンですんでも狭いコース上では後続車が突っ込んでくるのは必然だ。

時代の流れはレースコースの都合ではなく、山側は住宅用の生活道路、海側は高層ビル群の商業道路に整備するのを優先したようだ。とくにヘアピンを下って海沿いからホームストレッチへの区間の左側を埋立て、そこに外周道路ができたことで、海沿いのストレートは完全な内陸部に押し込まれた位置になり、海からの突風もなくなった。また、フェリー場へのメインストレートには、新たな道路が加わり日常の混雑も緩和された。

こういった道路の位置関係の変化で、ストレートの中央には常設のグランドスタンド、数箇所の仮設スタンド、道路上に張り出たコントロールタワーの新設など、高層ビル群に囲まれた完全な市街地サーキットの姿に変貌した。全コースの幅員は山側の4、5mからストレートの最大14mと、昔から大して変わらないが、道路幅員の一部しか使えなかったカマボコ路面だった時代に比べれば殆ど平坦になったから多様なコースラインが可能になったのではないか。病院に面した登り坂にしても、右側に見える建物の屋根や遠くの海が下に見えるくらいの急勾配だったのに、さほど急坂に感じないのは風景の変化か、または幅員を広げ、緩やかな勾配に整備したのかどうか。さらに坂を登り切って左から右への忙しいクランクコーナーも道幅が広がり、短かった直線も延びて、難所だった面影もない、これじゃー楽だ。そして、この辺りが大富豪テディーさんの邸宅ではなかったかな、と思う辺りは昔以上の豪邸が並び、門前に接したコースは変わっていない。だが左側の山腹を削って建物が建てられそうな個所はどこも住宅が並び、往時には家が建つとは思えなかった崖っぷちにも住宅だ。

思い返せば何本もの巨木が道路端にそびえ、太い枝葉がコースに木漏れ日を落としていた場所も建物になった。左は岩が露出の山肌、右はぎりぎりの崖、およそ何も建てられぬ個所は凹凸の路面も形状も昔そのままだが、殆どが建物とそれを防御するガードレールに囲まれている。石垣に延う草花、ピンクや淡いグリーンのポルトガル建物を囲む瀟洒な生垣も少なくなり、コースから建物をガードするように無粋なコンクリート塀が立ち並ぶ。ほんの僅かに昔のマカオ風が残る短い登り直線ムーリッシュヒルの木陰を上がり、マリアベンドからヘアピンへの両側も古木の並木から住宅の石塀に変わったが、陽の光が届かない薄暗い路面は同じだ。その先のヘアピンは外側にドーンと7m広げたが、イエローラインの追い越し禁止！　違反は厳重なペナルティーだ。したがって5秒や6秒先行していても、ここで追いつかれれば縦列進行で曲がるしかない。そのヘアピンを抜ければ下り坂の先に青い海と右へのフィッシャーマンズベンドが眼下に飛び込むはずが…見えるのは鉄骨とシートで仮設のコーナーポストだけ。道路左に沿っていた粗末な野菜畑だった所も住宅だらけだ。右側の広大な貯水池も、すべての両側はシートや鉄板の目隠しで何も見えない。昔なら、いらつくヘアピンを抜け、一気に広がるパノラマに「さあ、こっからストレート、全開だっ！」と、新たな闘志が湧いたものを。もうそんな海辺の風景もない。コース左外側の海も埋立てられ、そこも目隠しで何も見えない。海風もない、風に舞う砂が路面に溜まるともない、コースアウトで海にダイビングすることもない、あるのはコンクリート壁に激突だけだ。

歩き終えて分かった。どこもかしこも林立するビル、ガードレール、住宅、石垣、大木、金網、防御シート、あらゆるものに囲まれたホントのクローズドサーキットだ。これならば昔のように、レース車が観客に飛び込む死傷事故はないだろうが、競技者の逃げ場がない古代ローマのコロセウムを連想してしまう。さて、実際に走ったらどうなるのだろうか。みんなより一足先に現地入りしていなかったら、いきなり練習走行で、初めて変わったコースに動揺し、危険な目に合っていたかもしれない。

現役マシンでガチンコ勝負だ

60周年記念の第一週が終わり、いよいよメインの二週目が始まった。F3によるマカオGP、世界ツーリングカー選手権のギアレース、モーターサイクルGP、マカオGTカップ、スポーツセダンによるマカオ・ロードスポーツ・チャレンジ、ワンメイクのロータス・グレーターチャイナ・レースと、僕らのシロッコR・チャイナ・マスターズ・チャレンジの7クラスが開催される。マスターズのスケジュールは水曜日：ドライバーズミーティング、木曜日：練習走行30分、金曜日：公式予選30分、土曜日：決勝8周だ。

火曜日、主催者が用意してくれたランドマークホテルに日本チーム全員が到着した。豪華なホテルの部屋には主催者からのプレゼント、オーダーメイドのレーシングスーツ、インナー、マスク、シューズ、グローブ、ジャンバーなどすべてが届けられていた。我らがチームドライバー5人の他には、舘君のミサコ夫人や長坂君の忍夫人《しのぶ》、それに今回の僕の無茶な行動を心配した高橋国光君がチームクニミツスタッフの嶋中郁恵君をヘルパーとして帯同させてくれた。総勢10人のチームジャパンが揃った。

そして翌日、マスターズレース出場ドライバー全員の顔見せとマシンを決める日がきた。パドックのミーティングルームに集った日本勢6名以外18名の外国勢は、やはり現役マスターズ！　だった。マカオに長い舘君や見崎君などは声をかける昔なじみもいるが僕にはだーれもいない。

唯一、現役時代に顔を合わせた記憶があるオフィシャルがユーモラスにマシン割り当ての司会役を始める。箱に入った24個のキーを一人ずつ取り出し自己紹介を行う。僕が№24のキーを示し、初出場１９６５年のスピーチをすると、司会のオフィシャルは僕のトライアンフでの出場を、おぼろげに記憶しているようだが、欧州の現役マスターズ達は「えっ１９６５年て？　50年前？」僕が年号間違いしていると思ったらしい。

キーの抽選が終わり24台のＶＷシロッコＲが整然と並ぶパドックの地下ガレージで自分のマシンと初対面だ。派手なカラーリングに無骨なロールバーが室内を覆い、レカロのドライバーズシートの他は何もかも取り外した鉄板むきだしの室内だ。これら24台のＶＷは中国のサーキットでシリーズ戦を行っているもので、これ以上の軽量化は出来ないほど完全

60周年記念レース マスターズ参加ドライバーの来歴

○アラン・メニュ(50歳・スイス・WTCC1、3、1205～2015。2012年マカオWTCC優勝)
○デビッド・ブラバム(48歳・オーストラリア　1990年代F1・ジャックブラバムの子息。1989年マカオGP優勝)
○ダンカン・ハイスマン(42歳・オランダ　WTCC優勝。2001、2、3年マカオツーリングカー3年連続優勝)
○エマニュエル・ピロ(51歳・イタリア　ルマン24時間レース　優勝5回。1991、2年マカオツーリングカー連続優勝)
○ジュリアン・ベイリイ(52歳・イギリス　1980～90年代　F1。1989年マカオGP準優勝)
○マーティン・ドネリー(49歳・アイルランド　1980～90年代F1。1987年マカオGP優勝)
○マイク・コンウエイ(30歳・イギリス　GP2からインディカー現役。2006年マカオGP優勝)
○ニ・アモリム(51歳・ポルトガル　ルマン24時間、FIAGT選手権。1989～1995年マカオツーリングカー出場)
○ニコラ・ラリーニ(49歳・イタリア　1980～90年代F1。2002年マカオツーリングカー準優勝)
○ピーター・ルバト(53歳・ドイツ　スーパーバイクライダー。1985～1993年マカオモーターサイクルGP)
○ステファン・ヨハンソン(57歳・スエーデン　ルマン24時間　優勝、1980年代F1。1984年マカオGP準優勝)
○ティム・ハーベイ(52歳・イギリス　1992年イギリス　ツーリングカー優勝。1989年マカオツーリングカー優勝)
○スティーブ・ソパー(62歳・イギリス　イギリスツーリングカーチャンピオンシップ優勝、ルマン24時間準優勝。1997年　マカオツーリングカー優勝)
○エイドリアン・フウ(66歳・ホンコン　1982マカオギアレース準優勝)
○ダニー・チャウ(67歳・ホンコン　1980/1990年マカオギアレース)
○アンドレア・レジアーニ(52歳・イタリア　シロッコRカップチャイナ参戦ドライバー)
○バオ　ジンロン(26歳・中国　フォーミュラマスターチャイナ、　シロッコRカップ　チャイナ参戦ドライバー)
○トーマス・ジョルドバック(46歳・スペイン　シートレオン　ユーロカップ参戦ドライバー)
○舘　信秀(66歳　1971～1984マカオ出場、1974、5年ツーリングカー連続優勝)
○見崎　清志(67歳　1971～1980、89年マカオ出場、1972年ツーリングカー優勝)
○長坂　尚樹(60歳　1987年マカオツーリングカー出場)
○津々見　友彦(72歳　第1、2回日本GP、1988年マカオ　ツーリングカー出場)
○国本　京佑(24歳　2001年のカートから2005年トヨタ　エッソフォーミュラ、全日本F3選手権、2008年マカオGP　優勝)
○大久保　力(75歳　第1、2回日本GP優勝、1965～1975年マカオ出場・1971年マカオGP準優勝)
○リカルド・ライレル(46歳・スエーデン　ルマン24時間・ヨーロッパF3カップ。1992年マカオGP優勝)

なレーシング仕様に改造されている。ハンドルは左側、取り払ったサイドウインドウに代わるのは格子状の防護ネットだから虫かごに入っているようなものだ。シートを合わせるにも高低はできず前後調整しかない、調整、それも走らずにセッティングするのだから視界の具合も分からない。

エンジンを空吹かしすれば、確かにの256馬力並みのチューンがされている感じがする。6速ギヤは右側シフトレバーかハンドル両端のパドルシフトだ。その他にも何個かのスイッチやレバーがあるけれど、なにぶんにもメカニックが中国からの青年達だから話が通じない。辛うじて多少の英語が通じる若者に聞けば、マシンの調子はどんなものか分からない??という、なにせ中国でのシリーズ戦が終わったまま輸送してきたマシンだからだ。多分、性能や整備状態のバラツキは大きいのだろうが、くじ引きだから仕方がない。

木曜日、昔と同じく、この地方で最も過ごしやすい気候の練習走行日だ。排気ガス充満の地下駐車場から地上のパドック広場にマシンを移動する。初めて動かすレースカー特有のゴトゴト、ガタピシの雑音や尻から脳天を突き上げる振動は何十年前と同じ感触だ。昨日、出来なかったドライビングポジションの調整だが、ホテルから持ち出したバスタオルを敷けば、まあどうにかのシートにはなる。ヘルメットは顔面の開いたジェット型を㈱アライが特製してくれた。現代のジェット型は安全構造上、大ぶりで頑丈、重量も昔のものよりかなり重い。そのヘルメットに首を保護するハンスデバイスという初めての防具を装備し、両側から頭を挟むような形状のバケットシートに着座する。首から下は昔と変わらない5点式ベルトで、メカニックが両方の肩、もものベルト端をプライヤーで挟み力まかせに引っ張る。身体を固定するのでなく、1cmも緩みなく縛り上げる非人道的作業も昔と変わっていない。

身体の動きを束縛され「お前は、もう走るしかないんだぞっ」との暗示をかけられたような不安と「よしっ、やってやろうじゃねーか」との闘争心が交錯する感触も数十年ぶりだ。でも今回は「今からやめられるんだったら…」との不安が先に立つ。気持ちの整理もつかぬまま、前車の津々見君が動き出し、その流れにのってコースインだ。

迷走ばかりの公式練習

走行時間は30分だから1周3分なら10周走れるが、ゼッケン順のスタートが5秒置きだから№24の僕はすでに2分遅れのハンデで8、9周できれば上々だ。1、2周は、じっくりとコース下見のペースで走り出すと、先にスタートした欧州の現役組にぶんぶん追い越され、うっかりすれば追突されること間違いなしだ。必然的に僕のペースも一気に上がる。二日前にコースを歩いて大まかなコース路面状態やコーナーの変わり様を把握したせいか意外と走れるものだ。コースインした時の不安が「走れる」に変わり、その実感が即座に全身を駆け巡る。だが、やはり面食らうのは、コースのすべてが高層ビルや建物の塀、金網、あらゆる物で囲まれてしまったので、コーナーラインの目安とした昔のポイントがまったく見当たらないことだ。仕方なく、この家の門とか、あのビルが見えたらとか、即席の勘ピューターで目印をつけていくが、今の僕が満足にコースを熟知するには百周は走りたい。さらにATのギヤチェンジと前輪駆動の走行特性にも閉口する。とにかく、コーナー進入へのギヤダウンで、減速スピードが

2013年11月　マカオグランプリ60周年記念レース シロッコRチャイナマスターズ・チャレンジレース

❶舘 信秀（JPN/66）／❷長坂 尚樹（JPN/60）／❸見崎 清志（JPN/67）／❹津々見 友彦（JPN/72）／❺大久保 力（JPN/75）／❻国本 京佑（JPN/24）／D.フィスマン（NLD/42）／N.ラリーニ（ITA/49）／M.コンウェイ（GBR/30）／T.ハーベイ（GBR/51）／D.ブラバム（AUS/48）／T.フォーバッシュ（DNK/20）／A.レッジアーニ（ITA/52）／N.アモリム（PRT/51）／J.ベイリー（GBR/52）／P.ジンロン（CHN/26）／A.フー（HKG/67）／D.チャウ（HKG/65）／M.ドネリー（GBR/49）／P.ルバット（DEU/58）／E.ピッロ（ITA/51）／S.ヨハンソン（SWE/57）／S.ソーパー（GBR/62）／A.メニュ（CHE/50）

シロッコRチャイナマスターズ・チャレンジレース出走ドライバー。カッコ内は国籍と年齢。

AUS＝オーストラリア／CHE＝スイス／CHN＝中国／DEU＝ドイツ／DNK＝デンマーク／GBR＝イギリス／HKG＝香港／ITA＝イタリア／JPN＝日本／NLD＝オランダ／PRT＝ポルトガル／SWE＝スウェーデン

写真：左から津々見 友彦／舘 信秀／オフィシャル／長坂 尚樹／見崎 清志／大久保 力／国本 京佑

予想よりもずっとトロいのだ。ギヤアップも同じ、まったくイライラする。

それでも2周の間にハンドルチェンジとATに慣れ始めたものの現役時代のコーナリングがこのマシンにはまったく通用しない。僕の専門だったフォーミュラカーやスポーツカーとは車重も馬力も走行特性も違う、①コーナーへの減速が始まる②クリッピングポイントで一気に方向を決め、加速が始まる③外側に出ようとするマシンを直進方向にアクセルとハンドルで小刻みに修正する、大まかに言えばこの繰り返しだ。ところが、①は良いとして②③の、コーナーラインが決まった、それっ加速だっ！　となっても、進行方向に向けたハンドルはぐいぐい直進に戻ろうとする、このっ！　で、もっとハンドルを切ろうとすれば、今度はエンジンパワーが喰われて速度が落ちる、おまけに予期しないタイミングでターボパワーが働き、スロットルワークが気難しい。あとで聞けば曲がろうとしている前輪にパワーがかかると直進する力が働くので、方向が定まるまではスロットルを加減し、大方のラインになったら全加速に入るのだと言う。そんな難しいことなんか、やったことないないっ、だからFFというのは嫌いで日常に乗る車もFRが多いのだ。

AT、ターボパワー、ハンドルチェンジ、FF、左ハンドル、これらのバランス良いドライブがどうにもできないで閉口だ。まあ、当たり前だろう、数十年ぶり、おまけに2、3周で会得できるわけがない。最初の「おー結構走れるもんだ」との気持ちが少し弱気になった時、ある話を思い出した。一ヶ月前のパーティーで、僕がこのイベントに出る話をした時のことだ。僕と同じAJAJ会員（日本自動車ジャーナリスト協会）でTVタレントでもあり、日常は今回と同じVWシロッコRに乗っている女性ドライバーの竹岡圭ちゃんが「コースによって違うかも知れないけれど、Sモードで走っちゃった方が速いのよ」って言う。言ってる意味も良く分かんないけど、女性ドライバーにはみえないアグレッシブルな走りをする彼女のことだから何かの効果があるのだろう。

ＡＴ車、それも慣れないハンドル両端のギヤチェンジレバーで、ぎごちなく変速するよりマシかもしれない、あと４、５周の時間はある、圭ちゃんの言うようにやってみよう。すると結構調子がいい、何よりも楽なのはハンドルを握る位置がハンドル両端のチェンジレバーが操作できる位置でなくても良いのが助かる。シートもハンドルも思うような位置に調整できず、さらにハンドルを握る個所が束縛されるのはたまらない。それから解放されるだけでも気がすーっとする。

ギヤチェンジはこれでも良い、だがコーナーへの減速は自動的ギヤダウンのエンジンブレーキとタイミングが合わず、殆どブレーキ頼りだ。いかにＶＷを代表するスポーツグレード、シロッコＲのブレーキが高性能とはいえ市販車そのもの、レースマシンとは違う。当然に必要以上の酷使に耐えられるわけがない。不安は当たった。ブレーキペダルが深く入り込んだり、ゴムまりを踏むような感触が出始めた、明らかなペーパーロックかフェード現象だ。即ちディスクブレーキのパッドが摩耗し過ぎて超高温に耐えられないか、ブレーキパイプのオイルが限界温度を超え気泡が生じ始めたかだ。あと3周は走れそうな頃だというのに…やはり、この走り方はムリなのか…マウンテン区間は仕方ないとしても、ヘアピンを過ぎたら直線区間でブレーキを冷却すれば何とかなるかも…、考えあぐねる間もなく第１コーナーが迫る。

１００mは無理としても、せめて１５０m手前まで突っ込みたい、でも、制動力が回復しているのか？　まず２００mから試してみよう。ブレーキングに入ったたっ、ペダルが通常の踏みごたえからハッとする間もなく足が届かぬほど奥にめり込んだ！　右コーナーを曲がり切れる速度には落ちていない、眼前にガードレール、黄色と黒の鉄板がガッガガッガッと迫ってくる、正面衝突だけは避けたい！　ブレーキペダルを踏み直してもペタッと入り込むだけだ、ハンドルを右に切る、これ以上のことはできない、確実にぶつかる！　両足をフロアに踏みつけ、両手でハンドルを突っ張り、ヘルメットの頭をヘッドレストに押しつけ、ドッカーンガラガラガッチャーン‼　何とも無粋で破壊そのものの雑音と衝撃だ。ブレーキングの初期制動とエンジンブレーキで２００km／hからの速度は６、７０km／hに低下していただろうが、それでも身体への衝撃はすごい。５点式ベルトでがんじがらめの身体が前方に飛び出るのではないかと思う程のGだ、肩と胸にかかるベルトで鎖骨が折れたかな？　もし、そうなら明日は走れねーなー

…無念さがよぎる。

幸いに火災も出ず、車外に飛び出た僕は何ともない、何十人もの観客やオフィシャルが心配げに話しかけてくれるのが気恥ずかしい。当然、赤旗で練習走行は中止、「あーあ、みっともねーな、俺が原因の赤旗かよ」恥ずかしい思いでいると、そうではなかった。僕の直後にマウンテンに入った所でスピンした長坂君に後続車が大激突しての赤旗だった。

事故の情報がまったく届かないパドックで沈痛な思いで待ってくれたのだろうヘルパーの嶋中郁恵君に笑みが戻る。僕の身体は大丈夫、マシンもメカニックによれば、大破した左前輪周りも修復できると

のこと。ブレーキの状況を細かく説明するまでもなく、すべて新品に代えると言う。やはり中国のレース後、点検だけでブレーキパッドもすり減ったままだったのかもしれない…。まあ、自分で選べず整備もできないあてがいぶちのマシンでは起こりえるトラブルだ。

不安より目標だ

宿泊するランドマークホテルはストレートコースになる大通りに面している。公開練習や公式予選日になると、朝7時から最初のクラスが走り出し、静かな高級ホテルの室内にいきなり轟音が飛び込んでくる。ホテル先の第1コーナーに10数台が一斉に殺到するから、レースに無関係な宿泊客にも大音量のモーニングコールだ。

昨日の公式練習で散々な思いをしたことが新たな意識改革になった。このレースにどう臨んだら良いかの迷いも払拭した。要は「みっともない走りをしない、まして事故などで恥ずかしいリタイヤはしない」ことを心がけるしかないということだ。ただ、昨日試せなかったのは走行中に水分が必要な状態になった時の給水だ。耐久レースでもないのに、と言われるのは当然だが、これは僕の致命的な健康問題だ。考案したのはアドベンチャーランなどで走りながら飲用できる給水具をロールバーに縛り付けた工夫だ。それが有効に働くかどうか実行してみよう。

昨日の公式練習では、A・メニュ、D・ハイスマン他、マスターズならぬ欧州の現役組の1周タイムが2分50秒台。それと同等な日本勢は特別招待の若手、国本京祐君や同僚の見崎清志君らで僕なんかは

10秒以上も遅い。まして昔はなかった追い越し禁止箇所に数台が入り込めば順番に進むしかない。そこにひっかかれば、10秒20秒リードしていたってゼロに戻ってしまう。やはり運不運の大きさは昔と同じだ。

ところが僕と長坂君にオフィシャルからの呼び出しがあって、何のことかと出頭すれば、公式練習で僕らが追い越し禁止を無視したペナルティー、250ドルを払えというのだ。僕も長坂君もどこで違反したか憶えていない。それでも250ドル。香港ドルなら4000円程度だから、まっいいかと会計に行けば、USドルだって言う。なんと2万5000円！　高ーい走行料だ。

「ペナルティー払うくらい元気だねー」と冷やかされながら予選走行が始まる。昨晩修理したマシンはクラッシュの傷跡もない。メカニックがブレーキが摩耗していたこと、ブレーキアッセンブリーを新品に変えたこと、最初の1、2周は慣らしながら走ってくれ、と言う片言の英語は理解できた。ならば、Sモード&ブレーキングの昨日の走り方でも予選と決勝の16周は大丈夫だろうが、やはり一抹の不安は残る。とにかく、クラッシュやコースアウトは惨敗を意味するのだ。

そう自分に誓っても過去に経験したレースとはかなり違う。マスターズ以外のクラスも予期しないクラッシュが多く、とにかくモタモタ走っていれば「ドケっ」とばかりに、横でも後ろでも構わずぶつかってくる。それを避けようとすれば、建物や石垣、ガードレールで囲まれたコースではクラッシュ必至だ。まるでコースの構造を逆手に取っているようにしかみえないのだ。

これはドライバーが箱に覆われたツーリングカーだからか…。僕の時代、とくに車輪むき出しのフォーミュラカーは、そんな行為は殺人であって、未必の故意も許されなかったのだが…。当時、やはりコースは今と違った形で囲まれていたが、それでも道路端はゴツゴツした石畳の歩道部分や粗末な野菜畑、海中へダイブできる海岸壁など、セーフティーゾーンではないけれど、多少のコース外スペースは気休めになった、が、今は即クラッシュだ。それでも遅い車には平気でぶつかってくるマスターズならぬバ、、、スターズ達の走りは、記念祝賀レースでもなんでもない、正にガチンコなのだ。だから公式練習前夜のドライバーズミーティングで、追い越し禁止やブロック行為などのレギュレーションに対して「こういう場合はどうなのか、なぜダメなのか」等とオフィシャルに問いかける場面があって、そのしつこさに、業を煮やしたチーフオフィシャルが「いいですかっ、貴方たちのレースは60年を記念するお祝いです。それにふさわしい素晴らしいレースを見せて下さい！」と、声もあらわにバスターズ達をいさめる一幕があったほどだ。どうも60年を特別な年として祝う風習や意義が欧州のバスターズには通じないまま公式予選が始まった。

予選時間は30分だから最速タイムのドライバーなら9周できる。スタートはくじ引き番号順だから最後尾スタートの僕は計算上、トップクラス走者には8周目にラップされる。それに気をつければ、前後が空くから自分なりの走りが出来る筈で、昨日の練習で出来なかったことも試せるだろう。第1は、僕なりの走り方でも安定した制動力を保てるブレーキの使い方だ。第2は、昨日つい威勢良く走りすぎた時、喉がはりつく程の渇きに苦しんだので、いつどこで給水パイプを口に運べるか。第3に、喉の渇きとともに、かなり心臓の動悸が出たので、そこまでの状態にならない範囲の走りはどの程度なのか。ダッシュボードにエンジン回転数ならぬ〝脈拍70以下〟のラベルを貼り付けたのは心理的目安や暗示になるのか？

久しぶりにドライバーの実感が戻った僕らのメンバーが、昨日の走行をああだこうだ披露し合うのは楽しい。久しぶりのレース、変わりすぎたコース、初めてのマシン、戸惑うことがらは皆同じだ。現役時代、とくにワークスだったら、こんな雰囲気は絶対にありえなかった光景だ。

このコースの場数が最多の見崎君もギヤチェンジのタイミングが分からないとこぼす。彼は数日来の風邪が直らず体調不良だが負けん気の強さは現役だ。今でも新型車の試乗などでサーキットやテストコースを一番走り込んでいる津々見君は昨日の走行データと首っ引きで不得手なコーナーの攻略に没頭する。現役時代、国内レースの出場回数が２６０回に及ぶ長坂君は僕らマスターズの最年少（といっても60歳）だけあって、欧州モンスター連に体当たり的爆走だ。マカオGP・ツーリングカー2年連続優勝者、そして40年のレーシング活動は世界のトップクラスに伍する『トムス』の総帥・舘君も左ハンドル&ATマシンに手こずっているようだ。彼の後方を走っていると、国内レース中、21歳で事故死した息子、信吾君も走ったこのコースを考え深げに疾走していくような後ろ姿に見えてしまう僕もつらい。いつかは息子もこのマカオで優勝するのを待っていただろうに…。

そういった僕らマスターズのぎごちない一団を若鮎の如く国本君が抜け出ていく。僕も、もっと練習できれば少しはマシな走りになるのだろうが、僕はアクセル全開とブレーキ頼りの走りに決めた。飲料水のタイミング探しには息抜きする個所がないが、ようやくヘアピンから右コーナーのフィッシャーマンズベンドを抜け、次の90Rにかかる約600m直線の中間で1秒くらいは給水パイプを口にするのが可能と分かった。ブレーキもペダルの踏みしろも浅く制動力も強いが、どの位の周回数まで思いっきり突っ込んでも大丈夫なのか、一抹の不安はぬぐえない。とにかくバックマーカーにされない程度の走りが出来ればいい。悟りでも弱気でもないが、マシン、ブレーキ、現実の運転力、体力ハンデを総合的に考えればそれしかない。この招待イベントをパレード走行的なものと思って来たのだが、とんでもないガチンコレースなのだから今さら迷ったって仕方がない。そういった冷めた心境でいると、動悸も息づかいも少なく、給水も少量で済むものだ、この状態を決勝に続けよう。

思いっきり走ろう

メインイベントは土、日に行われる。気温25・6度の土曜日、47回目になるモーターサイクルGP、ロータス・ワンメイクレース、スポーツセダンのレース、F3レース、4クラスの真ん中、パドックもグランドスタンドも人々がごった返す昼時が60周年記念シロッコRチャイナ・マスターズ・チャレンジレース、8周（約50km）だ。

次々と押し寄せるTVにマイクやカメラ、英語、中国語が入り乱れるインタービューから逃れるようにドライバーズシートに座り込む。シートベルトに縛り付けられるのも、すっかり慣れた。こんなもの装着したら借金以上に首が回らねーだろうと忌み嫌ったハンスデバイスも気にならなくなった。この防具で衝突時に頸骨骨折の死亡事故が大幅に減ったという。慣れてくれば、かえってヘルメットの重量が加わった頭部から頸部が板状U字形の防具に支えられ楽だ。ルマンレースの覇者・関谷正徳君やトムスの大岩社長や小海進君らが細かくスタート前の面倒を見てくれる。

ロールバーにぶら下げた水袋に「これ、なーに?」「うん、リンゲル」「げっ!」、とびかう冗談がホイッスルの合図で止み、せわしくコースインが始まる。2台縦列、24台のスタートポジション、僕と舘君が最後尾だ。5、60m先まで色とりどりのVWシロッコRのルーフが一枚のラインに見える。因幡の白ウサギが見たワニの背中もこんな風景か、しんがりスタートも初めての体験だ。赤から青の信号で〝GO!〟に慣れてしまった僕らには現代方式のスタートも初めてだ。何もかも珍しい雰囲気に呑まれている内に6、70mも先の見づらいシグナル5灯がいきなり赤色になった。

一つ一つ赤色灯が消えブラックアウト、全速ダッシュだ。まだ動かない津々見、見崎君の前車に「あれっ、スタートしていいのかな?」ためらえば、慌てたように飛び出した津々見君の左前部に僕の右リアがガッガーン、ゴメンヨーで突っ走れば、最初の左コーナー手前で、先頭集団後部の1台に追突された濃紺色のマシン(№7アラン・メニユ)が左に流れ、ガードレールに激突大破、その乱れに後続の5、6台が巻き込まれ、数台が激突。左右から後ろからベコベコにされたボディーの1台がコース中央で一回転しながら混乱をかわしていく。前方の事故を回避する中間グループのスピードダウンで、前後が一瞬分断される。混乱や騒乱などにはなぜか冷静になれる僕は、スピードがひるんだ前方の隙間を狙った中間に入り込み、第1コーナーからマウンテンへ。

上手い位置につけたと思いながらマウンテンコースを駆け上がりヘアピンへ入ればオフィシャルが黄旗を振っている。追い越し禁止区間だからと思っていたら、次のコーナーでも黄旗が大きく振られ、ベントレーのセーフティーカーが先導する。その指示に従い、入り乱れる6、7台の中にいる僕が徐行すると、追い越し禁止の筈なのに僕をガンガン追い越してピットロードに入っていく…。ピット前にはステファン・ヨハンソンやアラン・メニュがぶっ壊したマシンが放置されている。再スタートになるような雰囲気の中、いつの間にか理不尽な順位の縦列が整い、そのままコースインだ、あれれれー、どゆこと？　一体どうなってんだっ！

釈然としないまま、メインストレートのガードレールから引きはがすように撤去するエマニエル・ピロの事故車を左端に見ながら、セーフティーカーの速すぎる先導が始まる。せっかくスタートの混乱で、まあまあの位置を確保したのに、再び後方グループではないかっ、くそっ！　何が起こるか分からないマカオは健在だ。

遥か4、50m先の黒ずんだベントレーの風格堂々のセーフティーカーの先導が続く。昔は海岸沿いだった直線コースに入り、右90Rベンドを回った所からグリーンフラッグのレース再開だ。左側はコントロールタワー、ピットなどレース運営機能の建物、右側は人々の大観覧席が連なるホームストレッチ。その入り口でベントレーの威圧に従順を装うかのように縦列していたマシンが一気に横へ広がり、◇形へと拡散する。コースの形状か意図的か、グランドスタンドを揺るがす大歓声が聞こえる見事な見せ場だ。

しかし残り周回数は僅か5周だ。それもスタート順位での整列なら当然としても、理不尽な順位に並んだままのレース再開だ。スタート直後の幸運なカードは、やはりメフィストがくれたものだった…。こうなると5mも10mも開いたままスタートした車間を詰めるにもパスするにも、余程のタイム差か性能差でなければムリだ。まして全部VWシロッコRのワンメイクだ、こうなったら大きな大きな相手の不幸と自分への幸運も、まずないだろう。最善は自分がつぶれないことだ。

こういうシチュエーションなのにマシンの調子は良いものだ。でも、どう頑張ったって入賞圏内に届くわけがない。それでも満身の力で走り続けるのは何故か？　現役時代に自問自答したのを思い出す。自分なりの答は「次のレースの序章が始まっているから」だった。だが今回は現役の立場でもない、単なる懐かしさでもない、年寄りの冷や水で大恥をかくかもしれない、おまけに持病が悪化するかも知れないのを承知で参加した。それへの答は多分、レースが終わってから気づくのだろう。5、60mも車間が開いたままの周回が続き、コーナーをミスした1台をパスした以外、抜きも抜かれもしない。6周目、フィッシャーマンズベンドからRベンドへの直線で水が飲めた、思う以上に快適だ。ブレーキも問題ない、Sギヤと6速ATの使い分けも慣れてきた、左ハンドルでも右コーナーの石垣にサイドミラーがぶつかるほど寄れるようになった。FF車の特性にも慣れてきた、VWシロッコRの高度なポテンシャルも分かってきた、ヨコハマのスリックタイヤも路面によくついてくる、これなら、もう20周くらい走りたい気持ちの高ぶりがいなされるようにオフィシャルのLAST LAPサインが示される。「この1周で終わりかー」に気を取られた僅かな目線が最後の第1コーナーへの進入ラインを狂わせた。「しまった、このままでは曲がりきれないっ」、フルブレーキングとふくらんだコーナーラインの右側に後続の舘君が入り込んだ、してやられたかー…、苦笑いするしかない。そうならばテールトゥーノーズでゴールしてやろうと意気込むが、結果は舘君の17位に1・1秒遅れの18位。

チェッカーフラッグは、勝者には〝やったー〟の快感を、敗者には極端な疲労を与える。だが両者に共通なのは緊張からの解放、〝終わったー〟である。現役当時のマシンはオープンスポーツカーやフォーミュラカーばかりだったからヘルメットのバイザーを開け、顔面に受ける風がなんとも解放感を感じたものだ。木の葉や紙切れ小石混じりの風でも全身に浴び、ガジュマルの並木から手を振る観客、左から海の匂いが爽快だったのを思い出す。

だが今はドアウインドウの防護ネットを外し、ヘルメット下のフェイスマスクをずり下げ、顔面いっぱいの風を浴びても当時の爽快感はない。ホームストレッチは今や観光立国の目抜き通り。たまに飛び出る犬も鶏もいなくなった、路上を舞う新聞ガミやゴミもない、マシンをゆさぶる凸凹のカマボコ道路もサーキット並みの滑らかな路面になった。ホームストレッチが始まる右側には大グランドスタンド、左は半円形ガラス張り4階建レースコントロール室がコース頭上にせりだしている。それに並ぶ建物は世界的なマカオGPになったレース運営機能の場所だ。それらの建物から第1コーナーに向かう両側は高層ホテルと商業ビル群だ。そのビルの谷間をウイニングランならぬフィニッシュラン、人の声も聞こえず、ビルの窓は冷たく閉まったままだ。

車内に吹き込む無味乾燥の風を虚ろに感じていると、第1コーナー左側ビル前の観覧席から人々のざわつきが飛び込んできた。ワーッピーッピーッザザー、すぐそばを走る一般道路の騒音に混じって大きな声援や拍手が聞こえる。ここのリスボアスタンドはコース脇ぎりぎりに仮設されているから左ハンドルでは観客の表情が眼前に飛び込んでくる。この声援は僕に向けられているのか…!? 14mの道路幅が一気に7mに狭まる第1コーナーのオフィシャル達も、握手するように手を伸ばしてくる。観覧席がない山側でも、どこで見ているのか大きな声が飛ぶ。各コーナーポストごとにオフィシャルが大きく旗を振りながら親指を立てての祝福がグッとくる。勝者でもない僕がこれほど声援されるとは…、レース放送で僕が最高齢ドライバーとアナウンスされたのかもしれないが、ゴールして第1コーナーまでの味気無さが途方もない感激に変わる。思えば、日本からの参加で初の準優勝をした時のコース一周が始まった42年前がガーンと甦る。今と違って、コースのあっちこっちが見物場所で、古い大木によじ登った最高の観覧席（?）もあるくらいだから、コース管理のオフィシャルやポルトガル軍兵士の制止もきかず、見物人がコースに飛び出てもきた。徐行運転とはいえ、声援や握手を求める強引な祝福に囲まれた一周だった。

今は、そのような強烈な出迎えはないが、このマスターズ・チャレンジは形式上の1位や2位の勝ち負けに関係なく、精一杯走った者への称賛なのだろう。その気持ちへの感謝と42年前に受けた祝福の感激が重なる。さらに、もっと走りこめば結構走れる自信もわいた。何よりも身体がどこまで耐えられるかの挑戦に自分自身が耐えられた実感、そして何ごともなく済んだ安堵感がどっと出る。そういった感謝や感激、独りよがりの自負、実感、達成感がごちゃまぜになった。涙があふれ、どうにも止まらない。

2013年11月　マカオグランプリ60周年記念レース
シロッコRチャイナマスターズ・チャレンジレース

第1コーナーへ進入するシロッコR。マカオのコースも様変わりした。観客席のある部分は、かつてずっと海が見えていた。

高橋国光がチーム国光のマネージャー、嶋中郁恵をサポート役としてマカオに派遣してくれた。

長坂尚樹、関谷正徳と。関谷はマカオグランプリに出場するトムスF3チームの監督として来場し、日本チームを手伝った。

何十年も流したことがない涙が、まだ俺にもあったんだ、何か気恥ずかしい。前方の景色がぼやけるほど流れる涙をグローブの手でぬぐい、パドックへ戻る。中国人メカニックが笑顔で駆けつける。ヘルパーの郁恵君がホッとした表情で飲み物を差し出してくれる。

久しぶりにレースらしい走りを堪能したチームメンバーは誰もが清々しい。主催者から24人参加の内、日本チーム5人と香港からの2人、欧州からの1人、計8人に60歳以上の完走トロフィーが授与された。

ドライバーズミーティングや歓迎会、60周年祝賀会など、毎晩何かとパーティーが続く。今夜の会場はタイパ・ハウス・ミュージアム(Casa Muse da Taipa)という旧ポルトガル時代の広大な邸宅と庭園でのガーデンパーティーだ。ジ

Scirocco R China Masters Challenge Official Race Classification

position	driver	nationality	age	time	lap	macine
1.	Duncan HUISMAN	Nederland	42	26:46.766	8	VW Scirocco R
2.	Nicola LARwINI	Italy	49	26:48.266	8	
3.	Mike CONWAY	U.K.	30	26:49.789	8	
4.	Tim HARVEY	U.K.	52	26:51.444	8	
5.	David BRABHAM	Australia	48	27:01.443	8	
6.	Thomas FJORDBACH	Denmark	20	27:13.231	8	
7.	Andrea REGGIANI	Italy		27:17.715	8	
8.	Ni AMORIM	Portuguese	51	27:21.416	8	
9.	Julian BAILEY	U.K.	52	27:23.550	8	
10.	Keisuke KUNIMOTO	Japan	24	27:34.249	8	
11.	BAO Jin Long	China	26	27:40.440	8	
12.	Adrian FU	HongKong	67	27:52.664	8	
13.	Kiyoshi MISAKI	Japan	67	27:52.866	8	
14.	Naoki NAGASAKA	Japan	60	27:59.008	8	
15.	Tomohiko TSUTSUMI	Japan	72	28:19.273	8	
16.	Danny CHAU	HongKong	67	28:20.010	8	
17.	Nobuhide TACHI	Japan	66	29:27.852	8	
18.	Riki OHKUBO	Japan	75	29:29.005	8	
19.	Martin DONNELLY	U.K.	49	24:34.855	7	
20.	Peter RUBATTO	Germany	58	21:32.873	6	
21.	Emanuele PIRRO	Italy	51	3:39.911	1	
22.	Stefan JOHANSSON	Sweden	57	4:56.019	1	
23.	Steve SOPER	U.K.	62		0	
24.	Alain MENU	Swiss	50		0	

ャン・ドッドＦＩＡ会長はじめ多くの要人を招待して、主催者のチョン・コク・ベン会長は「マカオには多くの名所やイベントがあるが、グランプリレースは最大の祭典」と強調する。そしてパーティーの度に「60年は時代の循環を祝う中国の偉大な習慣、今日は次の60年への第一日」と、記念ＧＰの意義をスピーチする。

僕の時代では考えられなかったスピードイベントへの賛美が渦巻く中、三ヶ月の断酒が解けたワインを口にする。マカオに居てポルトガルワインを拒否する毎晩だったから、早くレースが終わって、ワインを心待ちしていたのだが、その割には美味くない。何ごとも中断した継続を元に戻すには時間がかかるものらしい。

もう一つの物語、マカオでの再会

少し冷たくなった11月の夜風に爽やかな酔い心地の中、ホテルに戻った僕に一通のメッセージが届いた。いっぺんに醒めた頭でメモに書かれたナンバーに電話した。

今回、僕は記念レース以外で、もう一つの願望があった。僕が初めてマカオＧＰに出た時の民宿から後々まで世話になったシルバ家の家族を探すことだ。大きな世話になった縁も、現役を去り子供を持つ家庭生活を送る内、互いに音信もまばらになり30年以上が経過してしまった。だが新たな観光地に変貌するマカオの姿をＴＶで見る度に、僕が元気なうちにシルバ家の長女エリーゼと父シルバの墓参りがしたいと思っていた。

60周年GPへの招待を機に昔の住所に手紙を出しても宛先不明で返ってきたのは二ヶ月も経ってからだ。あちこち探し回った形跡のスタンプがべたべた押された封筒から大きく変わった街の様子が感じ取れる。ホテルの近辺だけでも昔のどこに当たるのかまったく分からない。タクシーに古い住所を示しながら案内させても立体交差や一方通行の新しい道路が中心の街に変わり、昔の建物も墓苑の場所も見つからない。残念だが、やはりそうか、のあきらめが強い。なぜなら1999年12月にマカオが中国に返還され、シルバはじめ何人かの友人達を思う時、ポルトガルの系統が強い彼らは本国に移住するに違いないと思っていたからだ。そう自分なりの答を出して記念レースに没頭し、つつがなく終わった安堵がすっ飛ぶような電話があろうとは、まさに仰天だ！

メッセージの送り主はシルバ家の長男ジュニオだった。TVで僕のレースを見て、まさかの思いでGP事務局に問い合わせたと言う。翌日、すでに60歳を越えたジュニオと夫人、女の子ばかり3人の子供という末娘とボーイフレンドとの昼食も話ばかりで食が進まない。ジュニオの弟と真ん中の姉はポルトガルにいること、マカオにいる老人病が進むママやもう一人の姉のこと、思いもしなかった中国への返還という国際政治に翻弄され、どうすることもできない庶民の苦悩が会話の端々に滲み出る。

ジュニオ夫妻の案内でエリーゼとパパの墓苑を訪ねれば、かつては、手入れの行き届かない荒れ気味だった墓所やカトリックのお御堂も整備され、娘のエリーゼと父シルバが並ぶ陶磁器写真をはめこんだ墓石も新しくなっていた。1968年、20歳の誕生日に交通事故で亡くなった彼女の墓に28年前に他界した父親を埋葬した時に新しくしたという。父と娘がにっこり微笑みかける写真に僕は安堵した。もし彼らの眠りが本国に移っていたり、僕が探せずに帰国していたら、マカオでの僕の時代の一部が欠けてしまうように思えてならなかったのだ。

それは約半世紀前、日本GPの後、レース参加の機会を失い、初めての異国でレースに復帰し、シルバ家に泊まって本当の家族を知った僕の過去を形成するジグソーパズルの重要なピースなのだ。そして今回、娘や父親の知っている僕、即ちレーサーの立場で会えたことが何よりの墓参だ。寿命を引き算した方が早い年代になって、亡き父娘も40年近く経って、まさか僕がドライバーの身分で会いに来るとは思いもしなかっただろう。墓石の写真をハンカチで拭きながら語りかける僕が、うつむき加減に祈りを捧げる弟にそう言うと「うん、父も姉も喜んでいるよ」。にっこりと笑顔が戻った。

記念レースはいろいろな収穫があったけれど、彼らに会えない大きな忘れ物をしたまま帰国するのは侘しかった。これで心の荷も降りた。今夜はマカオタワーで最後の表彰パーティーだ。僕らマスターズメンバーのテーブルに日本から参加の若手現役ドライバーも加わり談笑する姿に、日本のモーターレーシングにも、ようやく50年の厚みが出始めたのを感じるのだ。しかしながら、年数や多様な競技の量的な厚みだけでは世界的に活躍できるドライバーやチームは育たない。僕らの時代と違って、物理的には何もかも揃う現代の日本なら、世界的なモーターレーシングに共通するカテゴリーの整理や世界レベルへのカリキュラム研究など、質的な厚みを構築していかなければ多くの若人が世界に挑戦する窓口は広がらないだろう。

さらに、日本のマイカー時代を前にして、突然の噴火のような自動車レースの出現に後先見ずに飛び込み、今日まで来てしまったレーシングパイオニアの僕らＯＢに出来ることがあるとすれば、まず、ＯＢ自身がモーターレーシングへの情熱を失わず、現役グループの後方支援に携われる体制から整えていくしかないことも、この表彰パーティーのテーブルで痛感するのだ。

高齢者とスピード

普段の生活に費やす十倍以上のエネルギーと、それを上回る果実を得たような一週間が過ぎた。帰宅すると、普段は埃だらけで放置しっぱなしのトロフィーやカップが綺麗に磨かれ飾られている。留守中の家内が何を考えながら磨いていたのか容易に想像がつく。僕に万が一のことがあって、来客があった時のことを思ってのことなのか。「大丈夫だった？　ケガはなーい？」「オレがドライブミスで事故るわけねーだろっ」ムカッと言い返せば「そんなことなんか心配してないわよっ！　体調が急に悪くなって突っ込むかもしれないでしょっ！」。

確かに自分自身の恐れもそれだった。心筋梗塞で二度倒れ、三途の川辺で追い返されたが重篤な後遺症が心配された。T病院の循環器内科山中哲雄医師やスタッフの懸命な手術と治療で障害も残らなかったのは幸いだった。それから2年経って、服薬と二ヶ月ごとの定期検診で普通の体調に戻った思いでいたところにマカオ60周年の話だった。

しかし、第三者から見れば大した運動量でもなさそうなスピードレースは、手足の指先から頭部の五体に至る人間の機能すべてを駆使する過酷な競技だ。今回のイベントがそこまでシビアではないOBドライバーの記念パレードであったとしても、体調を整え基礎体力の回復を図る必要があった。「後期高齢者だからこんなものさ」程度のいい加減さではモーターレーシングを愚弄することになる。やはり、パレードでも模擬レースでも、走るならちゃんと走りたい気持ちから、躊躇なく今まで以上に体調を整え、基礎体力回復のための日々をスタートさせた。身体の調子はどんどん上がった。自分の実感では病気をする以前の健康状態に戻ったと思うくらいだ。

そこで僕は定期検診の場で、もう一人の担当医師に今回の招待の話を切り出した。医師は一瞬、うーん、とうなり、「僕の心臓はいまや60％程度の機能しかなく、今後それが完全治癒することはない、これ以上の悪化を防ぐための服薬を続けている状態である」ことを告げられた。したがって、健康状態が良好になったとしても、脈拍が大きく上がったり、動悸がするような運動はダメと言うのだ。

僕は以前に、肋骨を6本骨折して入院したことがあった。それも旧ソ連圏の国でのことで、自身の健康状態について説明するのに往生した経験から、海外へ行く際は服用薬や病歴などの英訳のメモを持参している。今回もそれに倣い、僕が事故って医師の厄介になるようなことがあったら、そのメモを医師に渡すよう、ヘルパーの郁恵さんに預けて公式練習に臨んだ。そんなものが無用でレースが終わりますようにと思う彼女の気持ちが、メモをそっとバッグにしまう仕草から伝わって来る。心配かけてすまないね、でも、僕にはお守りなのだ。そして、そのお守りがもう一つある。ハンドル前のダッシュボードに貼り付けた〝脈拍70以下〟と書いたラベルだ。それは、数ヶ月の軽いロードワークで自ら出した脈拍管理の数字だ。坂を勢い良く登り、息切れや動悸を感じても、脈拍70以下を保てば運動が持続できる自信がついたのだ。同時に、運動中の水分補給の必要性と、その効果的なタイミングも分かった。F1やワークスの耐久レースなら本格的給水システムがあるが、今回のレースにあるわけがない。

なぜそうまでして走るのか、と問われれば、やはり主催者会長から直々の丁重な招待に応じる以上最大の誠意を示す、という僕の心情が根本にある。では、最大の誠意とは何か？　それは、事故を起こしたり、ファンや主催者の顰蹙《ひんしゅく》を買ったり、期待に反する行為を絶対にしないこと。それが基本にあって〝今の自分にどれだけのことが出来るのか〟に尽きるだろう。

そのように考えたのは、招待を受けた時、このレースが僕と一緒に走ったマカオＧＰのＯＢたちの集いと受け取ったからだ。彼らは、存命ならば僕より幾つも歳上だ。それこそ日本の役所が考え出した愚かな国民分類語である「後期高齢者ドライバー」たちが互いにどんなドライブをするか楽しみだったのに…。その期待は物凄く大きかった。仮に当時のメンバーに参加の呼びかけがあったなら、彼らも喜んで参加しただろう。当然80歳以上もいるから、僕なんか小僧っ子だが、そのメンバーが２００km／hを越える速度でぶっ飛ばし、抜きつぬかれつを演じたら見ものだろう。そして彼らは、その後の境遇や往時のバトル話に花が咲き、誰も齢のことなんか話題にしなかっただろう。

だが、高齢者の運転イコール危ない、の非科学的観念論に支配され、70歳過ぎたら運転免許証返納をしつこく促す日本だったらとんでもないことかもしれない。確かに今回のようなツーリングカー世界選手権レース並みの内容は無理としても、高齢者が参加出来るスピードレースがあっても良いのではないか。２０１３年10月に83歳で惜しくも他界された自動車メディア界の重鎮、小林彰太郎氏も晩年までクラシックカーのサーキットレースに興じていた。オートバイ時代からの親友、生沢徹君もサンデーレースで走っているように、おとなしくしてりゃあ長生き出来るってもんではないのである。そういった事例を見れば、適宜なスピードレースやスポーツドライビングは、加齢に負けない運転技術の保持や、衰える身体能力と運転との相関関係に何らかのファクターがあるように思えてならないのだ。それは医学的、科学的な分析に値するものであって、やがてこの分野の研究も進むだろう。「もうトシだから」とか「いいトシして、お止めなさい」なんて、情け無い会話もなくなるかもしれない。

日本では、年令や学年に関連づけた人との接し方が強すぎる。齢端《としは》のいかない子どもにも劣る爺さんが、何かと年齢ばかりを笠に着るのも閉口だ。武家社会に根付いた儒教でいう長幼の序も分かるが、もっと身体能力やそれぞれの個性を尊重した社会構造を整えていかないと、真の人間愛や相互理解、扶助の確立は難しい。僕はそういった考え方で過ごしてきた。基本的に何歳だからどうで何歳ならこうできる筈だ、というような、年令で物ごとを判断する感覚がない。およそ、昔から僕は年令を聞かれることはあっても聞いたことはまずないし、他人の年令なんか興味がない。人への興味は、その人との相性やリズム感、価値観が中心だ。だから80歳で困難な山岳制覇とか前人未踏の冒険など、高齢を売りにする姿は痛々しくもあり、いじましい。まして、それが商売ともなれば哀れさえ感じる。

今回の僕にしたって、偶然に最高齢の75歳だっただけで、75歳だから招かれたわけではない。車の年代によってハンディを設けるビンテージカーレースのような特別優遇があるわけでもない。車輌の整備や当たり外れはあるだろうが全員VWシロッコRのレーシングマシンだから、20代から70代まで価値あるイコールコンディションだ。この年代差は当初の予想外だが、このイベントが僕を惹きつけたのは、現役を退いて約40年経った元レーシングドライバーが今のレーシングマシンをどのように走らせることが出来るのか、過去に積み重ねた経験なんか消滅しちゃって普通のマイカー運転手と同じレベルになっちまったのか、数々のスピード経験から得たエキスがまだ残っているのか、などだから、それへのチャレンジには持って来いのチャンスなのだ。

だが、そのためには何をすれば良いのか迷い、あれもやらねば、こうしたらどうだろうと、幾つもの課題を抱える羽目になってしまった。その上に参加準備の合間に現役時代に直面した焦燥感や不安感がつきまとう。それは現役レーシングドライバー復活へのはかない願望ではない。

心奥を探れば、詰まるところスピードレース特有の〝最高に生きている実感〟の血潮がまだ流れているからなのだろう。

自動車レースの行方

自動車メーカーの技術者はレースによる技術向上や発見を。資本家、経営者はレースでの勝利を販売作戦に。メーカーに納品、受注する協力会社は自社拡大を。リスク承知のドライバーやライダーはスピードシーンに狂喜と起こるかもしれない惨事への興奮と哀感を。それぞれの期待と思惑のスピードページェントがレースシーンで繰り広げられてきた。

１９０７年（明治40）に建設された英国のブルックランズ、１９０９年に米国に誕生したインディアナ・モータースピードウェイなど、レース専用コースに範をとる常設〝サーキット〟が次々に出来た。１９２２年（大正11）イタリアのモンツァ・アウトドローモ、１９３９年オランダのツァンドフォールト、１９４０年ブラジルのインテルラゴスなど世界各地に出来るサーキットによって二輪四輪自動車のロードレースは人工的に設計されたコースでのスピードレースに変わっていくのである。

それは公道レースでの事故多発も大きな原因には違いないが、よりパワフルなレースカーの製作には、カーブや直線、障害物や路面形状に制約される公道ではなく、思う存分のスピードとパワーの技術力が発揮できる専用の場所にエールを贈ったのではないだろうか。とくに、１９３０年代の欧州では、自動車レースが工業力の象徴、民族の優秀性、即ち国家の威信をかけるまでに過熱し、超高速が可能な形状のコースが増えていった。

その一方で運転テクニックやマシンの運動性能を重視するテクニカルコースも増えてきたのだが、第二次世界大戦が勃発、１９３９年辺りからレースを中断する動きが広がっていった。しかし、終戦後早くも１９４５年９月にはフランスでパリトロフィーレースが開催され、翌１９４６年にはフランス、イタリアはじめ20地域でグランプリレースが平和の象徴のように再開され今日に至っている。

公道コースでのレースは、モンテカルロ（モナコＦ１）、ギア（マカオＦ３・中国）、アルバートパーク（オーストラリアＦ１）、サルト（ルマン24時間）、シンガポール（Ｆ１）、マン島（ＴＴ二輪）など10数か所と今日では希少で、レースは専用サーキットが主流となった。展開されるレースシーンを意図的に描ける形状の人工コースが可能になり、自動車レースはショーイベントの色彩が強くなってきた。その代表的なものは、今や世界各地、年間20戦ものＦ１になるだろう。そのＦ１も以前はフェラーリが、いやメルセデスが速い、いやホンダの方が、とマシンの銘柄が話題だった。それが、今ではドライバーが話題の中心であり、ファンはそのドライバーが何のマシンに乗っているか知らない話なんかたくさんある。見映えのよいドライバーも多いし、その彼が非日常的なスピードでぶっ飛ばすシーンを見れば、憧れが先に立つのだろうが、それだけ自動車レースが庶民化し、社会に根付いてきた証だ。Ｆ１だけでなく日本のＧＴ、フォーミュラにしろ、ひいきのドライバーが際立って見えるのはマシンと一体の姿なのだから、マシンへの最低限の知識、関心を持つファン層がもっと広がらないと自動車レースは相変わらず特殊な世界からステップアップできないだろう。

Ｆ１はじめ各種自動車レースのショーイベント化が進むにしても、〝マシン〟を知ることによってスピードレースへの興味がより深くなる。そして、レースマシンのエンジンだけでなく、車体、ブレーキ、タイヤ、燃料等々に、ほんの僅かな知識と興味を持つだけで自分が運転する市販車の究極形がレースマシンであることを知るだろう。

レースマシンの開発、実戦から得られる技術や資材が市販車にフィードバックされる割合は、僕らが最初に飛び込んだ日本のレース黎明期ほど多くはないにしても、レースの現場でなければ結果が出ない数々の先端技術・材料などの活用がなくなることはない。また、街のチューニングショップ、コンストラクターが手がけるサンデーレースなどの車造りからも技術は多用されている。身近に行われている技術転用やメカニズムの工夫が日本の物造りを支えていることを認識したい。

そのようなフィードバックや先端技術は、現代の車造りの主眼であるエコと安全性に、レースマシンの技術が活かされていることもよく知られていない。自動車専門誌のみならず多くの媒体の伝達が望まれる。

また、スピードレースの運転技術の中にも、安全運転に通用するファクターがたくさんある。高齢ドライバーに対しても免許証返納を促すPRばかりに熱心な屈辱的な行政指導ではなく、先端技術を応用した車造りはいくらでも考えられるはずだ。

第44回東京モーターショー（2015年）では、将来の自動運転化への取り組みや提言が多くの関心を集めた。いずれは高速道路の自動運転時代になるのだろう。しかし自動運転を紹介するスクリーンには、ハンドルから手を離しても走れることや、運転者が後ろ向きに座って団らん、何もしなくてもブレーキがかかる、などの滑稽な光景ばかりが映し出され、見当違いのように思えてならない。自動運転技術の根幹は人間の失敗を未然に防ぐ、万が一の被害を最小限に抑えるなど、ヒューマンエラーの防止、被害低減にあり、まずは今でも実用可能な技術の市販化を拡大することだ。それだけでも高齢運転者の補助になる。一方、トシだから車に乗れなくなった、足を怪我したから運転できない、などをよく聞くが、それは勝手な逃げであって、車がある便利な生活を長く続けたいのなら、運転に支障のない身体の管理を怠ってはならないのではないか。

無我夢走のはてに、七転び八起きどころか七転び八転びを綴ってしまったが、スピードレースにはこれからも活用できるファクターを生んでいく可能性がある。

終わりに、スピードレースとは何かを問われれば「人間叡智結集のマシン性能と人間能力の限界が結合した競い合い」と答える。

参考文献

＊スバルを生んだ技術者たち／発行：富士重工業㈱／１９９４年7月
＊３６０cc軽自動車・１９５０→１９７５／発行：八重洲出版㈱／２００７年10月
＊Colour and Noise／
著者：Philip Newsome／発行：Studio Publications Limited.HKG／１９９３年10月
＊Snake & Devils A History of the Singapore Grand Prix／
著者：Eli Solomon／発行：Marshall Cavendish Editions／２００８年9月
＊鈴鹿サーキットモータースポーツ30年の軌跡／
発行：㈱鈴鹿サーキットランド（現㈱モビリティランド）／１９９３年3月
＊オールドタイマー創刊号／発行：八重洲出版㈱／１９９１年9月
＊スズキストーリー／著者・小関和夫／発行：図書出版三樹書房／１９９２年8月
＊第10回全日本自動車ショーガイドブック／発行：自動車工業振興会／１９６３年10月
＊オートスポーツ創刊号／発行：三栄書房／１９６４年7月
＊マカオ観光協会（写真提供）

制作協力者

本著作に当たり、以下の方々に多大なご協力を賜りました。心から御礼申し上げます。

＊漆原　一郎（ケン田島）氏：日本翻訳者協会会員／元ラジオ ディスクジョッキー

＊高桑　元氏：㈱モビリティランド（鈴鹿サーキット）元副社長

＊竹岡　圭氏：日本自動車ジャーナリスト協会理事

＊近藤　健二氏：元ミスターバイク誌編集長／ＢＳ11プロデューサー

＊古谷　重治氏：㈱三栄書房取締役

＊藤原　彦男氏：モータージャーナリスト

＊志村　行勇氏：ＪＡＦ公認クラブ・グループオブスピードスポーツ代表／鈴鹿スーパーフォーミュラ大会会長

＊秋元　紀一氏：元東京モーターサイクルショー事務局長

＊日置　和夫氏：ＮＰＯ日本モータースポーツ推進機構理事長

＊長谷川　俊也氏：日本モータースポーツ記者会会員

＊武井　千会子氏：フリーランス編集者・ライター

＊川上　完氏：自動車ジャーナリスト（ＡＪＡＪ会員）
〔完チャンで親しまれた親友も本著刊行も見ず、２０１4年5月に急逝、衷心よりご冥福を祈り、生前の厚い友誼に感謝します〕

なお本文中の方々には最初の登場時に敬称を付けさせていただき、以後は省略している場合もありますこと、ご了承ください。

年月	レース名	クラス	サーキット	順位(クラス)	車種
1963.5	第1回日本グランプリ自動車レース大会	C-Iクラス	鈴鹿サーキット	9(1)	スバル450
1963.1	第6回全日本クラブマンロードレース	125cc	米軍三沢基地	R	スズキ
1964.5	第2回日本グランプリ自動車レース大会	T-1	鈴鹿サーキット	1	スバル
1964.7	第1回全日本ヒルクライム		磐梯高原	1	スバル
1964.9	第6回アルペンラリー		日本アルプス	23	スバル450
1965.5	MFJ全日本ロードレース選手権	90cc	鈴鹿サーキット	6	BS90
1965.9	第1回ゴールデンビーチトロフィー		船橋サーキット	NS	日産フェアレディ1600
1965.11	第1回日韓親善オートレース大会	125cc	韓国ソウル	1	スズキ
〃	〃	90cc	〃	3	スズキ
1965.11	第12回マカオGP:ACPトロフィー	スポーツカーDクラス	マカオ	1	トライアンフ・スピットファイアー
1966.5	第3回日本グランプリ自動車レース大会	特殊ツーリングカー	富士スピードウェイ	R	ダイハツ・ベルリーナ
1966.11	第13回マカオGP	Cクラス	マカオ	11(2)	コンパーノ・スパイダー
1967.4	フジ24時間耐久レース		富士スピードウェイ	24	ホンダS800
1967.5	第4回日本グランプリ自動車レース大会	GTカー	富士スピードウェイ	NS	ポルシェ911S
1967.11	第14回マカオGP		マカオ	4	ホンダS800
〃	〃	ツーリングカー	〃	R	DKW F12
1968.3	富士24時間耐久レース	GT-1	富士スピードウェイ	12(2)	ホンダS800
1968.5	第5回日本グランプリ自動車レース大会		富士スピードウェイ	DNQ	ホンダWM
1968.7	富士1000kmレース	GTS-1	富士スピードウェイ	2	ホンダS800
1968.11	第15回マカオGP		マカオ	R	ホンダ・ワールド
1969.5	'69 JAF GP		富士スピードウェイ	NS	ロータス41フォード F2
1969.6	マカオ ギア101耐久レース	1600cc以下	マカオ	1	ホンダS800
1969.1	第6回日本グランプリ自動車レース大会		富士スピードウェイ	DNQ	エバ・カンナム・ホンダ1300
1969.11	第16回マカオGP		マカオ	R	ブラバムBT16コルト F3
1970.3	'70シンガポールGP		シンガポール	NS	ブラバム・フォード F2
1970.5	'70JAF GP	FJクラス	富士スピードウェイ	失	ブラバム・ホンダ600 FJ
〃	〃	GPクラス	〃	NS	ブラバム・日産1600
1970.8	NETスピードカップ	MINI CUP	富士スピードウェイ	1	ブラバムBT16ホンダ600FJ
1970.11	第17回マカオGP		マカオ	10	ブラバムBT28アルファロメオ F2
1971.4	'71シンガポールGP		シンガポール	7	ブラバムBT28アルファロメオ F2
1971.5	'71JAF GP		富士スピードウェイ	13	ブラバムBT28アルファロメオ F2
1971.11	全日本オールスターレース	FLB	鈴鹿サーキット	3	ブラバム・フォード F2
1971.11	第18回マカオGP		マカオ	2	ブラバムBT28アルファロメオ F2
1972.4	'72シンガポールGP		シンガポール	R	ブラバムBT28アルファロメオ F2
1972.4	'72マレーシアGP		クアラルンプール	5	ブラバムBT28アルファロメオ F2
1972.5	72日本グランプリ	GP-Iクラス	富士スピードウェイ	1	ブラバムBT28アルファロメオ F2
1972.11	第19回マカオGP		マカオ	5	ブラバム・トヨタ2TG F2
1973.5	73日本グランプリ	GP-II	富士スピードウェイ	9	ロータス69トヨタ2TG F2
1973.11	第20回マカオGP		マカオ	R	ロータス69トヨタ2TG F2
1974.5	'74 JAF GP	FJクラス	鈴鹿サーキット	NS	KE1300無限 FJ
1975.11	第22回マカオGP		マカオ	6	マーチ743無限1300 FJ
1975.12	'75フィリピンGP		マニラ ケソン	3	マーチ743無限1300 FJ
1985.9	第1回香港-北京4000kmラリー	Sクラス	中国	1	ホンダCR-X
1986.9	第2回香港-北京4000kmラリー	Sクラス	中国	1	ホンダCR-X
1987.9	第3回香港-北京4000kmラリー	Sクラス	中国	R	ホンダ・プレリュード
1988.1	FIA'88オーストラリア・ラリー		パース	R	ホンダ・プレリュード
2013.11	第60回マカオGP 60周年記念 VWシロッコR チャイナマスターズ・チャレンジカップ		マカオ	18	VWシロッコR

DNQ:予選不通過　NS:スタート不能　R:リタイア　失:失格

著者略歴

大久保　力（おおくぼ　りき）

1939年（昭和14年）7月東京都出身

自動車ジャーナリスト。二輪・四輪レース活動の傍ら、1959年より、主に下記の誌紙に新型車テスト、運転テクニック、自動車交通政策問題、エッセイ、時事話題、青少年の悩み事相談等、幅広い執筆活動を行う。

月刊モーターサイクリスト、別冊モーターサイクリスト、ドライバー（モーターサイクル出版社　現八重洲出版）、月刊モトライダー（三栄書房）、月刊カートップ（交通タイムス社）、月刊自家用車（内外出版社）、月刊オートバイ（モーターマガジン社）、The 2W（東京海上保険）、自動車ジャーナルわ（わパブリッシング）他、週刊誌、小冊子、政党機関紙等。

著作、監修の代表作には、はつらつ人生バイク無量（ニューズ出版）、鉄槐の鼓動（東京ＦＭ出版）、サーキット燦々、百年のマン島（三栄書房）等がある。

web：http://www.honda.co.jp/riki-san/（マイワンダフルサーキットpart Ⅰ）
http://www.f1-stinger.com/special/mwc（part Ⅱ）

主たる自動車団体関係

日本自動車ジャーナリスト協会（AJAJ）監査役
日本外国特派員協会（FCCJ）会員
全国オートバイ協同組合連合会監事
全国二輪車用品連合会顧問
日本二輪車オークション協会相談役
ゴールドスター　ドライバーズ　クラブ副会長
（以上2016年7月現在）

以前に所属した関連団体

JAF（日本自動車連盟）元加盟団体代表・元スポーツ委員会登録部会委員
MFJ（現日本モーターサイクルスポーツ協会）元ロードレース委員・元競技役員
鈴鹿サーキット・富士スピードウェイ・スポーツランド菅生・筑波サーキット元競技役員
東京モーターサイクルショー創設（初代会長）

モーターレーシング活動歴（主要種目の抜粋）

1955年頃より始めたバイクツーリングが基となり、各種サンデーレースに参加。当時の名門TOC所属をきっかけに、二輪レースへ本格的に出場、後に四輪レースへ進出。

年月	レース名	クラス	サーキット	順位（クラス）	車種
1960.5	アマチュアオートレース大会	50cc	大井オートレース場	1	ホンダ・スーパーカブ
1960.5	第2回全日本モトクロス	251cc以上	朝霧高原	R	BSAゴールドスター
1960.9	第3回全日本クラブマンロードレース	50cc	宇都宮清原	R	トーハツ・ランペット
〃	〃	125cc	〃	R	トーハツLD2
1961.7	第4回全日本クラブマンロードレース	125cc	米軍ジョンソン基地	R	トーハツLD2
1961.1	全日本ダートトラックレース	125cc	浜松オートレース場	R	トーハツ
1962.7	第5回全日本クラブマンロードレース	125cc	米軍博多雁の巣基地	R	トーハツLD3
1962.1	MFJ全日本ロードレース選手権	50cc	鈴鹿サーキット	14	スズキ

無我夢走　日本初の自動車レースに飛び込んで

2016年8月31日　初版 第1刷発行

著者　大久保　力(おおくぼ りき)

発行人　鈴木賢志
発行元　株式会社三栄書房
〒160-8461 東京都新宿区新宿6-27-30 新宿イーストサイドスクエア7F
TEL：03-6897-4611(販売部)
TEL：048-988-6011(受注センター)
制作　株式会社サンズ
〒160-8463 東京都新宿区新宿6-27-30 新宿イーストサイドスクエア7F
TEL：03-6897-4800
編集　菅谷紀之
デザイン　後藤恵二
DTP　林聖蔵
印刷製本所　図書印刷株式会社

ISBN 978-4-7796-3015-6